MARKETING e COMUNICAÇÃO NA ERA DIGITAL

David Meerman Scott

MARKETING e COMUNICAÇÃO NA ERA DIGITAL

FALE DIRETAMENTE COM O CLIENTE!

Presidente
Henrique José Branco Brazão Farinha

Publisher
Eduardo Viegas Meirelles Villela

Editora
Cláudia Elissa Rondelli Ramos

Tradução
José Eduardo Mendonça

Projeto Gráfico e Editoração
S4 Editorial

Preparação de Texto
Heraldo Vaz

Revisão
Lara Alves

Capa
Listo Estúdio Design

Impressão
Intergraf

Título original: *The new rules of marketing & PR*: how to use social media, online video, mobile applications, blogs, new releases & viral marketing to reach buyers directly.

Copyright © 2015 *by* Editora Évora Ltda.

A tradução desta publicação foi feita sob acordo com John Wiley & Sons International Rights, Inc.

Todos os direitos desta edição são reservados à Editora Évora.

Rua Sergipe, 401 — Cj. 1.310 — Consolação
São Paulo — SP — CEP 01243 -906
Telefone: (11) 3562 -7814/3562 -7815
Site: http://www.editoraevora.com.br
E-mail: contato@editoraevora.com.br

Dados internacionais de catalogação na publicação (CIP)

S439m

    Scott, David Meerman
    [The new rules of marketing & PR. Português]
    Marketing e comunicação na era digital: fale diretamente com o cliente! /
David Meerman Scott ; tradutor: J. E. Mendonça. – São Paulo : Évora, 2013.

    376p. ; 16 x 23 cm.

    Tradução de: *The new rules of marketing & PR:* how to use social media, online video, mobile applications...

    ISBN 978-85-63993-56-4

    1.Marketing na internet. 2. Relações públicas. I. Título

CDD- 658.872

JOSE CARLOS DOS SANTOS MACEDO – BIBLIOTECÁRIO CRB7 N.3575

AGRADECIMENTOS PELA TERCEIRA EDIÇÃO

Primeiro, uma confissão. Já que trabalho como consultor, dirijo seminários e faço palestras pagas no mundo sobre o qual escrevo, existem conflitos inevitáveis. Tenho amigos em algumas das organizações sobre as quais discuto neste livro, assim como em meu *blog* e meu circuito de palestras, e dirigi seminários ou fui consultor de várias das companhias mencionadas no livro.

Eu gostaria de oferecer minha gratidão especial a Robert Scoble, coautor de *Naked conversations*, por escrever a maravilhosa introdução a este livro.

Na John Wiley & Sons, meu *publisher* Matt Holt e meu editor Shannon Vargo me conduziram pelo negócio editorial com juízo e sabedoria. Fizemos até agora três livros juntos, e há outros a caminho. Também na Wiley, meus agradecimentos a Kim Dayman, Elana Schulman, Melissa Torra, Peter Knapp, Deborah Schindlar e Lori Sayde-Mehrtens, por sua ajuda e pelo apoio.

Kyle Matthew Oliver leu cada palavra de cada rascunho deste livro, e seus conselhos sensatos e sugestões práticas o tornaram melhor.

Eu gostaria também de agradecer aos milhares de blogueiros que participaram das conversas em torno de *Novas regras de marketing e RP*, escrevendo em seus *blogs*, ou deixando comentários inteligentes e úteis no meu *blog*.

Em especial, agradeço minha mulher, Yukari, e minha filha, Allison, por apoiarem meu trabaho e entenderem quando tenho que cumprir meus prazos, ou estou longe de casa, em algum lugar remoto do mundo.

PREFÁCIO

Não se supõe que você seja capaz de fazer o que David Meerman Scott está prestes a lhe contar neste livro. Nem que carregue com você uma câmera de 250 dólares, grave o que seus funcionários fazem no trabalho, o que eles pensam dos produtos que criam, e publique esses vídeos na internet. Mas é isso o que eu fiz na Microsoft, construindo um público de mais de 4 milhões de visitantes únicos por mês.

Não se supõe que você seja capaz de fazer o que a Stormhoek fez. Uma vinheria na África do Sul que dobrou suas vendas em um ano usando os princípios discutidos aqui.

Alguma coisa mudou nos últimos dez anos. Para começar, nós temos o Google agora, mas isso é apenas parte do quebra-cabeças.

O que realmente aconteceu é que a rede boca a boca ficou mais eficiente – muito, muito mais eficiente.

O boca a boca sempre foi importante para os negócios. Quando eu ajudava a dirigir uma loja de câmeras no Vale do Silício, nos anos 1980, 80% de nossas vendas vinham disso. "Onde eu posso comprar uma câmera no fim de semana?". Na época, você deve ter ouvido alguém perguntar isso na hora do almoço. Hoje, essa conversa acontece *on-line*. Mas, em vez de serem apenas duas pessoas falando sobre seu negócio, agora milhares ou até mesmo milhões estão participando ou apenas ouvindo.

O que isso quer dizer? Bem, há uma nova mídia com a qual lidar. Suas equipes de RP farão melhor entendendo o que impulsiona essa nova mídia (que agora é tão influente quanto o *New York Times* ou a CNN), e se você entender como usá-la, poderá criar barulho, respostas a novos produtos e muito mais.

Mas, primeiro, você terá de quebrar as regras.

Seu departamento de marketing diz que você precisa gastar 80 mil dólares em um único vídeo? (Isso não é incomum, mesmo nos dias de hoje. Acabei de participar de um vídeo desse tipo para um de meus patrocinadores.) Se for assim, responda ao seu departamento: "Obrigado, mas agora não, obrigado". Um exemplo: uma empresa de liquidificadores de Utah conseguiu 6 milhões de *downloads* em menos de dez dias. Ah, e 10 mil comentários no mesmo período. Tudo isso após postar um vídeo de um minuto no YouTube, gastando poucas centenas de dólares.

Ou estude o que eu fiz na Microsoft com um *blog* e uma câmera de vídeo. A revista *Economist* disse que coloquei uma face humana na Microsoft. Imagine. Uma organização com 60 mil empregados, e mudei sua imagem gastando muito pouco e quase sem uma equipe de apoio.

Mas esse conselho não é para todo mundo. A maioria das pessoas não gosta de andar rápido com os negócios. Elas se sentem mais confortáveis se houver um sistema de muitas checagens e uma equipe que ajude a livrar a cara delas, se necessário, ou não querem destruir o moral dos departamentos de RP e marketing com os efeitos de desintermediação da internet.

Enfim, você pode digitar "OneNote *Blog*" no Google, Bing ou Yahoo! e encontrar Chris Pratley, que dirige a equipe OneNote na Microsoft. Deixe um comentário, dizendo que o produto dele é um lixo, e espere para ver o que essa equipe faz como resposta. Melhor ainda: diga-lhes como conseguir vender para você. Será que eles vão se mexer?

Você está prestes a entrar em um novo mundo, em que as relações com pessoas influentes *e* a otimização de mecanismos de busca são igualmente importantes, e no qual suas notícias chegarão ao mundo com grande rapidez. Você não acredita em mim?

Olhe como o mundo soube que eu estava deixando a Microsoft para trabalhar em uma empresa que estava começando, no Vale do Silício (POdeTech.net).

Eu falei da minha saída a 15 pessoas em uma reunião de vídeo *blogging* – não de gente famosa, mas de blogueiros comuns. Pedi-lhes que não contassem a ninguém até a terça-feira seguinte – era um sábado de tarde, e eu ainda não tinha dito para o meu chefe.

Bem, claro, alguém vazou a informação. Mas ela não apareceu no *New York Times* nem foi discutida na CNN. Não. Foi um blogueiro do qual eu nunca tinha ouvido falar quem primeiro postou a informação.

Em horas, estava em centenas de outros *blogs*. Em dois dias, apareceu no *Wall Street Journal*, no *New York Times* e na primeira página do *site* da BBC, na *Business Week*, na *Economist* e em mais de 140 jornais pelo mundo (amigos me ligaram da Austrália, da Alemanha, de Israel e da Inglaterra, entre outros países).

PREFÁCIO

A agência de RP da Microsoft, Waggener Edstrom, acompanhou o movimento e disse que 50 milhões de impressões na mídia com meu nome aconteceram na primeira semana.

Tudo devido a uma conversa com 15 pessoas.

Opa, o que está acontecendo? Bem, se você tem uma história que vale a pena contar, os blogueiros, *podcasters* e videoblogueiros (entre outros influenciadores) a repetirão para todo o mundo, trazendo para você, potencialmente, a atenção de centenas de milhões de pessoas. Um *link* apenas em um *site* como o Digg pode trazer dezenas de milhares de visitantes.

Como isso aconteceu?

Para começar, muitas pessoas me conheciam, tinham meu número de telefone, sabiam que tipo de carro eu dirigia, conheciam minha mulher e meu filho, conheciam meus amigos, sabiam onde eu trabalhava e tinham ouvido falar de mim em cerca de 700 vídeos que eu postei em http://channel19.msdn.com, em nome da Microsoft.

Também sabiam onde fiz faculdade (onde cursei o primeiro grau e o segundo também) e incontáveis outros detalhes. Como é que eles sabiam tudo isso? Eles escreveram uma página na Wikipedia sobre mim – http://en.wikipedia/org/wiki/Robert_Scoble –, e eu não escrevi nada, nenhuma linha, nessa página.

E no que todo esse conhecimento sobre mim se transformou? Credibilidade e autoridade. As pessoas me conheciam, sabiam de onde eu vinha, sabiam que sou apaixonado por tecnologia, que tenho autoridade na área, e passaram a confiar em mim, quando poderiam não confiar na maioria das autoridades corporativas.

Ao ler este livro, você vai entender como ganhar a credibilidade que você precisa para construir seu negócio. Divirta-se!

ROBERT SCOBLE
Coautor de *Naked conversations* (Conversas nuas)
Scobleizer.com

BOAS-VINDAS À TERCEIRA EDIÇÃO
DE *MARKETING E COMUNICAÇÃO...*

Os quatro anos desde que a primeira edição de *Marketing e comunicação na era digital* (título original: *The new rules of marketing & PR*) foi publicada (e quase dois anos desde a segunda) foram um arraso. Passei meu tempo viajando pelo mundo, falando para grupos sobre as novas regras, espalhando essa doutrina, abrindo os olhos das pessoas para tantas possibilidades e motivando-as a mudar a maneira como fazem marketing e relações públicas.

Fomos libertados!

Antes de a *web* chegar, havia apenas três modos de ser percebido: comprar publicidade cara, implorar para a grande mídia escrever uma matéria sobre você ou contratar uma enorme equipe de vendas para falar com uma pessoa de cada vez sobre seus produtos. Agora temos uma opção melhor: publicar conteúdo interessante na *web*, que seus compradores *queiram* consumir. As ferramentas de marketing e RP mudaram. As habilidades que funcionavam *off-line* para ajudar você a vender, ou implorar ou incomodar, são as ferramentas da interrupção ou da coerção. O sucesso *on-line*, porém, acontece se você pensar como um jornalista e um líder na mente do consumidor.

Marketing e comunicação na era digital vendeu bem desde o seu lançamento, em 2007, permanecendo no topo por mais de quatro anos entre milhares de livros sobre marketing e relações públicas, e chegou à lista dos *best-seller* da *BusinessWeek*, onde ficou durante meses. Mas sabe o que impressiona? Não gastei um tostão anunciando ou promovendo o livro. Eis o que fiz: ofereci cópias antes do lançamento para 130 blogueiros importantes, enviei cerca de 20 *news releases* (você lerá neste livro sobre *news releases* como ferramentas para chegar diretamente até seus compradores) e meu editor alertou seus contatos na mídia. Foi isso. Milhares de blogueiros escreveram sobre o livro (obrigado!), o que aumentou significativamente as vendas. E a grande mídia me descobriu como resultado do interesse dos blogueiros. O *Wall Street Journal* me ligou diversas vezes para fazer entrevistas, que levaram a mais citações no jornal, porque eles tinham lido primeiro sobre minhas ideias *on-line*. Apresentei-me em rádios e apareci na televisão local e nacional, incluindo MSNBC, Fox Business e NPR. Fui entrevistado em centenas de *podcasts*. Revistas e jornais enviam-me *e-mails* todo o tempo para menções em suas matérias. Como me acharam? *On-line*, claro! E não me custou um tostão. Não digo isso para alardear as vendas de meu livro ou minhas aparições na mídia. Estou falando disso para mostrar como essas ideias funcionam bem.

Mas, na minha vida, a coisa mais bacana desde que o livro foi publicado não é eu ter me aproveitado das novas regras de marketing e RP. Também não é o fato de meu livro vender que nem pão quente. Não. A parte mais bacana é que agora as pessoas me contatam todo dia para dizer que as ideias nestas páginas transformaram seus negócios e mudaram suas vidas. Verdade! Este é o tipo de linguagem que as pessoas usam. Elas me escrevem agradecendo por eu ter colocado as ideias em um livro, sentem-se esclarecidas sobre as novas regras de marketing e RP.

Todos os dias recebo respostas entusiasmadas de pessoas que estão recarregadas com as novas regras. Pegue, por exemplo, o caso de Jody, que me mandou um *e-mail* dizendo que o livro teve um efeito inesperado sobre ele e sua mulher. Jody explica que a ideia verdadeiramente sensacional é que ambos já podem usar suas vozes genuínas *on-line*. O casal deixou para trás a linguagem floreada que suas agências de RP usavam tão tediosamente.

Ou Andrew. Ele deixou um comentário em meu *blog*: "David, seu livro me inspirou. Decidi começar um negócio novinho (que lanço em breve) com base nos princípios que você defende. Você expressou convincentemente muitas das coisas com as quais eu me debatia. Por isso, seu livro certamente mudou minha vida."

Mike também me escreveu para dizer que o *software* de sua empresa, que ajuda pequenas e médias empresas a serem encontradas pelos seus *prospects*, capturando mais contatos de venda, aproveitou de todas as tendências e técnicas descritas no livro. Ele comprou um punhado de livros para compartilhar com sua organização. Larry, por sua vez, comprou cópias para todos os membros de sua associação profissional. Richard também. Robin, que trabalha para uma empresa que oferece serviços de relações públicas, comprou 3 mil cópias para seus clientes. Julie, que é executiva sênior em uma firma de RP, deu cópias para todas as 75 pessoas de sua equipe. Gente que me aborda em conferências pede que eu autografe exemplares com marcas, manchas de café e cheios de anotações. Às vezes, também me contam segredos divertidos. Kathy, que trabalha com RP, afirmou que, se todos lessem o livro, ela ficaria desempregada! David me disse que o usou para encontrar um novo emprego.

Todo esse incrível *feedback* é pessoalmente lisonjeiro, mas sou mais grato por minhas ideias terem motivado as pessoas a encontrarem suas próprias vozes e contarem suas próprias histórias *on-line*. Não é demais?

Agora, deixe-me revelar um segredo. Enquanto escrevia o livro, não estava certo da aplicabilidade global das novas regras. Claro que encontrei uma série de histórias sobre marketing *on-line*, *blogging* e redes sociais fora da América do Norte (você lerá sobre isso mais à frente no livro). Mas eu me perguntava: há organizações de todo tipo chegando diretamente até seus compradores, com conteúdo *web* escrito em línguas que não o inglês, e criando para culturas que não a minha? A resposta é um retumbante sim! Cerca de 25% das vendas do livro vêm de fora dos Estados Unidos. No momento em que escrevo, o livro foi traduzido para mais de 25 línguas, inclusive búlgaro, finlandês, coreano, vietnamita, sérvio e turco. Também recebo convites de todo o mundo para falar sobre as novas regras. Nos últimos anos, viajei por muitos países, incluindo Arábia Saudita, Índia, Japão, Reino Unido, Estônia, Latvia, Turquia, Croácia, Holanda, Austrália, Nova Zelândia, Malásia e República Dominicana. Assim posso dizer, com certeza, que as ideias nestas páginas têm ressonância mundial. Nós estamos, na verdade, testemunhando um fenômeno global.

TERCEIRA EDIÇÃO

A terceira edição deste livro baseia-se na anterior, que foi completamente revista e ampliada. É claro que chequei cada fato, número e URL, depois de ouvir novos casos. Nos últimos dois anos, encontrei milhares de pessoas como você, que queriam compartilhar suas histórias comigo, e assim aprendi com essas experiências e incluí nestas páginas muitos exemplos novos de sucesso. A inclusão de tantas novas histórias levou a uma remoção de partes menos interessantes do original, e assim estou convencido de que estas substituições são ainda mais valiosas. Quem leu a primeira edição ainda encontrará muitas novidades nestas páginas.

Também fiz importantes acréscimos. Uma das perguntas mais comuns em minhas apresentações ao vivo é: "Como eu começo?". Para facilitar a implementação das ideias apresentadas neste livro, criei um *template* de planejamento estratégico de marketing e RP com base no mesmo princípio que você verá nestas páginas: que o conhecimento dos compradores e a publicação de informações na *web*, especialmente para eles, leva à ação. O *template*, encontrado no Capítulo 11, é seu mapa para ajudar a implementar estratégias de chegar diretamente aos compradores. Outra questão comum é: "Como eu meço o sucesso?". Portanto, acrescentei novas informações no Capítulo 11 sobre a mensuração eficaz de marketing e RP.

Desde que escrevi a segunda edição do livro, aplicativos móveis que usam GPS para iPhone, BlackBerry, Android e outros dispositivos explodiram, aumentando a importância do marketing móvel. Portanto, acrescentei "Marketing móvel: chegando aos compradores onde quer que eles estejam" (Capítulo 15) à atual edição do livro. E já que a ideia de comunicação instantânea é essencial, também adicionei "Marketing e RP em tempo real". Este novo Capítulo 10 usa informações de meu livro mais recente, *Marketing e RP em tempo real*, mas aqui incluí novos exemplos de sucesso não encontrados naquele volume.

Finalmente, devo dar crédito a milhares de pessoas inteligentes, que descobriram o sucesso com as novas regras bem antes que eu tivesse qualquer intenção de publicá-las em papel. Os profissionais que têm seus perfis nestas páginas —

e muitos outros como eles – merecem o crédito de terem sido os pioneiros das ideias que descrevo.

David Meerman Scott
David@DavidMeermanScott.com
www.WenInkNow.com
twitter.com/dmscott

SUMÁRIO

Agradecimentos pela terceira edição v
Prefácio vii
Boas-vindas à terceira edição de *As novas regras* xi
Terceira edição xv
Introdução xxv

Parte I
Como a *web* mudou as regras de marketing e RP 1

1   As velhas regras de marketing e RP são ineficazes em um
mundo *on-line* 3

     Publicidade: um buraco financeiro de recursos desperdiçados 6
     O marketing de interrupção de mão única é a mensagem do passado 7
     As velhas regras do marketing 8
     Relações públicas tratavam exclusivamente da mídia 9
     Relações públicas e o espaço na imprensa 10
     Sim, a mídia ainda é importante 11
     As velhas regras de RP 12
     Aprenda a ignorar as velhas regras 14
     Notas 15

2   As novas regras de marketing e RP 17

     A cauda longa do marketing 19
     Diga-me alguma coisa que eu não saiba, por favor 21
     As notícias do jeito tradicional 22
     Conselho do presidente da companhia 24
     A cauda longa do RP 24
     As novas regras de marketing e RP 25
     A convergência de marketing e RP na *web* 27
     Notas 27

3   Para atingir seus compradores diretamente 29

     O marketing certo em um mundo conectado 30
     Deixe que o mundo conheça sua *expertise* 31
     Desenvolva informações que seus compradores queiram consumir 32
     Personas compradoras: os fundamentos 33

MARKETING E COMUNICAÇÃO NA ERA DIGITAL

Pense como um *publisher* 36
Conte diretamente a história de sua organização 36
Conheça as metas e deixe o conteúdo guiar a ação 37
O conteúdo e a liderança na mente do consumidor 38
Notas 39

Parte II
Comunicações baseadas na *web* para atingir compradores diretamente **41**

4   Mídia social e seu público-alvo 43

O que é mesmo mídia social? 44
A mídia social é um coquetel 45
Grupo do Facebook leva 15 mil pessoas à feira de tatuagem
em Cingapura 46
As novas regras para procurar trabalho 48
Como David Murray achou um emprego novo no Twitter 49
Um lugar remoto insignificante ou lugares valiosos para se conectar? 50
Seus melhores consumidores participam de fóruns *on-line* – e você
também deveria 54
Seu espaço nos fóruns 57
Wikis, listservs e seu público 59
Criando seu próprio *wiki* 61
Notas 62

5   *Blogs*: explore milhões de seguidores para contar sua história 63

Blogs e blogueiros 65
Blogar (ou não blogar) 66
Entendendo os *blogs* no mundo da *web* 67
Os quatro usos de *blogs* para marketing e RP 70
Monitore *blogs* – a reputação de sua organização depende disso 71
Comente em *blogs* para enviar seu ponto de vista 72
Trabalhe com os blogueiros que falam com você 74
Blogueiros adoram experiências interessantes 75
Como chegar a blogueiros no mundo 76
Você deixa seus empregados mandarem *e-mail*? Que tal deixá-los
blogar? 77
Rompendo fronteiras: blogando no McDonald's 79
O poder dos *blogs* 79
Comece hoje 80
Notas 81

Sumário

6 Áudio e vídeo criam ação 83

Curtindo os vídeos do Digg 83
Que universidade devo frequentar? 84
O melhor emprego do mundo 84
Divirta-se com seus vídeos 87
A distribuição de conteúdo por *podcasts* de áudio 89
Colocando os músicos de volta ao comando do marketing 90
Notas 95

7 As novas regras dos *releases* 97

News releases no mundo da *web* 99
As novas regras dos *news releases* 99
Se o encontrarem, eles virão 100
Levando compradores ao processo de compra 102
Alcance seus compradores diretamente 103
Notas 103

8 Como ser viral: a *web* ajuda públicos a entrar na febre 105

Marketing refrescante e explosivo 105
Monitorando a blogosfera para erupções virais 107
Criando uma *rave* na *web* 109
Produtor de cinema cria *rave on-line* ao oferecer a trilha sonora para
    download de graça 112
Usar o Creative Commons facilita *mashups* e espalha suas ideias 113
Agito viral para diversão e lucros 114
Notas 119

9 O *website* rico em conteúdo 121

Militância política na *web* 122
Conteúdo: o foco dos *websites* de sucesso 124
Chegando a um mercado global 125
Juntando tudo com conteúdo 126
Grandes *websites*: mais arte que ciência 128
Notas 130

10 Marketing e RP em tempo real 131

Marketing e RP em tempo real 132
Desenvolva sua mentalidade em tempo real 133
Blog em tempo real cria 1 milhão de dólares em novo negócio 134
A hora é agora 136
O apoio do *crowdsourcing* 139
Notas 143

Parte III
Plano de ação para aproveitar o poder das novas regras 145

11 Você é o que você publica: construindo seu plano de marketing e RP 147

Quais são as metas de sua organização? 148
Personas compradoras e sua organização 150
O perfil da *persona* compradora 152
Como chegar aos altos executivos 155
A importância das personas compradoras no marketing na *web* 156
Nas próprias palavras de seus consumidores 157
No que você quer que seus clientes acreditem? 159
Desenvolvendo conteúdo para atingir compradores 161
O *template* de planejamento de marketing estratégico 164
As novas regras da mensuração 169
Convidando um comprador para um encontro 170
Medindo o poder do que é grátis 170
O que você deve medir 171
Registrar-se ou não? Os dados da oferta de um *e-book* 172
Educando sua equipe de vendas sobre o novo ciclo de vendas 174
Obama para a América 176
Atenha-se a seu plano 180
Notas 181

12 Liderança na mente do consumidor *on-line* para marcar sua organização como um recurso confiável 183

Desenvolvendo conteúdo para a liderança na mente do consumidor 183
Como criar conteúdo bem pensado 189
Alavancando líderes na mente do consumidor fora de sua organização .. 190
Quanto seu comprador ganha? 190
Notas 192

13 Como criar para seus compradores 193

Uma análise das baboseiras 194
Pobre escrita: como chegamos a esse ponto? 195
O texto eficaz para marketing e RP 197
O poder de colher *feedback* (de seu *blog*) 198
Notas 199

14 Como o conteúdo *web* influencia o processo de compra 201

Segmentando seus compradores 202
Elementos de um *website* centrado no comprador 204

SUMÁRIO

Desenvolva a personalidade de um *site* 205
Use RSS para transmitir seu conteúdo *web* para nichos 209
Conecte o conteúdo diretamente com o ciclo de venda 211
Uma cutucada amigável 212
Feche a venda e continue a conversa 213
Um modelo de marketing em *open source* 213
Notas 215

15 Marketing móvel: chegando aos compradores onde quer que eles estejam **217**

Torne seu *site* móvel mais amigável 218
Construa seu público com celulares 219
A sala de imprensa móvel 222
Um aplicativo para qualquer coisa 223
Grafite com nome de redes de *wi-fi* como publicidade 224
Notas 226

16 *Sites* de rede social e marketing **227**

O Eugene Mirman da televisão é um cara legal e gosta de
frutos do mar 228
Facebook: não é apenas para estudantes 229
Tuíte seus pensamentos para o mundo 234
Rede social e *branding* pessoal 237
Twitter para cavalos 239
Conectando-se com fãs 241
Como Amanda Palmer ganhou 11 mil dólares no Twitter em
duas horas 242
Qual é a rede social ideal para você? 243
Você não pode entrar em todas as festas. Então, por que tentar? 246
Otimizando páginas de redes sociais 247
Integre mídias sociais e conferência ou evento *off-line* 248
Comece um movimento 249
Por que participar das mídias sociais é como fazer exercício 250
Notas 251

17 Blogando para chegar a seus compradores **253**

Sobre o que você deve blogar? 254
A ética do *blogging* e suas regras para funcionários 256
O básico do *blogging*: o que você precisa saber para começar 257
Capitalize seu *blog* 260
Como construir um público para seu novo *blog* 262
Crie *tags* para seu comprador 263

MARKETING E COMUNICAÇÃO NA ERA DIGITAL

Diversão com canetas marcadoras 264
Blogando fora da América do Norte 265
O que você está esperando? 266
Notas 267

18 Vídeo e *podcasting*, tão fácil quanto possível 269

Vídeos e seus compradores 269
O vídeo casual de negócios 270
Pare de ser obcecado com as autorizações para publicação dos
releases em vídeo 271
Uma câmera portátil de vídeo em cada bolso 272
Como começar com vídeo 274
Vídeos criados para compradores geram oportunidades de venda 276
Podcasting para principiantes 277
Notas 280

19 Como usar *news releases* para chegar diretamente aos compradores 281

Crie sua estratégia de *news releases* 282
Publique *news releases* através de um serviço de distribuição 283
Uma seleção dos maiores serviços de distribuição de *news releases*
nos Estados Unidos 283
Chegue aos compradores ainda mais interessados por meio de
feeds de RSS 284
Publicando seus *news releases* também em seu *website* 285
A importância dos *links* em seus *news releases* 285
Foque nas palavras-chave e frases que seus compradores usam 286
Inclua *tags* apropriados de mídia social 287
Se é importante o bastante para publicar na mídia, fale também para
seus clientes e *prospects*! 288
Notas 289

20 Sala de imprensa *on-line*: a porta da frente para a mídia e muito mais 291

Sua sala de imprensa *on-line* com otimização (grátis) de mecanismos
de busca 292
As melhores práticas para salas de imprensa *on-line* 294
Uma sala de imprensa *on-line* para alcançar jornalistas, consumidores,
blogueiros e funcionários 301
Marketing realmente simples: a importância dos *feeds* de RSS em sua
sala de imprensa *on-line* 302
Notas 303

Sumário

21   As novas regras para se chegar à mídia 305
Discurso de venda sem foco é *spam* 305
As novas regras de relações com a mídia 306
Blogs e relações com a mídia 307
Como menções a *blogs* levam a matérias na grande mídia 308
Lançando ideias com a Força Aérea Norte-Americana 311
Como vender suas ideias para a mídia 313
Notas 316

22   Marketing de mecanismos de busca 317
Como chegar à primeira página no Google 319
Otimização de mecanismos de busca 320
A longa cauda da busca 321
Crie seu próprio território nos mecanismos de busca 322
Páginas de destino que levam à ação 323
Marketing de mecanismo de busca em um mercado fragmentado 327
Notas 329

23   Faça acontecer 331
Consiga ajuda se for preciso (e rejeite o que você não precisa) 333
Quando os advogados entram no caminho 334
Ótimo para qualquer organização 337
Agora é sua vez 340
Notas 340

INTRODUÇÃO

No auge da febre ponto.com, eu era vice-presidente da NewsEdge Corporation, empresa de distruibuição de notícias listada na Nasdaq com receita de 70 milhões de dólares. Meu orçamento milionário de marketing incluía dezenas de milhares de dólares por mês para uma agência de relações públicas, centenas de milhares de dólares por ano para anúncios na imprensa escrita e materiais chiques, além de uma cara participação em uma dezena de feiras por ano. Minha equipe colocava essas coisas na lista do que fazer, eles trabalhavam duro para executar e gastavam uma grana alta, porque é isso que as pessoas de marketing e RP fazem. Tanto esforço fazia com que nos sentíssemos bem, porque estávamos *fazendo alguma coisa*, mas os programas não produziam resultados significativos e mensuráveis.

Na mesma época, aproveitando a experiência que ganhara em minha posição anterior como diretor de marketing para a Ásia da divisão *on-line* da Knight--Ridder, então uma das maiores empresas de jornais do mundo, minha equipe e eu criamos programas de marketing e RP com base em conteúdo e liderança na mente do consumidor. Contrariando o aconselhamento de profissionais de RP que pagávamos (e insistiam que *press releases* eram apenas para a imprensa), escrevemos e enviamos nós mesmos dezenas de *releases*, que apareciam em serviços como Yahoo! e *geravam contato de venda*. Embora nossa agência de publicidade tenha nos dito para não divulgar informações valiosas "em algum lugar que a concorrência pudesse roubar", criamos uma *newsletter* semanal chamada *TheEdge*, sobre o mundo explosivo das notícias digitais, e a colocamos de graça na *home page* de nosso *website*, porque ela *gerava interesse de compradores, da mídia e de analistas*. Lá nos anos 1990, quando marketing e RP na *web* estavam na sua infância, minha equipe e eu ignoramos as velhas regras, usando, em vez disso, minha experiência de ter trabalhado como um *publisher on-line*, e criamos uma estratégia de marketing adotando conteúdo *on-line* para alcançar o comprador diretamente na *web*. Os programas caseiros, que criamos virtualmente a custo zero, geravam mais interesse de compradores qualificados, mídia e analistas – e resultavam em mais vendas – do que os programas caros que os "profissionais" faziam para nós. Pessoas das quais nunca ouvíramos falar nos encontravam em mecanismos de busca. Eu tinha tropeçado em uma forma melhor de chegar aos compradores.

Em 2002, depois que a NewsEdge foi vendida para a Thomson Corporation, comecei meu próprio negócio para refinar minhas ideias, trabalhar com clientes selecionados e ensinar outras pessoas escrevendo, falando em conferências e dirigindo seminários para grupos corporativos. O objetivo de todo esse trabalho era chegar diretamente a compradores com conteúdo *web*. Desde então, novas formas de mídiais sociais entraram em cena, como os *blogs*, *podcasts*, vídeos e comunidades virtuais. Você sabe o que as novas ferramentas e técnicas da *web* têm em comum? É que elas, juntas, são o melhor meio de se comunicar *diretamente* com seu mercado.

Este livro, na verdade, começou como um programa de marketing e RP na *web* em meu *blog*. Em janeiro de 2006, publiquei um *e-book* chamado *As novas regras de RP*,[1] gerando imediatamente um notável entusiasmo (e muita controvérsia) entre profissionais de marketing e executivos em todo o mundo. Desde 2006, o *e-book* teve mais de 250 mil *downloads* e foi comentado por milhares de leitores em meu *blog* e nos de muitos outros blogueiros. Para aqueles que leram e partilharam meu *e-book*, meu muito obrigado. Mas este livro é muito mais que uma simples expansão daquele trabalho, porque seu tema é marketing *e* RP, e não apenas RP, e porque incluí muitas formas diferentes de mídia *on-line* e o resultado de anos de pesquisa adicional.

Este livro contém muito mais do que apenas minhas ideias, porque eu bloguei o livro, seção por seção, conforme o escrevia. Milhares de pessoas seguiram o processo, e muitos contribuíram oferecendo sugestões e comentários em meu *blog* e por *e-mail*. Agradeço a todos que contribuíram com suas ideias. Obrigado por discutirem comigo quando eu saía da rota. O entusiasmo de todos que participaram tornou o livro muito melhor do que se eu tivesse escrito em isolamento.

A *web* mudou não apenas as regras do marketing e RP, mas também o modelo do livro de negócios. Por isso, *As novas regras de marketing e RP* é um exemplo interessante. Meu conteúdo *on-line* (o *e-book* e meu *blog*) me levou direto a um contrato para publicar o livro. Eu divulguei rascunhos de suas seções no *blog*, que também foi usado para testar ideias incluídas em sua segunda e ter-

INTRODUÇÃO

ceira edições. Outros editores teriam se apavorado se o autor postasse partes de seu livro *on-line* (de graça!) para solicitar ideias. A John Wiley & Sons encorajou. Alguns de meus livros favoritos vieram de *blogs*, incluindo *Naked conversations*,[2] de Robert Scoble e Shel Israel, *Long tail*,[3] de Chris Anderson, *e Small is the new big*,[4] de Seth Godin[5] – grande companhia, na verdade. Obrigado por abrirem caminho, amigos.

As novas regras

Um dos mais interessantes debates deste livro foi sobre seu título. Muitas pessoas me disseram que tinham gostado do título porque saberiam o que estão comprando. Ele é descritivo. Mas outros discutiram comigo, dizendo que há todo tipo de novas regras sendo trombeteadas em livros e outros lugares, mas que raramente elas significavam isso. "Novas regras é uma forçação", diziam. Embora seja verdade que uma procura na Amazon por "novas regras" traga milhares de títulos de livros, a *web* verdadeiramente oferece a profissionais de marketing uma nova forma de fazer as coisas. Estou confiante em minha escolha do título, porque, antes da *web*, a única forma de você tornar sua organização conhecida era comprar espaço publicitário ou convencer um jornalista a escrever sobre ela. Contar diretamente a história de sua organização (via *web*) é uma coisa nova porque, até agora, você nunca tinha conseguido alcançar um público potencial de milhões sem comprar espaços publicitários caros ou ter cobertura da mídia.

Mas eis o problema: há muitas pessoas que *ainda* aplicam as velhas regras de publicidade e relações com a imprensa nas novas mídias *on-line* e, miseravelmente, fracassam. Estou firmemente convencido de que estamos agora em um ambiente governado pelas novas regras, e que este livro é seu guia para esse mundo *on-line*.

Tentando escrever como no *blog,* mas em um livro

As linhas entre marketing e RP na *web* ficaram tão indistintas que se tornou impossível separá-las, e a melhor escolha de mídia muitas vezes não é mais óbvia como antigamente. Mas tive de organizar o livro de alguma forma, e escolhi criar capítulos para diversas mídias *on-line*, incluindo *blogs*, vídeo, fóruns, redes sociais, e assim por diante. Mas a verdade é que todas essas ferramentas e técnicas se entrecruzam e se complementam. Foi difícil colocar algumas coisas em um capítulo particular, tais como a discussão sobre RSS (*Really Simple Syndication*). Movi esta seção quatro vezes antes de ancorá-la no Capítulo 14.

Essas mídias *on-line* evoluem rapidamente; sem dúvida, quando você ler estas palavras, eu já terei topado com novas técnicas que gostaria de ter colocado na terceira edição deste livro. Ao mesmo tempo, concordo que há coisas fundamentais como o Capítulo 11 – a partir do qual você começará a desenvolver seu próprio plano de marketing e RP – que tem como base um pensamento prático e direto.

O livro é organizado em três partes. A Parte I é uma avaliação vigorosa de como a *web* mudou as regras de marketing e RP. A Parte II introduz e desenvolve cada uma das várias mídias, enquanto a Parte III contém informações detalhadas sobre como fazer e acontecer, além de um plano de ação que ajuda você a colocar as novas regras para funcionar em sua organização.

Embora ache que essa sequência seja o modo mais lógico de apresentar as ideias, não há razão para impedir que você examine, aleatoriamente, os capítulos na ordem que quiser. Você não vai se perder se pular uma parte, como ocorreria no caso de um romance de mistério e suspense. Certamente, não quero que você perca seu tempo. Enquanto escrevia, desejei poder fazer um *link* de um capítulo para parte de outro, como se fosse em um *blog*. Mas o livro impresso não permite; em vez disso, incluí algumas sugestões de onde você pode pular ou voltar atrás para rever tópicos específicos. Também incluí centenas de URLs como notas, para que você possa visitar os *blogs*, os *websites* e as outras mídias *on-line* que discutem coisas que podem ser de seu interesse. Você notará que escrevo de forma familiar e casual, e não com o estilo formal e floreado de muitos livros de negócios, porque estou usando a minha "voz de blogueiro" para partilhar as novas regras com você – e acho que assim funciona melhor para você, o leitor.

Quando uso as palavras *companhia* e *organização* no livro, estou incluindo todo tipo de organizações e indivíduos. Sinta-se livre para inserir *organizações não lucrativas*, *agências governamentais*, *candidato político*, *igreja*, *escola*, *equipe esportiva*, *profissionais* e outras entidades no lugar *de companh*ia ou *organização*. Da mesma forma, quando uso a palavra *compradores*, também incluo assinantes, eleitores, voluntários, estudantes e doadores, porque as novas regras funcionam para todos esses grupos. Você é uma organização não lucrativa que precisa aumentar suas doações? As novas regras se aplicam tanto para você quanto para uma corporação. O mesmo para candidatos políticos buscando votos, escolas que queiram aumentar as matrículas, consultores que procurem negócios e igrejas atrás de novos membros.

Este livro lhe mostrará as novas regras e como aplicá-las. Para pessoas de todo o mundo que interagem na *web*, as velhas regras de marketing e RP simplesmente não funcionam. Hoje, todos os tipos de organizações se comunicam direto com seus compradores *on-line*. De acordo com a Pew internet & American Project Life, a internet é usada por 1,6 bilhão de pessoas no mundo, com mais 1 bilhão a caminho.[6] Ainda mais notável, de acordo com a União Internacional de Telecomunicações, uma agência das Nações Unidas, no final de 2010 havia 5,3 bilhões de assinaturas de celulares, mais de três quartos da população mundial.[7] Para chegar a indivíduos *on-line* que possam estar interessados em suas organizações, os profissionais de marketing em todo canto alteraram seu modo de pensar sobre marketing e RP.

Apresentando profissionais de marketing inovadores

O aspecto mais animador deste livro foi ter a honra de apresentar alguns dos melhores exemplos de profissionais de marketing inovadores construindo programas de marketing e RP com sucesso na *web*. Um dos mais notáveis é Robert Scoble, que gentilmente partilhou sua história com a Microsoft no prefácio deste livro. Obrigado, Robert. Há cerca de 50 perfis no livro, muitos deles nas próprias palavras dos perfilados, tiradas de minhas entrevistas com eles, e que trazem os conceitos à vida. Você vai aprender com gente de grandes corporações ou de empresas com apenas um punhado de funcionários. Estas organizações fazem diversos produtos, de bicicleta a helicóptero, de *software* de computador a hambúrguer. Algumas delas são bem conhecidas do público, enquanto outras são famosas apenas em seu nicho de mercado. Fiz perfis de organizações sem fins lucrativos, grupos de militância civil e de cidadãos apoiando candidatos potenciais a cargos públicos. Conto as histórias de consultores independentes, igrejas, bandas de rock e advogados, todos que usaram com sucesso a *web* para mirar em seus públicos. Não dá para agradecer o bastante às pessoas que partilharam seu tempo comigo por telefone ou pessoalmente. Estou certo de que você concordará que elas são as estrelas do livro.

Ao ler as histórias de profissionais de marketing bem-sucedidos, lembre-se de que você aprenderá com eles, mesmo que tenham vindo de mercados e tipos de organização, ou setores, diferentes do seu. Instituições sem fins lucrativos podem aprender com as experiências de corporações. Consultores podem ter *insights* a partir do sucesso de bandas de rock. Estou absolutamente convencido de que você vai aprender mais ao emular ideias vindas de fora de seu setor que ao copiar o que seu concorrente mais próximo fizer. Lembre-se, a melhor coisas das novas regras é que seus concorrentes provavelmente ainda não sabem sobre elas.

David Meerman Scott
David@DavidMeermanScott.com
www.WebInkNow.com
twitter.com/dmscott

Notas

1 www.webinknow.com/2006/01/new_complimenta.html
2 http://scobleizer.com/
3 http://redcouch.typepad.com/
4 http://thelongtail.com/
5 http://sethgodin.typepad.com/
6 www.pewinternet.org/
7 www.itu.int/

Como a *web* mudou as regras de marketing e RP

Capítulo 1

AS VELHAS REGRAS DE MARKETING E RP SÃO INEFICAZES EM UM MUNDO *ON-LINE*

Diversas vezes, nos últimos anos, pensei em comprar um carro novo. Como acontece com centenas de milhões de outros consumidores, a *web* é minha fonte primária de informação quando penso em fazer uma compra. Então, sentei-me ao computador e comecei a fuçar. Achando que os *sites* eram o lugar natural para começar uma pesquisa, comecei com as páginas dos três maiores fabricantes de automóveis. Foi um grande engano. Nas *home pages* de todos os três, fui invadido por *banners* de publicidade, como em televisão. E todos eram mensagens de mão única, focados no preço. No *banner* da Ford,[1] as manchetes gritavam: "Liquidação de modelo do ano! 0% de juros no financiamento! Saia com o tanque cheio!". O da Chrysler[2] anunciava uma oferta semelhante: "Desconto de funcionário com 0% de juros!". E no da GM,[3] havia uma "liquidação de 72 horas"! Não estou planejando comprar um carro em 72 horas, obrigado. Pode ser que nem compre um nos próximos 72 dias! Eu estou apenas fazendo uma avaliação virtual. Todos os três *sites* presumem que eu estou pronto para comprar um carro agora! Mas, na verdade, o que queria era aprender alguma coisa.

Embora não soubesse exatamente o que queria, eu estava meio interessado em um SUV compacto. Apenas a GM oferecia a opção de ver todos os SUVs da empresa em um mesmo lugar. Para saber sobre todos os produtos da Ford, eu tinha de entrar em Ford, Mercury, e outras marcas em separado, ainda que cada uma delas fosse da Ford. Estes *sites* individuais não foram de grande ajuda para mim, uma pessoa que estava pensando em comprar um novo automóvel no futuro, provavelmente dali a muitos meses. Claro, eu vi comerciais em Flash, lindas fotos e ofertas de financiamento com juros baixos, mas pouca coisa mais.

Procurei alguma peculiaridade nesses *sites* e não encontrei muita coisa, porque os fabricantes de veículos exibem suas organizações como corporações sem nome e sem rosto. Na verdade, os três *sites* eram tão parecidos e efetivamente intercambiáveis. Eu quero saber onde estão as pessoas por trás dos carros! Adoraria conhecer o *designer* e talvez descobrir como escolheram aquele esdrúxulo tom de púrpura para o último carro da GM que aluguei. O que queria *mesmo* perguntar era: "Existem pessoas reais nestas companhias?".

Em cada *site*, senti-me como alvo de uma série de mensagens desenvolvidas em um laboratório ou grupo de pesquisa. Nada parecia autêntico. Se eu quisesse ver anúncios de carros na TV, eu ligaria a TV. Fiquei chocado com a estranha sensação de que todos os *sites* dos três grandes fabricantes de automóveis haviam sido desenhados e construídos pelo mesmo cara da publicidade em Madison Avenue. Estes *sites* anunciavam *para* mim, mas não construíam uma relação *comigo*. Estavam me atraindo com mensagens de mão única, e não me educando sobre seus produtos. Para quê? Quando eu chego em um *site*, você não precisa prender minha atenção. Já conseguiu!

Fabricantes de automóveis se tornaram viciados no *crack* do marketing: comerciais de grandes orçamentos na TV e outras publicidades *off-line*. Para todo lado que olho, vejo um comercial de carro que me faz pensar: "Isso deve ter custado uma fortuna". Os comerciais de TV, os patrocinados e outras comunicações caras do marketing da Madison Avenue podem fazer com que você se sinta bem. Mas são eficazes? Nos dias de hoje, quando estão pensando em comprar um carro (ou qualquer outro produto ou serviço), as pessoas geralmente vão primeiro na *web*. Ei, até minha mãe faz isso! Quando as pessoas chegam a você *on-line*, elas não estão procurando comerciais de TV. Estão procurando informações que as ajudem a decidir.

Mas eis a boa notícia: encontrei alguns lugares incríveis na *web* para aprender sobre SUVs compactos. Por azar, esses lugares onde consegui conteúdo autêntico, onde me eduquei e onde interagi com humanos não fazem parte dos *sites* dos três grandes fabricantes de automóveis. A Edmund Forums,[4] uma rede social aberta feita pelos consumidores e *site* de páginas pessoais com características como álbuns de fotos, grupos de usuários de marca e modelo do carro, além de *links* favoritos, foi excelente ao me ajudar a estreitar minhas escolhas. Nos fóruns, por exemplo, pude ler mais de duas mil mensagens apenas sobre o

Toyota FJ Cruiser. Pude ver páginas onde consumidores mostravam seus carros. Era ali que eu estava propenso a tomar minha decisão, *dezenas de cliques distante dos sites dos grandes fabricantes de automóveis.*

Desde que escrevi pela primeira vez sobre *sites* de fabricantes de carros em meu *blog*, centenas de pessoas entraram para comentar ou para me mandar *e-mails* com suas experiências semelhantes de compras e as frustrações com os fabricantes. Embora eu reconheça que os fabricantes melhoraram seus *sites* desde que comecei a escrever sobre eles, o foco ainda é centrado na publicidade. Algo está seriamente fora da ordem nesse negócio, se tantas pessoas me dizem que não conseguem encontrar, direto no *site* de uma empresa, a informação necessária, aquela que precisam, para tomar uma decisão de compra. E isso não está restrito aos fabricantes de carros.

Dica
Antes da *web*, organizações tinham apenas duas escolhas significativas para atrair a atenção: comprar caros espaços publicitários ou conseguir matérias na mídia. Mas a *web* mudou as regras. A *web* não é TV. Organizações que entendem as novas regras de marketing e RP desenvolvem relacionamentos diretos com consumidores como eu e você.

Gostaria de fazer uma pausa para um esclarecimento. Quando falo sobre novas regras e as comparo com as antigas, não estou sugerindo que todas as organizações deveriam imediatamente abandonar seus programas existentes de marketing e RP e usar exclusivamente as ideias deste livro. Além disso, eu discordo da crença de que o único marketing que vale a pena fazer é na *web*. Se anúncios de jornal, Páginas Amarelas, outras mídias e programas funcionam para você, ótimo! Fique nessa! Existe muito espaço em muitos programas de marketing e RP para técnicas tradicionais.

Dito isso, não há dúvida de que as pessoas hoje resolvem problemas recorrendo à internet. (Considere seus próprios hábitos: como *você* pesquisa produtos e serviços?) Se sua organização não está presente e engajada nos locais e nas horas em que os compradores surgem, você perde negócios em potencial – não importa quanto sucesso os seus programas de marketing *off-line* alcançem. Pior ainda, se você está tentando aplicar o plano de jogo que funciona em sua publicidade tradicional de mídia e nos programas de relações públicas para seus esforços *on-line*, você não será bem-sucedido.

Faça a si mesmo uma pergunta simples: como funcionam meus programas de publicidade e relações com a mídia?

Publicidade: um buraco financeiro de recursos desperdiçados

Nos velhos e tradicionais tempos, a publicidade sem *target* em jornais, revistas, rádio, televisão e mala direta era o único caminho. Estas mídias tornavam muito difícil mirar compradores específicos com mensagens individuais. Sim, a publicidade ainda é usada por megamarcas com amplo alcance, e provavelmente ainda funciona para algumas organizações e produtos (embora não tão bem como antes). Se o alvo são os caras que assistem ao futebol na TV e bebem um monte de cerveja, talvez faça sentido para a Budweiser anunciar nas transmissões do campeonato nacional (mas isso não faz sentido para pequenas cervejarias, que buscam um público específico, um nicho de mercado). A publicidade também funciona em muitas publicações especializadas. Se sua companhia fabrica selantes de *decks* de madeira, então você provavelmente vai querer anunciar no *Professional Deck Builder* para alçancar seus compradores profissionais (mas isso não permitirá que você chegue ao mercado do faça-você-mesmo). Se você dirige uma pequena imobiliária em uma cidade pequena, pode fazer sentido enviar uma mala direta a todos os moradores (mas isso não atingirá pessoas que estejam pensando em se mudar para lá, vindas de outros lugares).

No entanto, para milhões de outras organizações – para o restante de nós que somos profissionais, músicos, artistas, organizações sem fins lucrativos, igrejas e companhias de produtos de nicho – a publicidade tradicional é tão ampla e aberta que se torna ineficaz. Grandes compras de espaço na mídia podem funcionar para produtos de massa e com ampla distribuição. Um exemplo que vem à mente é o de marcas famosas em redes de varejo nacionais, assim como filmes de sucesso exibidos em milhares de telas. Mas uma grande estratégia para a Procter & Gamble, para a Paramount Pictures ou para o candidato republicano à Presidência – que alcança grandes número de pessoas com uma mensagem de vasto apelo nacional – simplesmente não funciona para produtos de nicho, serviços locais e organizações sem fins lucrativos especializadas.

> ✔ **Dica**
> A *web* abriu uma tremenda oportunidade para alcançar nichos de compradores diretamente, com informações dirigidas, por uma fração dos custos da publicidade de grandes orçamentos.

O marketing de interrupção de mão única é a mensagem do passado

Um técnica primária, chamada por Seth Godin de complexo industrial-televisivo,[5] é a interrupção. Neste sistema, os profissionais criativos de uma agência de publicidade sentam-se em escritórios moderninhos sonhando com modos de interromper as pessoas para que prestem atenção em uma mensagem de mão única. Pense nisso: você está assistindo ao seu programa de TV favorito, e a tarefa do anunciante é elaborar um comercial que chame sua atenção, quando você preferiria na verdade fazer outra coisa, como ir pegar sorvete antes que o programa recomece. Você está lendo um artigo interessante em uma revista, e os anúncios precisam lhe sacudir para que você leia o anúncio, e não o artigo. Ou você está em um voo da US Airways de Boston para Filadélfia (o que eu fiz com frequência), e mais ou menos 20 minutos depois da decolagem, a linha aérea decide que é importante interromper sua soneca com um ruidoso anúncio, oferecendo destinos de férias no Caribe. A ideia, em todos os exemplos, é que a publicidade, em todas as formas, tem dependido, tradicionalmente, de fazer com que as pessoas parem o que estão fazendo para prestar atenção à mensagem.

Além disso, as mensagens na publicidade são esforços de mão única focados no produto. Forçados a competir com o novo marketing da *web*, centrada na interação, informação, educação e escolha, anunciantes não conseguem mais atingir os consumidores com anúncios sobre seus produtos maravilhosos. Assistindo em média a centenas de mensagens de venda por dia, as pessoas não confiam na publicidade. Nós desligamos nossas mentes, se é que chegamos a perceber qualquer coisa.

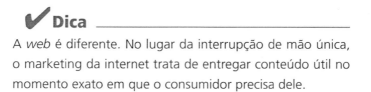

✔ Dica

A *web* é diferente. No lugar da interrupção de mão única, o marketing da internet trata de entregar conteúdo útil no momento exato em que o consumidor precisa dele.

Antes da *web*, bons publicitários eram versados em ferramentas e técnicas para atingir amplos mercados com mensagens de mínimo denominador comum, por meio de técnicas de interrupção. A publicidade tratava do grande "trabalho criativo". Muitas companhias que têm raízes nesses métodos antigos querem desesperadamente que a *web* seja como a TV, porque elas entendem como a TV funciona. Agências de publicidade que se sobressaem em anúncios de TV criativos simplesmente acreditam que podem transferir tal habilidade para a *web*.

Estão erradas. Estão seguindo regras fora de moda.

As velhas regras do marketing

- Marketing significava simplesmente publicidade (e *branding*).
- Publicidade precisava apelar para as massas.
- Publicidade dependia de interromper as pessoas para chamar a atenção delas com uma mensagem.
- Publicidade era de mão única: da empresa para o consumidor.
- Publicidade tratava exclusivamente de vender produtos.
- A criatividade era considerada como o componente mais importante da publicidade.

AS VELHAS REGRAS DE MARKETING E RP SÃO INEFICAZES EM UM MUNDO *ON-LINE*

- Era mais importante para a agência de publicidade ganhar prêmios,[i] do que para o cliente conquistar novos consumidores.

- Publicidade e RP eram disciplinas separadas, dirigidas por pessoas diferentes com metas, estratégias e critérios de mensuração separados.

✔ Dica

Nada disso é mais verdade. A *web* transformou as regras, e você deve transformar o seu marketing para conseguir o melhor do mercado de ideias aberto pela *web*.

Relações públicas tratavam exclusivamente da mídia

Sou editor-colaborador da revista *EContent*, escrevo para o *Huffington Post* e tenho um *blog* popular. Como resultado, recebo por mês centenas de *press releases* por *e-mail* e *pitches*[ii] de gente de RP bem intencionada, que quer que eu escreva sobre seus produtos. E o que acontece? Em cinco anos, *nunca* escrevi sobre uma empresa por conta de *press releases* ou *pitches* genéricos enviados para mim. Dezenas de milhares dessas coisas que recebi não resultaram em nenhuma matéria. Discussões que tive com jornalistas em outros setores confirmam que não sou o único que descarta *press releases* não solicitados. Em vez disso, penso em um tema que quero cobrir em uma coluna ou artigo, e verifico o que posso encontrar em

---

i Como, por exemplo, o Cannes Lions International Festival of Creativity, um dos principais prêmios do mundo, que é o sonho de todos os publicitários e agências. Aqui no Brasil o principal prêmio é o Caboré, promovido pelo grupo Meio&Mensagem. (N. R. T.)

ii Muitos acham que *press releases* e *pitches* são a mesma coisa, mas não são. Um *pitch* é uma breve e convincente apresentação de uma ideia da história. É menos organizado que um *press release*, mesmo que ambos têm de apresentar os pontos principais da ideia de história de forma sumária. Os *press releases* são mais longos e seguem uma estrutura mais formal de documento com um cabeçalho, um título, uma linha de abertura forte, e parágrafo conclusivo contendo informações básicas sobre a empresa e/ou líder empresarial. Um *pitch* não precisa ter nenhum *press release* acompanhando, você pode escrever em tom informal sempre que quiser e enviá-lo para um editor e jornalista. No entanto, os *press releases*, quando eles são enviados para um jornalista, muitas vezes será enviado um *pitch* de acompanhamento transmitindo os destaques do *press release*. Fonte: http://www.gaebler.com/Press- -*Releases*-Versus-PR-Pitches.htm. Acesso em: 07 dez. 12. (N. R. T.).

MARKETING E COMUNICAÇÃO NA ERA DIGITAL

blogs e mecanismos de busca. Se encontro um *press release* sobre o tema por meio do Google News ou na sala de imprensa *on-line* de uma empresa, ótimo. Mas não espero que *press releases* cheguem a mim. Eu prefiro procurar tópicos, produtos e empresas interessantes. E quando me sinto pronto para escrever uma matéria, posso tentar primeiro um conceito em meu *blog*, para ver como funciona. Alguém comenta sobre ela? Algum RP fica esperto e me manda um *e-mail*?

Há outra coisa impressionante: em cinco anos, apenas alguns RPs comentaram em meu *blog* ou chegaram a mim como resultado de um *post* no *blog* ou de uma matéria que eu tenha escrito em uma revista. Quão difícil é ler os *blogs* e twitters de repórteres que você está tentando alcançar? Isto lhe ensina precisamente o que interessa a eles. Depois você pode mandar um *e-mail* com alguma coisa interessante, sobre a qual eles provavelmente escreverão, em vez de criar *spam* com informações não solicitadas. Quando não quero ser incomodado, recebo centenas de *press releases* por semana. Mas quando quero informação e conversa, o que eu consigo é silêncio.

Algo está muito errado na terra do RP.

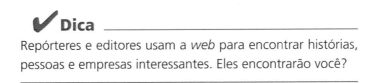

✔ **Dica**
Repórteres e editores usam a *web* para encontrar histórias, pessoas e empresas interessantes. Eles encontrarão você?

Relações públicas e o espaço na imprensa

A área de relações públicas costumava ser um clube exclusivo. Pessoas do meio abusavam de jargões e seguiam regras estritas. Se você não fizesse parte da turma, RP parecia um trabalho exótico e misterioso que exigia muito treinamento, algo como ser um austronauta ou o estenógrafo do tribunal. As pessoas de RP ocupavam seu tempo escrevendo *press releases* dirigidos exclusivamente a repórteres e editores, e fazendo uma social com esses mesmos repórteres e editores. Daí, cruzavam os dedos e esperavam (por favor, escrevam sobre mim!) que a mídia lhes desse algum espaço, ou tempo no ar. O objetivo final de seus esforços – a meta última do povo de RP nos velhos dias – era o *clipping* que provava que eles tinham feito seu trabalho. Apenas os melhores RPs mantinham relacionamento pessoal com a mídia e podiam pegar o telefone para vender uma história a um repórter para quem tinham pago um almoço um mês antes. Antes de 1995, fora pagar grandes somas por publicidade ou trabalhar com a mídia, simplesmente não havia opções significativas para uma empresa contar sua história ao mundo.

Isto não é mais verdade. A *web* mudou as regras. Hoje, as organizações se comunicam diretamente com os compradores.

Sim, a mídia ainda é importante

Permitam-me fazer uma pausa para dizer que a mídia de massa e a especializada ainda são componentes importantes de um grande programa de relações públicas. Em meu *blog* e meu circuito de palestras, fui algumas vezes acusado de sugerir que a mídia não é mais relevante. Esta não é minha posição. O papel crítico da mídia é importante para muitas organizações. Uma história positiva na *Rolling Stone* catapulta uma banda para a fama. Um artigo no *Wall Street Journal* faz de uma empresa um *player*. Um produto de consumo do qual se fala no *Today Show* é percebido. Em muitos nichos de mercado e indústrias verticais, jornais e revistas especializados ajudam a decidir quais empresas são importantes. No entanto, acredito que, embora essas mídias sejam aspectos vitais de um programa global de RP, há meios mais fáceis e eficazes de alcançar seus compradores. E eis algo bem bacana: se você fizer um bom trabalho contando sua história diretamente, a mídia descobrirá. E aí ela vai escrever sobre você!

O trabalho de RP mudou. Não é mais uma disciplina esotérica, em que as companhias fazem grandes esforços para se comunicar exclusivamente com um punhado de repórteres, que então contam a história das empresas, gerando um *clipping* que o pessoal de RP possa mostrar a seus chefes. Hoje, o grande trabalho de RP inclui programas para alcançar os compradores diretamente. A *web* permite acesso direto a informações sobre seus produtos, enquanto companhias inteligentes entendem e usam este recurso fenomenal em sua vantagem.

Dica

A internet fez com que as relações públicas se tornassem públicas de novo, depois de anos de foco quase exclusivo na mídia. *Blogs*, vídeos *on-line*, *releases* e outras formas de conteúdo da *web* permitem que organizações se comuniquem diretamente com seus compradores.

Press releases e o buraco negro do jornalismo

No velhos dias, os *press releases* eram na verdade comunicados para a imprensa, e aqueles documentos envolviam uma maneira esotérica e estilizada de empresas transmitirem suas "notícias" para repórteres e editores. Como ninguém via o *release* real, com a exceção de um punhado de repórteres e editores, eles eram escritos em uma linguagem para entendimento da mídia.

Em um caso típico, um pequeno público de algumas dúzias de pessoas na mídia recebia um fluxo contínuo de *releases* de produtos de uma empresa. Repórteres e editores já estavam bem versados no nicho de mercado, e a empresa fornecia poucas informações de *background*. Qual é a notícia?, os jornalistas pensavam, quando examinavam o *release*. Ah, é isso – a companhia acaba de anunciar "novo badulaque com uma arquitetura robusta e expansível". Mas se isso pode significar alguma coisa para jornalistas de veículos especializados, é apenas jargão sem sentido para o resto do mundo. Já que os *press releases* são vistos agora por milhões de pessoas que buscam na *web* soluções para seus problemas, as velhas regras estão obsoletas.

As velhas regras de RP

- O único modo de conseguir espaço ou tempo no ar era pela mídia.
- Empresas se comunicavam com jornalistas por meio de *press releases*.
- Ninguém via o *press release* verdadeiro, a não ser um punhado de repórteres e editores.
- Companhias precisavam obter notícias significativas antes de se permitirem escrever um *press release*.
- O jargão era aceito, porque os jornalistas o entendiam.

- Supostamente, não se enviava *press release* a menos que incluísse citações de terceiras partes, como consumidores, analistas e especialistas.

- O único modo de os consumidores aprenderem sobre o conteúdo do *press release* era por meio do que a mídia escrevia sobre ele.

- A única maneira de mensurar a eficácia de um *press release* era por meio de *clippings*, que registravam quando a mídia transformava um deles em matéria.

- RP e marketing eram disciplinas separadas, dirigidas por pessoas diferentes, com metas, estratégicas e técnicas de mensuração distintas.

✔ Dica

Nada disso é mais verdadeiro. A *web* transformou as regras, e você deve transformar suas estratégias de RP para tirar o melhor deste mercado de ideias *on-line*.

A vasta maioria das organizações não tem acesso instantâneo à grande mídia para conseguir a cobertura de seus produtos. Pessoas como eu e você precisam dar duro para serem notadas no mercado *on-line* de ideias. Ao entender como mudou o papel de RP e dos *releases*, podemos levar nossas histórias a esse mercado.

Há exceções. Empresas muito grandes, pessoas muito famosas e governos ainda podem se virar usando exclusivamente a mídia, mas, mesmo assim, há dúvidas. Tais celebridades, companhias ou suas marcas podem ser grandes o bastante, e suas notícias tão atraentes, que nenhum esforço se requer delas. Para esta meia dúzia de sortudos, a mídia ainda pode ser o principal canal de comunicação.

- Se você é J. K. Rowling e divulga um *press release* sobre seu novo livro, sua notícia vai chegar à mídia.

- Se o ex-CEO da Apple, Steve Jobs, anunciasse um novo iPhone em uma feira do setor, a notícia chegaria à mídia.

- Se Brad Pitt e Angelina Jolie divulgassem um *release* sobre a adoção de mais um bebê, a notícia chegaria à mídia.

- Se o presidente Obama anunciasse sua escolha para preencher uma vaga no Supremo Tribunal, a notícia chegaria à mídia.

✔ Dica

Se você é menor e menos famoso, mas tem uma história interessante a contar, precisa fazer isso sozinho. Por sorte, a *web* é um lugar incrível para obter sucesso na empreitada.

Aprenda a ignorar as velhas regras

Para aproveitar o poder da *web* de alcançar compradores diretamente, você deve ignorar as velhas regras. Relações públicas não quer dizer apenas falar por meio da mídia, embora a mídia permaneça como componente importante. O marketing não é apenas publicidade de mão única, embora a publicidade possa fazer parte de uma estratégia global.

Notei que alguns profissionais de marketing e RP têm muita dificuldade em mudar velhos hábitos. Essas novas ideias os deixam desconfortáveis. Quando falo em conferências, às vezes as pessoas cruzam os braços, em uma postura defensiva, e olham para os seus sapatos. Naturalmente, as pessoas de marketing e RP que aprenderam as velhas regras resistem ao novo mundo do acesso direto. Mas também reparei que muitos executivos de markting, CEO, empreendedores, executivos de empresas sem fins lucrativos e profissionais em geral aproveitam imediatamente se há uma chance de contar suas histórias diretamente. Estas pessoas amam o novo meio de se comunicar com compradores. Profissionais de marketing inteligentes trazem sucesso para suas organizações todo dia ao se comunicarem por meio da *web*.

Veja como avaliar se as novas regras funcionam para você. Considere suas metas de comunicação por meio de marketing e relações públicas. Você compra espaço na transmissão da final do campeonato de futebol? Faz um anúncio criativo de revista para ganhar um prêmio para sua agência? Você espera criar um caderno de *clippping* da grande mídia para mostrar a seus chefes? Seu CEO quer aparecer na TV? Você faz RP para colocá-lo no show da Oprah?[iii] Se as respostas para estas perguntas forem sim, então as novas regras (e este livro) não são para você.

No entanto, se você é como milhões de pessoas do marketing, cuja meta é se comunicar diretamente com compradores, continue lendo. Se você está trabalhando para tornar sua organização mais visível *on-line*, continue lendo. Se você quiser levar pessoas para o processo de vendas de sua empresa, para que elas comprem alguma coisa (ou apliquem, doem ou ofereçam seus nomes como contatos), continue lendo. Eu escrevi este livro especialmente para vocês.

Notas

1 www.fordvehicles.com/
2 www.chrysler.com/
3 www.gm.com/vehicles/
4 www.edmunds.com/forums/
5 http://sethgodin.typepad.com/seths_*blog*/2006/01/*non-line*ar_media.html

---

iii Oprah Winfrey é uma apresentadora de televisão e empresária norte-americana, vencedora de múltiplos prêmios Emmy por seu programa **The Oprah Winfrey Show**, o *talk-show* com maior audiência da história da televisão dos Estados Unidos. (N. R. T.)

Capítulo 2

AS NOVAS REGRAS DE
MARKETING E RP

Gerard Vroomen lhe dirá que é um engenheiro, e não um homem de marketing. Ele vai lhe contar que a companhia que ajudou a fundar, a Cérvelo Cycles,[1] não tem especialistas em marketing. Mas Vroomen está errado. Por quê? Porque ele é obcecado com os compradores de suas bicicletas de competição e com os produtos engenhosos que oferece aos seus clientes. O foco de sua companhia é ajudar consumidores a ganhar corridas — e eles ganham. Na Tour de France de 2005, David Zabriskie fez o melhor tempo de provas da história da corrida com uma Cérvelo P3C, registrando uma velocidade média de 54,676 quilômetros por hora. O ganhador da Tour de France, Carlos Sastre, tinha uma Cérvelo. E nas Olimpíadas de Beijing, bicicletas Cérvelo foram usadas por mais de 40 atletas, resultando em três medalhas de ouro, cinco de prata e duas de bronze. Vroomen também é excelente ao usar a *web* para contar histórias interessantes a entusiastas do ciclismo, para educá-los, envolvê-los em conversas e para entretê-los. Por usar conteúdo na *web* de forma interessante e vender no processo um monte de bicicletas, Vroomen é um tremendo homem de marketing.

O *site* da Cérvelo funciona extremamente bem porque inclui conteúdo perfeito para visitantes dispostos a comprar uma bicicleta, e também para pessoas que entraram só para dar uma olhada. O conteúdo é valioso e autêntico, comparado às mensagens de marketing que aparecem em tantos outros *sites*. No *site* da Cérvelo, entusiastas encontram informações detalhadas sobre cada modelo, bicicletas que custam 3 mil dólares ou mais de 5 mil dólares. Um museu *on-line* mostra modelos que datam dos primeiros dias da companhia e alguns interessantes protótipos do passado. Aficionados do ciclismo podem assinar uma *newsletter*, fazer *download* de áudios tais como entrevistas com ciclistas profissionais do Cérvelo TestTeam (em 2009, a Cérvelo se tornou o primeiro fabricante de bicicletas da era moderna a ter sua própria equipe nos níveis mais altos nas corridas), ou checar o *blog* da companhia. O Cérvelo TestTeam ganha corridas, e você pode seguir a ação nas páginas da equipe, que incluem notícias e fotos de competições. "Nossa meta é a educação", diz Vroomen. "Temos um produto técnico, e na indústria onde atuamos somos a empresa mais orientada pela engenharia. A maioria dos fabricantes de bicicletas não emprega um único engenheiro, e nós temos oito. Assim, queremos que este foco na engenharia seja ressaltado no conteúdo do *site*. Não vendemos por causa da pintura nova. No *site*, não perdemos nosso tempo criando falas vazias. Em vez disso, investimos em um bom conteúdo."

Ryan Patch é o tipo de consumidor que a Cérvelo quer atingir. Um praticante amador de triátlon, na equipe Vortex Racing, Patch diz: "No *site* da Cérvelo, aprendi que Bobby Julich usa o mesmo tipo de bicicleta que está disponível para mim. E não é só o fato de campeões e triatletas usarem essas bicicletas: eles estão se dando muito bem. Dá para imaginar como alguém vence o Giro da Itália em uma Cérvelo. Isto é impressionante, e eu posso ter as mesmas bibicletas que os profissionais. Posso pedalar no mesmo equipamento. A Cérvelo é uma empresa de grande credibilidade."

Patch diz que, se você quiser comprar bicicleta nova, ou se for um consumidor aficcionado, há muita informação detalhada no *site* da Cérvelo sobre a tecnologia, a construção e as especificações das bicicletas. "O que realmente gosto neste *site* é que ele transmite uma aura de legitimidade, por ser baseado em fatos, e não baboseiras", ele diz.

É o próprio Vroomen quem escreve todo o conteúdo do *site*, e o trabalho de *design* foi feito por um quiroprático nas horas de folga. Há uma ferramenta de administração de contéudo, e assim Vroomen pode atualizá-lo. Não dá para dizer que é um *site* bonito, mas funciona. "Temos um *feedback* negativo de *webdesigners* em relação a nosso *site*", diz Vroomen. "Mas temos ótimos comentários dos nossos consumidores."

O marketing de mecanismos de busca é importante para Cérvelo. Por causa da riqueza de conteúdo de seu *site*, Vroomen diz que a Cérvelo tem o mesmo volume de tráfego de muitos *sites* de fabricantes de bicicletas que são dez vezes maiores. A Cérvelo está crescendo muito rapidamente, mas Vroomen se apressa em dizer que isso não é resultado de qualquer fator único. "Nossa doutrina é fazer as pessoas verem os produtos de cinco formas diferentes para que nós realmente tenhamos credibilidade." Vroomen se assegura de que suas bicicletas estão na frente das pessoas de muitas formas, começando pelos mecanismos de busca, para que elas possam ter o modelo em exposições diferentes. "Elas podem, por exemplo, ver a bicicleta no *site*, em uma corrida na TV, em um revendedor e em *blog*", ele diz.

Vroomen diz que fazer na *web* o marketing da Cérvelo toma muito tempo, mas é simples e os custos são razoáveis. "Este é o futuro de companhias como a nossa", afirma. "Você pode ser muito pequeno, ocupar um nicho e ainda vender produtos para todo o mundo. É impressionante quando vamos a um novo país e vemos a quantidade de reconhecimento em relação à nossa marca. A internet lhe dá oportunidades que nunca existiram antes. E isto não é ciência espacial. É algo bem fácil de resolver."

A cauda longa do marketing

Eu sou um fã de Chris Anderson e de seu livro, *A cauda longa*, e segui, em seu *blog*, as ideias inovadoras sobre a mudança que a *web* trouxe para a economia, de mercados dominantes para produtos e serviços de nichos de mercado, bem antes de o livro ser publicado, em julho de 2006. Não há dúvida de que a tese de Anderson em *A cauda longa* tem um peso crítico importante para o marketing.

A teoria da cauda longa diz que nossa cultura e nossa economia estão se afastando cada vez mais do foco, oferecendo um número relativamente pequeno de *hits* (produtos e serviços tradicionais) no topo da curva de demanda, em direção a um enorme número de nichos em sua cauda. Com a queda dos custos de produção e distribuição, especialmente *on-line*, agora há menos necessidade de amontoar produtos e consumidores em contêineres homogêneos. Em uma era sem os constrangimentos do espaço físico de prateleiras e outros gargalos de distribuição, bens e serviços dirigidos a alvos restritos podem ser tão economicamente atraentes quanto os produtos de massa.[2]

Alguns dos negócios mais bem-sucedidos na internet hoje usam a alavanca da cauda longa para alcançar consumidores malservidos e satisfazer a demanda por produtos não encontrados em lojas físicas tradicionais. Os exemplos incluem a Amazon, que torna disponível com um clique do *mouse* centenas de milhares de produtos não estocados em redes de varejo locais; o iTunes, que vende legalmente música de nicho não encontrado em lojas de discos para pessoas que curtem artistas fora das paradas, e o Netflix, que explorou a cauda longa da demanda de aluguel de vídeos para além dos sucessos de bilheteria encontrados nas locadoras em geral. Anderson mostra que as implicações para os negócios da cauda longa são profundas, e ilustra o fato de que há muito dinheiro a ser ganho criando e distribuindo de acordo com sua teoria. Sim, os grandes sucessos são importantes. Mas, como tantos negócios mostraram, há dinheiro para ser ganho além de *Harry Potter*, U2 ou *Piratas do Caribe*.

E o marketing? Embora o livro de Anderson foque na disponibilidade de produtos e nos modelos de venda na *web*, os conceitos se aplicam igualmente ao marketing. Não há dúvida de que existe um mercado da cauda longa para conteúdo na *web* criado por organizações de todo tipo – corporações, ONGs, igrejas, escolas, indivíduos, bandas de rock – e usado para atingir consumidores – aqueles que compram, doam ou assinam, diretamente. Ao procurar na internet respostas a seus problemas, ao fuçar *blogs*, salas de bate-papo e *websites* atrás de ideias, as pessoas estão procurando o que organizações como a sua têm a oferecer. Diferentemente dos dias das velhas regras do marketing de interrupção de mensagem única, os consumidores de hoje buscam apenas o produto ou serviço certo para satisfazer seus desejos no momento preciso em que estão *on-line*. Pessoas buscam o que você tem a oferecer agora.

Dica

Os profissionais de marketing devem se afastar do marketing de massa do topo e buscar uma estratégia de atingir vastos números de consumidores malservidos, com o uso da *web*.

Quando os profissionais de marketing entendem a *web* como uma plataforma para alcançar milhões de micromercados com mensagens precisas bem no ponto de consumo, o modo como criam conteúdo na internet muda dramaticamente. Em vez de um *website* genérico com uma mensagem para o mercado de massa, precisamos criar vários pequenos *sites* diferentes – com páginas de destino direcionadas e o conteúdo adequado –, cada um deles destinado a um *target* de público específico. Como estudos de marketing, os casos da NetFlix, Amazon e iTunes são fascinantes. Na cauda longa, as técnicas introduzidas pelos líderes do varejo para atingir consumidores com interesses de nicho são exemplos de genialidade de marketing.

Diga-me alguma coisa que eu não saiba, por favor

A Amazon.com foi otimizada para a pesquisa. Em geral, há apenas dois meios pelos quais as pessoas interagem com o conteúdo na *web*: elas pesquisam e fuçam. A maior parte das organizações otimiza seus *sites* para busca, o que ajuda a responder as perguntas de qualquer um, mas não encoraja ninguém a xeretar. Mas as pessoas também querem que um *site* lhes diga algo que não pensaram em perguntar. Os profissionais de marketing da Amazon entendem que, mesmo quando as pessoas olham o *site* sem compromisso, elas podem ter uma ideia geral do que querem (no meu caso, talvez um livro sobre surfe para minha filha), mas não um título em particular. Assim, se começo uma busca na Amazon com a frase "surfe para iniciantes", consigo 99 títulos como resultado. Com esta lista como ponto de partida, eu mudo para o modo passear, que é onde a Amazon mostra sua excelência. Cada título tem um *ranking* de avaliação de consumidores, onde vejo imediatamente como eles avaliaram cada um dos livros. Também posso ver a lista de "consumidores que compraram este item" e ainda *rankings* sobre "o que consumidores acabaram comprando depois de ver um item como este". Posso checar os *tags* de consumidores do item (um modo de consumidores categorizarem um livro para ser comprado mais tarde, ou para ajudar outros consumidores), ou até mesmo criar um *tag*. E posso ver parte do conteúdo do próprio livro. Depois de comprar um livro perfeito para minha filha (*O guia das garotas para o surfe*), posso receber um *e-mail* da Amazon semanas ou meses depois, sugerindo, com base nessa compra, outro livro que posso achar útil. Isso é brilhante.

O *site* é destinado para um público importante e frequentemente ignorado: pessoas que podem fazer sua própria pesquisa e considerar uma decisão por um tempo antes de se comprometerem. Profissionais de maketing inteligentes, como os caras na Amazon e na Cérvelo, diferentemente dos três fabricantes de carros dos quais falei no Capítulo 1, sabem que as estratégias mais eficazes da *web* antecipam necessidades e fornecem conteúdo para satisfazê-las, mesmo antes que os consumidores perguntem.

O marketing na *web* não são anúncios publicitários em *banners* genéricos destinado a enganar as pessoas com cores chamativas ou movimentos excêntricos. Trata-se de entender as palavras-chave e frases que nossos compradores estão usando e então adotá-las em microcampanhas para levar compradores a páginas repletas do conteúdo que buscam.

As notícias do jeito tradicional

As novas regras são importantes para a área de relações públicas. Até acho que o conteúdo *on-line*, em todas suas formas, está causando uma convergência de marketing e RP que, na realidade, não existe no ambiente *off-line*. Quando seu comprador está na *web* buscando alguma coisa, conteúdo é conteúdo em todas as suas manifestações. E em um mundo interconectado pela *web*, o conteúdo leva à ação.

No circuito de palestras, ouço com frequência pessoas dizerem que conteúdos como *blogs* ou *releases* são efetivamente bons apenas para empresas de tecnologia. Elas acreditam que os setores tradicionais não conseguem fazer a estratégia funcionar. Mas eu sempre discordei. Grandes conteúdos trazem confiabilidade para uma organização e convocam pessoas à ação – seja para comprar, assinar, se inscrever ou doar. E grande conteúdo significa que as pessoas interessadas continuarão voltando. Como resultado, a organização tem sucesso, conquistando metas como aumento da receita, do tráfego, conseguindo doações e gerando contatos de vendas.

A Concrete Network,[3] por exemplo, dá informações sobre produtos e serviços de concreto residencial e ajuda compradores e vendedores, conectando-os uns aos outros. A empresa mira consumidores e construtores que porventura planejam construir um pátio, um deck ou uma entrada de carro de concreto – este público é o componente *business-to-consumer* (B2C) da Concrete Network –, assim como empreiteiros que formam o componente *business-to-business* (B2B). O serviço *find-a-contractor*[4] da Concrete Network liga donos de casas a construtores que precisam de um projeto feito com empreiteiros especializados em 22 serviços diferentes em 221 áreas metropolitanas, tanto nos Estados Unidos quanto no Canadá. O conteúdo de *web* da empresa, combinado a uma abrangente estratégia de notícias diretas para o consumidor, impulsiona os negócios da Concrete Network. Sim, senhoras e senhores, conteúdo na *web* vende concreto!

"As novas regras de RP dizem que qualquer um que quiser ser um líder tem de ficar produzindo notícias", afirma Jim Peterson, presidente da Concrete Network. O programa atual de RP da companhia inclui duas notícias dirigidas a consumidores por semana, uma série de artigos no *site*, catálogos de graça *on-line* para categorias como decks de piscinas, pátios e entradas de carros, além de galerias de fotos para consumidores potenciais checarem o que está disponível. Como resultado de todo este incrível conteúdo, a Concrete Network tem 10 vezes mais tráfego que qualquer outro *site* na indústria de concreto, de acordo com Peterson. Ele diz que *releases* com títulos ligados a feriados ou educacionais funcionam melhor. Se for para o 4 de Julho (Dia da Independência dos Estados Unidos), o *release* vai tratar de decks de piscina, pátios ou churrasqueiras. Mas se forem destinados especificamente a vender não se dão tão bem. "Fizemos um *release* de mobília no 1º de abril que foi muito bem", Peterson diz. O título – "Mobília de concreto? Escape do 1º de abril com mesas, bancos e até cadeiras de concreto" – foi escrito no formato de uma matéria. Peterson é muito consciente das palavras e frases que usa, elaborando seus *releases* para alcançar nichos de mercado específicos. Por exemplo, "lareira contemporânea", "cornija de lareira" e "*design* de lareira" são frases importantes para pessoas que estão no mercado à procura de uma lareira. Todos os *releases* são enviados com imagens tiradas da "maior coleção do planeta de fotos de concreto decorativo" da Concrete Network. Peterson pode, por exemplo, escolher entre dezenas de fotos apenas de pátios de concreto.[5]

"Sabemos quantos vistantes chegam a nós por meio dos *releases*, e é semelhante ao marketing pago de mecanismo de busca", diz Peterson, ressalvando que tem um custo menor. "Estamos também gerando *links* de outros *sites* que indexam os *releases*, e isto é um bônus de mídia, ao sermos mencionados em uma matéria." Ele acrescenta que o *site* teve uma média mensal de 550 mil visitantes em 2005 e de 850 mil em 2006. Em 2009, com uma crise econômica como pano de fundo, um mercado de construção dramaticamente mais lento e 40% a menos de pesquisas na categoria concreto, o *site* quebrou a barreira do milhão de visitantes por mês, e continua crescendo. Peterson espera uma explosão no tráfego assim que a economia comece a melhorar. "Os *releases* diretos ao consumidor são uma grande parte do aumento do tráfego. Quando fazemos as contas, vemos que estamos gastando 20 mil dólares por ano com distribuição de *releases*. Nós os vemos como outro componente de nosso marketing. Alguns negócios não vão querer gastar isso, mas eles provavelmente não serão os líderes em seus mercados".

Conselho do presidente da companhia

Como presidente da Concrete Network, Peterson é um raro executivo que entende o poder do marketing de conteúdo, da otimização dos mecanismos de busca e dos *releases* para chegar diretamente aos consumidores e impulsionar os negócios. Qual é seu conselho para outros presidentes e CEOs de empresas? "Todo negócio tem informações que podem contribuir para a educação do mercado. É preciso se perguntar: como eu posso conseguir informações? Também é necessário ter uma visão a longo prazo e uma noção de como seu negócio pode ficar melhor. Nós criamos, por exemplo, uma série de guias de compras, porque sabíamos que eles seriam valiosos para o mercado. Você precisa pensar como uma série de cem *releases* em dois anos vai beneficiar seu mercado e então se compremeter com isso, entendendo que não é uma coisa da noite para o dia."

Peterson também sugere buscar a ajuda de um especialista para começar um programa. "Não fique sentado, deixando que isso seja parte apenas de sua lista de boas intenções", ele diz. "Os negócios vão viver ou morrer por causa de conteúdo original. Se criar um conteúdo verdadeiramente útil para seus consumidores, você será bem-visto, como uma pessoa de espírito – você dita as regras para novos negócios. Mas a vasta maioria das empresas parece não se importar. Na Concrete Network, estamos em uma missão. Busque a essência das coisas que seu produto resolve, escreva boas matérias e publique-as *on-line*."

Não dá para não gostar. Se conteúdo vende concreto, pode também vender o que você tiver a oferecer!

A cauda longa do RP

Em RP, não importa o *clipping*. O importante é chegar aos compradores.

Fui vice-presidente de marketing e RP de duas companhias de capital aberto, e fazia isso da maneira tradicional. Não funciona mais. Mas as novas regras funcionam – e funcionam muito bem.

Em vez e gastar milhares de dólares por mês em um programa de relações com a mídia, tentando convencer um punhado de repórteres em revistas, jornais e canais de TV selecionados a cobrir nossos produtos, devemos mirar os que estão antenados – blogueiros, *sites* de notícias *on-line*, micropublicações, palestrantes, analistas e consultores que chegam a públicos dirigidos, que estão procurando o que temos a oferecer. Melhor ainda, não temos nem mais de esperar que alguém com voz na mídia escreva sobre nós. Com a mídia social, nos comunicamos direto com nosso público, eliminando o filtro da mídia. Temos o poder de criar nossa própria marca na mídia em um nicho de nossa escolha. Temos de ser encontrados no Google e no Yahoo!, em *sites* verticais e RSS (*Really Simple Syndication*). Em vez de escrevermos *releases* apenas quando temos grandes notícias – *releases* que chegam a poucos jornalistas –, devemos enviar textos que sublinhem novas ideias e nossas histórias, e distribuí-los para que nossos compradores possam encontrá-los em mecanismos de busca de notícias e *sites* de conteúdo verticais.

Para termos sucesso em marketing e RP de cauda longa, precisamos adotar critérios diferentes para o sucesso. No mundo dos livros, todo mundo diz: "Se você conseguir aparecer apenas na Oprah, vai ser um sucesso". Claro, eu também gostaria de estar na Oprah. Mas em vez de focar horas incontáveis (e provavelmente estéreis) na megaexposição de uma aparição na TV, não seria melhor estratégia ter um monte de pessoas resenhando seu livro em publicações menores para alcançar públicos que compram livros como o seu? Oprah é um alvo e tanto, mas no momento blogueiros adorariam saber de você. Oprah pode ignorar 100 livros por dia, mas blogueiros correm para suas caixas de correio para ver coisas que podem estar lá (acredite, sei disso por experiência própria). É óbvio que seria ótimo ter seu perfil profissional na *Fortune* ou na *Business Week*. Mas, em vez de colocar todos os esforços de divulgação em um potencial grande sucesso de RP, não seria melhor conseguir a atenção de dezenas de blogueiros e analistas influentes para contar sua história diretamente aos nichos de mercado que estão procurando o que você tem a oferecer?

As novas regras de marketing e RP

Se você se sentir excitado ao ler sobre o que algumas dessas empresas andam fazendo, então as novas regras são para você. No próximo capítulo, apresento casos de estudo interessantes de companhias que tiveram sucesso com as novas regras. Em cada exemplo, entrevistei uma pessoa em particular da organização, para que possamos aprender diretamente com ela. Em seguida, há capítulos sobre áreas específicas de conteúdo *on-line* (como *blogs*, vídeos *on-line* e *press releases*), além de capítulos mais detalhados sobre como fazer. Mas, antes de prosseguirmos, permitam-me explicitar as novas regras de marketing e RP que discutiremos em todo o restante do livro:

- Marketing é mais que apenas publicidade.
- RP é mais do que apenas um canal de mídia para alcançar grandes audiências.
- Você é o que você publica.
- As pessoas querem autencidade, não embromação.
- Em vez de causar interrupções de mão única, o marketing trata de entregar conteúdo no momento preciso em que seu público precisa dela.
- Profissionais de marketing devem mudar seu pensamento, passando do marketing de massa para a estratégia de alcançar vastos públicos mal-servidos via *web*.
- RP não é fazer seu chefe ver sua empresa na TV. Mas fazer seus compradores verem sua empresa na *web*.
- Marketing não tem a ver com ganhar prêmios para sua agência. Mas fazer sua organização ganhar negócios.
- A internet fez com que as relações públicas ficassem públicas de novo, depois de anos de foco quase exclusivo na mídia.
- Empresas precisam levar as pessoas ao processo de compra com grande conteúdo *on-line*.
- *Blogs*, vídeos *on-line*, *e-books*, *releases* e outras formas de conteúdo permitem que organizações se comuniquem diretamente com compradores em uma forma que eles apreciem.
- Redes sociais permitem que pessoas em todo o mundo partilhem conteúdo e se conectem com pessoas e empresas com as quais fazem negócios.
- Na *web*, as linhas entre marketing e RP ficaram indistintas.

A convergência de marketing e RP na *web*

Quando escrevi originalmente esta lista e a editei, fiquei surpreso pela forma como um conceito particular era importante para qualquer estratégia bem-sucedida de chegar diretamente aos compradores. Este conceito é a convergência de marketing e RP. Em um mundo *off-line*, marketing e RP são departamentos separados com pessoas e conjuntos de habilidades diferentes, mas este não é o caso na *web*. Qual é a diferença entre o que Amazon, iTunes e Netflix estão fazendo para chegar aos consumidores com marketing *on-line*, e o que a Concrete Network faz com seus *releases* diretos ao consumidor? Não há muita diferença. Como a notícia que a Cérvelo Cycles cria e posta em seu *site* é diferente da matéria no *website* da revista *Bicycling*? Não é. E quando um comprador pesquisa sua categoria de produtos, usando um mecanismo de busca, importa realmente se a primeira exposição é um *hit* no seu *website*, um *release* que sua organização enviou, um artigo de revista ou um *post* em um *blog*? Eu diria que não importa. Já apresentei duas listas separadas para as velhas regras do marketing e as velhas regras de RP, mas agora só há um conjunto de princípios: as novas regras de marketing e RP. Um grande conteúdo, em todas as formas, ajuda compradores a ver que você e sua organização entenderam. O conteúdo dirige a ação.

Notas

1 www.cervelo.com/
2 www.thelongtail.com/about.html
3 www.concretenetwork.com/
4 www.concretenetwork.com/contractors/
5 www.concretenetwork.com/photo_library/patios.htm

Capítulo 3

PARA ATINGIR SEUS COMPRADORES
DIRETAMENTE

Acabou há tempos a frustração de depender exclusivamente da mídia e da publicidade cara para comunicar a mensagem de sua organização. Sim, a mídia de massa ainda é importante, mas hoje profissionais de marketing inteligentes elaboram informações atraentes e as comunicam diretamente na *web*. O esforço tremendo de depender de publicidade para convencer compradores a prestarem atenção em ideias, produtos e serviços de sua empresa é uma dor de cabeça do passado.

Chip McDermott fundou a ZeroTrash[1] como uma organização sem fins lucrativos para retirar o lixo das ruas e praias de Laguna Beach, na Califórnia. A população e o turismo haviam explodido, mas a cidade não conseguiu acompanhar a demanda com uma infraestrutura eficiente para recolhimento e reciclagem do lixo público. McDermott usou a *web* para reunir a comunidade em torno de um movimento ativista.

"A centelha da ideia, em 2007, foi que o lixo estava se tornando lugar comum nas ruas e calçadas de Laguna Beach", diz McDermott. "Começamos a enfrentar o problema com uma página de fãs no Facebook[2] para a Zero Trash Laguna e rapidamente chegamos a centenas de membros."

As pessoas usaram a página Zerotrash no Facebook para organizar eventos e conectar lojistas locais com moradores. O Facebook foi crucial no lançamento do movimento ZeroTrash First Saturday, no qual donos de lojas e voluntários caminhavam pela cidade e recolhiam lixo no primeiro sábado de cada mês. Os comerciantes adoraram, porque as pessoas mantinham os arredores das lojas limpos. Por sua vez, McDermott buscou o patrocínio de lojistas para financiar as compras de equipamentos como lixeiras, camisetas, sacos de lixo e luvas.

McDermott também lançou o *blog* ZeroTrash[3] e abriu conta no Twitter. Os *sites* de mídia social servem para manter as pessoas atualizadas sobre o que a ZeroTrash está fazendo. Em um recente First Saturday, por exemplo, a comunidade de Laguna Beach ajudou a remover cerca de 250 quilos de lixo e 170 quilos de material reciclável das ruas. McDermott usou a mídia social para informar este resultado a pessoas interessadas.

Depois do sucesso inicial em Laguna, a ZetroTrash agora também promove operações em Newport Beach e Dana Point. E com esse tipo de organização, tem a esperança e a ambição de espalhar o movimento para além da Califórnia. "Queremos que as pessoas tenham o controle individual de cada nova comunidade do ZeroTrash", ele diz. "Como conseguir participantes que tenham paixão para assumir o controle e começar a tarefa em suas próprias comunidades? A resposta óbvia é usar a mídia social para influenciar pessoas."

Não há dúvida de que divulgar uma ideia, um produto ou um serviço é mais simples quando se pode confiar em mídias sociais, como *blogs*, Facebook e Twitter. A *web* permite que qualquer organização – incluindo ONGs como a ZeroTrash, assim como empresas grandes e pequenas, candidatos a cargos públicos, agências governamentais, escolas, artistas e até quem procura emprego – chegue a compradores diretamente. Este poder é claro para quase todo mundo hoje, mas muitos executivos e empreendedores ainda lutam para descobrir o mix correto de publicidade tradicional e comunicação direta com seus compradores.

O marketing certo em um mundo conectado

A Century 21 Real Estate LLC[4] é a franqueadora da maior organização mundial de vendas imobiliárias residenciais, um gigante do setor com cerca de 8 mil escritórios em 45 países. A empresa vinha gastando com publicidade na televisão há anos, mas, em uma significativa mudança estratégica, tirou seus comerciais nacionais do ar em 2009 e investiu esses recursos no marketing *on-line*.

Uau! Eu vi os anúncios da Century 21 na TV durante muitos anos. Estamos falando de uma mudança de milhões de dólares que saíram da TV e foram para a *web*. Esta é uma coisa grande.

"Estamos movendo nossos orçamentos de publicidade para as mídias que têm maior relevância para nossos compradores e vendedores, e para onde o retorno dos investimentos seja mais significativo", diz Bev Thorne, principal executivo de marketing da Century 21. "Em 2008, descobrimos que nosso investimento *on-line* dava um retorno substancialmente maior que nossos investimentos tradicionais de mídia."

Thorne e sua equipe aprenderam que as pessoas presentes no mercado para comprar ou vender uma casa recorrem fortemente à *web*. Além disso, quanto mais próximas estão de uma transação imobiliária, mais usam recursos *on-line*. "Estamos começando a usar LinkedIn, Facebook, Twitter, Active Rain e outros", diz Thorne. "O YouTube já é um componente central de nossas atividades, e buscamos usar ainda mais."

Muitas empresas que gastam grandes somas em publicidade de televisão (e outros marketings *off-line*, como malas diretas, revistas e jornais, páginas amarelas) temem se afastar, ainda que parcialmente, de suas zonas de conforto para adotar o marketing *on-line* e as mídias sociais. Mas a evidência que mostra como as pessoas pesquisam sugere, de maneira avassaladora que as empresas devem contar suas histórias e espalhar suas ideias *on-line*, no momento preciso em que os compradores potenciais estão procurando por respostas.

É uma época excitante para se trabalhar com marketing, não importa em que negócio você esteja. Fomos liberados de depender exclusivamente de comprar acesso por meio de publicidade ou de mídia tradicional para serem nossos porta-vozes convincentes. Agora podemos publicar na *web* informações nas quais as pessoas estão dispostas a prestar atenção.

Deixe que o mundo conheça sua *expertise*

Todas as pessoas e organizações possuem o poder de se elevarem a si mesmas na *web*, para chegar a uma posição de importância. No novo e-mercado de ideias, as organizações enfatizam sua *expertise* de várias formas, tais como grandes *websites*, *podcasts*, *blogs*, *e-books*, e *releases on-line* para focar nas necessidades de seus compradores. Todas essas mídias permitem que organizações levem as informações certas a compradores, bem no ponto em que estão mais receptivos para isso. Como profissionais de marketing, as ferramentas à nossa disposição são mídias presentes na *web* para entregar nosso conteúdo informativo e balanceado via *websites*, *blogs*, *e-books*, *papers*, imagens, fotos, conteúdo de áudio, vídeo e até coisas como posicionamento de produtos, *games* e realidade virtual. Também temos a capacidade de interagir e participar de conversas que outras pessoas começaram em *sites* de mídia social como Twitter, *blogs*, salas de bate-papo e fóruns. O que conecta todas essas técnicas é que organizações de todo tipo se comportam como *publishers*, criando conteúdo que as pessoas estão ansiosas para consumir. As organizações ganham credibilidade e lealdade entre compradores por meio de conteúdo, e profissionais de marketing inteligentes agora pensam e agem como *publishers* para criar e enviar conteúdo dirigido diretamente a seu público.

Jeff Ernst, vice-presidente de marketing da Kadient, ajuda a vender um complexo produto *business-to-business* que não é fácil de explicar, mas cria enorme valor para ser usado pelas equipes de venda. A companhia desenvolve *software* que dá a vendedores informações importantes e aconselhamentos, específicos para as oportunidades de venda que estão gerenciando e pessoas para as quais estão vendendo. Ernst partilhou seu conhecimento com o mundo ao publicar um *e-book* chamado *The new rules of sales enablement:* how to stop sabotaging your sales teams and start empowering them for success (*As novas regras da capacitação de vendas:* como parar de sabotar suas equipes de venda empoderando-as para o sucesso).[5] Nele, Ernst explica como o velho modelo do vendedor como um caubói solitário abrindo seu caminho a bala não funciona nos dias de hoje. Em vez disso, ele argumenta que as equipes de vendas devem trabalhar juntas e partilhar conhecimento sobre o que funciona. Obviamente, a ferramenta da Kadient pode ajudar, mas é importante notar que o *e-book* de Ernst é mais que apenas um discurso de venda. Ao pensar como um *publisher* e criar informação valiosa para alcançar seus compradores (gerentes de vendas em grandes organizações), Ernst chegou a milhares de pessoas com seu *e-book*. O resultado: leitores engajados que querem aprender mais sobre a Kadient.[6] E, melhor de tudo, exceto por alguma ajuda externa para desenhar seu *e-book*, este tipo de publicação *on-line* é de graça.

Desenvolva informações que seus compradores queiram consumir

Empresas com grandes orçamentos não veem a hora de gastar muito dinheiro em comerciais de TV. É como encomendar uma obra de arte. Anúncios na TV fazem o pessoal de marketing das maiores companhias se sentir bem. Mas anúncios que datam do tempo do complexo industrial da TV não funcionam mais tão bem. Era diferente quanto tínhamos três redes e o cabo não existia. No

PARA ATINGIR SEUS COMPRADORES DIRETAMENTE

mundo rápido, multicanal e webcêntrico da cauda longa, com YouTube, TiVo e *blogs*, gastar grandes somas em comerciais de TV é como encomendar um retrato no século XIX: pode fazer você se sentir bem, mas dá algum dinheiro?

Em vez de utilizar orçamentos enormes para comerciais de TV de baixa inteligência, que pretendem falar com as massas e portanto não atraem ninguém, precisamos pensar na informação que nossos públicos específicos querem ouvir. Por que não desenvolver conteúdo especificamente para estes nichos e lhes contar *on-line* uma história sobre seu produto, uma história criada especialmente para eles? Quando pessoas de marketing e RP afinam suas mentes com relação aos nichos, começam a ver as oportunidades de serem mais eficazes, transmitindo as mensagens de suas organizações.

Personas compradoras: os fundamentos

Profissionais de mercado inteligentes entendem compradores, e muitos constroem "*personas* compradoras" formais para seus *targets* demográficos. (Discuto *personas* compradoras em detalhe no Capítulo 11.) Para muitos de nós, pode ser atemorizador considerar quem, exatamente, está visitando nosso *site*. Mas se dividirmos os compradores em grupos distintos e depois catalogarmos o que sabemos sobre cada um deles, tornamos mais fácil criar conteúdo dirigido a cada público importante. O *site* de uma faculdade, por exemplo, geralmente tem a meta de deixar seus alunos felizes para que eles doem dinheiro regularmente para a escola onde se formaram. Uma faculdade pode ter duas *personas* compradoras entre seus alunos: os jovens (aqueles que se formaram nos últimos 10 ou 15 anos) e os mais velhos. Universidades também têm a meta de recrutar estudantes, ajudando-os no processo de matrícula. Um *site* eficaz de uma faculdade deve ter uma *persona* compradora para o estudante de segundo grau que está considerando ir para a faculdade. Como os pais do estudante potencial têm necessidades de informação muito diferentes, os *designers* do *site* podem construir outra *persona* compradora para os parentes. Uma faculdade também precisa manter seus consumidores atuais (estudantes) felizes. Em suma, isto significa um *site* de faculdade bem executado que pode atingir diferentes *personas* compradoras, com a meta de conseguir que ex-alunos doem dinheiro, que estudantes formados no ensino médio façam a matrícula e que os pais se certifiquem de que seus filhos completem esse processo de admissão. As metas do *site* para os estudantes existentes podem assegurar que eles voltem no ano seguinte, além de responder perguntas para não sobrecarregar os funcionários da escola.

Ao entender as necessidades e as atitudes dessas cinco *personas* compradoras, a faculdade será capaz de criar conteúdo apropriado. Uma vez que você entenda muito bem seu público (e só então), você pode começar a satisfazer suas necessidades de informação, focando nos problemas de seu comprador, criando e enviando conteúdo adequado. Como foi mencionado antes, o conteúdo de um *website* muitas vezes apenas descreve, de maneira simples, o que uma organização ou produto faz – a partir de um ponto de vista egoísta. Embora informações sobre sua organização e os produtos sejam certamente valiosas nas páginas internas de seu *site*, o que os visitantes querem mesmo é um conteúdo que descreva primeiro as questões e os problemas, para depois fornecer detalhes sobre como resolver estes problemas. Uma vez estabelecida uma relação *on-line*, você pode começar a oferecer soluções potenciais que foram definidas para cada público. Depois de ter identificado públicos-alvo e articular seus problemas, o conteúdo é a ferramenta para você exibir sua *expertise*. Um conteúdo bem organizado na *web* também levará seus visitantes ao ciclo de vendas até o ponto em que eles estejam prontos para comprar ou se comprometer com sua organização.

É crucial, para o sucesso, entender compradores e construir uma estratégia eficaz de conteúdo. E é decisivo fornecer *links* do conteúdo para o local onde a ação acontece. Pense no caso de Mike Pedersen, que é amplamente reconhecido como um dos maiores especialistas de treino de *fitness* em golfe nos Estados Unidos e já ensinou a milhares de golfistas a abordagem adequada para uma prática consistente desse esporte. Pedersen administra um negócio *on-line* fornecendo produtos para que golfistas melhorem seu jogo ficando em melhor forma. O *site* de Pedersen[7] e seu *blog* Perform Better Golf[8] estão recheados de conteúdo criado especificamente para um mercado alvo estreito (uma *persona* compradora). "Eu escrevo para o golfista de 60 anos que está tendo um rápido declínio de suas capacidades físicas", diz Pedersen. "Gosto de chamá-lo de conteúdo dirigido. Quando escrevo um artigo para meus leitores, estou me dirigindo a um elemento muito específico do golfe. O artigo pode ser dirigido a um pequeno aspecto da postura do golfe, por exemplo, e os caras para quem eu escrevo sabem como isso pode ajudá-los."

Pedersen oferece centenas de artigos de graça e dicas em seu *site* e *blog*, tais como "Aquecimentos específicos do golfe" e "Os músculos precisam estar fortes e flexíveis para produzir mais poder em seu jogo". "A maioria dos golfistas não prepara seu corpo antes de um bom jogo", diz ele. "Escrevo para uma compreensão fácil e ofereço exercícios que podem ajudar a preparação das pessoas de forma mais rápida e eficiente." Cada artigo inclui fotos múltiplas de Pedersen ilustrando como os exercícios devem ser feitos.

Ele usa mecanismos de busca para obter grande parte de seu tráfego – e seu *site* é o número um em mecanismo de busca para frases importantes como "treinamento de golfe". Ele trabalha com parceiros e afiliados, e também atua como especialista em *fitness* do *site* da revista *Golf*, gerando ainda mais tráfego para seu *site*. Pedersen diz que a chave para tudo em seu negócio é se dirigir diretamente a seus compradores com conteúdo específico para eles. É incansável seu foco na *persona* compradora, do homem mais velho que ama o golfe, mas vai se tornando menos capaz em seus anos de declínio. "Eu trabalho para entrar nas mentes dos consumidores e para sentir sua dor e sua frustração", diz. "É fácil escrever o que eu penso, mas é muito mais difícil escrever sobre o que meus compradores estão pensando. Esses caras são meu mercado alvo e, se eles não fizerem algo agora, não conseguirão ter condições físicas para praticar o jogo que amam em anos futuros. Eu sou um sujeito de quarenta anos, realmente preparado e saudável. Se escrevesse apenas para mim, estaria dando um tiro no pé, porque não sou o público-alvo."

Pedersen ganha dinheiro vendendo produtos como seu Golf Fitness Training System por 150 dólares (o pacote inclui DVDs, livros e manuais) e títulos de sócio de seu Golf Training Program. Ele também oferece DVDs sobre tópicos específicos e aparelhos de exercícios como tacos de pesos determinados. Em seu *site*, no pé de cada artigo há um caminho claro e um chamado à ação. "Eu sou diligente ao colocar *links* em todas as páginas para algo de graça e para a página de produtos", afirma ele. Uma oferta recente, por exemplo, dizia: "Quer aprender como seu corpo impede você de dar uma tacada perfeita? Compre meu *e-book Free golf fitness* e saiba como!".

Quando as pessoas se registram no *site* para uma oferta grátis, elas são acrescentadas ao *mailing list* de 40 mil *e-mails* pessoais de Pedersen, passando a receber alertas sobre novo conteúdo significativo adicionado ao *site* e ao *blog*, assim como ofertas especiais. As mensagens de *e-mail* que ele manda, na sua maioria, são alertas sobre novo conteúdo e não contêm qualquer apelo de venda. "Sei que consigo mais vendas se oferecer um conteúdo valioso", diz Pedersen.

Pense como um *publisher*

O novo modelo de publicação na *web* não está ligado a superpromoções, truques e mensagens. Tem a ver, sim, com conteúdo – quando e onde ele é necessário – e com o processo de marcar você ou sua organização como líderes. Quando você entender seu público, formado por essas pessoas que se tornarão seus compradores (ou aqueles que se inscreverão, doarão, assinarão, entrarão em contato, se oferecerão como voluntários, ou votarão), você poderá elaborar uma estratégia editorial e de conteúdo apenas para eles. O que funciona é o foco em seus compradores e seus problemas.

Para implementar uma estratégia de sucesso, pense como um *publisher*. Os profissionais das organizações, que estão usando com sucesso as novas regras, reconhecem que agora são fornecedores de informação. Eles administram a informação como um bem valioso, com o mesmo cuidado que uma editora adota. Uma das coisas mais importantes que um *publisher* faz é começar uma estratégia de conteúdo e *então* focar na mecânica de entregar aquele assunto. Os *publishers* identificam cuidadosamente os públicos-alvo, definindo-os, e determinam qual conteúdo é necessário para satisfazer suas necessidades. *Publishers* devem considerar as seguintes questões: Quem são meus leitores? Como vou alcançá-los? Quais são suas motivações? Quais são os problemas que posso ajudá-los a resolver? Como eu os entretenho e informo ao mesmo tempo? Que conteúdo os impelirá a comprar o que tenho a oferecer?

Conte diretamente a história de sua organização

Victor Konshin, autor de um livro importante sobre gota, *Beating gout:* a sufferer's guide to living pain free (*Vencendo a gota:* um guia de um sofredor para uma vida sem dor), fornece informações valiosas para quem sofre da doença em seu *site* Beating Gout.[9] Segundo ele, é a informação mais acurada disponível em qualquer lugar na internet, toda ela focada em resolver o problema dos pacientes que sofrem de gota e de suas famílias.

Diferentemente de tantos outros *websites*, Beating Gout não é apenas um folheto *on-line*. As pessoas que criam *sites* como folhetos centrados em produto perdem uma oportunidade de educar e informar seus consumidores potenciais. Quando os visitantes recebem algo de valor, como acontece no Beating Gout, eles se tornam dispostos a fazer negócios com a empresa que os ajudou e os educou.

Antes de criar um espaço centrado no conteúdo, Konshin teve um *site* básico para promover seu livro. "Estava desapontado com a falta de atenção que meu *site* tinha tanto de consumidores quanto da mídia", ele diz.

O novo *site* transmite informações com títulos como "Gota, a doença esquecida", "O impacto da gota em sua qualidade de vida, finanças e família" e "Pedras nos rins, um alerta inicial da gota?". Cada um dos *posts*, cheios de conteúdo, estão bem destacados em mecanismo de busca como o Google, aumentando muito o tráfego do *site* e diminuindo a *bounce rate* (frequência de pessoas que saem de uma página) em 60%.

"Meu *site* está chegando a posições muito mais altas em resultados de pesquisa", diz Kohnshin. "Meu *site*, por exemplo, costumava ficar em terceiro ou quarto em páginas de busca para a frase 'mitos da gota', mas agora está no topo da primeira página. No passado, eu tinha medo de dar conteúdo de graça, mas agora percebo que os consumidores me recompensam por isto."

Outra medida adotada por Konshin é monitorar o *ranking* de seu livro na Amazon. Desde que lançou seu novo *site*, *Vencendo a Gota* tem sido consistentemente o primeiro em livros sobre a doença. O resultado é que Konshin está vendendo muito mais livros, como resposta à criação de uma fonte rica de informações para os compradores. E você? Se você tem um *site* centrado no produto, consegue transformá-lo em um *site* centrado no comprador?

Conheça as metas e deixe o conteúdo guiar a ação

Nos circuitos de palestras e em meu *blog*, me pedem com frequência para criticar programas, *websites* e *blogs* de marketing. Minhas respostas típicas – "Qual é o objetivo?" e "Quais problemas você resolve para seu compradores?" – deixam muitas vezes as pessoas desconcertadas. É impressionante quantos profissionais de marketing não estabelecem metas para seus programas de marketing nem para seus *websites* e *blogs* em particular. Eles frequentemente não conseguem dizer quem são seus compradores e que problemas deles podem resolver.

Uma estratégia eficaz de marketing e RP, que leve conteúdo atraente para compradores, consegue levá-los a agir. (Você vai saber mais sobre o desenvolvimento de sua própria estratégia de marketing e RP no Capítulo 11.)

As empresas que entendem as novas regras de marketing e RP têm uma meta claramente definida de *negócios* – vender produtos, gerar contribuições, ou fazer com que pessoas votem ou se inscrevam. Essas organizações de sucesso não estão focadas em metas erradas, coisas com *press clippings* e prêmios de publicidade. Em organizações de sucesso, *releases, blogs, websites*, vídeos e outros conteúdos levam visitantes ao ciclo de consideração de compra e depois os encaminham para o lugar onde a ação acontece. A meta não está escondida, e é fácil para os compradores encontrar o caminho para dar o próximo passo. Quando o conteúdo é eficaz para a ação, é fácil encontrar o próximo passo do processo de vendas – o botão Produtos de uma empresa de *e-commerce*, o formulário de *download* de um informativo de B2B de uma corporação, ou um *link* de Doação para uma ONG.

Trabalhar a partir da perspectiva do desejo da empresa por crescimento da receita e retenção de clientes (as metas), em vez de focar em métricas confeccionadas para coisas como contatos de venda e tráfego do *website*, produz mudanças surpreendentes no típico plano de marketing e na organização do conteúdo na *web*. Para o tráfego do *website*, não importa se a sua meta é a receita (no entanto, o tráfego pode *levar* a esta meta). De forma semelhante, estar como número um no Google por conta de uma frase não é o mais importante (embora, se seus compradores se importarem com aquela frase, ela possa levar à meta).

Em última análise, quando os profissionais de marketing focam nas mesmas metas que o resto da organização, é possível desenvolver programas de marketing que realmente conduzem à ação, começam a contribuir com a receita e a impor respeito. Em vez de sermos alvos de comentários sarcásticos e chamados simplesmente de o departamento das camisetas, somos vistos como parte de uma unidade estratégica que contribui para as metas da organização.

O conteúdo e a liderança na mente do consumidor

Para muitas companhias e indivíduos, chegar a consumidores com conteúdo na *web* tem um efeito poderoso e menos óbvio. O conteúdo marca uma organização como um líder na mente do consumidor (*thought leader*). Na verdade, muitas organizações criam conteúdo especificamente para posicioná-las como líderes conceituais em seus mercados. Em vez de vender diretamente alguma coisa, um grande *site*, *blog* ou uma série de *podcasts* dizem ao mundo que você é inteligente, que entende o mercado muito bem e que você pode ser a pessoa ou organização com quem é bom fazer negócios. O conteúdo na *web* contribui diretamente para a reputação *on-line* de uma organização, mostrando liderança na mente do consumidor no mercado de ideias. Ver o Capítulo 12 para saber mais sobre a liderança na mente do consumidor.

Nos capítulos seguintes, que compõem a Parte II deste livro, introduzo *blogs*, *news releases*, *podcasting*, vídeos *on-line*, marketing viral e mídia social. Depois, na Parte III, apresento um guia para criar seu plano de marketing e RP (Capítulo 11), seguido de capítulos detalhados sobre como fazer bem cada uma das técnicas. O conteúdo transforma curiosos em compradores. Não importa se você está vendendo resfriadores de vinho ou um novo CD de música, ou protestando contra o dano que o ruído de sonares faz às baleias, o conteúdo na *web* vende qualquer produto ou serviço e defende qualquer filosofia ou imagem.

Notas

1 http://zerotrash.org/; www.zerotrashlaguna.org/
2 www.facebook.com/pages/ZeroTrash/71671924615; www.facebook.com/ZeroTrash
3 http://zerotrash.wordpress.com/
4 http://twitter.com/ZeroTrash
5 www.century21.com/
6 www.kadient.com/sales_enablement_ebook.aspx
7 www.golf-trainer.com/; www.mikepedersengolf.com
8 www.performbettergolf.com/*blog*/
9 www.beatinggout.com/

II

Comunicações baseadas na *web* para atingir compradores diretamente

Capítulo 4

MÍDIA SOCIAL E SEU PÚBLICO-ALVO

Milhões de pessoas usam a *web* para pesquisa detalhada de produtos e serviços, para se envolver em campanhas políticas, se juntar a fã-clubes de música e cinema, avaliar produtos, discutir *hobbies* e paixões, congregando-se em todos os tipos de lugares *on-line*. As tecnologias e ferramentas, às quais muitos se referem coletivamente como *mídia social*, permitem que os usuários expressem, de todas as formas, suas opiniões *on-line*:

- *Sites* da **rede social**, como Facebook, Twitter e LinkedIn, ajudam pessoas a cultivar uma comunidade de amigos e partilhar informação.

- **Blogs**, *sites* pessoais escritos por alguém apaixonado por um assunto, fornecem meios de partilhar esta paixão com o mundo e de incentivar uma comunidade de leitores a fazer comentários sobre os *posts* do autor.

- *Sites* de **compartilhamento de vídeo e fotos**, como YouTube, Flickr e Vimeo, simplificam o processo tanto de compartilhar quanto de comentar.

- **Salas de bate-papo e murais** servem como locais de encontro *on-line* onde as pessoas discutem assuntos de interesse mútuo, tendo como característica principal a possibilidade de qualquer um iniciar uma discussão.

- **Listas de discussão**, semelhantes a salas de bate-papo, enviam mensagens por *e-mail* para um coletivo de membros registrados.

- **Wikis** são *websites* que qualquer um pode editar e atualizar.

- *Sites* de **bookmarking social**, como Digg e StumbleUpon, permitem que usuários sugiram conteúdo a outros e votem no que é interessante.

- **Aplicações móveis** com serviços de localização de GPS, como Foursquare, acrescentam o componente que identifica exatamente onde cada usuário está no mundo.

O que é mesmo mídia social?

Já que mídia social é um conceito tão importante (e muitas vezes mal-entendido), vou definir:

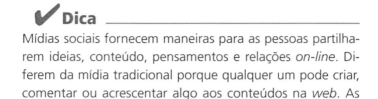

> ✔ **Dica**
>
> Mídias sociais fornecem maneiras para as pessoas partilharem ideias, conteúdo, pensamentos e relações *on-line*. Diferem da mídia tradicional porque qualquer um pode criar, comentar ou acrescentar algo aos conteúdos na *web*. As mídias sociais podem ter a forma de texto, áudio, vídeo, imagens e comunidades.

O melhor jeito de pensar sobre mídias sociais não é em termos de diferentes tecnologias e ferramentas, mas em como estas tecnologias e ferramentas permitem que você se comunique diretamente com seus compradores, que estão *on-line*.

Apenas como esclarecimento, note que há dois termos que soam semelhantes aqui: mídias sociais e redes sociais. *Mídia social* é o superconjunto e é como nos referimos às várias mídias que as pessoas usam para se comunicar *on-line* de forma social. A mídia social inclui *blogs*, wikis, partilha de vídeo e fotos, e muito mais. Um subconjunto da mídia social é a *rede social*, termo que uso para me referir à interação das pessoas no Facebook, no Twitter, no LinkedIn, no MySpace e em *sites* semelhantes. A rede social ocorre quando pessoas criam um perfil social e interagem para se tornar parte de uma comunidade, formada por amigos e pessoas que pensam semelhantemente, e para partilhar informação. Você vai notar que, durante todo o livro, uso ambos os termos. Este capítulo trata do conceito maior de mídia social, enquanto no Capítulo 16 eu mergulho nos detalhes das redes sociais.

Gosto de pensar na *web* como uma cidade – isto ajudar a dar sentido a cada aspecto da vida *on-line*, como a criamos e interagimos. *Sites* corporativos são as lojas das ruas principais dos bairros. O Craiglist é como o mural na entrada de uma loja na esquina, o eBay é uma venda de bugigangas na garagem. A Amazon, uma loja repleta de livros com fregueses ansiosos para gastar com seus produtos.

Sites de mídia tradicional como o do *New York Times* são os jornais da cidade. Salas de bate-papo e fóruns são os bares e botecos do mundo *on-line*. Há até aquele elemento mais obscuro das cidades: os *sites* de entretenimento adulto e o *spam* de baixarias.

A mídia social é um coquetel

Se você seguir minha metáfora da *web* como uma cidade, então pense na mídia social e nos meios de as pessoas interagirem em *blogs*, fóruns e redes sociais como os bares, clubes privados e coquetéis da cidade. Para estender a analogia (cada vez mais tortuosa), o Twitter pode ser comparado ao interlúdio quando as moças vão ao banheiro para falar dos caras, e os caras discutem sobre elas enquanto as esperam.

Ver a *web* como uma cidade que se espalha, em que as mídias sociais são os lugares onde as pessoas se juntam para se divertir, ajuda a imaginar como profissionais de marketing podem fazer melhor uso das ferramentas da mídia social. Como você se comporta em um coquetel?

- Você vai a um grande grupo, com poucos conhecidos e muitas pessoas que você não conhece, e grita "COMPREM MEU PRODUTO"?

- Você vai a um coquetel e pede cartões de visita a todos antes de conversar com eles?

- Você ouve mais do que fala?

- Você é útil, dando informações valiosas para as pessoas sem expectativas de ganhar algo tangível em retorno?

- Você tenta conhecer cada uma das pessoas ou prefere ter poucas e boas conversas? Ou, ainda, você evita totalmente a interação social em coquetéis porque se sente desconfortável em tais situações?

Acho estas questões úteis para pessoas que são novas na mídia social. Esta analogia é boa para discutir com cínicos da mídia social e com aqueles que não conseguem ver o valor desse tipo de comunicação.

A abordagem *web*-como-cidade é especialmente importante quando lidamos com pessoas que se formaram nas tradições do marketing apoiado na publicidade, aqueles que têm a habilidade de interromper as pessoas para falar de seus produtos e usar técnicas de coerção para fazer uma venda. Claro, você pode ir a um coquetel e tratar todos como consumidores potenciais enquanto tagarela sobre o que sua companhia faz. Mas essa abordagem não tornará você popular.

E o que acontece? As pessoas populares no circuito dos coquetéis fazem amigos. Gostam de fazer negócios com outras das quais gostam. E estão dispostas a apresentar esses amigos uns aos outros. O mesmo é verdadeiro na mídia social. Então, vá em frente e junte-se à festa. Mas pense nela somente como um lugar divertido onde você mais dá do que recebe. É claro que você pode também fazer negócios lá, mas do tipo que se faz em um coquetel, e não em uma loja. O que você ganha como retorno de suas valiosas interações são amizades duradouras, muitas das quais levam a oportunidades de negócios.

Este capítulo é uma introdução aos conceitos da mídia social. Nos capítulos seguintes, entro em mais detalhes sobre *blogs* (capítulos 5 e 17), vídeo (capítulos 6 e 18) e rede social (Capítulo 16).

Grupo do Facebook leva 15 mil pessoas à feira de tatuagem em Cingapura

Eu falo em dezenas de conferências por ano em todo o mundo. Já que os organizadores me contratam com meses de antecedência, tenho um grande *insight* sobre como eles promovem os eventos. Tendem a ser os mesmos, com velhos métodos: mande um *e-mail* e uma mala direta para todos os que compareceram no ano anterior, compre algumas listas de endereços e envie mais algumas promoções. A maioria das conferências elabora bons *websites*, e a maioria delas têm uma otimização decente de mecanismos de busca.

E se você tiver de promover uma conferência nova? Como não há um público anterior, o trabalho é muito mais difícil. Ou não? Quando uma conferência é nova, as velhas regras de promoção não funcionam. Você pode fazer alguma coisa nova e não testada.

O primeiro Show Anual de Tatuagem em Cingapura,[1] realizado em janeiro de 2009, foi endossado e apoiado pelo Ministério do Turismo do país e trazia Chris Garver, do *Miami Ink*, como o embaixador do evento. O objetivo do primeiro ano da feira era levar 5 mil visitantes a um local onde mais de 120 artistas do globo, representando todos os variados estilos tradicionais e modernos da tatuagem, trabalhavam com suas máquinas. Havia toda sorte de expositores divertidos e originais, e o mestre de cerimônias e DJ oficial, Shawn Lee, tocava sons incríveis que saíam das caixas para todo o espaço.

Adam Peters,[2] diretor regional para a Ásia da Pacific West Communications, foi o cérebro por trás das promoções em mídias sociais que promoveram o Singapore Tattoo Show e trabalhou tanto com publicidade tradicional como com mídia social. "A feira foi lançada via mídia social, incluindo o Facebook, meu *blog* e outras plataformas de rede social por causa da minha crença de que a mídia social pode causar um impacto abrangente", diz Peters. "Isto no fim se transforma em um coletivo de vozes que não pode ser ignorado, e se torna contagioso quando outros querem fazer parte do coletivo".

Peters usou o Facebook como meio de conectar as pessoas muito antes do evento físico. Ele estabeleceu um grupo chamado Tattoo Artistry[3] três meses antes. O grupo cresceu rapidamente, firmando um local como centro da arte de tatuagens para a região. Em certo sentido, o evento físico começou como um grupo virtual. Note que a brilhante escolha do nome que Peters fez para o grupo do Facebook (Tattoo Artistry) não era o mesmo do evento (The Singapore Tattoo Show). Desta forma, o grupo pode criar um clima independentemente da feira e viver além do primeiro ano.

A paixão dos membros do grupo Tattoo Artistry no Facebook levou-os a promover o evento para seus amigos, e assim a comunidade *on-line* acabou incluindo muitas pessoas dispostas a ir até a feira. Em vez de usar uma publicidade cara, Peters construiu uma comunidade de fãs apaixonados, que criaram expectativa e um falatório sobre o evento. "Fiquei simplesmente espantado com o resultado", ele diz. "Certa manhã, cheguei o Facebook para ver se algumas pessoas haviam aderido ao grupo Tattoo Artistry. Não apenas elas tinham aderido, como mandavam fotos, deixavam mensagens e conversavam umas com as outras. O grupo ganhou vida."

O grupo Tattoo Artistry logo reuniu 3 mil membros e foi uma razão importante para que 15 mil pessoas fossem ao primeiro Singapore Tattoo Show – resultado três vezes acima do número esperado de participantes.

O grupo do Facebook Tattoo Artistry é hoje uma das maiores redes sociais para a indústria da tatuagem, seus entusiastas e fãs. O grupo continua a crescer como uma destinação *on-line* para se conectar com as edições do Singapore Tattoo Show, que acontecem anualmente. "Conseguir o envolvimento da comunidade não é algo que se obtenha facilmente com métodos de marketing mais tradicionais", diz Peters. "Mídia social como o Facebook oferece, além de respostas imediatas, a liberdade de você ser quem é, a oportunidade de encontrar outros semelhantes e ter um lugar onde se encaixar. Os organizadores do evento devem ver além da necessidade imediata de ocupar as cadeiras no próximo evento e engajar as pessoas para conseguir apoio e lealdade por muitos anos."

As novas regras para procurar trabalho

A companhia perdeu o financiamento. Foi terceirizada. Foi apanhada em uma fusão. Diminuída. E você perdeu o emprego. Parece que todo dia tomo conhecimento de uma pessoa que está à procura de emprego. Isso acontece porque, quando precisam de emprego, de repente as pessoas entram em "modo rede", e ouço falar delas depois de anos de silêncio. Tudo bem, por mim. É sempre bom ouvir falar de velhos amigos. Eu fui demitido três vezes, então certamente sei como é estar no mercado.

Já que procurar emprego é fazer marketing de um produto (você), quis incluir neste livro uma seção para aqueles que estão atualmente em busca de trabalho, aqueles que estão às vésperas de se graduar na faculdade, ou procurando uma oportunidade de carreira.

Se você é como a vasta maioria daqueles que procuram emprego, você faz como todo mundo: prepara um currículo, elaborando obssessivamente cada ponto para que cada um deles pareça o melhor possível. Também inicia uma campanha em rede, passando *e-mails*, ligando para seus contatos e usando ferramentas de rede como LinkedIn, esperando que alguém em sua rede apresente uma oportunidade de trabalho adequada.

Enquanto muitas pessoas acham trabalho do modo tradicional, a mídia social permite um novo modo de interagir e de encontrar empregadores potenciais. As velhas regras de procurar trabalho requeriam anunciar um produto (você) com mala direta (seu *Currículo* enviado a empregadores potenciais). Exigiam que interrompesse as pessoas (amigos e colegas) para lhes dizer que você estava no mercado, e pedia ajuda.

Com as pessoas envolvidas umas com as outras em *sites* de mídia social, há muitas oportunidades na rede. Como em um coquetel físico, se você está desempregado e procurando trabalho, as pessoas que você encontra podem estar na posição de apresentá-lo ao empregador perfeito. É claro que o oposto também é verdadeiro: empregadores inteligentes olham *sites* de redes sociais para encontrar os tipos de pessoas ligadas que se encaixariam em sua companhia para executar um certo trabalho.

Então, quer encontrar trabalho por meio da mídia social? Você tem de parar de pensar como um anunciante de um produto e começar a pensar como um *publisher* de informação. Crie informações que as pessoas queiram. Crie uma presença *on-line* que as pessoas estejam dispostas a consumir. Estabeleça uma porta de entrada visual com a qual as pessoas adequadamente se ligarão – uma que os empregadores irão encontrar. As novas regras de procurar emprego requerem que você partilhe seu conhecimento e *expertise* com um mundo que procura o que você tem a oferecer.

Como David Murray achou um emprego novo no Twitter

David Murray[iv] diz que,[4] depois de ser demitido, imediatamente fez as coisas tradicionais, completando seu currículo e ligando para um punhado de contatos. Mas ele percebeu que teria de mudar a marcha e prestar atenção a *blogs*, redes sociais e comunidades *on-line*. Murray já tinha uma conta no Twitter, e anunciou publicamente que estava procurando trabalho.

"Acho que posso dizer que usei uma ferramenta nova para fazer uma rede à moda antiga", afirma Murray. "A resposta foi avassaladora, e recebi diversas dicas e oportunidades que foram muito mais frutíferas que minhas tentativas anteriores."

Murray deparou-se com um modo criativo de usar o Twitter Search[5] em sua busca de emprego. "Encontrei um comentário de Crhis Brogan[6] sobre como tinha usado o Twitter Search para manter um registro de suas dezenas de milhares de seguidores usando *feed* de RSS", diz Murray. "Então, eu simplesmente comecei a entrar com palavras-chaves do Twitter Search como 'emprego em mídia social', 'administrador de comunidade *on-line*', 'empregos em *blogging*' e assim por diante. Depois puxava esses *feeds* das conversas com as palavras-chaves no Google Reader[7] e criei um hábito de checar isso logo de manhã, todos os dias".

---

iv http://twitter.com/DaveMurr (N. R. T).

Bingo. Murray deparou-se com conversas relacionadas a suas palavras-chaves e, se algo lhe parecia uma boa oportunidade, tomava a liberdade de se apresentar pelo Twitter. "Muitas vezes, quando perguntava sobre posições abertas, as oportunidades não tinham sido oficialmente postadas", diz Murray.

Não é demais você expressar pelo Twitter interesse em uma oportunidade de emprego que ainda nem foi anunciada? É como estar dentro da empresa!

Empregado. Não demorou muito para Murray arrumar o trabalho ideal como *webmaster* assistente de serviços ao cliente no Bivings Group.[8] Meses depois, ele foi promovido a diretor de comunicações sociais na *web*.

Como diz Heather Huhman, que escreve as páginas de primeiros empregos para o Examiner.com:[9] "A internet está mudando tudo – incluindo o estágio e o primeiro emprego. Foram-se os dias de imprimir seu currículo em um papel especial, colocá-lo em um envelope e enviar o pacote pelo correio. Estamos oficialmente na era 2.0 de procura de empregos".

Algumas pessoas podem argumentar que essa técnica funciona apenas para empregos relacionados à mídia social e ao marketing *on-line* (como Murray fez). É verdade que pessoas que entendem de mídia social como Murray são os primeiros a usar essas técnicas, mas estou convencido de que elas funcionariam para muitos outros tipos de emprego também. Nos dias de hoje, o Twitter é usado por todos os tipos de pessoas, e um *tweet* como "procuro um contador para meu escritório em Londres" aparece com frequência. Você deve monitorar o que as pessoas estão dizendo. E há um benefício adicional. Se você for um contador, homem de vendas ou gerente de produção procurando trabalho, então você certamente vai se sobressair na multidão, formada por milhares de currículos, se usar a mídia social para procurar emprego.

Enquanto discutimos mídia social e busca de empregos, eis uma consideração importante: *O que acontece quando você busca no Google seu nome com o de seu empregador mais recente?* Empregadores potenciais fazem isso o tempo todo. E você pode influenciar o que eles veem. Lembre-se: na *web*, você é o que você publica.

Um lugar remoto insignificante ou lugares valiosos para se conectar?

Em *sites* especializados de todos os tipos, profissionais, praticantes de *hobby*, fãs e simpatizantes se encontram e discutem as intrincadas nuances de temas de interesses mútuos. Fóruns interativos já foram vistos como lugares remotos e insignificantes por gente de RP e marketing – não valia a pena monitorá-los, muito menos participar deles. Ouvi muitos profissionais de marketing rejeitarem fóruns *on-line* com desdém, dizendo coisas como: "Por que eu deveria me preocupar com um bando de nerds digitando obssessivamente na madrugada?". No entanto, como muitos deles aprenderam, ignorar fóruns pode prejudicar sua marca, enquanto participar como um membro permite colher recompensas.

Em um *post* em seu *blog* intitulado "Sony, *rootkits* e gerenciamento de direitos digitais (DRM) foram longe demais",[10] Mark Russinovich apresentou sua análise detalhada sobre as características do *software* usado em CDs de música da Sony BMG[11] para administrar permissões de música comprada. Russinovich argumentou que falhas no *design* do *software* haviam criado falhas de segurança que poderiam ser exploradas por *malware*, como vírus. Ele também mostrou que tanto o modo como o *software* é instalado quanto a falta de um desinstalador eram um problema.

"Toda a experiência era frustrante e irritante", Russinovich escreveu em seu *blog*. "Não apenas a Sony tinha colocado em meu sistema um *software* com técnicas comumente usadas por *malware* para mascarar sua presença, como o *software* é mal-escrito e não fornece meios para desinstalar. Pior ainda, a maioria dos usuários que se deparam com os arquivos mascarados com um escaneamento de RKR danificará seus computadores se tentar o óbvio passo de deletar os arquivos mascarados. Eu acredito no direito da indústria de mídia de usar mecanismos de proteção de cópia para impedir cópia ilegal, mas ela não encontrou ainda o equilíbrio entre uso justo e proteção de cópia. Esse foi um caso claro em que a Sony levou a DRM longe demais."

A reação ao *post* de Russinovich foi imediata e dramática. Nos dias seguintes, centenas de comentários, a maior parte com críticas duras à Sony BMG Music, foram postados em seu *blog*. "Muito obrigado por trazer à luz o que a Sony está fazendo. Comprei muitos milhares de dólares de seus produtos em anos. No ano que vem as compras serão zero", disse o usuário 101. "EU DIGO BOICOTEM OS FILHOS DA MÃE!", disse Jack3617. "Se você planeja boicotar, deixe que a empresa transgressora saiba. Assim, eles vão saber por que estão perdendo consumidores. Talvez outras companhias entendam também

MARKETING E COMUNICAÇÃO NA ERA DIGITAL

a mensagem", disse Kolby. "Grande artigo de Mark, e um comportamento escandaloso da Sony", disse Petter Lindgren.

Centenas de outros blogueiros resolveram fazer seus próprios comentários sobre o tema, e assim salas de bate-papo e fóruns como o Slashdot ferveram. Muitas pessoas expressaram sua frustração com o fato de que a indústria fonográfica desaprova a pirataria e processa quem faz *downloads* de música, mas trata mal seus consumidores (o que reflete em todo o setor, e não apenas na Sony BMG). Logo, repórteres de *sites* de notícias *on-line* tais como ZDNet e Information Week escreveram suas próprias análises, e o tema virou notícia internacional.

E onde estava a Sony BMG durante esse bafafá *on-line*? Não apareceu nos *blogs*. Nem nos murais. Ninguém da Sony participou das discussões *on-line*. Ninguém falou com a mídia *on-line*. A Sony BMG se ocultou – não participou de nada que foi discutido nas comunidades –, aumentando a frustração dos usuários preocupados com essas questões. Finalmente, cinco dias depois, o presidente global de negócios digitais da Sony BMG, Thomas Hesse, falou no *Morning Edition* da NPR (National Public Radio) para defender a companhia. A escolha de uma rádio para reagir a uma tempestade de protestos na *web* foi pobre. Se Hesse tivesse comentado imediatamente no *blog* de Russinovich ou concordado em falar com um repórter de tecnologia de uma publicação *on-line*, ele poderia ter colocado sua visão do caso nas telas das pessoas preocupadas com a crise, ajudando a dirimir tanta raiva. Mas, em vez de entender as preocupações dos consumidores, Hesse subestimou a questão no *Morning Edition*, dizendo que tinha objeções a termos como *malware*, *spyware* e *rootkit*. "A maioria das pessoas, eu acho, nem sabe o que é *rootkit*, então por que devem se preocupar com isso?", disse ele na entrevista.

O debate *on-line* se intensificou. A Sony BMG reagiu com o anúncio de um programa de trocas. "Para nossos valiosos consumidores", dizia o anúncio. "Você pode estar informado da recente atenção dada ao conteúdo XCP de proteção de *software* incluído em alguns CDs da Sony BMG. O *software* foi fornecido por uma empresa externa, a First4internet. A discussão foi centrada em questões de segurança levantadas sobre o uso de CDs que contêm este *software*. Partilhamos as preocupações dos consumidores com relação a esses discos, e estamos instituindo um programa que permitirá que consumidores troquem qualquer CD com o *software* pelo mesmo CD sem a proteção de cópia e recebam arquivos em MP3 do mesmo título."

Para azar da Sony BMG, o programa de trocas não encerrou o assunto. O procurador-geral do Texas, Greg Abbott, processou a Sony BMG com a lei estadual de *spyware*, de 2005. Logo depois, +Califórnia e Nova York entraram com ações populares. Em seguida, o estudante de Direito Mark Lyon começou um *blog*[12] para rastrear as ações contra a Sony BMG por conta do *rootkit*. "Confiei na Sony quando pediram que instalasse um 'pequeno programa' em meu computador", Lyon escreveu em seu *blog*. "Em vez disso, infectaram meu computador com um código mal-escrito, que, mesmo que não fosse desenhado com um propósito mal-intencionado (como reportar minhas atividades, algo que prometeram expressamente que não fariam), me deixou exposto a diversos vírus de computador e a problemas de segurança. Este *site* existe para ajudar outros que foram prejudicados pela Sony BMG e pela sua proteção de conteúdo XCP." No momento em que escrevia este livro, a Sony BMG já havia feito acordo com 40 Estados, e Lyon continuava a cobrir toda a ação em seu *blog* Sony Suit.

É claro que nunca saberemos o que teria acontecido se alguém da Sony BMG tivesse entrado rapidamente na tempestade dos *blogs*, pedisse desculpas, revelasse o plano de ação da empresa e oferecesse imediatamente o programa de trocas. Sim, eu acho que ainda haveria uma crise para a empresa, mas também estou certo de que os efeitos negativos teriam sido substancialmente reduzidos.

O que é importante para todas as organizações aprenderem com tal incidente? Que é fundamental responder rapidamente a situações enquanto elas se desenrolam na *web*. Que é essencial responder rápida e honestamente nos mesmos fóruns em que a discussão está acontecendo. Pode-se não conseguir reverter completamente uma situação negativa, mas a empresa será vista instantaneamente como uma entidade real, que dá um nome e uma personalidade a uma organização grande e aparentemente despreocupada. Apenas por participar, você contribuirá para corrigir a situação. O poder da *web* de conectar pessoas assegura que participantes que virem seus *posts* em um fórum ou *blog* façam um *link* entre eles e outros fóruns e *blogs*, de modo que você não terá de se preocupar em intervir em múltiplos locais. O que é importante é primeiro se mexer e, depois disso, lembrar que a autenticidade e a honestidade são sempre supremas.

MARKETING E COMUNICAÇÃO NA ERA DIGITAL

Seus melhores consumidores participam de fóruns *on-line* – e você também deveria

Na *web*, consumidores, *stakeholders* e a mídia podem ver imediatamente o que passa pela cabeça das pessoas. Nunca houve como agora uma oportunidade tão boa para monitorar o que está sendo dito sobre você e seus produtos. A internet é como uma maciça pesquisa de grupo com consumidores desinibidos, oferecendo seus comentários de graça!

É simples usar o recurso: você tem de monitorar o que está sendo dito. E quando uma organização é objeto de discussões acaloradas, particularmente as negativas, é estranho que um representante dessa organização não interfira com uma resposta. Se a companhia se omitir, não dizendo nada *on-line*, os participantes começam a imaginar: "O que eles estão escondendo?". Apenas estar presente nos *blogs*, fóruns e salas de bate-papo, que seus consumidores frequentam, mostra que você se preocupa com pessoas que gastam dinheiro com sua organização. É melhor não esperar por uma crise. Você deve participar de maneira apropriada o tempo todo. Como você pode se dar ao luxo de desperdiçar a chance de maior aproximação com seus consumidores mais sinceros?

Vamos examinar outro exemplo, que teve um resultado muito diferente. Aconteceu quando a Nikon apresentou sua nova câmera digital "prosumer", o modelo D200, dirigida a fotógrafos avançados e profissionais. A Nikon lançou o novo modelo globalmente por meio de distribuidores especializados e lojas de câmeras mais sofisticadas frequentadas por estes públicos-alvo. Mas a Nikon também ofereceu a D200 fora dos canais de distribuição normais, vendendo o modelo em megastores como Circuit City e Best Buy. A câmera era muito desejada ao ser lançada logo antes dos feriados de final de ano, e o fornecimento foi limitado quando o produto chegou às lojas.

"Os lugares onde os fotógrafos normalmente compram equipamentos Nikon foram apanhados de surpresa por falta de oferta", diz Alan Scott, um fotógrafo experiente e antigo consumidor da Nikon. "As pessoas que encomendaram antecipadamente a D200, ou esperavam que os *sites* de varejo anunciassem sua disponibilidade, estavam muito ansiosos para ter a câmera."

Como muitos outros fotógrafos, Scott frequenta fóruns *on-line* populares de fotografia digital, incluindo Nikonians: The Nikon User Community, ou o DPR: Digital Photography Review. "Os fóruns estavam ativos, com um monte de gente reclamando que não conseguia comprar a câmera de seus fornecedores tradicionais, embora elas estivessem em oferta nas megastores", diz Scott. "Então, começou uma discussão no Nikonians, mais tarde[13] repercutida pelo DPR,[14] sobre como uma popular loja de fotografia de Nova York, a B&H Photo-Video, fonte confiável com atendentes especializados à qual muitos profissionais e amadores dedicados recorrem, havia recebido pedidos mas estava cancelando-os."

O primeiro *post*, de cveo1939, dizia: "Encomendei uma D200 da B&H nesta tarde, às 4:30. A encomenda foi debitada em meu cartão de crédito. Uma hora depois, recebi um *e-mail*, dizendo que havia um problema técnico e que a câmera, na verdade, não estava no estoque, mas a loja manteria meu pedido e cobraria quando ela estivesse disponível. Tentei cancelar o pagamento, e recebi mais um *e-mail* sobre como lidar com uma cobrança indevida. Quero ver o que vai acontecer quando eu ligar para eles de manhã."

Nessa altura, muitos entusiastas da câmera e consumidores da B&H estavam monitorando a discussão. "Em poucas horas, dezenas de *posts* apareceram na discussão, e o tom se tornou crítico para a B&H, com pessoas reclamando que foram prejudicadas pela empresa", diz Scott. "Os participantes do fórum disseram que notificações por *e-mail* da B&H não funcionavam e que as pessoas que ligavam estavam recebendo a câmera antes daqueles que se inscreveram em uma lista de espera."

A situação da B&H soa um pouco como o incidente da Sony BMG, não? Em ambos os casos, participantes ávidos em fóruns especializados se manifestaram sobre uma companhia, seus produtos e suas práticas de negócios. Ambas as discussões ocorreram em recantos pouco conhecidos da *web*, bem longe da mídia tradicional e de outros locais típicos que RPs monitoram para saber o que está sendo dito sobre suas companhias e seus produtos. Mas o caso da B&H é diferente, porque um funcionário da B&H era participante ativo dos murais.

"Infelizmente, como todos que frequentam este *site* sabem, a Nikon USA foi notavelmente relutante (diplomático, hein?) em colocar essa câmera nas mãos dos varejistas", escreveu Henry Posner, da B&H Photo-Video Inc. na discussão do DPR. "O resultado, neste caso particular, é que, se tivéssemos mantido suas encomendas em aberto, ainda estaríamos sentados sobre seu dinheiro e seríamos incapazes de atender os pedidos da D200, e é razoável supor que vocês iriam se desgastar para conseguir sua câmera, que estivemos (e estamos) impossibilitados de fornecer por circunstâncias além de nosso controle... Sentimos muito e nos desculpamos pelo vexame."

MARKETING E COMUNICAÇÃO NA ERA DIGITAL

Diferentemente do exemplo da Sony BMG, as pessoas na B&H estavam monitorando as mensagens e dispostas a participar. "E ainda entrou Henry Posner, que trabalha com a B&H", diz Scott. "Ele entrou no fórum e disse, basicamente, 'vocês têm razão, nós ferramos vocês', mas depois explicou o que aconteceu, desculpou-se e disse que a B&H consertaria as coisas. Ao reconhecer a questão, um sujeito com um *post* mudou todo o tom da discussão e melhorou a reputação da B&H. Depois disso, os *posts* começaram a ficar cada vez mais positivos."

Mudaram mesmo. "A participação de Henry em vários fóruns na *web* é uma coisa pela qual tenho grande respeito", escreveu BJ Nicholls em uma discussão. "Não consigo pensar em alguém com poder, em qualquer outro negócio, se engajando em discussões públicas de questões da loja e seus produtos."

"Eu também admiro sua franqueza", acrescentou N80. "Ele admite que houve alguns enganos e que era difícil administrar a situação. Mas ele firmemente desmente as acusações de mentira e engodo que se espalharam. E eu, absolutamente, acredito nele."

O que aconteceu na B&H não foi coincidência ou uma situação única. Os murais e fóruns *on-line* são um componente crítico da estratégia de marketing e comunicação de uma empresa.

"Eu passo um bom tempo fuçando nos fóruns", diz Henry Posner, diretor de comunicação corporativa da B&H Photo-Video Inc. "Fazer parte dos fóruns é realmente importante e, na verdade, isto faz parte de minhas atribuições. Já que meu passado profissional é a fotografia, sou uma pessoa que estou muito acostumado com os equipamentos e tenho legimitidade nos fóruns." Antes de ir para a B&H, em meados dos anos 1990, Posner trabalhou em uma empresa que prestava serviços fotográficos para faculdades e colégios. Ele cobria eventos como jogos de basquete e futebol.

Posner monitora diariamente uma dezena de murais e fóruns. "Tento encontrar coisas sobre equipamento fotográfico ou novas técnicas, onde posso fazer uma contribuição significativa", ele diz. "Queremos assegurar que minha credibilidade seja mantida – esta é a coisa mais importante. Por isso, eu não entro e digo algo como 'isto está certo' apenas para colocar meu nome e o da B&H em uma conversa. Mas se vejo que há uma discussão com a qual posso contribuir, sobre equipamentos ou técnicas com os quais estou familiarizado, eu participo."

A B&H tem um catálogo de vendas por *e-mail* e um *site* de *e-commerce*, além de uma loja com cerca de 12 mil metros quadrados em Manhattan. "Nosso consumidor é qualquer pessoa, do amador ao fotógrafo profissional, morando em Beiture ou correndo para lá e para cá com câmeras balançando nos ombros, procurando um sinal de *wi-fi* para enviar as imagens para a redação", ele diz. "Eu contribuo nos fóruns quando é apropriado, mas se alguém me pergunta onde comprar algo que está sendo discutido, eu imediatamente continuo a conversa *off-line* por *e-mail*. Não quero promover minha companhia diretamente. Também procuro outras conversas quando as pessoas falam da própria B&H. Muitas vezes, fico na minha e deixo elas falarem por mim. Outras pessoas frequentemente dizem coisas positivas sobre a B&H porque eu sou tão ativo nos fóruns. Assim, se alguém menciona a B&H, eu agradeço, e então irei tratar da questão diretamente."

Na última vez que sua companhia fez uma bobagem, você não gostaria que seus consumidores fossem tão compreensíveis como os entusiastas da fotografia nesses fóruns? Bem, como mostra Henry Posner, se participar ativamente de comunidades *on-line* frequentadas por seus consumidores, você vai conquistar a simpatia e a paciência deles quando as coisas derem errado.

Seu espaço nos fóruns

Os dois últimos exemplos foram de companhias com discussões iniciadas sobre elas em fóruns *on-line*. Mas como deve interagir um profissional de marketing? "A participação nos fóruns é uma obrigação", diz Robert Pearlman, editor do collectSPACE, fonte especializada na história e em artefatos do espaço.[15] Pearlman começou a collectSPACE em 1999 porque não havia um único *site* para servir a colecionadores de antiguidades do espaço e para preservar a história espacial. "Antes da internet, havia colecionadores de raridades do espaço, mas estavam em bolsões de comunidades na Alemanha e no Japão, em Houston, e perto do Centro Espacial Kennedy, na Flórida", ele diz. "Mas não havia meio de eles se comunicarem. O maior impacto é que o collectSPACE tem educado o mercado. Juntamos os diversos grupos de colecionadores em um lugar só."

A comunidade collectSPACE cresceu e se tornou uma rede em todo o mundo, onde os colecionadores partilham seus conhecimentos sobre as peças que possuem. O *site* contém 35 mil usuários registrados (cerca de 5 mil postam ativamente no *site*) e cerca de 250 mil visitantes por mês. O interessante é que o collectSPACE também inclui pessoas que trabalharam nos primórdios do programa espacial. Elas participam dos fóruns e falam sobre a história dos artefatos que ajudaram a construir. Pearlman diz que muitos astronautas leem o *site* porque podem conseguir uma percepção de mercado das raridades que juntaram com o passar dos anos, e saber que outros colegas estão no circuito de palestras e eventos. Os astronautas usam também o fórum para monitorar a história do programa espacial e proteger seu legado.

"Em outras áreas onde há coleções, os colecionadores e museus se estranhavam", diz Pearlman. "Museus olhavam os colecionadores como açambarcadores, armazenando coisas no porão, enquanto sua própria missão era altruísta: partilhar com o público. Por sua vez, colecionadores diziam que os museus tinham feito um bom trabalho com grandes itens, como trajes espaciais e naves, mas um péssimo trabalho com, por exemplo, porcas e parafusos, enfurnando tudo em algum arquivo. O que a collecSPACE faz é permitir maior interação entre museus e os colecionadores, que, além de seus conselhos, ajudaram a planejar eventos e emprestaram material para exposições. Ao mesmo tempo, os museus puderam vender itens extras para os colecionadores."

Pearlman vê um enorme benefício na atuação da collectSPACE para comerciantes, fabricantes e casas de leilão que se especializam em itens do espaço. "Ao participarem nos fóruns, comerciantes e fabricantes sabem o que interessa aos colecionadores", ele diz. "Produtos podem ser desenvolvidos com base nas tendências atuais de mercado. Casas de leilão e comerciantes podem fazer uma prévia de itens no mercado para criar interesse antes de uma venda. No caso de itens únicos, se consegue *feedback* instantâneo por meio de um estudo de minimercado."[v]

Como moderador dos fóruns da collectSPACE, Pearlman seguiu pessoalmente centenas de milhares de *posts* e viu os lados bom e ruim dos comerciantes de raridades do espaço. "Se há um *post* que não é lisonjeiro, alguém daquele negócio tem de estar monitorando a discussão e respondendo adequadamente", diz ele. "Nos fóruns as pessoas têm um elo comum – elas se sentem como donas

---

v Ou seja, por meio de uma amostragem segmentada de mercado. (N. R. T.)

do *site*. Vemos pessoas que têm mil ou até 5 mil *posts*, e elas tratam isso como uma medalha de honra. Os representantes dos negócios precisam convencer os colecionadores que se importam o bastante para irem até seus territórios, em vez de esperar que eles venham para os seus."

Como Pearlman aconselha, e os exemplos da Sony BMG e B&H Photo--Video mostram, profissonais de marketing devem participar ativamente de comunidades que interessam a seus mercados. Mas não se pode ficar à margem *on-line* e postar apenas quando você tem algo a vender ou para comentar sobre seus produtos ou serviços. As companhias de maior sucesso entram e fornecem ideias e conselhos sobre uma ampla variedade de temas e tópicos de sua área. São participantes plenas e ativas na comunidade. Então, quando as pessoas reclamam e querem um aconselhamento específico sobre um produto de uma companhia, elas confiam na comunidade ainda mais. A participação ativa pode recompensar exponencialmente as empresas que são tratadas como membros da comunidade.

Wikis, listservs e seu público

Parentes próximos de fóruns como Nikonians e collectSPACE incluem grupos de listas de *e-mails* (frequentemente chamadas de *listservs*) e wikis. Tal como os fóruns, a *listserv* é um meio de pessoas com interesses semelhantes permanecerem conectadas umas com as outras. Qualquer membro pode postar na lista, mas, em vez de exigir que o participante vá a um local central para ler as mensagens, a *listserv* envia o material para os membros do grupo por *e-mail*.

Lisa Salomon Esq.[16] fornece pesquisa jurídica e serviços de texto para outros advogados em uma base terceirizada. Ela tem estado extremamente envolvida na participação de debates por meio de *listservs* como a Solosez[17] para advogados independentes, que é administrada pela Associação Americana de Advogados. "A *listserv* tem sido importante para o modo como desenvolvo minha prática legal. Sou participante ativa e tento sempre adicionar valor aos temas que estão sendo discutidos. Na minha assinatura na *listserv* está meu endereço de *e-mail*. Este é o lugar para onde envio as pessoas quando quero mostrar o que eu faço. Tenho amostras de texto no *site*, e é assim que podem checar o que eu posso fazer segundo a conveniência delas. A participação tem sido ótima para encontrar contatos e alavancar negócios."

Wikis são *websites* que permitem que usuários atualizem, deletem ou editem seu conteúdo. O mais famoso deles é a Wikipedia,[18] a enciclopédia livre que qualquer um pode editar e tem mais de 17 milhões de artigos em mais de 260 línguas, todos com contribuições de pessoas como você e eu. Se você ainda não fez isso, deve correr e fazer pesquisas na Wikipedia sobre o nome de sua organização, marcas importantes, seu CEO, ou outros executivos notáveis ou membros da direção. O fato é que os verbetes da Wikipedia têm uma posição de destaque nos *rankings* de mecanismos de busca, e a Wikipedia é um dos dez *sites* mais visitados na *web*.

Quando encontrar uma menção à sua companhia ou ao seu produto, você deve checar sua exatidão. Tudo bem corrigir quaisquer erros (como o número de empregados de sua companhia). Mas não tente manipular o verbete. A comunidade da Wikipedia reage rápido quando artigos são editados para apresentar um determinado ponto de vista. Não é incomum ver um verbete atualizado diversas vezes por dia, e com grandes organizações as atualizações podem ser muito mais frequentes. Na verdade, um dos pilares da comunidade é que "todos os artigos da Wikipedia devem ser escritos sob um ponto de vista neutro, representando opiniões com equilíbrio e de forma imparcial". Assim, se sua empresa sofreu uma ação que faz você parecer mau de alguma forma, não tente remover a referência.

Por vezes, é melhor criar um novo artigo na Wikipedia. Para algumas organizações, ter a autoria de alguma coisa em um nicho particular, no qual você tem expertise, pode ter um valor tremendo. Mas deixe claro que você não está promovendo sua empresa ou seus produtos e serviços – precisa ser um artigo de valor também para pessoas que pesquisam o tópico. Como ponto de partida, você deve notar que há artigos sobre a área onde você tem conhecimento, e que esses artigos têm um *link* para uma página vazia da Wikipedia. *Links* azuis (ou púrpuras, se você já os visitou) representam páginas que existem. *Links* vermelhos apontam para páginas que ainda não têm conteúdo. Se houver uma porção de *links* vermelhos, indicando que um autor espera que um novo conteúdo seja acrescentado, e você tem conhecimento e *expertise* naquela área, talvez seja hora de criar uma página ou satisfazer uma necessidade. Uma empresa de tecnologia, por exemplo, pode fornecer detalhes de suas patentes que se relacionam com algum produto que já tem verbetes na Wikipedia.

Criando seu próprio *wiki*

É inteiramente possível que, para a área de especialidade de sua organização, não tenham sido criados fórum, *listserv* ou *wiki*. Como Robert Pearl, da collectSPACE, você pode encontrar uma necessidade não satisfeita em seu mercado para organizar pessoas e ideias em um único recurso. Um *wiki* pode ser exatamente a solução – e você pode começá-lo, esperando conseguir como resultado um tremendo valor para sua organização.

Pense na Alacra,[vi] uma empresa que cria tecnologia e serviços *on-line* para instituições financeiras e empresas de serviços profissionais encontrarem, formatarem e apresentarem informações de negócios. No mundo superpovoado dos serviços de informação profissional, a Alacra, uma empresa com cerca de 60 pessoas, compete com *players* muito maiores, tais como a Thomson Reuters (55 mil empregados) e a Reed Elsevier (32 mil empregados). Entre as estratégias de comunicação e marketing da Alacra, suas excursões iniciais em *blogs* e wikis corporativos foram das mais importantes.

Em setembro de 2005, a Alacra e seu CEO, Steve Goldstein, lançaram o AlacraWiki,[19] um recurso aberto e colaborativo para produtores e consumidores de informações de negócios. O AlacraWiki agrega perfis em profundidade de fontes de informação, empresas e pessoas importantes no setor (e muito mais). A primeira página tem conteúdos via *feeds* de RSS, é cheia de informações e notícias da indústria de importantes analistas e publicações especializadas. "Juntamos uma tremenda quantidade de informação valiosa sobre *publishers* e bancos de dados mediante nossos esforços de licenciamento de conteúdo", diz Goldstein. "Achamos que seria útil tornar essa informação disponível na *web*, e o *wiki* era claramente o melhor formato."

Goldstein ficou surpreso que, na época de lançamento do AlacraWiki, não havia um diretório sobre informações de negócios no mercado. "Incluímos dados de referência para o setor em um formato *wiki* como um serviço para o setor", ele diz. O *wiki* é um recurso cooperativo que permite a qualquer um criar e atualizar informação. Para começar o projeto, Goldstein contratou como estagiário um estudante de MBA, que construiu a infraestrutura e as listas iniciais

---

vi www.alacra.com (N. R. T.)

MARKETING E COMUNICAÇÃO NA ERA DIGITAL

em apenas oito semanas. Embora muitas pessoas tenham contribuído, algumas não atualizam seus perfis pessoais ou da companhia. "É estranho que as pessoas não entrem e mudem, porque é tão fácil", ele diz.

Como Goldstein, que criou tanto um *blog* quanto um *wiki*, compararia os conjuntos de habilidades para construí-los? "Para ter sucesso com um *blog*, você precisa ter o que dizer", Goldstein diz. "Precisa ter algumas habilidades de comunicação para ter êxito. No caso do *wiki*, você precisa ser um especialista em alguma coisa para conseguir povoá-lo, e depois precisa de recursos para continuar."

Sites de mídia social são lugares onde as pessoas se congregam para discutir coisas que são importantes para elas. Onde estão as pessoas que discutem seu setor, os serviços e produtos que você oferece? Se este lugar já existe, você deve monitorá-lo e participar de forma apropriada. Se ainda não existir, considere começar um lugar para que colegas e consumidores se encontrem e desfrutem da informação essencial para seu mercado. Agora vamos aos *blogs*, outra forma de mídia social.

Notas

1 www.tattoo.com.sg/
2 http://aplink.wordpress.com
3 www.facebook.com/group.php?gid=32140274011
4 http://twitter.com/DaveMurr
5 http://search.twitter.com/
6 http://twitter.com/chrisbrogan
7 www.google.com/reader
8 www.bivings.com/
9 www.examiner.com/x-828-Entry-Level-Careers-Examiner; www.examiner.com/ entry-level-careers-in-national/heather-huhman
10 http://*blogs*.technet.com/markrussinovich/archive/2005/10/31/Sony-rootkits-and-digital-rights-management-gone-too-far.aspx
11 http://www.sonybmg.com/
12 www.sonysuit.com/
13 www.nikonians.org/
14 http://forums.dpreview.com/forums/
15 www.collectspace.com/
16 www.questionoflaw.net/
17 http://www2.americanbar.org/divisions/genpractice/solosez/Pages/default.aspx
18 www.wikipedia.org/
19 www.alacrawiki.com/

Capítulo 5

BLOGS: EXPLORE MILHÕES DE SEGUIDORES PARA CONTAR SUA HISTÓRIA

Meu *blog*[1] é minha porta de entrada. Desde 2004, tem sido onde divulgo minhas ideias, pequenas e grandes. Não há dúvida de que meu *blog* é a ferramenta mais importante que tenho como palestrante, escritor e consultor de marketing e RP. Mesmo depois de sete anos e perto de mil *posts*, sempre me surpreendo com a eficiência com que esta ferramenta me ajuda a alcançar meus objetivos.

O *blog* permite levar ideias para o mercado enquanto penso nelas, gerando *feedback* instantâneo. Claro, muitos *posts* do *blog* ficam lá no seu canto, com poucas respostas, poucos comentários e nenhum resultado. Mas também aprendo com esses fracassos. Quando meu público não fica excitado com alguma coisa, é provavelmente porque a ideia não era boa ou foi mal explicada. Por outro lado, alguns *posts* tiveram resultados verdadeiramente fenomenais, mudando literalmente meu negócio durante o processo. Admito que meus delírios sobre a importância do meu *blog* podem soar exagerados. Mas a verdade é que blogar realmente mudou minha vida.

Desde a primeira vez que partilhei minhas ideias sobre as novas regras de RP, em um post em meu *blog* que incluía um *link* para um *e-book* que eu havia escrito, a reação foi dramática e rápida. Na primeira semana, milhares de pessoas viram o *post*. Até hoje, mais de 250 mil pessoas viram as ideias, mais de uma centena de blogueiros fizeram um *link* para elas e milhares de pessoas adicionaram comentários, em meu *blog* e nos outros. Aquele único *post* – e o refinamento resultante de minhas ideias depois de receber tanto *feedback*, tanto positivo quanto negativo – criou a oportunidade para eu escrever este livro que você está lendo agora. Enquanto escrevia a primeira edição durante os meses de 2006, a segunda em 2009 e a terceira em 2011, postei continuamente partes delas, o que gerou ainda mais *feedback* crítico — milhares de comentários —, tornando o livro muito melhor.

Graças ao poder dos mecanismos de busca, meu *blog* também é o meio mais vital e eficaz de as pessoas me encontrarem. As palavras de cada *post* são indexadas por Google, Bing, Yahoo! e outros mecanismos de busca, e assim, quando as pessoas procuram informações dos assuntos sobre os quais escrevo, elas estabelecem contato comigo. Jornalistas me encontraram por meio do meu *blog* e me citaram em artigos de jornais e revistas *sem eu ter solicitado*. Organizadores de conferências me contrataram para falar em eventos como resultado da leituras de minhas ideias no meu *blog*. Conheci muitos amigos virtuais e criei uma rede poderosa de colegas.

Quando escrevo e falo para esses públicos corporativos e outros profissionais sobre o poder dos *blogs*, muitas pessoas querem saber como é o retorno sobre o investimento (ROI) de blogar. Executivos querem saber, em particular, em termos de dólares e centavos, quais serão os resultados. A má notícia é que essa informação é difícil de quantificar com qualquer grau de certeza. Para pequenas empresas, eu determino o ROI peguntando para todos que me contatam pela primeira vez: "Como você soube de mim?". Esta abordagem será difícil para organizações maiores com programas integrados de marketing que incluam *blogs*. A boa notícia é que blogar certamente gera retornos para qualquer um que criar um *blog* interessante e postar regularmente nele. E eu? Meu *blog* levou minhas ideias a milhares de pessoas que nunca tinham ouvido falar de mim. Ajudou-me a ser contratado para as importantes conferências das quais participei pelo mundo. Calculo que 25% dos novos negócios com palestras que fiz nos últimos anos foram trazidos diretamente pelo *blog* ou por pessoas que citaram o *blog* como razão importante para me contratar. Pense nisso: se eu não tivesse um *blog*, você provavelmente não estaria lendo estas palavras, porque eu não poderia estar escrevendo este livro sem ele.

Escrever um *blog* vai mudar sua vida também? Não posso garantir isso. Blogar não é para todos. Mas se você é como incontáveis outras pessoas, seu *blog* vai colher tremendas recompensas, tanto para você pessoalmente quanto para sua organização. Sim, as recompensas podem ser financeiras. Mas seu *blog* certamente vai lhe servir como um poderoso veículo criativo, talvez uma recompensa ainda mais importante para você e seu negócio.

O resto deste capítulo descreve a importância dos *blogs*. Você vai encontrar blogueiros de sucesso, que adicionaram valor a suas organizações e se beneficiaram com isso. Descreverei as coisas básicas para se começar um *blog*, incluindo o que você deve fazer primeiro – monitorar a blogosfera e comentar sobre os *blogs* de outras pessoas – mesmo antes de começar a escrever o seu. Os detalhes sobre como começar um *blog*, o que escrever, a tecnologia necessária e outros dados, você vai encontrar no Capítulo 17.

Blogs e blogueiros

Os *weblogs* (*blogs*) tomaram a cena do conteúdo porque a tecnologia é um modo muito fácil e eficiente de fazer chegar opiniões pessoais e de organizações ao mercado. Com um *software* fácil de usar, qualquer um pode criar um *blog* de aparência profissional em minutos. A maior parte dos que trabalham com marketing e RP conhece *blogs*, e muitos monitoram o que está sendo dito sobre sua empresa, produtos e executivos nessa mídia relativamente nova. Um número significativo de pessoas também bloga por razões de marketing, alguns com surpreendente sucesso.

Descobri que escrever este capítulo foi um desafio, porque existe uma grande variação no conhecimento que as pessoas têm sobre *blogs*. Por vezes, durante minhas apresentações, pergunto ao público "quantas pessoas leem *blogs*?", pedindo que levantem a mão. Fico continuamente surpreso de ver que apenas 20% a 30% dos profissionais de marketing leem *blogs*. Este é um percentual ridiculamente baixo. Nunca foi mais fácil achar o que o mercado pensa de você, da sua empresa ou dos seus produtos! Quando pergunto quantas pessoas estão escrevendo em seus *blogs*, o número é sempre menos de 10%. Embora pessoas que estejam atualmente lendo e escrevendo *blogs* tenham *expertises* variadas sobre a blogosfera, há concepções errôneas sobre *blogs* mesmo entre aqueles que não os leem de jeito nenhum. Assim, com desculpas antecipadas a leitores que já os entendem, eu gostaria de começar com algumas questões básicas.

Um *blog* é apenas um *website*. Mas é um tipo especial de *website*, criado e mantido por uma pessoa que é apaixonada por um tema e quer falar ao mundo sobre sua área de *expertise*. Um *blog* quase sempre é escrito por uma pessoa que tem fogo nas entranhas e quer se comunicar com o mundo. Há *blogs* coletivos (escritos por diversas pessoas) e também *blogs* corporativos, produzidos por um departamento ou uma companhia inteira (sem qualquer personalidade individual), mas esses são menos comuns. A forma mais popular, de longe, é o *blog* individual.

Um *blog* é escrito com o uso de um *software* que coloca a atualização mais recente, ou *post*, no topo do *site* (ordem cronológica reversa). Os *posts* são rotulados para aparecer em categorias de informações selecionadas no *blog* e, frequentemente, incluem identificadores sobre o conteúdo do *post*, para tornar mais fácil às pessoas encontrar o que querem no *blog* ou em mecanismos de busca. O *software* para criar um *blog* funciona como *sistema gerenciador de conteúdo* pessoal e fácil de usar, o que permite a blogueiros se tornarem autores sem experiência em HTML. Se você consegue usar o Microsoft Word ou comprar um produto *on-line* na Amazon, já tem habilidades técnicas suficientes para blogar! Na verdade, costumo sugerir a pequenas empresas e empreendedores individuais que criem um *blog*, em vez de um *site* padrão, por ser mais fácil de usar, mesmo por quem não tem habilidades técnicas. Como a definição do que é um *blog* não é clara, hoje há milhares de pequenas companhias, consultores e profissionais que têm um *blog*, mas não um *site* regular.

Muitos *blogs* permitem que os leitores deixem comentários. Mas, com frequência, blogueiros se reservam o direito de remover comentários inapropriados (*spam* ou "profanações", por exemplo). Muitos toleram comentários negativos sobre seus *blogs* e não os removem. Eu, na verdade, gosto de controvérsia, porque incita o debate. Em meu *blog*, opiniões diferentes das minhas são bem-vindas! Pode levar um tempo para que as pessoas se acostumem com isso, especialmente departamentos de RP tradicionais, que gostam de controlar mensagens. No entanto, acredito fortemente que comentários de leitores que oferecem pontos de vista diferentes do *post* original são positivos para um *blog*, porque acrescentam crebilidade ao seu ponto de vista, mostrando dois lados de uma questão, e enfatizam que seu público é entusiástico o bastante para contribuir com um debate no *seu blog*. Bacana, hein?

Blogar (ou não blogar)

Antes de examinarmos alguns exemplos, gostaria de comentar um pouco sobre o termo *blog*. Como mencionei antes, a palavra é uma abreviatura de *weblog*, e foi cunhada há cerca de uma década. Um *blog* é apenas um *website* escrito por alguém que seja apaixonado por um tema e queira partilhar essa paixão com o mundo. E, como discuto aqui, é uma incrível ferramenta de marketing.

No entanto, o termo por vezes carrega conotações negativas entre pessoas que, apesar de terem ouvido falar de *blogs*, não se esforçam para lê-los regularmente. Elas dizem que os *blogs* são frívolos e sem valor. Nas minhas apresentações, eu pergunto às vezes se as pessoas leem *blogs*, e as mãos levantadas mostram que metade do público faz isso. Tenho certeza de que este número está errado! Estou convencido de que muito mais gente faz parte desse processo, mas não percebe que tipo de conteúdo lê quando abre diferentes textos. Geralmente, essas pessoas encontram seu caminho até o *blog* por meio de uma busca no Google ou um *link* sugerido por um amigo, colega ou membro da família, mas, como não buscaram o conteúdo deste *blog* intencionalmente, não lhes ocorre que é isso que encontraram.

Conteúdo é conteúdo, não importa como seja chamado. Se você está criando informação valiosa para o marketing de seu negócio, não deixe que o termo *blog* o constranja.

Se você perceber que enfrenta resistência em sua empresa para começar um *blog*, talvez você não deva chamá-lo de *blog*. Em vez disso, fale com seus gerentes sobre começar um *site* de informação atualizada regularmente ou criar conteúdo atualizado destinado a seus compradores para ajudar a alavancar vendas. Eu diria que essa troca de nomes pode mesmo se aplicar a *links* do seu *site* principal para o *blog*. Em vez de um *link* em sua *home page* para "Nosso *Blog*", você pode fazer um *link* para o nome do *blog* (sem usar a palavra *blog*) ou para "Nossos Comentários".

Entendendo os *blogs* no mundo da *web*

Os *blogs* são publicações independentes, com base na *web*, contendo opiniões sobre tudo. *No entanto, os blogs são mal percebidos por pessoas que não os leem.* Jornalistas, assim como profissionais de relações públicas e marketing, rejeitam a importância dos *blogs* porque frequentemente insistem em compará-los com revistas ou jornais, com os quais se sentem mais confortáveis. Mas o foco usual do *blog*, de promover um ponto de vista único, é dramaticamente diferente da meta do jornalismo, de apresentar uma perspectiva equilibrada. Na minha opinião, *blogs* são considerados ruins ou errados apenas pelas pessoas que não os leem regularmente. Na faculdade de jornalismo, e em suas primeiras matérias, no começo de carreira, repórteres e editores aspirantes aprendem que as matérias são criadas a partir de pesquisa e entrevistas com fontes bem informadas. Os jornalistas ouvem que não podem expressar suas próprias opiniões diretamente, mas, em vez disso, precisam encontrar especialistas e dados para apoiar seus pontos de vista. O ofício do jornalismo demanda justiça e equilíbrio.

Os *blogs* são muito diferentes – dão a especialistas e novatos uma maneira fácil de fazer com que suas vozes sejam ouvidas em um mercado de ideias dentro da *web*. As empresas que ignoram resenhas independentes de produtos e discussões em *blogs* sobre a qualidade de serviços estão vivendo perigosamente. Sem suas próprias e autênticas vozes humanas em *blogs*, essas organizações são vistas como suspeitas por muitas pessoas que prestam atenção ao que está sendo dito na blogosfera. Mas, como milhões de vozes independentes gritam e sussuram na internet, certas pessoas da mídia e RP tradicionais ainda mantêm posturas defensivas rígidas, refutando as opiniões diversas que aparecem nas ruas principais da *web*, assim como naquelas menos trafegadas.

Muitas pessoas preferem moldar tudo de acordo com sua visão de mundo, em vez de entender o papel único de *blogs* e de blogueiros na *web*. Com frequência, quem não entende tamanha importância simplesmente reage com um grito: "Isto não é jornalismo de verdade!". Mas blogueiros nunca afirmaram ser jornalistas de verdade. Muita gente continua a ver a *web* como um jornal *on-line* que não para de se espalhar, e essa mentalidade justifica sua necessidade de comparar (negativamente) *blogging* com o que jornalistas e RPs fazem. A metáfora da *web* como um jornal é incorreta em muitos níveis, particularmente quando se tenta entender os *blogs*. É melhor pensar na *web* como uma enorme cidade lotada de indivíduos, e nos *blogs* como os sons de vozes independentes, como as de um sujeito que sobe no caixote de madeira em uma esquina para pregar, ou daquele seu amigo que sempre recomenda os melhores livros.

Lembre-se do famoso caso ocorrido em setembro de 2004, quando *blogs* exerceram enorme influência sobre uma reportagem de denúncia, mas foram repudiados por pessoas que não entenderam o papel dos blogueiros de disseminar informação. A controvérsia, chamada de *memogate* ou *Rathergate*,[vii] envolveu

---

vii O termo "*Rathergate*" veio de um escândalo protagonizado por Dan Rather, um dos âncoras mais respeitados da CBS, rede americana de TV. Dois meses antes das eleições entre o democrata, John Kerry, e o republicano, George W. Bush, Rather apresentou documentos que afirmavam que Bush teria servido na Guarda Aérea dos

BLOGS: EXPLORE MILHÕES DE SEGUIDORES PARA CONTAR SUA HISTÓRIA

documentos criticando o presidente George W. Bush durante o período em que serviu na Guarda Nacional norte-americana. No programa *60 Minutes Wednesday*, transmitido pela CBS em 8 de setembro de 2004, os documentos foram apresentados como autênticos, mas não haviam sido apropriadamente certificados pela CBS. A situação se desenrolou poucas horas mais tarde, no *site* de notícias Free Republic, onde Buckhead postou uma mensagem que dizia que os memorandos apresentados pelo âncora Dan Rather, como base de sua matéria, eram forjados.[2] O *post* de Buckhead foi seguido na manhã seguinte por outros, incluindo os de Little Green Footballs[3] e PowerLine,[4] que levantavam questões sobre a autenticidade do documento. Rather continuou a investigar, enquanto a CBS rejeitava os blogueiros, como um bando de nerds de pijama digitando no meio da madrugada. Como sabemos agora, ignorar os blogueiros custou a Rather seu emprego. Se tivesse levado os blogueiros a sério, e imediatamente investigado os documentos, talvez ele também concluísse rapidamente que eram falsos. Neste caso, uma explicação e um pedido de desculpas teriam encerrado o caso. Mas rejeitar os blogueiros e suas opiniões foi claramente um erro. Isto ocorreu anos atrás. Embora os blogueiros tenham se tornado mais influentes desde então, ainda existe o mesmo comportamento de ignorá-los em empresas de mídia e departamentos corporativos de RP.

OK, blogueiros não são jornalistas. Muitas pessoas com posições estratégicas em empresas de mídia tradicionais e comunicação corporativa dão passos em falso porque compreendem mal o papel verdadeiro dos blogueiros na disseminação da informação. Pense na *web* como cidade: a mulher perto de você no bar pode não ser uma jornalista, mas ela com certeza sabe alguma coisa, e você pode escolher acreditar nela ou não. Incidentalmente, ver a *web* como uma cidade também ajuda a encontrar sentido em outros aspectos da vida *on-line*. O Craiglist é como o mural de mensagens na entrada da loja da esquina e o eBay, uma liquidação de garagem, enquanto a Amazon funciona como uma

---

Estados Unidos, entre os anos de 1972 e 1973, mas foi proibido de voar por não ter passado nos testes de aptidão física e técnica. A blogosfera republicana foi atrás dos documentos e provou que eles eram forjados. Não houve autenticação dos órgãos oficiais da Força Aérea daquele país. Esse fato, aliado à união dos blogueiros, forçou a CBS a pedir desculpas pelo "erro", em rede nacional. <http://www.artigonal.com/literatura-artigos/livro-blog-entenda-a-revolucao-3596232.html> (N. R. T.)

loja repleta de fregueses ansiosos em dar suas dicas de livros. Temos até mesmo os proverbiais locais do submundo, com o conteúdo de entretenimento adulto.

Você deve acreditar em tudo o que lê nos *blogs*? Não! Isso seria como acreditar em tudo o que você ouve na rua ou em algum bar. Pensar na *web* como uma cidade, e não como um jornal, e em blogueiros como vozes individuais de cidadãos, traz implicações para todos os cidadãos na rede. Considere a fonte (não confie em estranhos), e descubra se a informação vem do governo, de um jornal, uma grande corporação, alguém com uma motivação ou alguma ex-mulher de um banqueiro que está morrendo e quer lhe dar 20 milhões de dólares.

Blogs e blogueiros viraram fontes de informações importantes e valiosas, mas não tão diferentes de seu vizinho. Olhe com alguma desconfiança, mas, se ignorá-los, você vai correr riscos. Lembre-se de que ninguém jamais disse que seu vizinho era o mesmo que um jornal. O desafio dos profissionais de marketing e RP é entender o sentido das palavras na rede (e incorporar as ideias delas nas suas). As organizações têm o poder de se tornarem tremendamente ricas e bem-sucedidas observando as milhões de conversas acontecendo na "cidade *web*".

Os quatro usos de *blogs* para marketing e RP

Ao começar a usar *blogs*, você deve pensar em quatro maneiras diferentes de usá-los:

- Para monitorar facilmente o que milhões de pessoas estão falando de você, do mercado para o qual você vende, de sua organização e de seus produtos.

- Para participar dessas conversas comentando em *blogs* de outras pessoas.

- Para trabalhar com blogueiros que escreverão sobre seu setor, a companhia ou seus produtos.

- Para começar a dar forma a essas conversas, criando e escrevendo seu próprio *blog*.

Há boas razões para entrar no mundo dos *blogs* usando esses quatro passos. Primeiro, ao monitorar o que as pessoas estão dizendo sobre o mercado para o qual você vende, assim como sobre sua companhia e os produtos, você começa a identificar os blogueiros importantes, suas vozes *on-line* e a etiqueta da blogosfera. É muito importante entender as regras não escritas do *blogging*, e o melhor meio de fazer isso é lendo os *blogs*, onde, depois, você pode começar a deixar comentários que são importantes para seu setor ou mercado. Esse é o caminho para se tornar conhecido por outros blogueiros e permite que você apresente seus pontos de vista antes de criar seu próprio *blog*. Muitas organizações cultivam relações poderosas com os blogueiros que escrevem sobre seu setor. É preciso trabalhar com blogueiros para que eles saibam tanto quanto possível sobre o que você faz. Finalmente, quando se sentir confortável com *blogs* e blogueiros, você pode mergulhar na criação de seu próprio *blog*.

De acordo com a minha experiência, os departamentos de RP das empresas estão sempre focados na questão de como escrever os *blogs* de maneira genuína e verdadeira. Mas, se você monitorou *blogs* e sabe que há, digamos, uma dúzia de blogueiros influentes que escreve sobre você e sua empresa, e que esses *blogs* têm milhares de leitores leais, você pode mostrar a alguém do RP a importância de simplesmente monitorá-los. Alguns dos *blogs* mais populares têm mais leitores do que um jornal diário em uma cidade grande. Os RPs se peocupam com o número de leitores do *Boston Globe*, certo? Se você se tornar conhecido dentro da sua organização como um especialista em monitorar *blogs*, terá menos dificuldade para conseguir permissão para criar o seu *blog*.

Monitore *blogs* – a reputação de sua organização depende disso

"Organizações usam *blogs* para mensurar o que acontece com seus *stakeholders* e para entender a reputação de uma corporação", diz Gleen Fannick,[5] um especialista de mensuração de mídia e textos da Dow Jones. "A gerência da reputação é importante, e a mensuração de mídia é parte importante nas atividades dos profissionais de RP. As companhias também estão medindo o que acontece na mídia, e agora elas também precisam saber o que acontece nos *blogs*."

As tecnologias de análise de texto extraem conteúdo de milhões de *blogs* para que você possa ler o que as pessoas estão dizendo. Com um processo mais sofisticado, elas permitem a mensuração de tendências. "Você pode contar números maciços de *blogs* para encontrar frases e palavras ou ver o que está sendo dito como um todo", diz Fannick. "Você realmente fica dependente da tecnologia por causa do imenso volume de *blogs* e *posts*. Há um número sem precedentes de comentários não solicitados e até exemplos de inteligência de marketing disponíveis em *blogs*. É um meio único de explorar a mente do mercado. É um campo interessante e fértil."

Como ponto de partida, todas as pessoas de marketing e RP devem ir para mecanismos de busca de *blogs* e pesquisar sobre o nome de suas organizações, os nomes de seus produtos e serviços, outras palavras e frases importantes, além dos nomes de executivos. O Technorati[6] é um excelente mecanismo de busca de *blogs*. Permite que você veja instantaneamente se qualquer um dos *112 milhões* de *blogs* que rastreia tem a informação que você pode precisar saber. O Google Blog Search é outro mecanismo popular de busca de *blogs*. Não consigo imaginar uma organização que não encontre valor em saber o que está sendo dito sobre ela em *blogs* sobre seus produtos ou setor ou mercado para o qual vendem.

Profissionais de marketing mais sofisticados começam então a analisar tendências. Seu produto está recebendo mais ou menos menções que o produto de seu concorrente? Os *blogs* sobre sua companhia têm tom positivo ou negativo? Como isto se compara a taxas de seis meses atrás? "É ingênuo pensar que o que seus *stakeholders* pensam não é importante", diz Fannick. "Os *blogs* oferecem opiniões, e entender a soma dessas opiniões é muito importante. Não se pode tomar decisões com base no que você pensa que seus produtos fazem: você tem de tomar decisões apoiado nas percepções do que as pessoas estão realmente fazendo com seus produtos. Ver a blogosfera como uma fonte de inteligência de marketing é agora vital para as empresas."

Então, torne-se um especialista sobre o que está sendo dito sobre sua companhia em *blogs*. Nunca houve uma época melhor para os profissionais de marketing terem uma percepção verdadeira do que acontece no mundo real. Os blogueiros fornecem comentários instantâneos e não solicitados sobre seus produtos, e essa informação de graça está à sua espera para ser aproveitada.

Comente em *blogs* para enviar seu ponto de vista

Se você já tem noção de quem está blogando sobre a sua empresa, os seus produtos, o setor e o mercado no qual você trabalha, é hora de pensar em postar comentários. A maioria dos *blogs* tem funções que permitem que qualquer um

BLOGS: EXPLORE MILHÕES DE SEGUIDORES PARA CONTAR SUA HISTÓRIA

comente em *posts* individuais. Deixar comentários no *blog* de alguém é um ótimo meio de participar de uma conversa. Você tem a oportunidade de oferecer seu ponto de vista, acrescentando algo à discussão em curso. Mas é necessária uma compreensão do processo e da etiqueta de *blogging* para ter sucesso sem parecer um chamariz corporativo. A chave é focar no que o *blog* diz e comentar sobre isso. É apropriado você apontar para seu *blog* (se tiver um) ou seu *website* como informação de contato, mas certifique-se de, além de dar informação de contato, fornecer também algum conteúdo de valor relevante.

Uma das moedas da mídia social é que, se você participa, as pessoas descobrem quem você é. Ao deixar um comentário no *blog* de alguém, você pode criar um *link* para seu perfil na *web*. Todas as ferramentas de *blogging* têm um lugar onde você pode deixar um cartão de visita virtual, sua própria URL, onde as pessoas que leem seus comentários (especialmente o blogueiro) encontrarão quem você é e talvez contatá-lo.

Se você tem um *blog*, está pronto – basta incluir a URL dele naquele campo de comentário. No entanto, a maioria das pessoas não tem um *blog*. Então, que diabos você pode fazer?

Eu vi muitas soluções, a maioria delas muito limitantes:

1. Não deixe URL alguma (neste caso, ninguém vai lhe achar).
2. Deixe uma URL para um perfil no LinkedIn ou Facebook (isto tem suas limitações, porque as pessoas podem pedir para serem suas amigas para poder ver o perfil completo).
3. Deixe a *home page* da companhia (isso mostra sua afiliação, mas nada de você pessoalmente).

Achei uma solução alternativa que funciona muito bem. Crie um perfil público no Google[7] para si mesmo e então use isso como a URL para a qual você pode dirigir pessoas quando deixa um comentário no *blog* delas, ou junte-se a uma rede social como o Twitter. Você pode incluir uma foto, uma biografia, ou detalhes de contato. É muito legal, e é de graça!

Escolhi fazer o meu perfil público no Google[8] simplesmente porque quero que as pessoas visitem o meu *site* ou o meu *blog*. Você pode fazer o seu de forma muito mais detalhada, se desejar (ver exemplos na página de inscrição).

Tendo um perfil público, use-o como seu cartão de visitas em toda a *web*. Aqui está um exemplo: *link* para o seu perfil público da página da Amazon que você estiver visitando, assim os autores dos livros que você estiver vendo poderão ver quem você é.

Trabalhe com os blogueiros que falam com você

No dia da eleição americana em 2008, um incrível número de 25% de eleitores de Barack Obama já estavam diretamente ligados a ele por meio de mídias sociais, incluindo *blogs*, Facebook, Twitter e outros *sites* sociais, de acordo com a *Nation*. Deixando de lado a política e apenas considerando a eleição de um ponto de vista de marketing, estou absolutamente convencido de que Obama venceu a eleição presidencial por ser o candidato que abraçou com mais força as mídias sociais. Muito antes de ter se declarado candidato, Obama, com sua equipe e os voluntários, já havia mergulhado no mundo *on-line*.

Kevin Flynn,[9] que trabalhou no New Media Blogging Team durante a candidatura de Obama, fazia parte do núcleo do grupo de campanha *on-line* de Chicago. "Fiz parte da equipe de *blogging*, e estava no meio do projeto de novas mídias", ele diz. "Acabei trabalhando em mídias sociais em 15 Estados. Cada Estado tinha seu próprio *blog*, com conteúdo local. Fiz contatos com pessoas de todas as regiões que me enviaram histórias, fotos e outras informações para os *blogs*. Elas estavam excitadas por terem alguém na organização que queria ajudar, e então todas me alimentavam com grande conteúdo. E ficavam mais animadas quanto viam suas fotos em páginas nacionais da campanha."

Durante a corrida eleitoral, Flynn foi responsável por editar e criar *posts* para uma coleção de *blogs* estaduais, incluindo Alasca, Arizona, Georgia, Havaí, Kansas e Texas. "A candidatura de Obama foi emocionante para seus simpatizantes e para nós, que trabalhávamos na campanha", diz Flynn. "A tecnologia é simples. Se você der às pessoas as ferramentas e houver entusiasmo, elas farão do projeto um sucesso."

É claro que a campanha de Obama fez seu marketing de muitas outras maneiras, além das mídias sociais. Mas televisão, mala direta e comícios foram usados por décadas e têm suas limitações. "Não há meio de responder com o marketing tradicional de rádio e TV", diz Flynn. "Com *blogging*, cria-se uma conversa, e a campanha tem um retorno. Se houver interesse por um tema, a campanha pode mudar rapidamente. Pessoas podem se envolver em uma via de duas mãos, em vez de se manter apenas em uma direção. Você pode crescer, quando ha diálogo."

Antes de atuar na campanha de Obama, Flynn trabalhou no mercado financeiro de Chicago, e oferecia aconselhamento a corporações sobre *blogging* e mídias sociais. "Não tenha medo da mudança", ele diz. "Não tenha medo de ouvir coisas que são desconfortáveis, porque apenas ouvindo isso você poderá se ajustar e crescer. Neste mundo em rápida mutação, você precisa ouvir. De outra forma, não vai conseguir sobreviver."

É claro que a equipe e os voluntários da campanha de Obama trabalharam muito próximos dos blogueiros para cobrir política e passar informações valiosas, que os ajudassem a escrever seus *posts*. Enquanto muitas organizações esclarecidas buscam influenciar blogueiros importantes, focando a importância desse contato, a maioria ainda tem uma política de ignorá-los, ao mesmo tempo em que fazem um grande esforço tentando cultivar relações com membros da mídia tradicional. Isto é um erro. Blogueiros são vozes importantes. Pergunte à campanha de Obama – blogueiros ajudaram a eleger um presidente dos Estados Unidos.

O exemplo da campanha de Obama mostra que um esforço concentrado para integrar o conteúdo de outros blogueiros no seu próprio *blog* funciona muito bem. Embora este exemplo seja da área política, estratégias semelhantes para engajar e influenciar outros blogueiros podem funcionar para quase todas as organizações. O New York Islanders, time profissional de hóquei, é outra organização que trabalha com blogueiros de forma ousada. Criou o programa Islanders Blog Box, que dá credenciais de imprensa para blogueiros. Iniciado em 2007, foi um dos primeiros programas desse tipo para uma equipe esportiva importante. A cada temporada, cerca de dez blogueiros são escolhidos para receber credenciais, e a equipe coloca *links* para eles em seu *site*.[10]

Blogueiros adoram experiências interessantes

Muitas organizações alcançam sucesso com programas dedicados aos blogueiros, em que pessoas influentes em seu setor têm a chance de passar um dia ou parte dele acompanhando as atividades da empresa. Na verdade, qualquer internauta ou cidadão deveria ser convidado a participar, principalmente aqueles que têm uma série de vídeos ou um programa de *podcasts*. Nos dias dedicados aos blogueiros, os convidados recebem informações sobre lançamentos de novos produtos, almoçam com funcionários e talvez tenham a oportunidade de conhecer o CEO ou outros executivos.

Christopher Barger, diretor global de mídia social na General Motors, organizou uma oportunidade para blogueiros e outras pessoas influentes fazerem um *test drive* do carro elétrico Chevy Volt, que ainda não tinha sido lançado, durante a confererência South By Southwest. O evento resultou em centenas de *posts* em *blogs* e milhares de tuítes.

Outra oportunidade ocorre na Semana do Corpo de Fuzileiros Navais dos Estados Unidos, realizada em vários lugares durante o ano. Eu fui a uma em Boston, onde blogueiros e vários membros da mídia puderam fazer um voo de vinte minutos em uma aeronave V-22 Osprey. O voo saiu da Base Aérea de Hanscom, em Bedford, Massachusetts, passou por subúrbios de Boston, retornando pelo centro da cidade. Diferentemente do que acontece em voos comerciais, fomos encorajados a usar novos celulares durante o roteiro. Foi muito satisfatório tuitar ao vivo durante o voo, como eu e outros participantes fizemos, gerando atenção para os fuzileiros navais.

Mesmo que sua empresa não tenha um brinquedo novo para dar uma experiência especial às pessoas, você pode organizar um jantar para blogueiros conhecerem executivos de sua companhia. Estes programas de contato são cruciais para dar aos blogueiros a informação e a sensação de conexão, tão necessárias para eles escreverem sua história por você.

Como chegar a blogueiros no mundo

Recentemente, uma empresa global de RP, chamada Text 100, examinou as preferências de comunicação de blogueiros em todo o mundo. A pesquisa, feita na *web*, era destinada a esclarecer suas relações com RPs e corporações. Vale a pena notar algumas das descobertas da pesquisa, realizada com 449 blogueiros em 21 países, quando se pensa em adotar *blogs*. A boa notícia é que mais de 90% dos blogueiros receberam bem os contatos de representantes das empresas sobre as quais escrevem. No entanto, é importante destacar a maneira como se faz a abordagem.

"Blogueiros são unidos em seu desejo de conteúdo importante, particularmente em torno de desenvolvimento de novos produtos, resenhas, *feedback* sobre o conteúdo postado e entrevistas com pessoas importantes", diz Jeremy Woolf, diretor de mídia social da Text 100, instalado no escritório de Hong Kong da empresa. "As fotografias são a forma mais usada de conteúdo fornecido, seguidas por tabelas, gráficos e vídeos."

Woolf diz que o estudo também revela maus hábitos de RPs, que não funcionam quando eles tentam empurrar algo para blogueiros. "Os profissionais de RP estão falhando ao não ler os *blogs* e entender verdadeiramente essas comunidades", afirma. "Parecem esperar que os blogueiros postem materiais corporativos, demonstrando total falta de entendimento da mídia social e da razão por que os blogueiros blogam."

Não há dúvidas de que a vasta maioria dos blogueiros recebe bem os contatos de organizações. Mas, para ter sucesso, representantes das empresas precisam tratá-los como indivíduos e fornecer-lhes informações valiosas, que complementem o trabalho que já fazem em seus *blogs*. Não lhes envie cegamente *press releases* corporativos, que são ineficazes e podem até mesmo diminuir a reputação de sua organização com as pessoas que ela está tentando alcançar.

Você deixa seus empregados mandarem *e-mail*? Que tal deixá-los blogar?

O Capítulo 17 apresenta tudo o que você precisa saber para começar seu *blog*. Se você acha que já está pronto, sinta-se à vontade para saltar à frente e aprender como decidir sobre o que blogar, que *software* vai precisar, como encontrar sua expressão, e outros aspectos importantes. Mas se ainda está hesitante em criar um *blog*, seja para você mesmo ou sua empresa, pode ser por causa do temor que *blogs* não sejam corretos para sua organização.

Ao trabalhar com empresas para ajudar a desenvolver uma estratégia de *blogging*, vejo muita consternação dentro delas sobre a questão de permitir que pessoas bloguem ou não, ou de permitir que elas postem comentários em *blogs* de outros. Tem sido fascinante observar e ao mesmo tempo participar do debate sobre *blogs* nas organizações. Depois das preocupações exageradas sobre a chegada de computadores pessoais ao local de trabalho nos anos 1980, e também ecoando os debates sobre *web* e *e-mail* dos anos 1990, executivos de empresas parecem estar aprendendo uma lição sobre os *blogs* nos dias atuais. Você se lembra de quando executivos acreditavam que *e-mails* poderiam expor ao mundo segredos de uma corporação? Quando apenas funcionários considerados importantes tinham endereços de *e-mail*? E de quando as pessoas se preocupavam com o uso livre que seus empregados faziam da internet e de toda sua informação não verificada?

É o mesmo debate em relação aos *blogs* hoje em dia. De um lado do muro corporativo, os advogados temem que empregados revelem segredos ao criar conteúdo ou fazer comentários em seus *blogs*. De outro lado, há a sensação de que grande parte da informação criada hoje não é confiável. Babás corporativas querem se assegurar que seus bebês inocentes não se envolvam em problemas com o assustador mundo da informação.

Bem, estamos falando aqui sobre essas pessoas. Funcionários fazem coisas idiotas. Eles enviam *e-mails*, ou *posts* inapropriados e acreditam em algumas das coisas ditas no noticiário da TV. Esse debate deve ser centrado nas pessoas, e não na tecnologia. Como exemplos de ondas anteriores nos mostram, tentar bloquear a tecnologia não é a melhor resposta.

Assim, minha recomendação para as organizações é simples. Estabeleça regras sobre o que empregados podem e não podem fazer no trabalho, mas não tente criar um conjunto específico de regras de *blogging*. Sugiro a implementação de políticas corporativas que digam que funcionários não podem constranger ninguém sexualmente, que não podem revelar segredos, que não podem usar informações internas para negociar ações ou influenciar preços, e que elas não devem falar mal da concorrência de *qualquer forma e em qualquer mídia*. As regras devem incluir *e-mail*, palestras, escrever um *blog*, comentar em *blogs* (e em fóruns *on-line* ou salas de bate-papo) e outras formas de comunicação. Em vez de focar no estabelecimento de regras para os *blogs*, é melhor focar na orientação das pessoas sobre como se comportar. Mas, como sempre, verifique com seus advogados as medidas de prevenção.

Algumas organizações adotam uma abordagem criativa para o *blogging*, dizendo que todos os *blogs* são pessoais e que as opiniões expressadas são do blogueiro, e não da organização. Para mim, isso parece uma boa atitude. O que eu discordo é aplicar medidas draconianas de comando e controle, proibindo os empregados de blogar (ou fazer comentários), ou dizendo que devem passar todos os *posts* previamente pelo departamento de comunicação. *Blogs*, com liberdade de opinião, são parte importante do negócio e devem ser encorajados por organizações que pensam à frente.

BLOGS: EXPLORE MILHÕES DE SEGUIDORES PARA CONTAR SUA HISTÓRIA

Rompendo fronteiras: blogando no McDonald's

O McDonald's, com seus famosos arcos dourados, é uma das marcas mais reconhecidas do mundo. Ser grande e visível significa ser um alvo conveniente, e o McDonald's tem sofrido ataques contínuos de pessoas que criticam a empresa por contribuir com a obesidade norte-americana, por acumulação de lixo e outros males sociais. Diferentemente da maioria das grandes organizações que permanecem sem rosto e sem nome, o McDonald's lançou o Open For Discussion,[11] um *blog* que mantém o foco na sua responsabilidade social. Escrito por Bob Langert, diretor sênior de responsabilidade social da empresa, o *blog* tem comentários sobre sustentabilidade com títulos como "Conservando a oferta de peixes para agora e o futuro" e "Desenhando embalagens para preservar o meio ambiente".

O *blog* é bem escrito e atualizado frequentemente. Claro, tem um discurso de tom corporativo, mas soa autêntico. Langert diz na página: "Quero usar este *blog* para apresentar a você algumas das pessoas, os programas e projetos que fazem da responsabilidade social corporativa uma realidade no McDonald's – levando-os comigo quando me envolvo com *stakeholders* internos e externos em várias partes do mundo – e para sublinhar nossas conquistas, assim como os desafios que continuamos a enfrentar."

A companhia lançou também *The McDonald's You Don't Know*, uma série de *podcasts* em vídeo disponíveis do *site* do McDonald's por meio de RSS, Apple Store, YouTube e Google. A série enfatiza temas como qualidade da comida e a comunidade.

Steve Wilson, diretor sênior do McDonald's responsável por comunicações globais na *web*, dirige uma equipe que elabora a parte corporativa da McDonalds.com. Em entrevista publicada originalmente na *EContent*, Wilson me disse: "A internet mudou o papel da informação para grandes marcas globais como McDonald's. Se o McDonald's quiser conquistar credibilidade e confiança, temos de participar da comunidade de blogueiros. Não podemos entrar em uma tempestade na blogosfera sem antes construirmos um diálogo". Este é um conselho sensato sobre *blogging* para uma grande marca.

O poder dos *blogs*

É notável o que um indivíduo esperto e cheio de paixão pode fazer com um *blog*. Pessoas blogaram para conseguir seu emprego dos sonhos (ou publicar livros) por meio das ideias que expressam. Bandas de rock conseguiram segui-dores fiéis e contratos de gravação. Candidatos a cargos políticos se sobressaíram na multidão. E empresas competiram eficientemente até contra *players* muito maiores e com mais recursos.

"Você é o que você publica", diz Steve Goldstein, CEO da Alacra, que encontramos no Capítulo 4 discutindo o AlacraWiki. "É melhor ter uma repu-tação do que reputação nenhuma." Certamente, o AlacraBlog[12] é valioso para nós como um meio de plantarmos nosso nome."

Goldstein foi um CEO pioneiro em *blogging*, lançando o AlacraBlog em março de 2004. "Não sabíamos o que ia acontecer, mas queríamos tentar", ele diz. "Os competidores são muito grandes. Blogando, eu consigo dar um rosto para a nossa empresa."

Ele usa sua plataforma como meio de comunicação com seus clientes, *prospects* e parceiros. Também utiliza o *blog* para dizer coisas a seu público de maneira rápida e informal. "Posso sublinhar aspectos interessantes da companhia, como empregados e parceiros, que não entrariam em um *press release* mais for-mal", diz ele. "Internamente, o *blog* também é importante. Temos um escritório em Londres, e assim uso o *blog* para me comunicar com os empregados lá."

É incrível que haja tão poucos blogueiros na indústria de publicações, tal-vez porque editores sejam cautelosos em dar seu conteúdo de graça ou talvez porque grandes editoras se sintam ameaçadas por *blogs*. Mas, ao começar um *blog* cedo e mantendo o fluxo de informação, Goldstein posicionou a Alacra à frente de muitas empresas de informação centenas de vezes maiores. "Muitos editores ainda estão inseguros, e muitos poucos fazem *blogs*", diz Goldstein. "Tom Glocer, CEO da Thomson Reuters, posta ocasionalmente, mas poucos executivos importantes têm *blogs*."

Comece hoje

Não há dúvida de que toda organização deve monitorar *blogs* para encontrar o que as pessoas estão falando sobre ela. Acho surpreendente que, na maioria das vezes, ao mencionar uma empresa ou produto em meu *blog*, eu não receba qualquer tipo de resposta daquela organização. No entanto, em cerca de 20% dos *posts* recebo algum comentário de alguém daquela companhia ou um *e-mail* pessoal. Esses 20% se referem às empresas que monitoram a blogosfera e reagem ao que está sendo dito. Você devia fazer isso também, se é que já não está fazendo.

Para mim, está claro que, na maioria dos setores e categorias de produtos, os primeiros a adotarem *blogs* ganharam a reputação de inovadores. Ainda há, porém, oportunidades para quem se adiantar em muitas categorias de *blogs*. No momento em que você se sentir confortável lendo e comentando em *blogs*, comece o seu! O Capítulo 17 contém informações sobre o que você precisa.

Notas

1 www.webinknow.com/
2 www.freerepublic.com/focus/f-news/1210662/posts?page=47#47
3 http://littlegreenfootballs.com/weblog/?entry=12526
4 www.powerlineblog.com/
5 http://fannick.blogspot.com/
6 www.technorati.com/
7 www.google.com/support/accounts/bin/answer.py?answer=97703&topic=14962
8 www.google.com/profiles/davidmeermanscott
9 www.kevinflynn*on-line*.com/
10 http://islanders.nhl.com/club/page.htm?id=43149
11 www.aboutmcdonalds.com/mcd/csr/*blog*.html;
12 www.alacrablog.com/

Capítulo 6

ÁUDIO E VÍDEO CRIAM AÇÃO

Á udio e vídeo na *web* não são coisas novas. Os clipes estão disponíveis em *websites* desde os primeiros dias. Mas até recentemente não eram usados *on--line*, porque o conteúdo era difícil de localizar, impossível de buscar e não havia meios fáceis de fazer atualizações regulares. Como áudios e vídeos, em grande parte, eram longos – com até uma hora ou mais –, as pessoas não tinham ideia do que encontrariam e, por isso, poucos acessavam os arquivos.

A migração de áudio e vídeo da retaguarda *on-line* para a linha de frente, com conteúdos valiosos, aconteceu por causa de *sites* como YouTube e iTunes, que ofereceram meios fáceis para as pessoas assistirem e ouvirem. Além disso, a internet com conexão de alta velocidade tornou-se a norma, e a tecnologia para criar e fazer *upload* de áudio e vídeo tornou-se simples o bastante para todos poderem usá-la (incluindo você).

Curtindo os vídeos do Digg

O Digg,[1] *site* de notícias de tecnologia, usa um canal de vídeo para divulgar comentários e informações para seu público. Também tem um *blog* recheado de conteúdo, e essas duas ferramentas de marketing trabalham juntas. O programa Diggnation,[2] de cultura *tech/web*, vai ao ar toda semana e é apresentado por Alex Albrecht e o fundador do Digg, Kevin Rose. Diggnation é um conteúdo clássico de pensamento e liderança, porque não trata apenas do Digg e seus produtos.

Muitas organizações estão criando vídeos para mostrar sua *expertise* e fornecer informação valiosa a compradores em uma mídia fácil de entender. O formato de entrevista usado no Diggnation é muito popular porque facilita o processo de entrevistar alguém e de postar o vídeo. Outras formas comuns de vídeo *on-line* incluem comédias (usadas frequentemente para tentar reunir muitos pontos de vista e se tornar viral), resenhas de produtos e discursos de executivos. Um benefício adicional de produzir vídeo para sua organização é que a mídia, os blogueiros e outros em posição de destaque tendem a ver vídeos para ter ideias de pautas. Veja no Capítulo 18 mais informações sobre vídeo e os detalhes de como fazer o seu.

Que universidade devo frequentar?

Muitos profissionais de marketing relutam em adotar o formato porque não veem uma relação direta entre postar um vídeo no YouTube ou no *site* de sua empresa e aumentar o volume de vendas. Enquanto escrevia esta seção do livro, recebi um *e-mail* de uma estudante da Universidade da Pensilvânia. Ela explicou que resolveu se matricular lá porque viu um vídeo da Penn (como a instituição é conhecida) no YouTube,[3] enquanto pesquisava universidades, e se apaixonou pela escola antes mesmo de ter uma chance de visitá-la. No vídeo, o cantor John Legend, cinco vezes ganhador do prêmio Grammy, explica por que tem uma profunda afeição pela Universidade de Pensilvânia, sua "alma *mater*".

Essa história certamente não é única. Pessoas procuram produtos e serviços que você está oferecendo agora. Elas vão para o Google e outros mecanismos de busca, e pedem conselhos a seus amigos. Frequentemente, o que encontram é um vídeo. Você vai estar nele?

Muitas organizações encorajam seus consumidores ou bases de seguidores a produzir vídeos para elas. Esses vídeos gerados por consumidores muitas vezes tomam a forma de competições e podem ter grande sucesso, especialmente para um produto ou serviço que tenha impacto visual. As garrafas de água Nalgene, por exemplo, são praticamente indestrutíveis. Se você for no YouTube, achará centenas de vídeos de gente tentando quebrá-las de modo criativo, como passando por cima delas com um cortador de grama, jogando-as do alto de edifícios e, após congelar a água, batendo com um martelo. Para os fabricantes das garrafas Nalgene, este é um fenômeno valioso, já que a companhia não tem qualquer participação na produção desses vídeos.

O melhor emprego do mundo

Muitas vezes me perguntam: como eu faço o marketing de um produto comum? As pessoas parecem pensar que, se seu produto for semelhamte ao de outros, as novas regras do marketing não se aplicam a ele, e o melhor jeito de vender seria por causa de preço mais baixo ou de melhor distribuição. Se você leu este livro até aqui, pode prever minha resposta: crie informações interessantes e as pessoas as encontrarão, partilharão suas ideias e contarão suas histórias. Sim, mesmo que você faça marketing de um produto comum.

Praias ensolaradas em locais magníficos são um produto comum. Isso pode ser um choque completo para pessoas do marketing de turismo, mas é a verdade. A abordagem tradicional de mostrar praias de areia branca com pegadas perto da adorável água azul e uma ou duas garotas de biquíni não funciona, porque é o que todo mundo faz. Como se sobressair?

Recentemente, a Tourism Queensland[4] criou um fantástico concurso de vídeo chamado "O melhor emprego do mundo".[5] O vencedor foi escolhido como zelador das Ilhas da Grande Barreira de Corais. A posição tinha poucas tarefas, mas o fato principal foi o uso da mídia social para divulgar as ilhas. O trabalho de blogar e postar vídeos custou 150 mil dólares australianos, em uma campanha de seis meses. O concurso exigia que cada participante postasse um vídeo de um minuto, explicando por que gostaria de ser zelador da Ilha Hamilton, na Grande Barreira de Corais. Mais de 30 mil se inscreveram, e os vídeos foram vistos por milhões de pessoas. Além disso, centenas de blogueiros e veículos da mídia (revistas, rádio, televisão e jornais) escreveram sobre "O melhor emprego do mundo", produzindo ainda mais agito, não apenas sobre o concurso, mas sobre o local como destino de turismo.

A Tourism Queensland criou um enorme fenômeno. Quando o concurso estava no auge, fiz uma pesquisa dos grupos que visito como palestrante. Perguntei-lhes se tinham ouvido falar do "melhor emprego do mundo". Em Washington, D. C., 20% disseram que sim (o percentual mais baixo). Em Tartu, na Estônia, foram impressionantes 60% (o mais alto). A média, fazendo a pesquisa com milhares de pessoas em seis países, foi de mais de 30%. Demais! Imagine se 30% do mundo tivesse ouvido falar de seu produto por meio de vídeos que as pessoas criaram para você.

Como Queensland, na Austrália, conquistou tanta atenção? Eu estive na Grande Barreira de Corais. Sim, é lindo. Mas o mesmo vale para outros lugares cheios de areia, sol e biquínis que conheci: Koh Samui, Santorini, Barbados, Puerto Vallarta, e assim por diante. A resposta é simples: a Tourism Queensland achou um meio de chegar às pessoas para partilhar suas ideias e suas histórias.

"O melhor emprego do mundo" foi criado pela agência australiana de publicidade CumminsNitro, com sede em Brisbane. A Tourism Queensland também trabalhou com a Quinn & Co,[6] uma empresa de relações públicas de Nova York que tratou da aproximação com a mídia. Falei com John Frazier e Melissa Braverman, ambos da equipe da Quinn & Co., para que me ajudassem a entender o impressionante sucesso desse concurso.

John Frazier disse que o anúncio do emprego foi divulgado na Austrália, e na hora do almoço, em Londres, a Associated Press estava entrevistando o diretor da Tourism Queensland para a Grã-Bretanha. A entrevista, pouco mais tarde, apareceu nos programas matinais dos Estados Unidos. Em dois dias, já havia milhares de repercussões na mídia. A Tourism Queensland estabeleceu uma meta de conseguitr 400 mil visitantes em seu *website* durante um ano de campanha. Ela ultrapassou isto em apenas 30 horas, e teve um milhão de *hits* no segundo dia.

"Aprendemos que, se você acertar no lado positivo da matéria e agir na hora certa, ela vai viajar como um tsunami ao redor do mundo", diz Melissa Braverman. "A mídia tradicional (em reportagem exclusiva da Reuters) lançou a matéria, que imediatamente se tornou viral, porque era uma chance de se ter o melhor emprego do mundo em uma época em que todo mundo estava sendo demitido."

Como muita gente viu o anúncio da abertura da vaga de emprego, tanto na mídia tradicional quanto em *blogs*, os vídeos começaram a ser postados rapidamente. E porque as pessoas estavam ouvindo falar disso no mundo todo, os participantes representavam muitos países. É claro que toda essa atenção também provocou interesse e conhecimento sobre Queensland como um belo destino de turismo na Austrália.

"Não dá para requentar um suflê", diz Frazier. "Logo apareceram outras campanhas de imitação que não se deram tão bem. Meu melhor conselho é tentar desenvolver uma ideia que soe autêntica na vida de pessoas reais e então achar um jeito de montá-la em tantas plataformas (tais como mídia tradicional, YouTube, Twitter, Facebook) quanto possível."

Ben Southall, do Reino Unido, foi selecionado como o candidato ideal e conseguiu o emprego. Mas o verdadeiro vencedor foi a Tourism Queensland. Frazier estima que houve cerca de 1.100 matérias em TV sobre o assunto.

O concurso "O melhor emprego do mundo" teve um enorme sucesso ao chamar atenção para as ilhas da Grande Barreira de Corais da Austrália. Em dado momento, o *site* oficial Island Reef Job recebeu até 4 mil *hits por segundo*. De acordo com Peter Lawlor, ministro de Turismo do Estado de Queensland, resultados preliminares de uma campanha de turismo promovendo a Tropical North Queensland para turistas americanos levaram a um aumento de 34% de reservas de voo para Cairn, porto de entrada da área. "O objetivo da campanha foi aumentar as visitas internacionais à Grande Barreira de Corais e aumentar o conhecimento das experiências e atrações únicas da região. Até o momento os resultados são brilhantes, especialmente considerando as dificuldades econômicas atuais."

Divirta-se com seus vídeos

Existe algo mais entediante do que o vídeo sobre segurança em linhas áreas comerciais? Veja bem, não precisa ser desse jeito. O vídeo é um excelente formato para usar o humor, especialmente quando se fala de um tópico normalmente tedioso sobre o qual o coletivo de suas *personas* compradoras sabe tudo. Foi isso que a Air New Zealand fez com um vídeo de segurança produzido com o time de rúgbi New Zealand All Blacks para uso nos Boeings 737 da empresa. O vídeo, intitulado *Loucos por rúgbi*,[7] foi lançado no YouTube e logo gerou quase um milhão de *views*. Isso mesmo: um milhão de *views* para um vídeo de segurança de uma companhia aérea. E como foi que eles fizeram?

No vídeo, jogadores e treinadores da equipe de rúgbi New Zealand All Blacks, além de comentaristas esportivos, atuam como atores, ao lado de funcionários da Air New Zealand. O avião, cheio de fãs, serve de palco para situações malucas, que se estendem até os créditos finais. Eu o assisti algumas vezes e achei hilário, embora muitas vezes o humor seja sutil. A Air New Zealand também postou um vídeo sobre os bastidores, mostrando como foi a criação da peça.

O momento do lançamento do vídeo foi significativo. Os All Blacks tinham acabado de vencer os Stringboks da África do Sul, por 29 a 22. Nos emocionantes cinco minutos finais, eles fizeram dois gols para conquistar a coroa Tri Nations. O país inteiro estava pensando em rúgbi!

De vez em quando, ao falar sobre o uso do humor, pessoas que trabalham em companhias sérias como *business-to-business*, ONGs e agências governa-

MARKETING E COMUNICAÇÃO NA ERA DIGITAL

mentais insistem que não podem usá-lo. Em particular, eu gostaria de desafiar a tradição de que o marketing de B2B tem de ser espantosamente entediante.

Acho que essa atitude vem porque os profissionais de marketing de B2B ouvem a palavra *business* (duas vezes) e pensam: "Estou fazendo marketing para um negócio". O resultado é um tom excessivamente sério. Afinal de contas, empresas de tecnologia são diferentes do marketing de consumo, não?

Errado.

Os profissionais de marketing de B2B parecem se esquecer de que tudo o que eles precisam fazer é se comunicar com *pessoas*. Gente quer fazer negócios com gente, e as empresas de B2B que entendem isso criam seguidores.

A National Instruments é um fornecedor B2B de equipamentos de mensuração e automação usados por engenheiros e cientistas. O marketing testado e aprovado de companhias como essa é focar em dados técnicos, especificações e assim por diante. Estamos falando de uma comunidade de engenheiros, certo?

Sim, mas, enquanto fornece dados e especificações, a National Instruments percebe também que seus compradores são seres humanos. "Sempre adotamos o mote, tanto interna quanto externamente, de que fazer humor não tem problema", diz John M. Graff, vice-presidente de marketing e operações para o consumidor da National Instruments. A atitude de apostar em diversão produziu muitos meios de se comunicar com o público técnico que compra produtos da empresa.

Eu, por exemplo, sou fã de um *videoblog* produzido por Todd Sierer, um engenheiro da National Instruments, com o título *Uma Mente Engenhosa*, que é altamente eficaz. Em um episódio, ele fala sobre o significado da palavra *Marketecture* de forma bem-humorada. É o tipo de coisa com a qual um engenheiro se diverte. Assim, Sierer faz exatamente o que um bom marketing deve fazer: atingir compradores.

"Estreamos esta série de vídeos dois anos atrás em nossa conferência anual de usuários em Austin, no Texas, onde mais de 3 mil engenheiros e cientistas se encontram para ver e discutir as mais novas tecnologias de mensuração e automação", diz Graff. "Além das demonstrações técnicas de produtos costumeiras, tentamos também divertir a plateia, inclusive convidando um engenheiro do programa da Spike TV, *Deadliest Warriors*, para subir ao palco. Descobrimos que nosso público gosta muito dessa abordagem de comunicação, já que estão cheios de discursos técnicos. Acredito que isso fortaleceu muito nossa reputação."

Você trabalha com marketing de B2B? Trata seus compradores como seres humanos? Está se divertindo? Acredite, é legal usar humor. Eu desafio você a apostar no humor.

A distribuição de conteúdo por *podcasts* de áudio

Agora, mudando para o campo sonoro, note que a transformação dos *downloads* estáticos de áudio para *podcasts* que se parecem com esquetes de rádio – mais valiosas para os ouvintes (e também mais eficientes como veículos de marketing para organizações) – ocorreu por dois fatores. O primeiro foi a capacidade de acrescentar *feeds* de áudio e notificações ao RSS. Isto permite aos ouvintes que assinam um *feed* de áudio baixarem as atualizações logo depois que elas são feitas. Quando o conteúdo de áudio foi liberado da necessidade de um grande *download* e passou a ser oferecido como uma série contínua de clipes de áudio, o conceito de programas deslanchou. Os apresentadores modelaram seus shows de rádio, produzindo conteúdo de temas específicos para públicos distintos. Mas o modelo de negócio do *podcasting* é muito diferente daquele de rádio tradicional, que se apoia em número restrito de estações e cujos sinais de recepção têm limitação geográfica de alcance. Para apoiar a infraestrutura técnica do rádio, as empresas precisam de grandes audiências e muita publicidade para pagar as contas (ou doadores, no caso das emissoras públicas). Faça uma comparação entre isso e o *podcasting* de áudio na internet, que é essencialmente de graça (exceto por *feeds* mínimos para apresentadores e algum equipamento barato). Um programa em *podcast* alcança um público potencial em todo o mundo, permitindo que qualquer um crie e ouça os programas.

O segundo fator foi a disponibilidade desses *podcasts* por meio do iTunes. Agora as pessoas podem simplesmente assinar um *feed* (usualmente sem custo algum), e cada vez que plugam seus celulares no computador os novos programas dos *feeds* que assinam têm *download* automático. Podem ouvir a caminho do trabalho e, algumas, até durante o expediente, com acesso a programas atualizados regularmente de uma miríade de nichos que elas escolhem especificamente. Com o *podcasting*, as pessoas se libertam instantaneamente da tirania do rádio tradicional, bitolado nos *hits*, e podem ouvir programas voltados para seus interesses específicos.

É importante destacar a seguinte informação: o termo *podcas* confunde algumas pessoas, mas é apenas um conteúdo de áudio ligado a um *feed* de RSS. A mídia não exige o uso de iPods, embora seja daí que a palavra derive. Você pode ouvir um *podcast* em um aparelho de MP3 ou diretamente de seu computador, sem precisar de um iPod.

Agora os profissionais de marketing têm uma ferramenta para criar eficazmente conteúdo de áudio para pessoas que queiram ouvir seu material. Também podem facilmente desenvolver um programa dirigido a suas *personas* compradoras e, desta forma, atualizar constantemente o conteúdo, o que será bem aceito pelo público, e se tornará mais útil. Ao atingir nichos de mercado e levar áudio a pessoas que escolheram seu programa, uma organização é vista como uma líder na mente do consumidor e torna-se a primeira escolha de ouvintes que queiram fazer uma compra.

Colocando os músicos de volta ao comando do marketing

A música é um exemplo clássico de negócio de cauda longa. Antes que a *web* aparecesse, bandas musicais que não tinham um selo importante não podiam esperar ter uma audiência nacional, ou global. O melhor que podiam fazer era criar um público local, em uma cidade ou região, e talvez um mercado restrito, como, por exemplo, os estudantes de faculdades do noroeste dos Estados Unidos. E aí entra o *podcasting*. Agora qualquer banda ou DJ, com algum equipamento simples e fácil de usar, pode criar uma estação de rádio e conseguir distribuição instantânea global via iTunes e outros serviços de distribuição.

George L. Smyth apresenta o *podcast* Eclectic Mix, onde desafia ouvintes a abrir suas mentes para música nova e diversificada e, ao mesmo tempo, promove as bandas das quais gosta. O *banner* de seu *site* defende a seguinte definição de *eclético*, para garantir que seu público entenda sua abordagem: escolher o que parece ser o melhor de diversas fontes, sistemas ou estilos.

"Em cada programa, escolho um artista e destaco sua música", diz Smyth. "Eu toco literalmente tudo, de clássico a punk. Meu interesse musical vem desde o tempo de faculdade, quando fazia gravações em fitas e trocava com amigos.

Perdi o contato com a música por um tempo, mas recentemente descobri que há grandes obras por aí, e eu posso compartilhá-las com muito mais gente do que na época das fitas."

Smyth é um doutrinador, com um comportamento quase fanático, em sua descrição de como o *podcasting* mudou a face da música no planeta. "O *podcasting* de música tem sido um sucesso real com o público de menos de 25 anos", ele diz. "O *podcasting* tem permitido que as pessoas ouçam o som de ótimos grupos que, talvez, não tenham um grande selo por trás. No passado, não havia possibilidades de escolha, mas agora elas existem. Se você ouvir, talvez goste e queira gastar dinheiro em ingressos ou em *downloads* de músicas no iTunes. Muitas bandas não ganham muita grana com CDs, mas podem atrair pessoas para seu show, que é de onde vem a maior parte do dinheiro de bandas pequenas."

Smyth toma muito cuidado com *copyrights* e permissões em seus *podcasts*, e apenas usa música segura (obras que artistas liberaram para divulgação na internet). As bandas mais famosas, geralmente, não permitem *podcasting* (ou para ser mais preciso, seus selos não permitem). Mas muitas bandas *indies* abraçam o *podcasting*, e pessoas como Smyth promovem sua música por esse meio. "O Uncle Seth é um exemplo de um grupo que facilitou o trabalho para *podcasters* como eu", diz Smyth. "Uncle Seth é uma banda *indie*, que cruza vários gêneros, e gosto de tocá-la".

"Os *podcasters* são uma raça diferente, são como você e eu", diz o músico Jay Moonah, compositor da banda Uncle Seth, de Toronto. "O povo das rádios comerciais e de TVs do tipo MTV trabalha e fala com você do alto. O *podcasting* é diferente. É ótimo que tenhamos conseguido fãs no meio dos *podcasters*, tais como George Smyth, do Eclectic Mix. É divertido quando tocam nossa música e, se mando um *e-mail* para eles, é legal começar uma conversa." Moonah diz que bandas *indies*, como a Uncle Seth, que fazem sucesso com *podcasting*, se beneficiam muito de uma distribuição mais ampla, o que gera novos fãs.

Uma nota para fãs de música: o *single* do Uncle Seth de 2006, com uma versão acelerada do clássico de Joni Mitchell, "Both Sides Now", é demais.

Além de trabalhar com outros *podcasters*, Moonah e a Uncle Seth também têm seu próprio *podcast*.[8] Em cada episódio, a banda discute temas exóticos e toca faixas exclusivas de sua música que não estão disponíveis em nenhum outro lugar. "O interessante é que nós fizemos um esforço consciente de não torná-lo apenas um programa de música", diz Moonah. "Queríamos colocar algo da nossa personalidade nele, como, por exemplo, um programa inteiro dedicado aos primeiros discos que compramos."

"O *podcasting* se tornou uma face real da rede social", diz Moonah. "De um ponto de vista técnico, você podia ter feito um *podcasting* muito tempo atrás. Mas o aspecto social é muito legal. Bandas e outras organizações combinam música e comunidade, e juntam as duas. Por exemplo, existe uma comunidade de bandas canadenses de *jam session*[9] onde encontramos um monte de amigos. Como outras iniciativas *on-line*, tem uma comunidade do mundo real associada a ela."

Ao ganhar *expertise* com *sites* de músicos, Moonah desenvolveu um negócio paralelo, trabalhando com bandas, selos e outros artistas com estratégias de *podcasting*. "Especialmente no Canadá, é difícil ganhar a vida como músico", ele diz. "Essa coisa de combinar o negócio de um grande círculo de bandas com consultoria e *podcasting* realmente funciona para mim."

"Gosto de gente que entende que o *podcasting* tem muitos usos", Moonah comenta. "É uma coisa legítima, e não um brinquedo para crianças. Assim, o conselho que dou a gerentes e ao pessoal dos selos musicais é não criar seus próprios *podcasts* sem antes ouvir os outros que já estão na rede. Ache *podcasts* que você goste e que acredite que tocarão seu som, e então submeta suas músicas a eles, para fazer a coisa andar. Então, pense no que fazer se quiser ter seu próprio *podcast*. As pessoas que o fazem funcionar são aquelas que o entendem. Como banda, você pode competir com rádio via *podcasts*, porque dá para entrar em diversos *podcasts*, e as pessoas vão ouvir você várias vezes, como em um sistema rotativo de rádio."

Podcasting: mais do que apenas música

Os conselhos de Smyth e Moonah são importantes para organizações – e não apenas para músicos – que querem atingir seus compradores diretamente. Para conteúdo que é mais bem distribuído via áudio ou para compradores que preferem ouvir a mensagem, o *podcasting* é, obviamente, essencial. Muitos políticos e igrejas, por exemplo, fazem *podcasts* para que seus simpatizantes possam seguir seus discursos e sermões quando não podem ouvi-los ao vivo. Você vai aprender mais sobre *podcasting*, incluindo dicas sobre como criar o seu, no Capítulo 18.

Embora o *podcasting* de música seja até uma escolha óbvia, dada a similaridade do meio com o rádio, todos os profissionais de marketing podem aprender com experiência atual do negócio fonográfico. "O *podcasting* é quase o espelho da internet de uma década atrás", diz Smyth. "Na época, eu falava para as pessoas sobre a *web* e construía *sites*. Então, algumas grandes companhias entraram na *web*. Hoje, eu vejo a mesma coisa com a evolução do *podcasting*, porque grandes organizações, como a NPR, já entraram na onda."[viii]

Como componente de uma estratégia maior, o *podcasting* também é parte cada vez mais importante do mix de marketing. Como tendência, departamentos de serviço ao consumidor, por exemplo, já fazem séries de *podcasts* para manter usuários de seus produtos informados. As companhias que têm como alvo pessoas que vivem na estrada (tais como vendedores que viajam para diferentes regiões), passando muito tempo em carros e aviões, têm tido sucesso atingindo pessoas com *podcasts* envolventes. Para muitas organizações, *podcasting* para marketing não é uma decisão tipo "ou isto ou aquilo". Em vez disso, o *podcasting* coexiste com *blogging*, um grande *website*, *e-books* e outras ferramentas de marketing *on-line*, além de programas estratégicos de marketing coerente.

O *podcast* Grammar Girl

Mignon Fogarty, criadora do *podcast* Grammar Girl e fundadora da rede de *podcasts* Quick and Dirty Tips, vem fazendo *podcasting* desde 2006. O Grammar Girl[10] fornece dicas curtas e amigáveis para melhorar a escrita. Cobrindo regras de gramática e escolhas de palavras que podem confundir até os melhores escritores, o Grammar Girl torna simples questões gramaticais complexas. Por vezes, evito totalmente o uso de uma palavra por não saber quando usá-la. Mas este é exatamente o tipo de problema de gramática que o *podcast* resolve.

"Recebo uma quantidade impressionante de *feedback* do meu público", Fogarty diz. "Pouco mais de um ano atrás, tive de contratar um assistente temporário para me ajudar a lidar com as mensagens, porque elas estavam tomando todo o meu tempo. Eu recebo um monte de perguntas sobre gramática, que

---

viii NPR, sigla de National Public Radio, é uma entidade norte-americana que distribui notícias e música para quase mil estações de rádio nos Estados Unidos. Fonte: www.npr.org (N. R. T.)

MARKETING E COMUNICAÇÃO NA ERA DIGITAL

tento responder; um monte de mensagens com "eu te amo", e muita gente discorda de minhas recomendações. A gramática pode causar muita discussão, e as pessoas absolutamente adoram (de um jeito meio simpático) quando cometo um erro ou digito errado."

Criar um *podcast* é um grande modo de colocar sua informação no mercado. Em vez de superpromover seus produtos e serviços, um programa informacional vende você como alguém com quem vale a pena fazer negócios. No caso de Fogarty, suas ideias sensatas levam pessoas a comprar seu livro, *Grammar Girl's Quick and Dirty Tips for Better Writing* (Dicas rápidas e espertas da garota da gramática para escrever melhor). O *podcast* de graça alavanca as vendas de seu livro.

"Um interação com fãs é totalmente diferente do marketing *off-line*", ela diz. "Acho até estranho chamar as pessoas de fãs, porque elas se sentem mais como amigas, com mensagens constantes indo e vindo. (Alguém no Facebook disse recentemente que eu sou 'a pessoa mais útil que ele não conhece'.) A rapidez do *feedback* também é diferente do marketing *off-line*. Em 24 horas, e muitas vezes até antes disso, eu sei se algo que estou fazendo vai funcionar ou não. Se posto um *link* ou um concurso no Twitter, posso geralmente dizer em cinco minutos se vai conseguir audência ou não."

Quando Fogarty estava pronta para lançar seu livro, seu *podcast* e sua participação em outros *sites* de rede social, como o Twitter e o Facebook, permitiram que ela fizesse um lançamento usando uma base já existente de fãs. "Quando fui fazer o *tour* de divulgação do livro, as multidões eram muito maiores do que eu esperava, e acho que isso ocorreu, pelo menos em parte, por causa do trabalho que fiz nas redes sociais um ano antes de lançar o livro", ela diz. "Durante as três ou quatro primeiras ações de divulgação, as livrarias esgotaram seu estoque. Em Atlanta, os livros acabaram antes mesmo de eu chegar. Muitas das pessoas que apareceram por lá eram gente com quem eu tinha me conectado no Twitter ou Facebook, e postei muitas vezes mensagens nesses dois serviços sobre onde eu iria estar."

Os *podcasts* da Grammar Girl tiveram até agora mais de *20 milhões* de *downloads*, e Fogarty falou de suas dicas de gramática na *Oprah*, e apareceu nas páginas do *New York Times*, do *Wall Street Journal* e do *USA Today*. O livro Grammar *Girl's Quick and Dirty Tips for Better Writing* é um *best-seller* na lista do *New*

York Times. "É realmente valioso ter uma rede estabelecida de pessoas quando você está lançando algo novo", diz Fogarty.

Podcasting e vídeos *on-line* são ótimas formas de se conectar com uma audiência e desenvolver um número de seguidores ansiosos para comprar seu produto. O Capítulo 18 oferece detalhes sobre como começar uma série de vídeos ou *podcasts*.

Notas

1 http://digg.com/
2 http://revision3.com/diggnation/
3 www.youtube.com/watch?v=gNUiBIlMk1s
4 www.queenslandholidays.com.au/
5 www.youtube.com/user/islandreefjob
6 www.quinnandco.com/
7 www.youtube.com/watch?v=9f1awn9vBZE
8 http://musicface.com/uncleseth/
9 www.jambands.ca/
10 http://grammar.quickanddirtytips.com/

Capítulo 7

AS NOVAS REGRAS DOS *RELEASES*

Sabe de uma coisa? Os *press releases* nunca foram exclusivamente para a imprensa. Meu primeiro emprego, em meados dos anos 1980, foi em uma mesa de operações em Wall Street. Todo dia, eu chegava para o trabalho e olhava as telas do Dow Jones Telerate e da Reuters, que mostravam dados financeiros especializados, informações econômicas e preços de ações. As telas também mostravam *feeds* de notícias, e, dentro destes *feeds*, havia *press releases*. Durante décadas, os profissionais do mercado financeiro tiveram acesso a *releases* de empresas distribuídos por Business Wire, PRNewswire e outros serviços eletrônicos. E não eram apenas de companhias de capital aberto – o *release* de qualquer empresa podia aparecer nas salas de operações em segundos.

Eu me lembro bem de ver operadores assistindo atentamente aos *feeds* de notícias, esperando qualquer sinal de movimentação no mercado. "Você viu? A IBM está comprando uma empresa de *software*!". "Olha só: a Boeing acaba de receber uma encomenda de 20 aviões da Singapore Airlines!". Durante anos, mercados se movimentaram, e preços de ações subiram e caíram com base nos dados brutos de conteúdo de um *press release* vindo diretamente das empresas, e *não* das matérias escritas minutos ou horas depois por serviços de informação como Reuters e Dow Jones (e, mais tarde, Bloomberg).

Press releases também ficavam disponíveis para profissionais das corporações, agências governamentais e empresas de advocacia, todas com acesso a esse tipo de material por meio de serviços como NewsEdge, Dow Jones Factiva e LexisNexis. Durante décadas, esses serviços têm divulgado *releases* para fomentar a inteligência competitiva, pesquisa, descoberta e outros propósitos.

É claro que, desde 1995, por causa do amplo acesso à *web*, os *press releases* passaram a ficar disponíveis para todo mundo, de graça, por meio de uma conexão de internet e um navegador.

MARKETING E COMUNICAÇÃO NA ERA DIGITAL

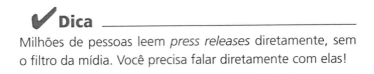

Milhões de pessoas leem *press releases* diretamente, sem o filtro da mídia. Você precisa falar diretamente com elas!

Quando conto essa história para profissionais de RP, ouço gritos deles: "Espere aí! Nós discordamos! O papel do relações públicas e o propósito de um *press releease* como ferramenta têm a ver com a comunicação com a *mídia*". Para um exemplo desse pensamento, procure Steve Rubel, um dos mais influentes RPs blogueiros do mundo. Ele respondeu a minhas ideias sobre *press releases* escrevendo um *post* em seu *blog*, com o título "*Press releases* direto ao consumidor são um lixo".[1]

Vamos examinar as objeções de gente tradicional em RP. De acordo com a Sociedade de Relações Públicas da América (PRSA),[ix] "relações públicas são a disciplina profissional que eticamente incentiva relações benéficas entre entidades sociais". Em 1998, o corpo que governa a PRSA – sua assembleia– adotou formalmente uma definição de relações públicas que se tornou a mais aceita e amplamente utilizada: "Relações públicas ajudam uma organização e seus públicos a se adaptarem mutuamente um ao outro". Em nenhum lugar esta definição menciona a mídia. RP significa chegar a seu público.

Penso que muitos profissionais de relações públicas têm medo do desconhecido. Não entendem como se comunicar diretamente com o consumidor e querem viver no passado, quando não havia escolha a não ser usar a mídia como porta-voz. Por isso, penso também que há uma visão muito disseminada sobre a pureza do *press release* como ferramenta para a imprensa. Os profissionais de RP não querem aceitar que milhões de pessoas têm o poder de ler seus *releases* diretamente. É mais fácil trabalhar para um público fechado de uma dúzia de repórteres. Mas esse argumento se baseia em medo, e não em fatos. Não existe uma boa razão – nenhuma mesmo – para as organizações não se comunicarem diretamente com seus públicos por meio de *releases*, sem o filtro da mídia.

---

ix PRSA é uma comunidade que congrega mais de 21 mil profissionais de comunicação e relações públicas nos Estados Unidos. Fonte: www.prsa.org (N. R. T.)

Obviamente, a primeira palavra do termo *press release* (*press*, ou imprensa) desconcerta algumas pessoas, particularmente profissonais de RP. Em meu *blog* e em outros *sites*, aconteceu um debate semântico. O consenso de dezenas de comunicadores profissionais que importam é o de chamar *releases* voltados a consumidores de *news releases* (*releases* de notícias). Isto parece bom para mim. Então, daqui por diante, vou me referir a *releases* direto ao consumidor como *news releases*.

News releases no mundo da *web*

A mídia, como intermediária, teve seu papel esvaziado. A *web* mudou as regras. Compradores leem seus *news releases* diretamente, e você precisa falar a linguagem deles. Hoje, profissionais de marketing e RP usam os *news releases* para chegar diretamente aos compradores. Como mencionei no Capítulo 1, isso não significa que as relações com a mídia não são mais importantes – a mídia de massa e a imprensa especializada devem ser partes de uma estratégia de comunicação global. Em alguns mercados, a mídia de massa e a imprensa especializada continuam sendo *criticamente* importantes, claro, e a mídia ainda continua obtendo conteúdo dos *news releases*. Mas seu público primário não é mais apenas um punhado de jornalistas. São milhões de pessoas conectadas na internet e com acesso a mecanismos de busca e leitores de RSS. Eis, então, as novas regras da nova mídia direta ao consumidor.

As novas regras dos *news releases*

Não envie *news releases* apenas quando há grande notícias. Descubra boas razões para enviá-los o tempo todo.

- Em vez de mirar em um punhado de jornalistas, crie *news releases* que interessem diretamente a seus compradores.
- Escreva *releases* cuja linguagem seja rica em palavras-chave usadas pelos seus compradores.
- Inclua ofertas que possam impelir consumidores a responder a seu *release* de alguma forma.

- Coloque *links* em *releases* para levar consumidores potenciais a páginas em seu *website*.

- Otimize o envio de *releases* para buscas e *browsing*.

- Acrescente *tags* para Technorati, Dogg, StumbleUpon e Delicious para que seu *release* seja encontrado.

- Dirija as pessoas ao processo de vendas com *news releases*.

Se o encontrarem, eles virão

Muitos anos atrás, eu estava preparando uma palestra, chamada "Encurte o ciclo de vendas: programas de marketing que geram mais receita mais rápido", para a Software Marketing Perspectives Conference and Expo. Para ser honesto, estava procrastinando. Olhando uma página em branco do PowerPoint, decidi ir para o Google em busca de inspiração.

Digitei a frase "acelere o ciclo de vendas" para ver se havia algo interessante que pudesse aproveitar em minha apresentação. Os *links* mais bem colocados para essa frase vieram de WebEx, uma empresa que fornece serviços de colaboração *on-line*. O mais interessante para mim foi que os *links* apontavam para *news releases* no *site* da WebEx. Isso mesmo. No topo dos resultados de busca no Google havia um *news release* sobre um produto da WebEx, e logo na primeira sentença do *news release* estava a frase que eu procurava: "acelere o ciclo de vendas".

A WebEx lança o Centro de Vendas WebEx: Líderes expandem conjunto de aplicativos de colaboração em tempo real.

Fortaleça o processo de venda, envolvendo consumidores através do ciclo de vendas, e permita que gerentes monitorem e meçam as operações de vendas na web SAN JOSE, Calif. – A WebEx Communications, Inc. (NASDAQ: WEBEX), fornecedor líder de aplicativos de colaboração sob demanda, lança hoje o Centro de Vendas WebEx, um novo serviço que ajuda empresas a acelerar o ciclo de vendas, aumenta as taxas de sucesso e fecha mais negócios ao alavancar ofertas de vendas *on-line*...

Depois fui para o Google News[2] e conferi a mesma frase. E a WebEx também estava na primeira posição da busca de notícias do Google com um *news release* muito recente: "Líder do setor de aplicativos de integração otimiza processos de marketing e vendas com o conjunto de aplicativos WebEx". O *news release*, sobre um consumidor da WebEx, havia sido enviado por meio do Newswire[3] e tinha um *link* para o *site* da WebEx para informações adicionais. A WebEx também tinha *links* em alguns *news releases* diretamente para testes gratuitos de seus serviços. Bom, não?

"Esta é exatamentea nossa estratégia", diz Colin Smith, diretor de relações públicas da WebEx. "O Google e palavras-chave transformaram o *news release* em um veículo de distribuição. Especialmente para empresas que apelam ao usuário final, os *news releases* são um grande canal."

Certamente, ter achado a WebEx não foi um acidente. Eu procurava uma frase que Smith tinha otimizado para busca. Sua pesquisa havia mostrado que compradores de serviços fornecidos pela WebEx buscavam a frase "acelere ciclos de venda" (e também muitas outras). Assim, quando procurei aquela frase, a WebEx me deu um exemplo excelente (e real) de uma empresa que tinha otimizado o conteúdo de *news releases* com a inclusão de termos relevantes, tais como o que eu buscava. E a WebEx se beneficiou tremendamente de seus esforços. Além dos seus consumidores *on-line*, aumentou seu público, levando a informação a alguém que fala para outras pessoas sobre ela (eu!). Usei este exemplo em palestras, perante mais de 10 mil profissionais de marketing, responsáveis por conteúdo *web* e executivos, e ele teve mais de 250 mil *downloads* como parte de meu *e-book Nova regras de RP*. E agora você está lendo isto, também.

"As pessoas estão dizendo que os *press releases* estão mortos", diz Smith. "Mas isso não é verdade para *news releases* diretos ao consumidor." Ao desenvolver sua estratégia de *releases* para atingir diretamente o comprador, Smith teve de refinar sua forma de escrever e suas habilidades de RP para esse novo tipo de relacionamento, que tem grande vivacidade. "Estudei o *Guia de Estilo*, da Associated Press, que é muito bem estruturado, para escrever *releases*", ele diz. "Mas isso mudou desde que palavras e frases-chave se tornaram subitamente importantes, e a escala e o alcance da internet revelaram os usuários finais como um canal."

Smith não deixa que as palavras-chave dominem seu estilo de escrever, mas ele tenta mantê-las sempre em mente e inseri-las especialmente nos *releases*, sempre que possível. "Nós não achamos que uma única palavra-chave funcione, mas frases são ótimas", ele diz. "Se a pessoa está fazendo uma pesquisa específica,

Levando compradores ao processo de compra

Smith tem o cuidado de incluir nos *news releases* que elabora para a WebEx informação de produtos focados no usuário final. "Tentamos pensar no que é importante para as pessoas", ele diz. "Colocamos ofertas de testes gratuitos nos *releases* que falam do produto." Cerca de 80% dos *releases* que a WebEx divulga são ligados ao produto ou ao consumidor. Como a WebEx é uma empresa de capital aberto, os outros 20% são voltados para resultados e prestações de contas. "A WebEx é um grande mix de histórias de usuários finais reais", afirma Smith. "As pessoas entendem por que você precisa de reuniões na *web*, e assim é fácil contar uma história usando *news releases*."

Por saber que a divulgação na *web* atrai até mesmo aqueles que não conhecem a categoria do produto, Smith também busca caminhos de criar agitação pelo marketing viral. Ele presta atenção, por exemplo, em grandes acontecimentos no noticiário em que a colaboração *on-line* seria útil.[4] "Doamos serviços para uso limitado durante a época em que o tráfego de Boston ficou congestionado pelo fechamento do Tunel Big Dig. Fizemos a mesma coisa na greve dos funcionários do tráfego em Nova York." Smith sabe que as pessoas podem considerar usar os serviços da WebEx durante esse tipo de situação incomum. Oferecer o serviço de graça cria muitas vezes usuários leais no futuro.

Os *news releases* diretos ao consumidor são componente importante do mix de marketing da WebEx. "Nós rastreamos métricas, e podemos ver quantas pessoas vão do *release* para o teste grátis", diz Smith. Os números são significativos. Mas, com o sucesso, há também um perigo. "Não queremos abusar do canal de *news releases*", diz Smith, explicando que a companhia também tem uma estratégia de relações com a mídia, da qual fazem parte os *releases*. "Queremos que os *news releases* sejam importantes para jornalistas, mas também ofereçam aos consumidores coisas para fazer, tais como o teste grátis."

A WebEx faz sucesso utilizando os *news releases* para envolver todos os públicos: os *players* dos mercados financeiros que monitoram suas ações, os jornalistas que escrevem (e falam) sobre produtos e serviços da WebEx e, também, os consumidores que buscam o que a WebEx tem a oferecer. A WebEx e milhares de outras empresas inovadoras provam que a estratégia de *news releases* direto ao consumidor pode coexistir dentro de uma organização que se preocupa com as relações com a mídia.

Desde que a versão anterior deste livro foi lançada, a WebEx foi adquirida pelo Cisco Systems Inc., uma importante empresa de tecnologia de redes de comunicação.

Alcance seus compradores diretamente

Sob as velhas regras, o único modo de ser publicado era conseguir que a mídia selecionasse seu *news release*.

Muita coisa mudou. A *web* transformou todos os tipos de companhias, ONGs, campanhas políticas e indivíduos – até mesmo igrejas e bandas de rock – em *publishers* em tempo real. Como *publishers*, essas organizações criam *news releases* que levam informação útil diretamente para as telas de seus compradores – sem o envolvimento da imprensa!

Notas

1 www.micropersuasion.com/2006/01/directtoconsume.html
2 http://news.google.com/
3 www.prnewswire.com/
4 www.webexone.com/go/bigdig

Capítulo 8

COMO SER VIRAL: A *WEB* AJUDA PÚBLICOS A ENTRAR NA FEBRE

Espantoso. Se você jogar uma balinha de Mentos dentro de uma garrafa de Diet Coke, pode conseguir uma explosão de marketing. Mais especificamente, a reação bala-CocaCola cria um gêiser que pode chegar a três metros de altura ou mais. O fenômeno foi popularizado em experimentos feitos por Fritz Grobe e Stephen Voltz[1] e registrados em vídeo no *site* eepybird.[x] Depois de seu sucesso inicial, Grobe e Voltz fizeram um vídeo de um experimento extremo pa0ra responder à seguinte questão:"O que acontece quando você combina 200 litros de Diet Coke com 500 balinhas de Mentos". O público da *web* ficou maravilhado pelo resultado – é insano –, e isso causou um fenômeno viral clássico. Em apenas três semanas, 4 milhões de pessoas viram o vídeo. Centenas de blogueiros escreveram sobre a experiência. A mídia de massa entrou na história, com Grobe e Voltz aparecendo no *Late Night with David Letterman* e no *Today Show*.

Imagine o entusiasmo do departamento de marketing da Mentos quando o vídeo ficou *on-line* – milhões de exposições da marca sem custo nenhum (falarei sobre isso mais tarde). O preço para conseguir o mesmo resultado com marketing tradicional poderia ter sido de dezenas, senão centenas, de milhões de dólares.

Marketing refrescante e explosivo

Para os profissionais de marketing, uma das coisas mais bacanas da *web* é que, após uma ideia decolar, ela pode levar uma marca ou uma empresa à fama e à fortuna *de graça*. Seja lá que nome isso tenha – marketing viral, *buzz* (agito) ou

---

x O *site* www.eepybird.com foi criado para mostrar os experimentos realizados por Fritz Grobe e Stephen Voltz com os Mentos e Coca-Cola. (N. R. T.)

MARKETING E COMUNICAÇÃO NA ERA DIGITAL

word-of-mouse (trocadilho com *word of mouth*, o famoso boca a boca) –, fazer com que outras pessoas contem sua história promove ação. Muitos fenômenos virais começam inocentemente. Alguém cria alguma coisa – um videoclipe engraçado, um desenho animado ou uma história – para divertir amigos, e uma pessoa manda para outra, que envia para mais gente, e assim por diante. Talvez o criador esperasse atingir no máximo uma dúzia de amigos. Lembro-me de que um dos primeiros exemplos foi do bebê dançante de meados dos anos 1990. Apesar de tosco e da baixa tecnologia, era bem legal, e se espalhou rapidamente. Em vez de chegar a algumas centenas de amigos e colegas, o bebê dançante virou uma febre e chegou a milhões.

O desafio para os profissionais de marketing é explorar o surpreendente poder da comunicação viral. Há pessoas que lhe dizem ser possível criar uma campanha viral, e há mesmo agências que se especializam na área. Mas, quando as organizações tentam criar alguma coisa viral, a vasta maioria das campanhas fracassa. Pior ainda, algumas companhias criam campanhas virais falsas, nas quais pessoas que são seus empregados, ou pagos de alguma forma, escrevem sobre um produto. A *web* é hipereficiente em jornalismo investigativo cooperativo e em denunciar truques, e assim essas campanhas raramente dão certo, e podem mesmo causar grandes danos a reputações. Uma frequente abordagem corporativa é o uso de algum jogo ou competição com recursos para chamar atenção, mas o resultado parece forçado, ou publicitário. Acho virtualmente impossível criar um programa de marketing na *web* que *garantidamente* vai se tornar viral. É necessária uma grande quantidade de sorte e oportunidade. Uma coisa que parece feita em casa pode funcionar, enquanto coisas polidas e pretensiosas não funcionam. A Dança Numa Numa, tão popular anos atrás, era tão caseira quanto podia ser – apenas um cara com uma *web* câmera e seu computador – e ajudou a popularizar a canção e vender um punhado de *downloads*.

É claro que não é apenas uma dança que se torna viral. A fórmula é uma combinação de algum conteúdo *web* muito bom (e de graça, e que pode ser um vídeo, uma postagem em um *blog*, ou *e-book*), que seja uma novidade, ou impressionante, ou hilário, ou que envolva uma celebridade, mais uma rede que ligue as pessoas para acender o fogo, com todos os *links* que facilitem a partilha. Muitas organizações planejam campanhas de marketing viral para disseminar seus produtos e serviços, mas não se esqueça: alguma coisa que *você não começou*

COMO SER VIRAL: A *WEB* AJUDA PÚBLICOS A ENTRAR NA FEBRE

pode se tornal viral (como os Mentos e a Diet Coke) – e ela pode mostrar seus produtos de forma positiva ou negativa. Você precisa monitorar a *web* para sua organização e suas marcas, e ser alertado rapidamente de coisas sobre as quais as pessoas estão falando. E se uma explosão viral positiva – sem você planejar – começou a aparecer, não fique apenas olhando: entre nela!

Monitorando a blogosfera para erupções virais

Todos os dias, em *blogs*, *podcasts*, vídeos e no Twitter, pessoas promovem e criticam produtos. Os consumidores contam histórias boas e ruins nas quais produtos e serviços são protagonistas. O mais triste é que a maioria das companhias não têm ideia do que está acontecendo na *web* social. No mínimo, profissionais de marketing precisam saber imediatamente se suas marcas ou executivos são mencionados (veja a discussão sobre o monitoramento de *blogs* no Capítulo 5). Além de contar as menções, a análise é importante. Quais são as tendências significativas em palavras e frases que são atualmente populares, e que se relacionam com sua organização, produto ou setor? No dia em que o experimento com Mentos e Diet Coke se tornou viral, houve um aumento de dez vezes no número de *posts* em *blogs* mencionando Mentos. Se você seguir a palavra Mentos, vai querer saber o que estava acontecendo, para que possa responder à crise ou alavancar um fato positivo. No mínimo, você deve saber a razão para tal aumento, e alertar gerentes da empresa. Quando o *Wall Street Journal* liga pedindo um comentário, "Hã?" não é a melhor resposta.

Na Alexa,[2] um serviço que mede o alcance e a popularidade de *sites*, as comparações entre o viral eepybird, criado por Grobe e Voltz para mostrar seus vídeos, e a página oficial da Mentos[3] são notáveis. Os profissionais de marketing usam a Alexa para saber quais são os *sites* que estão bombando e usar a informação para tornar os seus ainda melhores. Depois da divulgação do vídeo, a média de três meses do *ranking*, incluindo todos os *sites* na *web*, foi de 282.677 para o *site* oficial de Mentos, enquanto o eepybird teve 8.887 visitas.

"O fenômeno da mistura com Mentos parece acontecer de tempos em tempos", diz Pete Healy, vice-presidente de marketing da Perfetti Van Melle USA, fabricante do Mentos. "Mas esta foi a primeira vez que aconteceu quando havia uma infraestrutura onde as pessoas podiam postar vídeos. Contatamos os dois caras do *eepybird* e dissemos que realmente tínhamos gostado da maneira como a marca Mentos tinha sido representada. Já havíamos conduzido recentemente um encontro sobre a personalidade de nossa marca, e decidimos que, se nossa marca fosse uma pessoa, seria alguém como Adam Sandler – peculiar, irônico e divertido. Como o vídeo do eepybird tinha estas qualidade, nós adoramos."

Healy reconheceu que tinha uma oportunidade e trabalhou para empurrar a agitação viral para a frente. Primeiro, fez um *link* para o vídeo do *site* oficial da Mentos. Depois, ofereceu apoio a Grobe e Voltz. "Quando eles apareceram no *Late Night* do David Letterman e no *Today Show*, estávamos lá com um conversível clássico com a marca Mentos estampada, dando amostras a pessoas na rua para lhes dar apoio." Logo depois, Healy decidiu que havia outros que poderiam criar seus próprios vídeos, e a empresa lançou o concurso de gêiseres Mentos. O maior prêmio era de mil *downloads* do iTunes e um fornecimento de Mentos durante um ano. Mais de 100 vídeos foram submetidos e postados no *site*, e foram vistos quase um milhão de vezes. (Note, incidentalmente, a sabedoria de escolher *downloads* do iTunes como prêmio. Os caras na Mentos suspeitavam, com razão, que os tipos de pessoas espertas que iriam postar vídeos provavelmente estariam mais interessadas em *downloads* de música grátis do que em prêmios tradicionais como dinheiro para fazer compras ou viagens de graça. Isso contribui com a sensação de autenticidade d0os esforços da Mentos para espalhar ainda mais este fenômeno viral.)

"O poder de influenciar o que uma marca significa para as pessoas é algo que cria um dilema, mas também uma oportunidade para os donos do produto", diz Healy. "Sempre foi verdade que o significado de uma marca significa é determinado pelo consumidor, o usuário final. Agora há um *looping* de *feedback* que não existia antes. A internet é como a praça de uma cidade. Para qualquer companhia fazer seu marketing, a primeira coisa é ser genuíno na comunicação do que a marca quer dizer, sua personalidade. Se pretendêssemos dizer que a marca Mentos é mais do que é, teríamos fracassado."

O mais interessante é que, enquanto Healy apoiou e ajudou a alavancar os aspectos virais do vídeo, os profissionais de marketing da Coca-Cola tentaram distanciar a marca Diet Coke do fenômeno. "Quando o vídeo da Mentos e Diet Coke explodiu, a Coca-Cola recebeu algumas críticas do mercado, porque a empresa achou que o *site* eepybird não se adequava à marca Diet Coke. Ela recebeu críticas dos blogueiros", diz Healy. "Enquanto tivermos em mente que somos apenas um fabricante de doces, criadores de pequenos prazeres, podemos trabalhar com coisas interessantes que podem acontecer com nossas marcas na *web*."

Healy fez um trabalho excelente ao fortalecer o agito de Mentos e Diet Coke, sem se intrometer e parecer uma babá corporativa. Com frequência, funcionários de comunicação corporativa de grandes companhias se distanciam do que está acontecendo no mundo dos *blogs*, YouTube, Twitter e salas de bate-papo. Mas é pior ainda quando elas tentam controlar as mensagens com formas que o mercado vê como falsas.

Criando uma *rave* na *web*

Quando terminei a primeira edição deste livro, fiquei obcecado com o fenômeno das pessoas espalhando ideias e compatilhando histórias. Não é fantástico perceber que algo, criado por você, tem o potencial de continuar se espalhando de uma pessoa para outra, propagando suas ideias para pessoas que você nem conhece? Fiquei tão fascinado que escrevi um livro sobre essa ideia: *A rave na web:* criando gatilhos que podem levar milhões de pessoas a espalhar suas ideias e partilhar suas histórias.

O livro foi lançado em março de 2009, entre a primeira e a segunda edições deste livro. Estou acrescentando aqui uma sessão curta, com questões básicas, para lhe dar ideias do que seja uma *rave* na *web*, com a esperança de que você possa criar a sua.

Uma *rave* na *web* é quando pessoas em todo o mundo estão falando sobre você, sua empresa e seus produtos – esteja você em São Francisco, Dubai ou Reikjvavik. É quando comunidades globais se ligam impetuosamente a coisas na *web*. É quando o agito *on-line* leva compradores à sua porta virtual. E é quando toneladas de fãs visitam seu *website* e seu *blog* porque genuinamente querem estar lá.

Dica
Você também pode disparar uma *rave* na *web* – apenas crie alguma coisa de valor, que as pessoas queiram partilhar, e torne isso fácil para que qualquer um o faça.

A *rave* na *web* é um dos meios mais excitantes e poderosos de alcançar seu público. Qualquer um com ideias bem pensadas para partilhar – e jeitos espertos de criar interesse nelas – pode se tornar famoso e encontrar o sucesso na *web*. O desafio dos profissionais de marketing é se aproveitar do incrível poder da *rave* na *web*. O processo na verdade é muito simples. Qualquer um pode fazer, incluindo você. No entanto, se você já é um profissional de marketing experiente, precisa saber que conseguir sucesso requer uma abordagem muito diferente daquela que você está acostumado a adotar. Muitas das técnicas fáceis para provocar uma *rave* na *web* são exatamente o oposto do que você aprendeu em seu trabalho ou lhe ensinaram na escola. De forma semelhante, se você é um CEO, dono de empresa ou empreendedor, deve saber que essas ideias são precisamente o que sua agência e seu pessoal de marketing lhe dirão para *não* fazer.

Vamos examinar os componentes importantes da geração de uma *rave* na *web*. Ao ler os próximos parágrafos, pense em como essas ideias são totalmente diferentes do que você está fazendo hoje.

Regras da *rave*

É muito claro que, para milhares ou mesmo milhões de pessoas partilharem suas ideias na *web*, você deve fazer algo que valha a pena compartilhar. Aqui estão os componentes essenciais. Esta lista é tão importante, e cada item dela um forte presságio de sucesso, que eu a chamo de suas *regras da rave*.

Ninguém se importa com seus produtos (a não ser você). Sim, você leu isso certo. As pessoas se importam com elas mesmas e com a resolução de seus problemas. As pessoas também gostam de ser entretidas e de partilhar algo notável. Para ter pessoas falando de você e suas ideias, é preciso resistir ao impulso de promover em excesso seus produtos e serviços. Crie algo interessante do qual se falará *on-line*. Mas não se preocupe – porque, quando ficar famoso na *web*, as pessoas vão fazer fila para aprender mais e comprar o que você oferece!

Não há necessidade de coerção. Durante décadas, organizações de todo tipo gastaram toneladas de dinheiro em publicidade destinada a coagir pessoas a comprar produtos. *Entrega grátis! Somente nesta semana, com 20% de desconto! Novo e melhorado! Mais rápido que os outros!* Essa publicidade centrada em produto *não* é a maneira de levar as pessoas a falar de você. Quando você tiver alguma coisa que *valha a pena compartilhar*, as o farão – sem necessidade de coerção.

Perca o controle. Eis um componente que apavora as pessoas. Você tem de perder o controle sobre suas mensagens. Também precisa tornar seu valioso conteúdo *on-line* totalmente grátis (e partilhável de graça), além de entender que a *rave* global não tem nada a ver com gerar contatos de vendas. Sim, você pode mensurar o sucesso, mas não por meio dos calculadores das escolas de administração.

Estabeleça raízes. Quando eu era criança, minha avó dizia: "Se você quiser receber uma carta, mande uma para alguém primeiro". Depois, na faculdade, meus colegas diziam: "Se quiser encontrar garotas, vá para onde elas estão". A mesma coisa é verdadeira no mundo virtual da *web*. Se quiser que suas ideias se espalhem, você precisa estar envolvido nas comunidades *on-line* nas quais as pessoas compartilham ativamente.

Crie gatilhos para encorajar qualquer pessoa a compartilhar. Quando um produto ou serviço resolve o problema de alguém ou é muito valioso, interessante e divertido, ou simplesmente ultrajante, está pronto para ser compartilhado. Para elevar seu conteúdo *on-line* ao *status* da *rave* na *web*, você precisa de um gatilho para fazer as pessoas falarem.

Aponte sua porta (virtual) para o mundo. Se você seguir as regras da *rave* como eu as descrevi, as pessoas irão *falar* sobre você. E quando elas falam, geram um agito *on-line* que será indexado pelos mecanismos de busca, tudo relacionado ao que sua organização está fazendo. Esqueça as tecnologias de busca movidas por dados. A melhor abordagem é atrair pessoas por meio de mecanismos de busca que criam uma *rave* na *web*. Como resultado, os *websites* de sua organização rapidamente conquistarão proeminência nos *rankings* do Google, do Yahoo! e de outros mecanismos de busca.

Isso é simples, certo?

Sim, gerar uma *rave* na *web* é tão fácil quanto possível. Você deve pensar em como criar uma iniciativa que levará todo mundo a espalhar suas ideias e partilhar suas histórias. Quando as pessoas falam de *você*, a mensagem terá maior alcance e atingirá muito mais gente do que usando outras formas. Vamos ver um exemplo.

MARKETING E COMUNICAÇÃO NA ERA DIGITAL

Produtor de cinema cria *rave on-line* ao oferecer a trilha sonora para *download* de graça

Como digo muitas vezes nestas páginas, um grande modo de gerar interesse em produtos e serviços é proporcionar conteúdo disponível de graça *on-line*. Não há dúvida de que conteúdo grátis vende. Assim, foi com grande interesse que tive a oportunidade de me comunicar com Ryan Gielen, produtor executivo de *The Graduates*,[4] para saber sobre a estratégia de tornar sua trilha sonora disponível para *download* grátis. *The Graduates*, lançado em 2009, é uma comédia premiada que fala de quatro amigos que vão para uma praia sem qualquer preocupação no mundo. Antes mesmo do lançamento, o filme gerou um número de seguidores leais na faixa de 18 a 34 anos, por ter lotado salas em uma dúzia de festivais e por ter chamado a atenção com os *trailers* nos cinemas. Ele havia sido anunciado apenas pelo boca a boca e por *download* grátis da trilha.

O filme tem músicas das mais incríveis bandas *indies* (The New Rags, Plushguns, Sonia Montez, The Mad Tea Party, Our Daughter's Wedding e The Smittens) que são populares com as *personas* compradoras que podem querer ver o filme. Assim, toda ideia de tornar a trilha sonora disponível para *download* de graça[5] foi uma brilhante estratégia.

É claro que as bandas também se beneficiaram porque novos ouvintes foram expostos a suas músicas e, se gostassem, podiam decidir comprar o CD ou ir ver os shows. "Somos um filme muito *indie*, com bandas *indies* na trilha", diz Gielen. "Tanto as bandas quanto o filme precisam de tanta ajuda promocional quanto possível, porque estamos competindo com estúdios, grandes orçamentos de marketing e estrelas. Não competimos exclusivamente com filmes de baixo orçamento. Competimos com todo mundo. Então, o que poderíamos fazer para oferecer ao nosso público potencial e nos distinguirmos? Um grande filme e uma grande trilha não são o bastante − precisamos que as pessoas saibam disso."

Gielen criou códigos especiais de acesso que consumidores podem colocar no *site* oficial do filme para conseguir *download* instantâneo de toda a trilha. Ele também vende músicas para aqueles que não têm o código, fazendo o *download* parecer mais valioso. Esses códigos são distribuídos onde os membros das *personas* compradoras do filme se encontram, seja festivais de cinema, seja shows da banda e tantos outros lugares. "Achamos que fazia sentido oferecer a trilha de graça para criar lealdade, mostrar o produto e compensar um orçamento de marketing de custo zero, tudo em uma tacada só", ele diz.

Fiquei pensando nos músicos cujas canções foram dadas. Algum deles resistiu? "Meus produtores e eu adoramos a ideia, e quando eu a expliquei cuidadosamente aos músicos, eles toparam. Acho que todos estavam conscientes de como os produtores e eu trabalhávamos duro para promover o filme e as bandas individuais na trilha sonora."

Gielen, porém, não vê esse modelo funcionando com grandes filmes. "Os estúdios de cinema provavelmente serão lentos na adoção desse modelo, possivelmente porque usam trilhas com músicos famosos, muito caras para dar de graça", ele diz. "O licenciamento de música é uma dor de cabeça para cineastas *indies*. Todos concordamos desde o começo que iríamos procurar e encontrar grandes bandas que não haviam sido descobertas, porque isso nos ajudaria a ter o licenciamento das músicas, e elas ficariam motivadas com o processo. Acho que se tivéssemos oferecido isso a bandas estabelecidas, já contratadas por gravadoras, elas teriam nos expulsado da sala rindo. A cena musical é tão ampla que 9 mil bandas submeteram suas músicas – no total havia cerca de 100 mil canções – para nós escolhermos. Se nosso filme decolar, pessoas em todo o país vão descobrir música nova. O pior cenário até para uma banda estabelecida é se tivéssemos criado um clipe de 100 mil dólares para elas. Os Rolling Stones teriam nos expulsado da sala rindo, mas isto é uma grande oportunidade para muitas bandas." A estratégia funcionou para Gielen. "A trilha sonora do filme foi um sucesso real", ele diz. "A música promocional, baixada totalmente de graça, nos expôs a muito mais gente."

Então, o que você ofereceria de graça para conseguir sua própria *rave* na *web*?

Usar o Creative Commons facilita *mashups* e espalha suas ideias

Sou um grande fã do Creative Commons,[6] uma organização sem fins lucrativos que facilita para as pessoas tanto partilhar quanto elaborar sobre as criações digitais de outros. Com os créditos do Creative Commons para fotos, *posts* em *blogs*, *e-books* e outras informações pubicadas na *web*, os criadores do trabalho original afirmam a posse de *copyright* legal, mas também oferecem licenças de graça para que outros incorporem novidades no material. Dessa forma, eles podem partilhar, remixar, usar comercialmente ou fazer *mashup* de conteúdo sem explicitamente pedir permissão (um *mashup* é quando alguém usa seu trabalho e o expande de alguma forma, dando a você o crédito).

Essa estratégia de ceder o controle de seu conteúdo para facilitar a partilha é absolutamente diferente da típica abordagem do departamento legal, de impor restrições draconianas de "não copiar" a todo conteúdo da *web*. Mas, quando você permite *mashups*, nunca sabe que coisas interessantes podem surgir. Pessoas criaram *mashups* a partir do meu trabalho. Escolhi alguns originais para partilhar com você:

- Um *publisher* na Bulgária traduziu meu *e-book* grátis *As novas regras de RP* para o búlgaro e criou uma página no Facebook em búlgaro para promover o trabalho.

- Uma empresa no Japão, News2U, criou uma versão nipônica de meu *template* de estratágia de marketing, que discutirei no Capítulo 11.

- Kevin Drewien e outros pegaram um de meus *e-books*, *As novas regras do marketing viral*, para transformá-lo em *slide show* grátis no SlideShare, que teve mais de 1.800 visitas. Assim, consegui mais visitas ao *e-book*, que não teriam ocorrido de outra maneira.

- Pushan Banerjee, de Hiderabad, na Índia, criou uma apresentação com base em algumas das minhas ideias e me deu o crédito.

Quando pensar em como fazer para que outros espalhem suas ideias, certifique-se de facilitar a partilha dessas ideias.

Agito viral para diversão e lucros

Pode ser difícil criar um agito de marketing viral propositadamente. Mas acredito que seja possível – senão eu não teria escrito todo um livro sobre *rave* na *web*! Acho que o modo de criar programas virais é muito semelhante ao modo como capitalistas de risco investem em empresas que estão começando, ou mesmo como estúdios criam filmes. Um capitalista de risco típico tem uma fórmula que afirma o seguinte: a maioria das novas empresas vai fracassar, poucas podem se dar bem, mas uma em vinte vai decolar e se tornar uma grande empresa, o que dará um retorno muitas vezes superior ao investimento inicial. Gravadoras e estúdios seguem os mesmos princípios: a maioria dos projetos aprovados terá vendas modestas, mas um *hit* pagará o custo de uma dúzia de fracassos. O problema é que ninguém sabe com certeza que filme ou empresa vai dar certo, e isso requer um jogo de investimento em muitas possibilidades. O mesmo vale para os esforços virais. Crie um número de campanhas, veja qual dá certo, e então estimule as vencedoras.

O sanduíche Virgin Mary de queijo tostado e o banheiro de Jerry Garcia

Pense no caso do GoldenPalace.com., o cassino na internet que monopolizou o mercado ao fazer compras excêntricas no eBay para uso em marketing viral.[7] O cassino é o orgulhoso proprietário de dezenas de quinquilharias, como a bola de beisebol de cortiça de Pete Rose, a pedra do rim de William Shatner, o vaso sanitário de Jerry Garcia e o famoso sanduíche de queijo tostado Virgin Mary. Os profissionais de marketing do GoldenPalace.com também ocupam espaços publicitários incomuns no eBay, como uma tatuagem na testa de alguém, ou espaço na parte de trás de uma cadeira de rodas. Algumas dessas coisas, todas compradas pelo eBay, geram um significativo agito de marketing viral para o GoldenPalace.com. Quando a pedra do rim de William Shatner foi comprada, pareceu que todas as estações de TV, jornais e *sites* relataram a venda: "O rim de Shatner passa para o GoldenPalace.com", dizia a manchete. "Ha ha ha", reagiram repórteres e blogueiros, dizendo que o gasto tinha sido uma tolice. Mas cada matéria falava do GoldenPalace.com. Por meros 25 mil dólares, essa incursão aonde nenhum homem tinha ido antes foi a jogada de marketing viral e de publicidade do século. E parabéns para Shatner também, que viu seu nome em tudo quanto é canto (e doou o dinheiro para o Habitat for Humanity).

Os arrematadores profissionais do eBay sabem que nem todas as centenas de bugigangas que compram vão se tornar um *hit* com blogueiros e a mídia. Mas podem contar com alguns, talvez um em vinte, que atingirão o alvo do modo certo.

MARKETING E COMUNICAÇÃO NA ERA DIGITAL

Recorte este cupom para um desconto de 1 milhão de dólares em uma casa em Fort Myers, Flórida

Quando há um monte de casas de luxo no mercado, como o proprietário faz sua propriedade se sobressair? Leva as pessoas a falar dela, claro! O dono de uma casa, Rich Ricciani, decidiu oferecer a compradores potenciais um cupom de 1 milhão de dólares de desconto para sua casa de 7 milhões de dólares em Fort Myers, na Flórida. Ele criou um *site* para o cupom e o colocou em jornais, no lugar de um típico anúncio de imobiliária. Esta abordagem criativa simplesmente é bem melhor que uma redução de preço da casa anunciado no banco de dados imobiliário da Multiple Listing Service.

Ricciani trabalhou com Lani Belisle, da Vip Realtors, para listar a casa e reservar o espaço publicitário para o cupom, que inicialmente foi publicado na edição de domingo do *Fort Myers News-Press*. E aí chegou a hora de procurar a Tina Haisman Public Relations[8] para espalhar a história. Haisman usou a PRWeb para enviar um *press release* bem escrito e otimizado para mecanismos de busca, com fotos, um *link* para um vídeo no YouTube e *links* para o cupom no *website* da casa. "Também usei o PR MatchPoint para compilar uma lista de redatores do mercado imobiliário no sul e no noroeste dos Estados Unidos, e pessoalmente busquei os grandes canais de mídia como CNN, Fox, NBC e outros", diz Haisman.

No sudoeste da Flórida, a matéria apareceu tanto nas primeiras páginas do *Fort Myers News-Press* quanto do *Naples Daily News*, e foi para o ar na WINK--TV e em estações de rádio locais. "O *Florida Weekly* escolheu o cupom de 1 milhão de dólares como a maior jogada de marketing de 2009!", diz Haisman. "Cinco dias depois do *release*, a história do cupom tornou-se viral em *blogs* de imobiliárias em todo o mundo, criando um agito internacional".

Como resultado, a história foi ao ar em estações de televisão de cidades importantes em todo o país, e o dono da casa deu uma entrevista ao vivo no *Your World Show* de Neal Cavuto, na Fox News. Jornais importantes, como o *Los Angeles Times*, fizeram reportagens, e a ideia também apareceu no *Huffington Post*. A equipe então colocou o cupom no *New York Times* de domingo, no *Wall Street Journal* e no *Boston Globe*. Adorei a escolha do *Globe*, porque Fort Myers é a cidade onde o Boston Red Sox trabalha na primavera – um excelente exemplo de perfil de *persona* compradora. Os blogueiros falaram sobre isso, e muitas pessoas espalhavam a notícia no Twitter.

Alguns podem chamar essa estratégia de mero truque. Bobagem. Quando as pessoas falam de você, seu produto se sobressai em um mercado superpopulado. E sabe de uma coisa? Esse tipo de marketing é divertido. Se você é um corretor, isso certamente é melhor que colocar uma placa de madeira no jardim. O *site* do cupom de 1 milhão de dólares registrou mais de 2.500 visitantes em apenas algumas semanas.

Quando você tem notícias explosivas, faça-as se tornarem virais

Embora eu diga que é difícil criar campanhas que seguramente se tornarão virais e se tornarão uma *rave* na *web*, às vezes surge uma notícia tão importante para o mercado alvo, que a organização sabe que ela tem um potencial viral significativo. A contratação de um famoso CEO de outra empresa, um anúncio de fusão ou aquisição, ou o endosso de uma enorme celebridade, podem ser o pavio que acenda o interesse dos *blogs* em seu mercado. Se este for o caso, é importante divulgar a notícia para conseguir o máximo efeito. (É claro que há o efeito oposto – más notícias que também se tornam virais, e que você preferiria conter ou minimizar. Mas, neste capítulo, vamos focar no tipo de boas notícias que você quer divulgar para um público tão amplo quanto possível.) Se você quer conseguir o máximo efeito da notícia, é crucial ter um plano e um cronograma detalhado para saber para quem você vai contar a notícia, e quando.

A Outsell Inc.,[9] uma empresa de pesquisa e assessoria para a indústria da informação, sabia que tinha em mãos uma notícia impactante quando completou o relatório "A fraude dos cliques chega a 1,3 bilhão de dólares", o primeiro a quantificar, em dólares reais e no sentimento dos anunciantes, os problemas de fraudes nos cliques em mecanismos de busca. O relatório da Outsell, fundamentado em um estudo com 407 anunciantes responsáveis por cerca de 1 bilhão de dólares em gastos, contou a explosiva história de um logro que ameaçava o modelo de negócios de mecanismos de busca como o Google. Os analistas da Outsell revelaram o tamanho do problema de cliques fraudulentos em anúncios na *web*, que aparecem como resultados de uma busca – cliques pelos quais as empresas anunciantes pagaram. A Outsell sabia que tinha em mãos uma história com potencial viral.

MARKETING E COMUNICAÇÃO NA ERA DIGITAL

"De início, nós citamos o relatório em nossa *newsletter* para os clientes", diz Chuck Richard, vice-presidente, analista chefe da Outsell e autor do relatório. "Sempre nos certificamos de que nossos clientes tenham acesso aos relatórios antes que eles cheguem à mídia. Mas internamente, e com nossa empresa de RP, a Warner Communications,[10] sabíamos que ia ser uma coisa grande." A Outsell tinha um obstáculo logístico, porque o relatório iria ser divulgado para clientes durante o final de semana do feriado do Dia da Independência dos Estados Unidos. A empresa de RP enviou uma nota para a mídia selecionada, com o seguinte enunciado: "Outsell revela fraude de um problema de 1,3 bilhão de dólares que ameaça modelos de negócios do Google e outros; estudo mostra que 27% dos anunciantes estão desacelerando ou parando de investir em anúncios pagos por cliques devido a cobranças fraudulentas". A nota oferecia um primeiro exame do relatório para a mídia, com um período de embargo para publicação — as matérias não poderiam aparecer antes de 5 de julho. Verne Kpytoff, do *San Franscisco Chronicle*, passou o final de semana pesquisando o problema identificado pela Outsell, entrevistando Richard e buscando comentários dos porta-vozes dos mecanismos de busca. Sua matéria — "Fraude dos cliques é um grande problema: estudo descobre prática disseminada; muitos podem cortar anúncios *on-line*" — foi a primeira a ser publicada.

"O aspecto viral veio dos blogueiros, e ganhou escala durante cerca de uma semana", diz Richards. Em cinco dias, mais de 100 blogueiros haviam usado a matéria, inclusive os de grande audiência, como John Batelles's Searchblog, o *blog* BuzzMachine, de Jeff Jarvis, o ClickZ News Blog e Danny Sullivan em Search Engine Watch, além do paidContent.org. Depois de a história aparecer, Richards ficou ocupado dando uma entrevista atrás da outra para a grande mídia, resultando em uma onda de quase 100 matérias apenas na primeira semana. Veículos como NPR, MSNBC, *Barrons'*, *Financial Times*, *AdAge*, *Boston Globe*, *Los Angeles Times*, ABC News, *ZDNet*, *BusinessWeek On-line* e TheStreet.com fizeram matérias — na mídia impressa, no rádio e na televisão.

Nas semanas seguintes, Richard, que passou a ser visto no mercado com um especialista no assunto, recebeu muitas consultas da imprensa a respeito de um acordo em uma ação pública de fraude em cliques , que o Google havia proposto no Arkansas. Em uma semana, o Google anunciou que iria começar a fornecer estatísticas sobre os cliques fraudulentos que havia interceptado, uma das muitas mudanças sugeridas pelo relatório da Outsell. Muitos veículos publicaram matérias mostrando a evolução do caso. Richard acredita que, por causa do agito *on-line*, os mecanismos de busca foram obrigados a aceitar finalmente que não podiam fugir de ter seus próprios processos de rastreamento, auditoria e certificação sobre seus cliques . "Essa é uma grande notícia para usuários, *publishers* e anunciantes", diz Richards.

"É notável para uma pequena empresa ter acesso a jornalistas e blogueiros com tal alcance", diz Richards. "Não poderia ter acontecido dessa forma mesmo poucos anos atrás. A exposição fez uma diferença fundamental no conhecimento que as pessoas têm da empresa. Muitos de nossos clientes nos ligaram para parabenizar, e ficaram felizes de sermos mais visíveis. Entrei na lista de fontes de muitos repórteres que cobrem o setor, e eles me ligam agora para opinar em suas matérias." A *Business Week* escreveu uma matéria de capa – "A fraude dos cliques : o lado escuro da publicidade *on-line*" – e citou a Outsell.

Mas Richard também sabe como uma notícia ou relatório significativos podem influenciar uma companhia, ou mesmo todo um setor. "Isso foi um lembrete de nossas responsabilidades", ele diz. "Se algo assim pode afetar o preço das ações ou o desempenho de uma empresa, ou solicitações de informações por parte de investidores, precisamos estar confiantes em nossas opiniões."

O exemplo da Outsell ilustra com clareza que uma notícia, devidamente divulgada para o mercado, pode se tornal viral. Mas, com o estímulo cuidadoso durante o ciclo da notícia e a consciência dos papéis da mídia tradicional e dos blogueiros de promover ideias, a matéria pode chegar a públicos muitos maiores, e ajudar organizações inteligentes a atingirem suas metas.

O marketing viral – como a criação de uma *rave* na *web* para que os outros contem sua história por você – é um dos meios mais animadores e poderosos de se chegar ao seu público. Não é fácil usar seu poder, mas com preparação cuidadosa da notícia e ideias engenhosas, que tenham o potencial de criar interesse, qualquer organização conquista o poder de se tornar famosa na *web*.

Notas

1 http://eepybird.com
2 www.alexa.com/
3 http://us.mentos.com

MARKETING E COMUNICAÇÃO NA ERA DIGITAL

4 www.thegraduatesmovie.com/
5 http://thegraduatesmovie.com/music/(use code: worldwiderave)
6 http://creativecommons.org/
7 www.goldenpalaceevents.com/auctions
8 www.haisman.com/
9 www.outsellinc.com/
10 www.warnerpr.com/

Capítulo 9

O *WEBSITE* RICO EM CONTEÚDO

Se você está lendo o livro desde o começo, a esta altura você pode pensar que cada uma das mídias que profissionais de marketing inovadores usam para chegar a seus compradores — *blogs*, *podcasts*, *news releases* e todo o resto — seja um veículo de comunicação independente um do outro. Embora cada um deles possa certamente ser uma unidade autossuficiente (seu *blog* não precisa estar ligado a seu *site* corporativo), a maioria das organizações integra esforços de marketing *on-line* para ajudar a contar uma história unificada para os compradores. Cada mídia é inter-relacionada com todas as outras. *Podcasts* trabalham com *blogs*. Um programa de *news releases* funciona com um *website* eficaz e uma sala de imprensa *on-line*. Múltiplos *websites* de diferentes divisões ou países podem se juntar em um *site* corporativo. Não importa como você escolhe organizar o conteúdo *web* para alcançar seus compradores, o lugar para juntar tudo em um lugar unificado é um *website* rico em conteúdo.

Como todo mundo que construiu um *website* sabe, há muito mais para pensar além de apenas em como será o conteúdo. *Design*, cor, navegação e tecnologia apropriados são aspectos importantes de um bom *website*. Na maioria das organizações, essas são as preocupações dominantes. Por quê? Acho que é *mais fácil* focar no *design* ou na tecnologia de um *site* que em seu conteúdo. Além disso, há menos fontes para ajudar criadores de *websites* com relação ao conteúdo — e essa é uma das razões pelas quais eu escrevi este livro!

Frequentemente, a única pessoa que tem permissão de trabalhar no *website* é o *webmaster* da organização. Em muitas companhias, os *webmasters* — os reis da tecnologia — focam sua atenção em *plug-ins* espertos, ou em HTML, XML e toda espécie de MLs, em coisas específicas como tecnologia de servidores ou fornecedores de serviços de internet. Mas, com um *webmaster* no comando, o que acontece com o conteúdo? Em outras organizações, *webmasters* são deixados de lado por *designers* gráficos, ou por gente de publicidade, que foca exclusivamente na criação de *websites* que pareçam bonitos. Nessas organizações, agências de publicidade bem-intencionadas são obcecadas com *designs* da moda ou tecnologias quentes como Flash.Vi muitos exemplos em que donos de *sites* ficam tão obcecados com tecnologia e *design*, que se esquecem totalmente de que um grande *conteúdo* é o aspecto mais importante de um *website*.

Assim, os melhores *websites* focam prioritariamente em conteúdo para juntar seus diversos compradores, mercados, mídias e produtos em um local abrangente onde o conteúdo é não apenas o rei, como também o papa. Um grande *website* é a intersecção de toda iniciativa *on-line*, incluindo *podcasts*, *blogs*, *news releases* e outras mídias *on-line*. De forma coerente e interessante, os *websites* ricos em conteúdo organizam a personalidade *on-line* de sua organização para deliciar, entreter e – mais importante – informar cada um de seus compradores.

Militância política na *web*

O Conselho Natural de Defesa de Recursos (NRDC, na sigla em inglês) é a mais eficiente organização de ação ambiental dos Estados Unidos. De acordo com seu *website*,[1] os organizadores usam leis, ciência e o apoio de 1,3 milhão de membros e ativistas *on-line* para proteger a vida selvagem do planeta e locais silvestres, com o objetivo de assegurar um ambiente seguro e saudável para todas as coisas vivas. O que torna a organização interessante, além da vasta quantidade de conteúdo disponível no *site*, são as várias mídias empregadas por seus profissionais de marketing e as ferramentas que fornece para ativistas *on-line* e blogueiros políticos espalharem as mensagens do grupo. Os profissionais do NRDC, que já foi nomeado pela revista *Worth* como uma das cem melhores instituições filantrópicas dos Estados Unidos, sabem que ter mais de 1 milhão de membros é o melhor recurso disponível para contar histórias. Ao desenvolver um *website* incrível para engajar as pessoas a darem suas opiniões *on-line*, o NRDC expande consideravelmente sua equipe e sua capacidade de enviar mensagens.

O *site* divulga notícias ambientais e informações sobre vários tópicos, tais como ar limpo e energia limpa, a qualidade da água potável e limpeza dos oceanos, vida selvagem e peixes, parques, florestas e pântanos. Além disso, oferece publicações *on-line*, *links* para leis e tratados, além de um glossário de termos ambientais. O NCDR envia as mensagens da organização por meio de áudio,

O *WEBSITE* RICO EM CONTEÚDO

vídeo e texto, mas também encoraja outros a apoiarem a causa, mediante a doação de seu tempo e dinheiro, ou da reutilização de conteúdo *on-line*.

No *website*, estão disponíveis *widgtes* (pequenos aplicativos encontrados em *websites* e *blogs*) e *links* para que blogueiros ajudem a espalhar suas mensagens. Entre os *widgets* mais importantes estão ferramentas sociais de *bookmarking* para acrescentar *tags* para StumbleUpon, Delicious e Digg (o que torna mais fácil para usuários desses *sites* encontrarem informações do NCDR). O *site* também oferece, principalmente para blogueiros independentes e donos de *websites*, *badges* virtuais (imagens gráficas que se parecem com banners) para que eles criem um *link* mostrando apoio ao NCDR. Outro exemplo: pessoas que queiram ajudar a encontrar soluções para o aquecimento global e dependência de petróleo podem colocar um *badge* de biocombustíveis[2] nos seus *blogs* ou *websites*, fazendo um *link* para o conteúdo sobre biocombustíveis do NCDR. Os *badges* podem ser pequenos, se parecem com *links* de RSS encontrados em muitos *blogs*, e maiores como *banners* comerciais. O NCDR também criou uma série de *Squidoo lenses*, feita por especialistas da organização, tais como "Entendendo o aquecimento global",[3] e encoraja seu público a fazer o mesmo. (*Squidoo lens* é uma página construída por alguém com experiência no assunto – para saber mais sobre isso veja o Capítulo 16.)

"Inicialmente, vim para o NRDC da Rádio Pública Nacional, fazendo relações com a mídia", diz Daniel Hinerfeld, diretor associado de comunicações do NRDC. "Mas, como estou no escritório de Los Angeles e tenho contatos na indústria do entretenimento, comecei a criar conteúdo multimídia para o *site*. Temos um vídeo chamado *Lethal Sound*,[4] narrado por Pierce Brosnan, que foi minha primeira grande experiência em multimídia." O vídeo, que fez sucesso no circuito de festivais, mostra evidências de que o sonar é responsável por uma série de encalhes de baleias em anos recentes. Para encorajar as pessoas a agir, a página do *link* para o vídeo contém múltiplos *widgtes* e ferramentas. Assim, os espectadores podem facilmente enviar mensagens para políticos eleitos, doar dinheiro e enviar postais *on-line* para amigos. *Links* para conteúdo adicional, como um *press release* do NCDR com o título "Marinha processada por danos causados a baleias por sonar de frequência média" e um relatório detalhado chamado "Sons e Profundidades II", estão a apenas um clique de distância. Todo o conteúdo, bem organizado, completo, com *links* fáceis para informações relacionadas e para partilhar conteúdo com *blogs* e amigos, contribui para a posição de liderança do NCDR, organização cujos especialistas estão constantemente procurando novas formas de enviar suas mensagens *on-line*.

"Criamos um canal de *podcast* [5] com qualidade de rádio e um estilo jorna-lístico", diz Hinerfeld. "Nossa estratégia de comunicação não é apenas alcançar a mídia, mas também chegar ao público diretamente." Nos *podcasts*, Hinerfeld aproveita muito da sua experiência anterior, na National Public Radio, quando produzia programas radiofônicos,. "Sempre me esforço para incluir pontos de vista diferentes dos nossos", ele diz. "É uma forma de tornar tudo mais interes-sante e reforçar nossa própria posição. Quando fazemos entrevistas com nossos funcionários, por exemplo, desafiamos as pessoas com perguntas difíceis, como um jornalista faria. Adotar este caminho torna a coisa autêntica. As pessoas não querem RP, querem algo que seja real."

Hinerfeld diz que a multimídia é muito estimulante porque dá ao NCDR a oportunidade de chegar a públicos mais jovens. "Conheci pessoas que não desgrudam dos *podcasts*, e muitos os ouvem durante grandes trajetos", ele diz. "Usamos este tipo de conteúdo para conectar pessoas de um modo diferente, menos vacilante. Também fazemos perfis de nossos funcionários jovens, que é um meio de personalizar a instituição." Alguns membros da equipe têm perfis nas redes sociais, usando-os também para espalhar a mensagem.

O NCDR é muito conhecido pela mídia que cobre questões ambientais no Congresso norte-americano. Mas o conteúdo do *site*, o áudio e o vídeo, além dos componentes do *site* oferecidos a blogueiros para espalhar a mensagem (e fazer com que ela se torne viral), tornam a organização muito mais disponível, especialmente para ativistas *on-line* e a geração mais nova do Facebook. Os funcionários do NCDR participam ativamente do mercado e dos *sites* e *blogs* que seus públicos leem. Todos esses esforços tornam seu conteúdo autêntico, por ser contextualmente apropriado para públicos que o grupo precisa atingir.

Conteúdo: o foco dos *websites* de sucesso

O NCDR traz um exemplo excelente de um *website* desenhado para atingir compradores. Para o NCDR, os compradores são mais de 1 milhão de membros, militantes e ativitas que usam o *site* para proteger a vida e locais selvagens do planeta e promover um ambiente saudável.

O *WEBSITE* RICO EM CONTEÚDO

Mas a maioria dos *websites* é construída com o foco errado. Sim, aparência e navegação são importantes: cores apropriadas, logos, fontes e *design* tornam o *site* mais atraente. Mas tecnologias certas, tais como sistemas de gerenciamento de conteúdo, tornam mais fácil fazer atualizações. O que realmente importa, porém, é o *conteúdo*, como ele é organizado e como ele leva compradores à ação.

Para colocar conteúdo no lugar apropriado em busca de uma estratégia de sucesso em marketing e RP, o conteúdo deve ser o componente mais importante. Este foco pode ser difícil para muita gente, principalmente quando suas agências forçam um *design* na moda, meio estiloso, e quando um departamento de TI fica obcecado com a arquitetura. É seu papel pensar como um *publisher* e começar um novo *site*, ou o redesenho de um existente, iniciando pela estratégia de conteúdo.

Chegando a um mercado global

Em anos recentes, fiz apresentações em muitos países, incluindo Nova Zelândia, Malásia, Índia, Turquia e República Dominicana. Quando viajei para palestras em cada um dos países bálticos (Latvia, Lituânia e Estônia), fiquei surpreso ao ver como seus habitantes estão plugados. Na Estônia, por exemplo, que tem apenas 1,3 milhão de habitantes, cerca de 980 mil eram usuários de internet em junho de 2010, o que representa mais de 70% da população, de acordo com a ITU, agência da ONU para tecnologias da informação e comunicação. Minhas conexões de alta velocidade nessa parte do mundo eram mais rápidas que na maioria das regiões dos Estados Unidos.

Os profissionais de incrível sucesso que encontrei em cada um desses pequenos países me impressionaram muito com seu pensamento voltado para o mundo. Se você vive em um lugar pequeno como a Latvia, seu mercado doméstico é pequeno, o que requer que você venda seus produtos e serviços internacionalmente. Também exige que se pense profundamente sobre seus compradores no mercado global.

Examinemos a LessLoss Audio Devices,[6] uma empresa sediada em Kaunas, na Lituânia, que cria produtos de áudio de ponta impressionantes (e fabulosamente caros). Famosa entre audiófilos radicais por cabos de alimentação, filtros e outros equipamentos, a LessLoss vende para todo o mundo, e seu *site* tem um

MARKETING E COMUNICAÇÃO NA ERA DIGITAL

foco deliberadamente global. O *e-commerce* e a plataforma SEO são administrados pela Globaltus,[7] também uma empresa da Lituânia.

O *site* da LessLoss inclui informações notavelmente detalhadas sobre dispositivos de áudio, com fotos incríveis. Há, por exemplo, um ensaio sobre "O conceito do som", que detalha por que uma técnica conhecida como *power filtering* (filtro de energia) é importante. Afinal, quando você compra cabos de energia que custam mais de mil dólares, é melhor que eles sejam bons. (E provavelmente seja uma boa ideia explicar *por que* eles são tão bons.)

"É impressionante como pessoas de um país pequeno podem alcançar consumidores em todo o mundo e serem bem respeitados", diz Tomas Plapauskas, CEO da Globaltus. "O poder da internet dá a oportunidade de chegar a enormes mercados. Imagine quantos desses cabos você conseguiria vender na Lituânia. Não há mais negócios locais – todos os negócios são globais."

Acho que há uma lição importante aqui. Todos nós podemos aprender com companhias de sucesso em países pequenos, empresas que aprenderam a criar *websites* ricos de conteúdo para chegar a um público global. E todos podemos reproduzir seus sucessos. O mercado é o mundo todo, e não apenas sua cidade, estado ou país.

Juntando tudo com conteúdo

Ao ler sobre essa discussão para unificar seus esforços de marketing e RP em seu *website*, você pode estar pensando: "Isto é fácil para pequenas organizações ou uma que tenha apenas um produto *on-line*, mas eu trabalho para uma grande empresa com muitas marcas". Sim, é mais difícil coordenar amplas variedades de conteúdo quando se tem de lidar com marcas múltiplas, variação geográfica, línguas e outras características comuns a grandes companhias. Mas, com uma organização grande e amplamente dispersa, colocar tudo junto em um *site* corporativo pode ser ainda mais importante, porque mostrar uma personalidade unificada traz benefícios.

"A chave é a colaboração entre as diferentes unidades de negócio, os escritórios corporativos e os departamentos", diz Sarah F. Garnsey, chefe de marketing e comunicações na *web* da Textron Inc.[8] "Na Textron, cada negócio tem seu próprio *website* operado independentemente, o que torna a coordenação

O *WEBSITE* RICO EM CONTEÚDO

difícil, porque cada um é uma marca bem definida, que pode ser mais familiar para as pessoas que uma marca corporativa."

A Textron Inc., uma empresa global com receita anual de 14 bilhões de dólares e mais de 37 mil funcionários em 33 países, é reconhecida por marcas fortes como Bell Helicopter, Cessna Aircraft e E-ZX-GO (carros de golfe). A companhia tem dezenas de *websites*, tipicamente para marcas indivuduais, como Bell Helicopter.[9] "Por meio de mecanismos de pesquisa, aprendemos que muitas pessoas estavam procurando informação financeira e de produtos no *site* corporativo da Textron", diz Garney. "Isto nos despertou, porque tínhamos pensado que as pessoas iriam buscar essas informações nos *sites* de negócios. Então, colocamos no *site* corporativo mais informações sobre cada um dos negócios." Em uma visita ao novo *site*, pude assistir a um vídeo com o CEO da Cessna Aircraft,[10] Jack Pellon, e ver muitas fotos dos produtos, além de ler artigos sobre os empregados como John Delamarter, gerente de programas da Lycoming's Thunderbolt Engine, que fala do prazer e orgulho que tinha de seu trabalho. A Textron tem uma sala de imprensa bem organizada e, como suas ações são comercializadas na Bolsa de Nova York, mantém uma seção de relações com investidores no *site*.

"Trabalhamos com os negócios para mostrar coisas interessantes, e tentamos ter conteúdo novo no *site* e atualizá-lo com novas matérias semanais", diz Garnsey. "Mas o conteúdo tem de ser tão bom quanto o gerenciamento do próprio conteúdo e de seus processos. Um *site* grande exige um rigor que muitas companhias podem subestimar. São necessários coordenação e gerenciamento. Não posso, por exemplo, fazer a seção de recrutamento do *site* atraente a menos que consiga a cooperação completa do departamento de recursos humanos. As pessoas foram educadas para acreditar que você apenas joga um conteúdo na mão de um *webmaster* e tudo funciona. Mas não funciona – os dias do cara com o servidor debaixo da mesa acabaram."

Garnsey tem um conjunto de processos e procedimentos para assegurar que o *site* da Textron responda às necessidades de compradores. Para que tudo funcione bem, ela trabalha com uma pequena equipe para coordenar as pessoas que gerenciam divisões e *websites* de produtos da companhia. "Temos um processo de gerenciamento de conteúdo, para assegurar que tudo seja novo, tenha sido revisado e legalmente aprovado", ela diz, destacando "um componente primário" do processo. "Fazemos questão de que a voz do consumidor seja capturada e incorporada em todas as nossas comunicações eletrônicas. Trabalhamos para colocar usuários no conteúdo e usar o *site* para reforçar um relacionamento mútuo. Se eles não compram alguma coisa nossa na hora, talvez se interessem por ações da companhia ou algo de marcas como a Cessna." Para assegurar que o *site* siga as melhores práticas, Garnsey traz pessoas para um laboratório de testes anuais de utilização e navegação. "Fazemos anualmente uma auditoria de nossos *sites* ponto.com para termos certeza de que todos eles seguem os padrões", ela diz. "A cada ano também fazemos um encontro de pessoas que trabalham nas inciativas *web* de toda a companhia. Tentamos incentivar uma comunidade de pessoas que não teriam razão para falarem umas com as outras, porque os negócios individuais não têm muito em comum."

Grandes *websites*: mais arte que ciência

Quanto mais pesquiso *sites* – e já chequei milhares nos últimos anos –, mais eu percebo que os melhores unem fatores muito importantes, embora tão difíceis de descrever. Eles parecem bons – como se o criador do *site* se importasse muito e quisesse exibir essa paixão. Como um pó mágico, o efeito é importante, mas indescritível. No entanto, estou convencido de que a chave é entender os compradores (ou aqueles que doam, assinam, participam ou votam) e construir conteúdo especialmente para eles.

Pensemos em Sasha Vujacic[11] e no *site* oficial "A Máquina", a página de fãs de um atleta profissional do New Jersey Nets. Sasha jogava no time nacional júnior da Eslovênia e foi contratado pelos Los Angeles Lakers em 2004 para atuar na NBA. Ele jogou pelos Lakers até 2010 e ganhou dois campeonatos da NBA com o time antes de se mudar para o Nets na temporada 2011. O *site* de Sasha tem um lindo *design* e contém uma enorme quantidade de informação sobre o jogador, incluindo vídeos, fotos e muito mais. Além disso, há conteúdo em várias línguas (inglês, italiano, esloveno e até mesmo chinês e japonês), porque Sasha tem fãs no mundo todo. Este conteúdo multilíngue é atraente para diferentes *personas* compradoras.

Há um *feed* de RSS de "informações e matérias regularmente atualizadas que você pode publicar automaticamente em seu *site* quando Sasha as publica". A melhor parte do *site* é que ele dá a sensação de que Sasha é acessível e afável.

Muitas de suas fotos são casuais, e há uma ferramenta com a qual fãs podem lhe fazer perguntas e mesmo criar seus próprios desenhos de camisetas e mandar para ele. Se Sasha gostar do *design*, será postado em sua loja oficial *on-line*.

Vladimir Cuk e a Attention Interactive construíram o *site* para Sasha. Mas, o que é mais importante, Cuk e sua firma desenvolveram uma estratégia incrível para que Sasha interagisse com seus fãs e a mídia. "O *site* é um sucesso tanto para fãs quanto para o pessoal da NBA",diz Cuk. Sasha e sua equipe de gerenciamento estão impressionados com a aparência do *site* e com o nível de interação e resposta da comunidade de fãs, de acordo com Cuk. Para ele, outros jogadores também prestaram atenção e estão intrigados sobre as possibilidades de se engajarem mais intimamente com o público por meio da *web* e de mídias sociais.

Quando Cuk se aproximou do estafe de Sasha para falar de negócios, deparou-se com as tradicionais empresas de relações públicas que trabalham frequentemente com outros jogadores da NBA. Sasha e seu gerente fizeram muitas perguntas inteligentes durante as reuniões e saíram delas dispostos a consolidar o que (até hoje) é uma estratégia de promoção não tradicional para um jogador profissional de basquete. A maioria dos atletas usa o meio exclusivamente para enviar mensagens, mantendo distância da interação direta com os fãs. Mas não Sasha.[12]

Sites eficazes como o de Sasha se aproveitam da paixão daqueles que os construíram, e refletem a personalidade de alguém dedicado a ajudar os outros. Ao desenvolver conteúdo para melhorar as metas de sua organização, lembre-se disso: uma abordagem de sucesso é mais arte que ciência. O conteúdo que você oferece deve ter qualidades que o façam se sobressair, e sua personalidade precisa aparecer. Um *website* bem executado, como uma grade de televisão com alta qualidade ou um filme, é uma combinação de conteúdo e distribuição. Mas, na *web*, muitas organizações gastam muito mais tempo com *design* e ferramentas do que com o próprio conteúdo. Não caia nessa armadilha. Aperfeiçoar esse mix crucial de conteúdo, *design* e tecnologia é onde a arte entra. Acrescentar personalidade e autenticidade, para chegar a *personas* compradoras em particular, torna o desafio ainda mais excitante. Lembre-se: não há nada absolutamente certo ou errado quando se cria um *website*. Cada organização tem uma história individual e importante para contar.

Notas

1 www.nrdc.org/
2 www.nrdc.org/badges/biofuels.asp
3 www.squidoo.com/globalwarmingprimer/
4 www.nrdc.org/wildlife/marine/sonar.asp
5 www.onearth.org/multimedia/podcast
6 www.lessloss.com/
7 www.globaltus.com/
8 www.textron.com/
9 www.bellhelicopter.textron.com/
10 www.cessna.com/
11 www.sashavujacic18.com/
12 http://twitter.com/SashaVujacic

Capítulo 10

MARKETING E RP EM TEMPO REAL

No dia 27 de agosto de 2010, Paris Hilton foi presa com seu namorado. Ele foi acusado de dirigir sob o efeito de drogas, e ela por posse de drogas. A história estava em todos os noticiários.

Hoje, em tempo real, qualquer um pode compartilhar seus pensamentos com o mundo enquanto as notícias se desenrolam. Hilton fez isso com um *tweet* para milhões de fãs que a seguem: "Esses rumores são ridículos, falsos e cruéis. Eu não vou nem prestar atenção neles, porque sei a verdade".

O marketing e as relações públicas também passaram a acontecer em tempo real. Se prestar atenção no que está acontecendo em seu mercado e reagir imediatamente, você pode se inserir nas matérias, enquanto elas se desenrolam, gerando uma atenção do mercado que não seria possível se esperasse, ainda que um dia, para reagir.

O que adorei dessa história de Paris é que, logo depois de ela ser presa, a porta-voz da Wynn Resorts Ltd., Jennifer Dunne, disse à *Associated Press* que Hilton está barrada dos hotéis da empresa Wynn Las Vegas e Encore.

O que Dunne fez foi absolutamente brilhante! Agora a mídia tinha um gancho. O fato de que a garota baladeira tinha sido barrada era ele mesmo uma notícia. E enorme. Acho que este foi um dos melhores presentes de marketing que a Wynn já conseguiu. E, como Hilton é herdeira de uma rede de hotéis, a história ganhou ainda outro ângulo, delicioso.

Enquanto a situação se desenrolava, fiz uma rápida pesquisa no Google, procurando tanto "Paris Hilton" quanto "Wynn" (buscando matérias que mencionassem as duas coisas), o que resultou em notáveis 5.286 itens de veículos em todo o mundo. Em matérias sobre a prisão de Hilton, a mídia também mencionava o tempo todo a Wynn Resorts!

Em um mundo onde velocidade e agilidade são agora essenciais para o sucesso, a maior parte das organizações opera lenta e deliberadamente, cimentando cada passo com meses de antecedência e respondendo a novos fatos com processos cuidadosos, o que leva à perda de tempo. As companhias, em sua maioria, não poderiam ter respondido da forma como a Wynn Resorts fez, porque operam sob as velhas regras do engajamento planejado com muita antecedência. Mas, fundamentalmente, a internet mudou o ritmo dos negócios, comprimindo o tempo e recompensando a velocidade.

Essa ideia de tempo real – de criar iniciativas de marketing e relações públicas *já* –, quando o momento é apropriado, leva a uma tremenda vantagem competitiva. Você tem de operar rápido para fazer sucesso neste mundo. Essa ideia é o tema do meu livro lançado em 2010, *Marketing e RP em tempo real: como se engajar instantaneamente com seu mercado, se conectar com consumidores e criar produtos para fazer seu negócio crescer agora*. Este capítulo destaca algumas das táticas que você pode usar para engajar instantaneamente seus compradores no momento em que estão dispostos a comprar de você. Mesmo se você já leu *Marketing e RP em tempo real*, vale a pena prestar atenção nas histórias que conto aqui, porque elas não estão naquele livro.

Marketing e RP em tempo real

Notícias em tempo real circulam em minutos, não dias. É quando as pessoas assistem ao que está acontecendo em redes sociais como Twitter, Facebook e YouTube, e espertamente se inserem nas histórias. A urgência do tempo real é também importante para serviços ao consumidor, porque as organizações devem consertar problemas instantaneamente, em vez de demorarem os costumeiros dias ou semanas para responder a uma queixa. Tempo real significa que as empresas desenvolvem (ou refinam) produtos ou serviços instantaneamente, com base no *feedback* de consumidores ou de eventos no mercado. Em todos os aspectos dos negócios, qualquer um que perceber uma oportunidade e for o primeiro a agir leva uma tremenda vantagem.

Meu primeiro emprego, como já mencionei, foi em uma mesa de operação em Wall Street, nos anos 1980. Eu vi a tecnologia em tempo real transformar as transações financeiras em um jogo em que informações instantâneas moldam em uma fração de segundo decisões que valem milhões de dólares.

Os operadores procuram desesperadamente *feeds* de notícias em tempo real e ferramentas de análises para esquadrinhar tudo, em qualquer ângulo. Com quem o presidente está se encontrando hoje? Há algum problema com os mercados de energia, causado pelos distúrbios no Oriente Médio? O que está acontecendo no Japão? Na Alemanha? No Reino Unido? Ao examinar dados e notícias, os operadores esperam o momento certo, prontos para comprometer enormes somas de dinheiro.

Isso levou décadas, mas o impacto da revolução em tempo real agora é sentido em todos os setores, inclusive marketing e relações públicas.

Podemos reagir imediatamente ao que acontece no noticiário, assim como um operador de ações. Podemos interagir com pessoas na mídia, precisamente no horário em que estão escrevendo as matérias. Mas temos de desenvolver uma cultura de negócios que encoraje a velocidade, e não a indolência. O estilo de abordagem MBA do trabalho com planilhas, que prevê o que fazer em meses lá no futuro, não vai ajudar quando a notícia acontece em seu setor aqui e agora.

Dica

No ambiente emergente de negócios em tempo real, o tamanho não é mais uma vantagem decisiva. A velocidade e a agilidade prevalecem.

Desenvolva sua mentalidade em tempo real

Quando falo com pessoas sobre as ideias de marketing e relações públicas em tempo real, elas entendem a enorme importância do acesso às ferramentas de comunicação em tempo real. O Twitter permite um diálogo instantâneo com compradores. *Posts* em *blogs* ajudam você a levar suas ideias ao mercado agora. E a monitoração de ferramentas como Google Alerts e TweetDeck dão a informação, segundo a segundo, do que as pessoas estão falando sobre você, sua companhia e seus produtos. No entanto, embora as pessoas em geral *entendam* a situação, muitas têm dificuldade de adotar a mentalidade pessoal e corporativa e os hábitos requeridos para o sucesso. Muitos indivíduos, e as organizações para as quais trabalham, usam uma abordagem extremamente cautelosa: espere sempre antes de tomar uma decisão, sempre cheque com os especialistas antes de agir em uma oportunidade. Infelizmente, este comportamento típico fará você perder a vantagem.

A mentalidade de tempo real reconhece a importância da *velocidade*. É uma atitude para os negócios (e para a vida) que enfatiza *se mover rápido* quando chegar a hora.

Não me entenda errado. Não estou dizendo que seu foco deve ser apenas o "aqui e agora", em vez de planejar para o futuro. Desenvolver uma mentalidade de tempo real não deve ser uma proposta do tipo "ou isto ou aquilo". Você pode fazer ambas as coisas.

Blog em tempo real cria 1 milhão de dólares em novo negócio

Imagine que você está entre os primeiros a saber que uma companhia peso pesado está prestes a comprar uma de suas concorrentes. O que você faria agora?

Não amanhã. Agora!

Que tal escrever um *post* sobre isso em tempo real?

Foi isso que CEO da Eloqua, Joe Payne, fez quando soube que a Oracle, uma gigante do *software*, iria adquirir os ativos da Market2Lead, empresa de automação de marketing que é também concorrente da Eloqua. Um colega mencionou a aquisição, e Payne, após confirmar a notícia no *website* da Oracle, começou a trabalhar em um *post* em seu *blog*.

O anúncio da Oracle,[1] que estava meio escondido no *website* da própria empresa, continha apenas um texto seco, de um parágrafo: "A Oracle adquiriu os ativos de propriedade intelectual da Market2Lead, um fornecedor de geração de demanda e *software* de automação de marketing. A tecnologia da Market2Lead ajuda empresas a melhorar a geração de demanda para aumentar vendas e a eficácia do marketing. A Oracle planeja integrar a tecnologia da Market2Lead nas aplicações Oracle CRM". Os detalhes financeiros da transação não foram revelados.

Payne percebeu que existia uma tremenda oportunidade de escrever um *post agora*. Ele pensou que, se *ele* não sabia da aquisição, os outros provavelmente não sabiam também. "O anúncio estava enterrado no *website* da Oracle", ele diz. "Ninguém o havia encontrado ainda." Payne tinha uma oportunidade única de definir o que o acordo significava para o mercado.

Em seu *post*, "Oracle se junta à festa",[2] Payne escreveu: "Espero que a entrada da Oracle faça uma diferença importante na atenção dada a este setor. Vai abrir os olhos do mercado e, como consequência, expandir o mercado. Este é exatamente o tipo de movimento que o setor precisa. Esse mercado potencial ainda não chegou a uma penetração de 10%".

Payne decidiu escrever um *post* de alto nível, que fala sobre o que a aquisição significa para o mercado desse tipo de *software*. "Precisávamos dar às pessoas informação relevantes", ele disse. "E ela foi colhida rapidamente pela mídia por causa do que eu escrevi. Empresas de notícias imediatamente escreveram suas próprias matérias e *posts*, e citaram meu *post* como se tivessem feito uma entrevista comigo."

Você percebe o que Payne fez? A Oracle anuncia uma aquisição, mas quase não fornece detalhes. A mídia tem sede de algo a dizer e de alguém para entrevistar. Pronto, uma pesquisa do Google acha o *post* de Payne, que dirige uma empresa concorrente da Market2Lead , e assim repórteres, analistas e blogueiros têm uma autoridade no assunto para citar em suas matérias.

Como resultado desse comentário em tempo real, a Eloqua tornou-se parte importante das matérias publicadas em veículos como *Business Week*, *Info World*, *Experience Matrix*, *PC World* e *Customer Think*.

Mas Payne e a equipe da Eloqua não pararam por aí. O passo seguinte dessa inciativa foi alertar os clientes – os existentes e os potenciais – da Market2Lead para o *post* de Payne. "Os vendedores da Eloqua que tinham perdido um negócio para a Market2Lead imediatamente mandaram *e-mails* para cada consumidor, com o *link* para o *post*", ele diz. "Em muitos casos, fomos nós que informamos aqueles clientes que sua fornecedora de automação de marketing tinha sido vendida. Demos uma visão do que a mudança poderia significar para eles, o que nos deu credibilidade com os clientes. Isso também atingiu a Oracle e a Market2Lead, porque elas não foram as primeiras a descrever para os consumidores o que o acordo significava."

A equipe da Eloqua ofereceu então uma proposta de negócio com a garantia de "dinheiro de volta" para qualquer consumidor da Market2Lead que mudasse para a Eloqua. "Queríamos amenizar o atrito da mudança", diz Payne. "O tom da oferta se destinava a ser útil e informativo, para que as pessoas soubessem que 'estamos aqui, e adoraríamos trabalhar com vocês'." E a garantia era de que, se o consumidor ficasse insatisfeito com a mudança, a Eloqua devolveria o dinheiro.

A equipe de vendas começou a ter respostas de imediato. "Clientes da Market2Lead responderam por *e-mail*, dizendo coisas como 'Não sabíamos disso, muito obrigado" e "Ei, temos que conversar'". Logo, clientes da Market2Lead estavam discutindo a mudança de seus negócios para a Eloqua.

Payne diz que, em duas semanas, a Eloqua fechou um negócio com a empresa de *software* Red Hat, de mais de 500 mil dólares durante dois anos. Também fecharam com a TRUSTe, uma importante empresa de serviços de privacidade na internet. A meia dúzia de novos consumidores conquistados pela Eloqua com esse esforço de comunicação em tempo real, combinado com a agilidade do marketing, geraram receita de quase 1 milhão de dólares – com negócios diretamente ligados ao *post* em tempo real de Payne.

Como o *post* de Payne e as matérias da mídia sobre o assunto foram todos indexados pelo Google e outros mecanismos de busca, as pessoas que buscavam informações sobre a transação meses depois ainda encontravam a Eloqua no centro da discussão. Se você fosse um analista pesquisando o setor de automação de marketing, ou avaliando plataformas para este setor, veria que a Eloqua aparecia no topo.

Fico constantemente surpreso com o que um *post* em tempo real pode fazer. Neste caso, gerou 1 milhão de dólares de novos negócios! Quando todo mundo está apelando para a mídia usando métodos tradicionais, por que não enquadrar a discussão que acontece aqui e agora com seus próprios comentários bem colocados nas notícias?

A hora é agora

Ao desenvolver sua própria mentalidade de tempo real, fique atento aos meios de atingir seu mercado quando chegar a hora. Há muitos modos de se comunicar imediatamente, mas as ferramentas e estratégias podem ser diferentes para cada situação. Vamos examinar algumas formas de você se envolver no tempo real.

Doe seus produtos para aqueles que precisam

Estima-se que mais de 1 bilhão de pessoas no mundo viram parte da transmissão ao vivo do dramático resgaste de 33 mineiros chilenos em outubro de 2010. Lembre-se de que eles ficaram encurralados no subsolo por semanas, após o acidente em uma mina de carvão.

Da mesma forma, muita gente – que fazia parte dessa audiência de 1 bilhão de pessoas – também viu os óculos Oakley que os mineiros usavam quando chegavam à luz do dia. Isso porque a Oakley doou os óculos, que deram aos olhos sensíveis dos mineiros uma proteção contra a luz ultravioleta.

Não importa como você meça, mas o benefício desse golpe de marketing é enorme. De acordo com pesquisa feita para a CNBC pela Front Row Analytics, apenas o impacto mundial das imagens na televisão gerou para a Oakley o equivalente a 41 milhões de dólares em publicidade.

Para ter êxito com uma doação de produto em tempo real como a Oakley fez, você precisa estar consciente do que acontece em sua categoria de mercado e preparado para pular para a ação a qualquer momento.

Tuíte pensamentos para seu mercado quando ele estiver olhando

Em fevereiro de 2010, quando a HBO reexibia seu filme de 1997, *Private Parts*, a personalidade de rádio Howard Stern apareceu no Twitter com um comentário em tempo real sobre o filme. Não foi planejado, ou anunciado. Você teria de estar vendo. Ele tuitou cerca de 100 vezes, com observações jocosas.

Os fãs sortudos que estavam (1) vendo o filme da HBO, (2) simultaneamente monitorando o Twitter e (3) seguindo Stern, participaram de um *looping* em tempo real.

Muitos tiveram suas perguntas respondidas ao vivo, como no seguinte comentário de @HowardStern: "Giamatti foi brilhante. Tornou tudo tão fácil. RP @burtmania: Como foi trabalhar com Giamati antes de ele ser um ator tão conhecido?".

O agito gerado por Stern levou muitos fãs a tuitarem para seus amigos e encorajá-los a ver o que ele tinha a dizer sobre o filme.

Embora poucas pessoas tenham um público tão grande quanto Stern, todos nós temos oportunidades de usar o Twitter para comentar em tempo real alguma coisa que esteja acontecendo em nosso mercado. Talvez, você possa oferecer um comentário atual sobre um discurso em um evento do seu setor. Ou talvez, como Stern, pode tuitar comentários em tempo real sobre um programa de televisão enquanto ele está sendo transmitido. Imagino um *designer* de moda comentando sobre as roupas na premiação do Oscar ou um treinador de golfe fazendo comentários em tempo real sobre um torneio importante.

Comente sobre mudanças regulatórias em seu setor

No final de 2010, funcionários da Comissão Federal de Comunicações dos Estados Unidos (FCC, na sigla em inglês) trancaram-se em reuniões para discutir o chamado choque da conta, aquela terrível surpresa que o consumidor experimenta quando recebe uma conta de celular muito maior do que esperava. Enquanto os encontros aconteciam, Jeff Rabak, da Amdocs, uma companhia que fornece assistência ao consumidor, faturamento e outros sistemas de gerenciamento para empresas de telecomunicações e provedores de serviços de internet, postou: "Não é preciso ficar com choque da conta" – no *blog* da companhia.[3] Barak argumentou que, na verdade, é do interesse dos provedores de serviços de telefonia móvel trabalhar com consumidores para evitar o choque da conta, porque preservar a lealdade do consumidor é importante em um mercado altamente competitivo.

Essa tática esperta funciona, porque pessoas interessadas na legislação potencial que pode surgir de um encontro de funcionários do governo buscam avidamente qualquer atualização em tempo real das notícias. Assim, quando uma empresa como a Amdocs comenta, a informação aparece nos Google Alerts dessas pessoas.

A Amdocs foi recompensada logo depois, quando a publicação da Penton Media, *Connected Planet*, dedicou todo um *post* no *blog* sobre a posição da Amdocs na matéria intitulada "Como não se chocar com o choque da conta". Chegar a um importante jornalista do setor em tempo real faz você ser visto. Além disso, essa relação que é construída dura mais que apenas aquele momento. Depois de terminada a reunião, a FCC publicou sua proposta de novas regras, requerendo que as companhias notifiquem seus consumidores quando eles estão prestes a exceder os limites planejados, incorrendo em altas cobranças. Qualquer pessoa que pesquisar a proposta pode topar também com o *post* da Amdocs.

Use news release para reagir a um anúncio de outra companhia

Ao participar de uma conferência do setor, Richard Harrison, presidente da SMTP.com, empresa de tecnologia de marketing por *e-mail*, descobriu que a Amazon.com tinha acabado de anunciar que estava entrando no mercado de envio de *e-mails*. Harrison decidiu divulgar imediatamente um *press release* com a seguinte chamada: "SMTP saúda a entrada da Amazon no mercado de envio de *e-mails*".[4]

Ele recebeu a ligação de um repórter de uma publicação *on-line*, *Clickz*, na mesma hora, e logo uma matéria apareceu apoiada em seu *release*: "O serviço de *e-mail* da Amazon vai prejudicar ESPs?".

O que Harrison obteve da experiência? "Tem tudo a ver com o momento", ele diz. "É difícil criar este momento quando você é um cara pequeno, mas, se alguém o cria, quanto melhor você entrar na onda mais se beneficia. Como no caso das ações, você não sabe até que ponto irão, mas quanto antes você comprar mais vai ganhar."

Esses são apenas alguns exemplos para você pensar sobre o poder de comunicações em tempo real. Quando estudei o fenômeno do envolvimento instantâneo, percebi que a velocidade é vantajosa para os veículos menores e mais ágeis que para os maiores. Se você está começando em um setor competitivo, marketing e relações públicas em tempo real permitem que você possa competir e ganhar. Permitem mesmo que uma pessoa, com um computador ou celular, comece um movimento para ajudar milhares de pessoas em horas de necessidade, fazendo diferença no mundo.

O apoio do *crowdsourcing*

Segui com interesse a terrível enchente que assolou Brisbane, em Queensland, na região no nordeste da Austrália, no começo de 2011. Também acompanhei a história notável do Baked Relief, um grupo de apoio de *crowdsourcing* que surgiu para ajudar o pessoal afetado.

O Baked Relief é um movimento de milhares de pessoas que cozinham. Elas forneceram comida caseira para pessoas diretamente atingidas pelas enchentes, assim como para voluntários, trabalhadores de emergência e militares. O movimento Baked Relief foi iniciado por Danielle Crismani: "Eu estava vendo a

MARKETING E COMUNICAÇÃO NA ERA DIGITAL

coisa no noticiário", ela conta. "Pensei, meu Deus, todas essas pessoas colocando sacos de areias para proteger suas casas, e pensei no que poderia fazer. Eu não iria lá carregar sacos de area, mas não podia ficar sentada sem fazer nada." Por isso, ela tuitou para seus seguidores, dizendo que estava disposta a levar tortas para as pessoas que trabalhavam na colocação de sacos de areia.

No dia seguinte, ela usou o *hashtag* #bakedrelief no Twitter e ficou surpresa com o número de pessoas que também começaram a usar, endossando sua ideia de ajudar a população afetada, além de oferecer apoio aos voluntários e trabalhadores de emergência. Começou um movimento em tempo real, no qual Crismani jogou toda sua energia. "Entrei no Twitter e disse: 'Ei, se você está preso em casa e não pode ir trabalhar, que tal cozinhar para o Serviço de Emergência do Estado e levar alguma coisa para as pessoas que estão colocando os sacos de areia?'. Depois, fui no Facebook e fiz a mesma coisa."

Alguns dias depois, #bakedrelief era tão popular que se tornou o segundo *hashtag* nos *trending topics* (o segundo tópico mais popular discutido naquele momento) da Austrália, atrás apenas do #qldfloods (o *hashtag* usado para informação geral sobre a enchente) em primeiro lugar.

O movimento de solidariedade cresceu rapidamente, mas logo se tornou evidente que seria difícil, usando apenas o Twitter, administrar a situação que reunia milhares de pessoas dispostas a ajudar os necessitados. "Havia muitas pessoas que queriam estar mais envolvidas", diz Crismani. "Precisávamos de uma base capaz de registrar muitas informações ao longo do dia. Assim, em vez de pessoas constantemente nos contatando pelo Twitter perguntando 'onde eu levo minha fornada de bicoitos?', precisávamos de algum lugar para fazer um *link* e dizer: 'Nesta manhã, é para tal lugar que a comida precisa ir. Voltem ao meio-dia, e vamos atualizar o *blog*, dizendo para onde os mantimentos devem ser enviados'."

Uma vez identificada a necessidade, foi rapidamente desenvolvido o *site* bakedrelief.org, com o uso da plataforma WordPress. "Kay, uma das mulheres que trabalhava muito próxima a nós, criou o *site*. Ela me ligou e disse: 'Tenho uma surpresa para você. Olhe sua caixa de entrada'. Quando fui ver, havia um *link* para bakedrelief.org. Ela disse que demorou 45 minutos para fazer", diz Crismani, comentando que foram feitas poucas mudanças com o tempo para acrescentar algumas coisas. "Adorei que o *site* tenha sido feito com tanta rapidez. A maioria das pessoas, quando pensa em um novo *site*, imagina meses de trabalho, mas este demorou apenas 45 minutos, passando a fornecer detalhes para os voluntários e os necessitados, além de aceitar doações em dinheiro de pessoas (como eu) que estão longe da devastação e não podem doar alimentos."

Crismani lançou um *site*.ORG para se comunicar rapidamente em um momento de crise. Quando notícias importantes que afetam sua organização circulam *on-line*, às vezes o meio mais ágil de se conectar com os consumidores e a mídia é construir um novo *website* em tempo real. Um domínio.ORG é uma opção excelente nesse caso, por ter uma reputação inerente de confiança, integridade e credibilidade. A chave no caso da bakedrelief.org era ter um novo *site* muito rapidamente, no exato momento em que as pessoas estavam ansiosas para localizar informação confiável sobre o tema noticiado.

Muitas pessoas blogaram e tuitaram para espalhar a mensagem, e logo a grande mídia australiana notou o movimento. Mesmo pessoas fora da área se envolveram, com algumas viajando horas para entregar alimentos. O grupo Funky Pies, por exemplo, dirigiu desde de Sydney (distante cerca de mil quilômetros de Brisbane, fazendo uma viagem de 12 horas) para entregar tortas a voluntários que atuavam com a polícia de Queensland e com um centro de evacuação.

Durante esse período, Crismni trabalhou 20 horas por dia no Baked Relief. "Dormia apenas quatro horas, depois acordava e começava a fazer tudo de novo", diz. "Fiquei sem comer com garfo e faca durante duas semanas."

O governo australiano se envolveu com o Baked Relief por meio do vice - -primeiro-ministro e ministro do Tesouro, Wayne Swan. "O bakedrelief.org estava na *home page* de seu *site*", diz Crismani. "Era clicar nele para receber toda a informação. E sempre que ligavam para seu escritório, alguém atendia o telefone, dizendo: 'Oi, você ligou para o gabinete do ministro Wayne Swan. Se você está telefonando para saber sobre o Baked Relief...'. Nós demos uma bela risada. Depois, ele me ligou e disse: 'Que tal ter o ministro do Tesouro trabalhando para você?'. Isso foi engraçado."

Depois, Anna Bligh, a premiê de Queensland, usou o Twitter (sua identidade no microblog é @theqldpremeir) para marcar uma reunião com Crismani e discutir a recuperação da comunidade e a assistência para as famílias afetadas. "A premiê queria que pessoas de sua equipe se reunissem comigo, para eu lhes falar das minhas ideias", diz Crismani. "Esse encontro aconteceu com o chefe do Departamento de Comunidades e o diretor geral do gabinete da premiê, e eu lhes transmiti as preocupações dos residentes de Lockyer Valley e das áreas de Cyclone, no norte distante de Queensland, que foram expressadas para mim. E tudo coordenado pelo Twitter!"

Uma pessoa em conexão com a internet e um Twitter começou um movimento fabuloso, comunicando-se em tempo real. Os esforços ajudaram milhares de pessoas e foram reconhecidos em nível nacional na Austrália. Você também tem este poder. "Qualquer pessoa pode motivar outras e chegar mais longe do que pensa", diz Crismani. "Acho muito impressionante, e estou orgulhosa com o que aconteceu. Isso me ensinou o poder da mídia social. Agora, não vou mais ser *blasé* quando pensar nela."

Essa história é um ótimo exemplo do poder do *crowdsourcing* usando a mídia social. Não foram usadas publicidade, relações com a mídia e técnicas de marketing tradicional. Todo o esforço foi um *crowdsourcing* em tempo real.

O *crowdsourcing* envolve pegar uma tarefa, usualmente desempenhada por uma ou poucas pessoas, e distribuí-las em tempo real para uma multidão via redes sociais *on-line*. Há muitos meios pelos quais as organizações estão recorrendo ao *crowdsourcing* para desempenhar tarefas de maneira mais rápida e mais barata que com o uso de técnicas tradicionais. Durante transmissões ao vivo, programas como *American Idol* e *Britain's Got Talent* pedem que o público avalie os candidatos ligando para um número especial de telefone ou digitando seu voto. O melhor exemplo de um enorme projeto de *crowdsourcing* é a Wikipedia, a enciclopédia livre *on-line*, na qual qualquer um pode adicionar ou editar conteúdo.

No momento em que escrevo isto, a revolução derrubou o regime egípcio de Mubarak depois de trinta anos no poder. O movimento de protesto usou *crowdsourcing* no Facebook para organizar pessoas e dirigi-las para onde aconteciam os protestos.

Pense nisso. Se *crowdsourcing* tem o poder de juntar milhares de pessoas para ajudar durante um desastre natural, ou mesmo de derrubar um governo, também apresenta um potencial tremendo para os negócios. No meu caso, fazendo conferências, usei recentemente a técnica para criar um novo vídeo. No Encontro de Cúpula MarketingSherpa Email, mais de dez pessoas com câmeras de mão filmaram minha palestra e usaram essas tomadas, em *crowdsourcing*, para fazer um vídeo e partilhar com organizadores de eventos.[5]

Marketing e relações públicas em tempo real significam uma vantagem competitiva decisiva para organizações que aderem rapidamente. Não importa qual é o seu negócio – essas ideias também podem funcionar para você.

Agora, vamos passar algum tempo examinando questões específicas para você poder implementar as novas regras em sua organização. A Parte III deste livro começa com uma discussão sobre como você pode construir um plano abrangente de marketing e RP para alcançar seus compradores diretamente com conteúdo *web*. Uma vez armado com o plano, continue a ler os capítulos seguintes, que vão orientá-lo sobre como desenvolver conteúdo e escrever para seus compradores. Finalmente, forneço informações detalhadas para implementar um programa de *news releases*, contruir uma sala de imprensa, criar seu próprio *blog* e *podcast*, além de trabalhar com *sites* de rede social. Como estou convencido do valor de ouvir profissionais de marketing inovadores, que tiveram sucesso com essas ideias, continuarei a mostrar exemplos nos capítulos remanescentes, para você ver como outros aplicaram essas ideias e como ajudar a fazer fluir seu próprio talento criativo.

Notas

1 www.oracle.com/market2lead/index.html
2 http://*blog*.eloqua.com/oracle-joins-the-party/
3 http://*blogs*.amdocs.com/voices.2010/10/14/no-need-to-be-bill-shocked/
4 www.marketwire.com press-*release*/SMTP-Inc-Welcomes-Amazon-to-the-Email-Delivery-Market-1385573.htm
5 http://vimeo.com/dmscott/real-time-trailer

III

Plano de ação para aproveitar o poder das novas regras

Capítulo 11

VOCÊ É O QUE VOCÊ PUBLICA: CONSTRUINDO SEU PLANO DE MARKETING E RP

Sua companhia vende grandes produtos? Ou, se você não trabalha em uma empresa tradicional, sua organização (igreja, ONG, consultoria, escola) oferece grandes serviços? Bom, vamos lá! Marketing não é *apenas* para produtos! A coisa mais importante para você lembrar quando desenvolver um plano de marketing e RP é colocar de lado seus produtos e serviços, e dedicar atenção total aos *compradores* de seus produtos (ou aos que doam, assinam, se associam ou se inscrevem). Dar atenção a seus compradores e deixar os produtos de lado é algo difícil para muita gente, mas sempre vale a pena por levar você mais perto de atingir suas metas.

Pense por um momento na Starbucks. O produto é ótimo? Sim, acho que a xícara de café de 3 dólares que tomo na Starbucks tem um ótimo sabor. E a maioria dos profissionais de marketing, se eles tivessem a oportunidade de fazer seu trabalho na Starbucks, focaria no café – o produto. Mas é isso realmente o que as pessoas estão comprando na Starbucks? Ou ela ajuda a resolver outros problemas dos compradores? Talvez a Starbucks esteja na verdade vendendo um espaço para as pessoas passarem um tempo. Neste caso, a Starbucks não é um local conveniente para as pessoas se encontrarem? Talvez a Starbucks economize uns 10 minutos do seu dia, porque você não tem de pegar o pó de café, colocar água em uma cafeteira, esperar e limpar mais tarde. Para alguns, a Starbucks representa apenas uma pequena ostentação – porque, afinal, nós merecemos. Eu diria que a Starbucks faz todas essas coisas. A Starbucks atrai muitas *personas* compradoras diferentes e vende muitas coisas além de apenas café. Se você estivesse fazendo o marketing da Starbucks, o seu trabalho seria

MARKETING E COMUNICAÇÃO NA ERA DIGITAL

segmentar compradores e conversar com eles com base em suas necessidades, e não apenar falar sobre o seu produto.

Pode ser difícil para muitos profissionais de marketing a abordagem de pensar sobre compradores e os problemas que nossas organizações podem resolver para eles, já que constantemente ouvimos como é importante um grande produto ou serviço no mix de marketing. Na verdade, a educação padrão de marketing ainda fala nos quatro "Ps" do marketing – produto, preço, posicionamento e promoção – como sendo as coisas mais importantes. Isto é uma bobagem. Para ter sucesso na *web* sob as novas regras do marketing e de RP, você precisa considerar suas metas organizacionais e, *primeiro*, focar em seus compradores. Apenas após entender os compradores, você deve começar a criar conteúdo envolvente na *web* para chegar até eles. Sim, muitas vezes os profissionais de marketing discutem isso comigo. Mas acredito firmemente que o produto ou serviço que você vende são secundários quando seu mercado ou organização estão na *web*.

Por isso, vou pedir que você deixe de lado seus produtos e serviços ao começar a tarefa deste capítulo: construir um plano de marketing e RP que siga as novas regras. O foco mais importante nesse processo são os compradores, e vamos fazer isso no contexto de suas metas organizacionais. Acredite: este vai ser um plano de marketing e RP como você nunca criou antes.

Quais são as metas de sua organização?

Marketing e RP têm uma dificuldade coletiva de alcançar os objetivos do departamento em sintonia com o restante da companhia. E a equipe gerencial acompanha tal disfunção. Pense nas metas da maioria dos profissionais de marketing. Eles geralmente têm aquelas listas de coisas épicas a fazer: "Veja bem, devemos fazer algumas feiras, comprar espaço nas páginas amarelas, talvez criar um novo logo, ter uma clipagem da imprensa, produzir algumas camisetas, aumentar o tráfego do *website* e, claro, gerar argumentos de vendas para os vendedores". E o que acontece então? Essas não são as metas de sua companhia! Nunca vi camisetas ou argumentos de venda em um balanço da empresa. Com metas típicas do departamento de marketing, ficamos focados constantemente nos incêndios do dia a dia e, portanto, sempre nos concentramos na coisa errada. Isto também dá ao pessoal do marketing uma má reputação em muitas companhias – a de um bando de preguiçosos pegajosos. Não é de espantar que o marketing, chamado de "a polícia das marcas" em algumas organizações,[xi] seja com frequência o lugar onde vão parar vendedores fracassados.

Muitos profissionais de marketing e RP também focam nas medidas erradas de sucesso. Com *websites*, muitas vezes as pessoas me dizem coisas como "queremos ter 10 mil visitantes por mês em nosso *site*". E a medida do RP é, com muita frequência, semelhantemente irrelevante: "Queremos 10 menções na imprensa especializada e três matérias em revistas nacionais por mês". A menos que você faça dinheiro com publicidade e o tráfego bruto gere receita, o tráfego é a medida errada. E os *clippings* de imprensa apenas não interessam. O que interessa é levar os visitantes de seu *site* e seu público para onde eles possam ajudar você a alcançar suas metas, tais como aumentar a receita, solicitar doações ou ganhar novos membros.

Essa falta de metas claras me faz lembrar de meninos de sete anos jogando futebol. Quem já viu alguma vez crianças pequenas em um campo de futebol, sabe como elas operam como um único organismo amontoado, correndo atrás da bola onde ela estiver. Nas laterais, estão os úteis técnicos, gritando: "Passe!" ou "Vá para o gol!". Mas, como técnicos e parentes sabem, esse esforço é fútil: não importa o que o técnico diga, ou quantas vezes os pequenos treinem, eles ainda focam na coisa errada – a bola, e não o gol.

É exatamente isso que profissionais de marketing e RP fazem. Enchemos nossas listas com bolas e perdemos o gol de vista. Mas sabe o que é ainda pior? Nossos técnicos (as equipes de gerentes em nossas companhias), na verdade, nos encorajam a focar em bolas (como argumentos de venda ou *clippings* de imprensa ou estatísticas de tráfego em *websites*), em vez de metas reais das empresas, como aumento de receita. Os VPs e CEOs de empresas fornecem, alegremente, incentivos com base em contatos de vendas para o departamento de marketing ou em *clippings* para a equipe de RP. E as agências contratadas, de publicidade e RP, também focam nas medidas erradas.

O que precisamos é alinhar objetivos de marketing e RP com aqueles da organização. Para a maioria das corporações, a meta mais importante é o crescimento de receita lucrativa. Em empresas mais novas, e naquelas que lidam com

---

xi Muitas organizações também chamam de fiscal das marcas. (N. R. T)

MARKETING E COMUNICAÇÃO NA ERA DIGITAL

tecnologias emergentes, isso geralmente significa gerar novos consumidores, mas, em negócios maduros, a equipe gerencial pode precisar estar mais focada em manter os consumidores que já tem. É claro que ONGs têm a meta de levantar dinheiro, que políticos precisam de votos, que bandas de rock precisam de pessoas que comprem CDs, *downloads* de iTunes ou ingressos para shows ao vivo. E que as universidades precisam de matrículas e de doações de ex-alunos.

Assim, o primeiro passo é se juntar aos líderes de sua organização – sua equipe de gerentes, ou seus colegas em uma igreja ou em uma ONG, ou com sua esposa se você tem uma pequena empresa familiar – e determinar suas metas de negócios. Se você dirige uma ONG, uma escola, uma igreja ou uma campanha política, considere suas metas de doações, matrículas, novos membros ou votos. Escreva em detalhes as coisas importantes, que podem ser "aumentar a receita em 20%", "aumentar o recrutamento de membros para 100 por mês no quarto trimestre", "conseguir 1 milhão de dólares em doações pela *web* no próximo trimestre", ou "gerar cinco palestras pagas no ano que vem".

Agora que você tem o plano de marketing e RP focado nas metas certas (ou seja, aquelas mais importantes para sua organização), o próximo passo é aprender o máximo possível sobre seus compradores e segmentá-los em grupos para alcançá-los por meio de seus esforços na *web*.

Personas compradoras e sua organização

Esforços de marketing e RP *on-line* bem-sucedidos funcionam porque você começa identificando uma ou mais *personas* compradoras como alvo, e precisa torná-las parte de seu processo de planejamento. Uma *persona* compradora (da qual falamos no Capítulo 3) é essencialmente uma representante de um tipo de consumidor que você identificou como sendo de interesse específico para sua organização ou produto, ou por ter um problema de mercado que seu produto ou serviço pode resolver. A construção das *personas* compradoras é o primeiro passo e, provavelmente, o mais importante que você dará na criação de seu plano de marketing e RP. Pense nas eleições presidenciais de 2004 nos Estados Unidos: os profissionais de marketing dos dois candidatos importantes segmentaram compradores (eleitores) em dezenas de *personas* distintas. Alguns dos nomes das *personas* compradoras (por vezes chamadas de *microtargets* no mundo político) se tornaram bem conhecidas quando a mídia começou a escrever sobre eles, enquanto muitos rótulos de outras *personas* permaneceram internalizados nas campanhas. Algumas das *personas* compradoras mais conhecidas da eleição presidencial de 2004 foram os Papais da Nascar (homens da classe trabalhadora rural, muitos dos quais fãs da Nascar) e Mamães da Segurança (mães preocupadas com o terrorismo e a segurança nacional). Se a ex-candidata a vice-presidente e governadora do Alasca, Sarah Palin, concorresse à presidência em 2012, meu palpite é que ela iria mirar nas "Mamães Grisalhas" (mulheres conservadoras de mente independente). Ao segmentar milhões de eleitores em *personas* compradoras distintas, candidatos constroem campanhas de marketing e RP destinadas especificamene a cada uma delas. Faça um contraste entre essa abordagem e uma campanha única que mira em todos e não envolve ninguém.

Outro exemplo que gosto muito para ilustar este ponto das *personas* compradoras é o mercado de triciclos. O usuário do triciclo mais comum é a criança em idade pré-escolar. Mas ela não compra um triciclo. As *personas* compradoras mais comuns para triciclos infantis são pais e avós. E qual problema o triciclo resolve? Bom, para os pais, pode ser que a criança venha pedindo um e que a compra vá acalmá-la. Pais sabem também que ela está crescendo rapidamente e que logo vai querer uma bicicleta com rodinhas de apoio; por isso, um triciclo básico é o bastante, segundo o entendimento deles. Mas, frequentemente, avós compram modelos caros para resolver o problema de dar um presente extravagante, e mostrar amor para a criança ou para seus pais. Quando se pensa em triciclos do ponto de vista da *persona* compradora, você pode ver como o marketing pode ser diferente para pais e avós.

Você precisa também segmentar *personas* compradoras para que possa desenvolver programas de marketing e chegar a elas. Vamos revisitar o exemplo da faculdade do Capítulo 3 e expandi-lo. Lembre-se de que identificamos cinco *personas* compradoras diferentes para o *website* da faculdade: jovens ex-alunos (que se graduaram nos últimos 10 ou 15 anos), ex-alunos mais velhos, o colegial que está pensando na faculdade, os parentes do aluno potencial e consumidores existentes (estudantes atuais). Isso significa que um *site* bem executado da faculdade deve mirar cinco diferentes *personas* compradoras.

Uma faculdade pode ter a meta de marketing e RP de gerar 500 pedidos adicionais de matrículas de admissão para estudantes qualificados no próximo ano letivo. Vamos também fingir que a escola pretende levantar 5 milhões de

MARKETING E COMUNICAÇÃO NA ERA DIGITAL

dólares em doações de ex-alunos que nunca contribuíram no passado. Isto é ótimo. São metas reais em torno das quais profissionais de marketing podem construir seus programas.

O perfil da *persona* compradora

Depois de identificar as metas, os profissionais de marketing da faculdade devem construir um perfil de *persona* compradora, essencialmente uma espécie de biografia de cada grupo alvo para conquistar o objetivo previsto. A faculdade pode criar uma *persona* compradora para estudantes potenciais (dirigindo-se a alunos do ensino médio que procuram o ensino superior) e outra para os pais de futuros universitários (que são parte do processo de escolha e quase sempre pagam as contas). Se as metas da escola apontam para um tipo particular, digamos, estudantes atletas, pode ser elaborado um perfil específico de *persona* compradora para estudantes que participam de atividades esportivas. Para chegar eficazmente aos ex-alunos pedindo doações, a faculdade pode decidir fazer uma *persona* compradora para atrair os mais jovens entre eles, talvez aqueles que tenham se formado nos últimos 10 anos.

Para cada perfil de *persona* compradora, queremos saber tanto quanto pudermos sobre esse grupo de pessoas. Quais suas metas e aspirações? Quais são seus problemas? De quais mídias eles dependem para dar respostas a seus problemas? Como podemos atingi-los? Queremos saber, em detalhes, as coisas que são importantes para cada *persona* compradora. Você deve também ver as publicações e *websites* que seus compradores leem para entender o modo como eles pensam. Pessoas do marketing de faculdades, por exemplo, devem ler a edição da *US News and World Report*, que tem um *ranking* das melhores faculdades dos Estados Unidos, assim como guias para estudantes em potencial, como *Countdown to College: T-Do Lists for High School: Step-by-Step Strategies for 9th, 10th, 11th and 12th Graders* e *the Ultimate College Acceptance System: Everything You Need to Know to Get Into the Right College for You*. Ler o que as *personas* compadoras leem fará você pensar como elas. Ao fazer pesquisa básica sobre seus compradores, você pode aprender muito, e seu marketing será muito mais eficiente.

O melhor modo de aprender sobre compradores e desenvolver perfis de *personas* compradoras é entrevistar as pessoas. Não tenho dúvida de que representantes dos candidatos da eleição presidencial de 2004 entrevistaram muitos

Papais da Nascar e Mamães da Segurança para construir perfis, e muitas outras *personas* compradoras que identificaram. Da mesma forma, a pessoa que cuida do marketing em nossa faculdade hipotética deve entrevistar gente que combine com as *personas* que a escola identificou. O pessoal de marketing da faculdade pode aprender muito se incluir nas entrevistas tradicionais e individuais, feitas para admissão de estudantes potenciais, perguntas como: Quando você começou a pesquisar escolas? Quem influenciou sua pesquisa? Como você aprendeu sobre esta escola? Em quantas escolas você está se inscrevendo? Que *websites* você lê ou assina? Com essas primeiras informações na mão, você deve ler e ouvir a mídia que influencia seu comprador alvo. Quando você lê o que seus compradores leem, é só prestar atenção nas palavras e frases exatas que são usadas. Se os estudantes frequentam Facebook ou outros *sites* de redes sociais, você deve fazer o mesmo e prestar atenção na linguagem que os estudantes usam. Ao juntar as respostas obtidas diretamente de dezenas de matriculados em potencial com a informação das mídias nas quais eles prestam atenção, você pode facilmente construir uma *persona* compradora para um estudante disposto a fazer matrícula em uma escola do ensino superior como a sua.

"Uma *persona* compradora é uma curta biografia do consumidor típico, não uma descrição de trabalho, mas a descrição de uma pessoa", diz Adele Revella,[1] que vem usando *personas* compradoras para o marketing de produtos de tecnologia há mais de 20 anos. "O perfil da *persona* compradora dá a você uma chance de verdadeiramente criar simpatia com os compradores alvos, de sair de seu papel de alguém que quer promover um produto e ver, através dos olhos dos compradores, as circunstâncias que movem seu processo de decisão. O perfil da *persona* compradora inclui informações sobre o *background* típico do comprador, atividades diárias e soluções atuais para seus problemas. Quanto mais experiência você tiver em seu mercado, mais óbvias as *personas* compradoras se tornam."

Isso pode soar um tanto excêntrico, mas acho que você pode chegar até a dar nome para a *persona*, como as campanhas fizeram com os Papais da Nascar e as Mamães da Segurança. Você pode até recortar uma foto de uma revista para ajudar na visualização. Esse deve ser apenas *um nome interno* que ajude você – e seus colegas – a desenvolver empatia, além de um profundo conhecimento, com as pessoas reais que você quer atingir. Em vez de ser um potencial sem nome e sem rosto, sua *persona* compradora ganha vida.

Por exemplo, um estudante do ensino médio que é um atleta e você quer como alvo, pode se chamar Sam o Atleta, e sua *persona* pode ser algo assim: "Sam o Atleta começou a pensar em faculdades e no processo de admissão quando iniciou o ensino médio. Seu treinador e seus parentes reconheceram seu talento atlético e sugeriram que isso o ajudaria a entrar em uma boa faculdade, ou mesmo conseguir uma bolsa. Sam sabe que ele é bom, mas não o bastante para jogar em uma escola de primeira divisão. Sam começou a pesquisar *websites* de faculdades em seu Estado e alguns mais próximos. Ele até assistiu a alguns jogos dessas faculdades, quando deu. Sam tem boas notas, mas não está no topo da classe, porque seus compromissos com o esporte impedem que ele estude tanto quanto seus colegas. Tem amigos íntimos e gosta de sair com eles nos finais de semana, mas não é muito de frequentar baladas e evita álcool e drogas. Sam frequenta o Facebook, onde tem sua própria página, e troca mensagens com um grupo de amigos *on-line* no dia a dia. Ele conhece as nuances, a linguagem e a etiqueta da vida *on-line*. Também lê a *Sports Illustrated*. Agora que está no ciclo final do colégio, sabe que é hora de começar a pensar a sério sobre a matrícula na faculdade, mas não sabe direito por onde começar. Para aprender, ele está prestando mais atenção nas páginas de admissão que no material de atletismo dos *websites* das faculdades".

Ok, então você balança a cabeça aprovando o perfil dessa *persona* compradora. Mas – você pergunta – de quantas *personas* compradoras eu preciso? E pode pensar sobre suas *personas* compradoras com base em fatores que as diferenciam. Como você segmenta os dados demográficos? Algumas organizações, por exemplo, têm perfis diferentes para compradores nos Estados Unidos e na Europa. Ou talvez sua empresa venda para compradores na indústria automobilística e no setor governamental, e esses compradores são diferentes. A questão importante é que você usará essa informação na criação de programas específicos de marketing e RP para alcançar cada *persona* compradora. Para isso, você precisa ter uma segmentação com detalhes suficientes para defini-la. Assim, quando encontrarem seu conteúdo *web*, seus compradoras dirão: "Sim, este sou eu. Esta organização me entende e sabe dos meus problemas. Portanto, vai ter produtos que combinam com minhas necessidades".

Profissionais de marketing e RP muitas vezes se surpreendem com o resultado positivo de seus materiais e programas depois de fazer os perfis de *personas* compradoras. "Quando você realmente sabe como seus compradores pensam e o que importa para eles, você elimina a agonia sobre o que dizer e quando, ao se comunicar com seus compradores", afirma Revella. "Profissionais de marketing me dizem que não têm tempo de construir *personas* compradoras, mas essas mesmas pessoas desperdiçam horas incontáveis em reuniões sobre o tom da mensagem. E, é claro, estão desperdiçando orçamentos ao construir programas e ferramentas que não têm ressonância em ninguém. É tão mais fácil, simples e eficaz ouvir alguém antes de falar."

Como chegar aos altos executivos

Muitas pessoas me perguntam como chegar a altos executivos na *web*. É uma crença comum que esses executivos não usem tanto a *web* quanto outras pessoas, mas eu não concordo com isso. Muitas vezes profissionais de marketing de *business-to-business* usam essa interpretação como desculpa para não ter de focar na construção de *personas* compradoras e materiais de marketing para altos executivos. Com base em histórias que me foram contadas em encontros com muitos deles, sempre argumentei que executivos ficam muito *on-line*. Mas eu nunca tinha tido qualquer dado sólido para apoiar minha intuição.

A Forbes Insights, em associação com o Google, divulgou um estudo chamado "A ascenção digital dos executivos: como eles localizam e filtram informações de negócios".[2] As descobertas mostram claramente que executivos consideram a *web* como o recurso mais valioso para obter informações de negócios, até mais importante que contatos de trabalho, redes pessoais, publicações especializadas e assim por diante. Em um estudo posterior, "Vídeo na sala de comando: executivos adotam a *web* sem texto", a Forbes Insights descobriu que 75% dos executivos entrevistados assistem a vídeos relacionados ao trabalho semanalmente, e 65% haviam visitado o *site* de uma empresa depois de ver um filmete. O elemento social do vídeo *on-line* é forte nas salas dos executivos. Mais da metade dos altos executivos partilha vídeos com colegas pelo menos semanalmente e recebe vídeos relacionados ao trabalho com a mesma frequência.

"A percepção comum é que altos executivos nas maiores empresas não usam a internet, mas a realidade é exatamente o oposto", diz Stuart Feil, diretor editorial da Forbes Insights. "Essas descobertas mostram que executivos no topo estão mais envolvidos *on-line* do que seus parceiros, e que gerações mais jovens de executivos – aqueles cujas carreiras coincidiram com o crescimento dos PCs e da internet – estão trazendo profundas mudanças organizacionais nessas empresas."

A importância das personas compradoras no marketing na *web*

Um dos modos mais simples de construir um *site* eficaz, ou de criar grandes programas de marketing usando conteúdo *on-line*, é ter como alvo as *personas* compradoras específicas que você criou. Mas os *websites*, na sua maioria, são grandes folhetos que não oferecem informação específica para compradores diferentes. Pense nisso – o *website* típico parece que serve para todos, com um conteúdo organizado pelos produtos e serviços da companhia, em vez de configurá-lo por categorias que correspondem a *personas* compradoras e seus problemas associados.

A mesma tese é verdadeira para outros programas de marketing *on-line*. Sem foco no comprador, os típicos *press releases* e programas de relações com a mídia são construídos em cima do que a organização quer dizer, em vez de apresentar uma mensagem que os compradores querem ouvir. Esta é uma diferença enorme. Empresas que têm sucesso com estratégias de *news releases* para o consumidor escrevem diretamente para seus compradores. Os *blogs*, que são os melhores em alcançar uma meta organizacional, não tratam de companhias ou produtos, mas de consumidores e seus problemas.

Agora que você tem metas organizacionais quantificáveis e identificou as *personas* compradoras que quer atingir, seu trabalho para desenvolver o plano de marketing e RP é definir os melhores meios de alcançar compradores e desenvolver informações atraentes, que usará em seus programas de marketing na *web*. Se você fez entrevistas com compradores e criou perfis de *personas* compradoras, então conhece os problemas de seus compradores e como seu produto ou serviço pode resolvê-los, além de conhecer a mídia à qual os compradores recorrem para suas respostas. Eles vão primeiro para um mecanismo de busca? Se sim, qual palavra ou frase utilizam? Que *blogs*, salas de bate-papo, fóruns e *sites* de notícias *on-line* eles leem? Eles são abertos a áudio e vídeo? Você precisa responder a essas questões antes de prosseguir.

VOCÊ É O QUE VOCÊ PUBLICA: CONSTRUINDO SEU PLANO DE MARKETING E RP

Nas próprias palavras de seus consumidores

Em todo estee livro, muitas vezes faço referência à importância de entender as palavras e frases que seus compradores usam. Um plano eficaz de marketing na *web* requer uma compreensão dos modos com que seu comprador fala, e das palavras e frases reais que ele usa. Isso é importante não apenas para construir uma relação *on-line* positiva com seus compradores, mas também para planejar estratégias de marketing eficazes para mecanismos de busca. Afinal de contas, se você não usa essas palavras e frases que seus compradores buscam, como vai chegar até eles?

Vamos examinar a importância de palavras reais que os compradores usam, por meio de um exemplo. Diversos anos atrás, trabalhei com a Shareholder.com na criação de uma estratégia de conteúdo de *web* para chegar a compradores do novo produto Whistleblower Hotline,[3] dessa empresa, e levar compradores para dentro do ciclo de vendas. O produto da Shareholder.com foi desenvolvido como uma solução terceirizada para empresas de capital aberto, para que elas cumpram a regra 301 (a chamada provisão Whistleblower Hotline, um mecanismo de recebimento de denúncias anônimas de fraudes financeiras) da lei Sarbanes-Oxley, aprovada em 2002, depois da onda de escândalos corporativos como o da Enron. Mais importante: entrevistamos compradores (incluindo os principais executivos financeiros de companhias de capital aberto) que tinham de cumprir a legislação. Também analisamos as publicações que eles leem (tais como *CFO*, *Directors Monthly* e *AACA Docket*, da Associação Americana de Conselheiros Corporativos), baixamos os enormes documentos da legislação Sarbanes-Oxley, estudamos as agendas de conferências e eventos dos quais nossos compradores participaram, onde eles discutiram a importância do cumprimento da lei Sarbanes-Oxley.

Como resultado da pesquisa da *persona* compradora, aprendemos as frases que compradores usavam quando discutiam a regra Whistleblower Hotline da Sarbanes-Oxley, e assim o conteúdo que criamos para o Shareholder.com incluía frases importantes como "ordens da SEC"(Securities and Exchange Comission, órgão regulador do sistema financeiro norte-americano),"caminho completo da auditoria","regra 301 da Sarbanes-Oxley","arbitragem confidencial e anônima" e "relatório sobre segurança de funcionários". Um componente importante do *website* que criamos (com base em nossas pesquisas das *personas* compradoras) foi o conteúdo apoiado em como as lideranças pensavam, incluindo um *webinar* chamado "Whistleblower Hotlines: mais que uma exigência", com a participação dos palestrantes convidados Harvey Pitt (ex-presidente da SEC) e Lynn Brewer (autora de *Castelo de cartas:* confissões de um executivo da enron). Como esse *webinar* discute questões de importância para *compradores* (e não apenas produtos da Shareholder.com), e os palestrantes eram vistos como líderes que os compradores têm interesse em ouvir, 600 pessoas assistiram ansiosamente a apresentação ao vivo.

"O *webinar* foi importante porque, quando lançamos o produto, partimos de uma posição sem participação de mercado nesse nicho de produto", diz Bradley H. Smith, diretor de marketing e comunicações da Shareholder.com. "Outras empresas já entraram nesse mercado antes de nós. O *webinar* nos deu termos de mecanismo de busca como 'Harvey Pitt'e 'Enron'e ofereceu a atração de celebridades. O posicionamento de mecanismos de busca foi importante porque estabeleceu nossa marca como líder de tecnologias Whistlebower Hotline, ainda que fôssemos novos nesse mercado. Além dos clientes potenciais, a mídia nos descobriu, o que resultou na inclusão em uma matéria importante do *Wall Street Journal*, intitulada 'Ficou mais fácil reclamar'."

A Shareholder então levou o serviço para o mercado canadense, onde a legislação tinha um nome longo: "Seguridades de Ontário e A regra do Comitê de Auditoria das Regras das Seguridades Canadenses do instrumento multilateral 52-110". Smith e seus colegas entrevistaram compradores canadenses e fizeram uma pesquisa de *personas* compradoras para determinar se havia qualquer diferença entre as palavras e frases usadas no Canadá. E havia! Diferentemente de outras companhias americanas que tentavam entrar no mercado canadense de soluções de *hotline*, usando apenas materiais de marketing americanos, a Shareholder.com criou um *site* separado com conteúdo *web* para compradores locais. Foram utilizadas nas páginas desses compradores frases específicas usadas por compradores canadenses (e não as de compradores nos Estados Unidos), tais como "governança *hotline*", "conduzindo uma investigação de contabilidade forense" e o nome exato da legislação do Canadá.

Como os profissionais de marketing da Shareholder.com haviam feito uma extensa pesquisa de *persona* compradora e criado um conteúdo *web* com as palavras e frases usadas pelos compradores, as páginas da Shareholder.com foram visitadas com frequência e continham *links* para outras, e assim foram parar no topo de mecanismos de busca. Na verdade, no momento em que escrevo, a Shareholder.com é a número 1 entre 250 mil *hits* no Google com a frase *"whistleblower hotline"*. O resultado do tráfego gerado pelos mecanismos de busca e pelo grande conteúdo *web* para compradores, tanto americanos quanto canadenses (tais como os *webinars*), tornou o lançamento do produto um sucesso. "Nos quatro meses imediatamente após o *webcast*, nós fechamos com 75 clientes", diz Smith. "Além disso, o *webcast* do evento continuou a trabalhar para nós durante todo o ano, melhorando nossa presença de marca, gerando processos de venda e contribuindo com o mais forte lançamento de produto único da Shareholer. com até então."

Escrever frases para seu mercado requer um mergulho nas pesquisas. Embora o melhor seja entrevistar compradores para saber seus problemas de mercado e ouvir as palavras e frases que usam, você pode também aprender muito analisando as publicações que eles leem. Busque quaisquer *blogs* no espaço de seus compradores (se ainda não fez isso), estude os temas e as descrições de tópicos das conferências e seminários que seus compradores frequentam. Quando tiver uma lista das frases mais importantes para eles, use essas palavras não apenas para envolvê-los especificamente, como também para fazer essas páginas aparecerem nos resultados de mecanismos de busca, quando seus compradores fizerem uma pesquisa sobre o que você tem a oferecer.

No que você quer que seus clientes acreditem?

Agora que identificou metas organizacionais, construiu um conjunto de uma ou mais *personas* compradoras, tabulou as palavras e frases que compradores usam para falar sobre você e pesquisar seus produtos e serviços, terá de pensar sobre o que você quer que cada uma das *personas* compradoras *acredite* em sua organização. Quais são as palavras e frases que você vai usar para cada *persona* compradora? Pense de novo nas eleições presidenciais de 2004. Depois de terem identificado *personas* compradoras como o Papai da Nascar e a Mamãe da Segurança, as campanhas tiveram de criar um conjunto de mensagens, *websites*, anúncios de TV, campanhas de mala direta e tópicos de discurso que os candidatos usariam na abordagem desses grupos. George W. Bush, por exemplo, apelou às Mamães da Segurança, repetindo sua abordagem de "seguir o curso": discurso

MARKETING E COMUNICAÇÃO NA ERA DIGITAL

e publicidade afirmavam que as famílias ficariam mais seguras contra ameaças de terrorismo caso fosse reeleito, e não se John Kerry fosse eleito.

Na eleição de 2008, Barack Obama focou em suas *personas* compradoras e identificou como crucialmente importante o conceito de mudança. Em qualquer lugar da campanha de Obama, você via o tema: no pódio onde o candidato discursava, em camisetas e *buttons* e, é claro, na *web*. A campanha de Obama espertamente entendeu que os eleitores, quando alavancaram o voto nele nas primárias, estavam comprando a ideia da necessidade de mudança. Escolheram uma ideia, e não apenas um homem. A campanha de Obama entendeu claramente, e articulou o que queria que suas *personas* compradoras acreditassem que o candidato iria trazer.

Você pode fazer o mesmo com suas *personas* compradoras. O que você quer que cada grupo acredite de sua organização? Quais mensagens você vai usar para chegar até eles na *web*? Lembre-se, a melhor informação não é apenas sobre seu produto. O que cada *persona* compradora está realmente comprando de você? É um grande serviço ao consumidor? Uma escolha segura? Luxo? A Volvo, por exemplo, não vende um carro, ela vende *segurança*.

E não se esqueça de que *personas* compradoras diferentes compram coisas diferentes de sua organização. Pense um momento no Gatorade, que é uma bebida conhecida há décadas por atletas competitivos. Descobri algumas mensagens interessantes no *website* da Gatorade,[4] como, por exemplo, "se você quiser *vencer*, tem de repor o que *perdeu*" ou "para alguns atletas, uma desidratação significativa pode ocorrer nos primeiros 30 minutos de exercício". São mensagens interessantes, porque miram a *persona* compradora do atleta competitivo e focam em como o Gatorade pode ajudá-los a vencer.

Não sou especialista em *personas* compradoras de Gatorade, mas me parece que o pessoa da Gatorade poderia refinar suas *personas* compradoras a partir dos esportes que os atletas praticam ou se esses atletas são profissionais ou amadores. Se os tenistas se veem como muito diferentes dos jogadores de futebol norte-americano, então a Gatorade precisa criar perfis de *personas* compradoras e mirar ambos os alvos separadamente. Ou, talvez, mulheres atletas sejam uma *persona* compradora diferente para o Gatorade em relação aos homens.

Mas há outra *persona* compradora à qual nunca vi o Gatorade se dirigir. Eu me lembro de quando tinha pouco mais de 20 anos, morava em um apartamento em Nova York, era solteiro e circulava por festas e clubes. Para ser honesto, ia em baladas fortes em alguns dias de semana, voltando para casa quase de manhã. É claro que, depois disso, eu tinha de estar em meu emprego em Wall Street às oito da manhã. Descobri que tomar uma garrafa grande de Gatorade, a caminho do metrô, ajudava a me sentir muito melhor. Eu, *na verdade*, não espero que a Gatorade desenvolva mensagens para jovens profissionais de Nova York que bebem demais, mas esta *persona* compradora certamente tem problemas diferentes daqueles resolvidos pela Gatorade para os atletas. Imagine o anúncio para esta *persona* compradora: "O terceiro martini de ontem ainda está no seu sistema? A reidratação não é apenas para atletas. Gatorade".

Contei essa história do Gatorade para um grupo de pessoas em seminário que fiz para executivos de marketing, e uma mulher disse à plateia que sua mãe sempre lhe servia Gatorade quando ela tinha um resfriado ou uma gripe. Que interessante. Outro comprador para Gatorade – mães que cuidam de filhos doentes e querem estar seguros de que eles estejam apropriadamente hidratados.

É claro que a questão é que *personas* compradoras distintas têm problemas diferentes para sua organização resolver. E não há dúvida de que seus programas de marketing e RP *on-line* funcionarão melhor se você desenvolver informações específicas para cada *persona* compradora, em vez de confiar em um *site* abrangente que usa um conjunto de mensagens genéricas para todos.

Desenvolvendo conteúdo para atingir compradores

Agora você deve pensar como um *publisher*. E desenvolver um plano editorial para alcançar seus compradores com conteúdo focado na mídia que você preferir. Sua primeira ação será criar um *website* rico em conteúdo, com páginas organizadas por *personas* compradoras. Isso não significa que você deva redesenhar todo o *site* existente ou alterar a arquitetura do *site*. Você pode começar criando apenas algumas novas páginas, cada uma delas com conteúdo especial dirigido a uma *persona* compradora particular, inserindo *links* apropriados para essas páginas e deixando o resto do *site* como está. Por exemplo, nossa faculdade hipotética pode criar conteúdo para cada uma das *personas* compradoras que identificar. Sam o Atleta (o estudante do ensino médio que é um esportista e cadidato à admissão) deve ter conteúdo específico escrito para ele, que descreva o que é ser atleta de uma faculdade, além de lhe dar dicas para o processo de admissão. A faculdade deve incluir perfis de seus atletas atuais ou mesmo o *blog* de um dos técnicos. Além disso, *links* apropriados na *home page* e nas páginas de admissão devem ser criados para Sam, como "atletas dos colégios começam por aqui", ou "informações especiais para estudantes atletas", para chamar sua atenção.

Ao mesmo tempo, a faculdade pode desenvolver páginas para pais de estudantes interessados em se candidatar à admissão. Os pais têm problemas muito diferentes daqueles dos estudantes, e o conteúdo destinado aos familiares lidaria com questões como ajuda financeira e segurança no campus.

Enquanto estiver usando o chapéu de *publisher*, pense em que tipo de mídia sua organização pode publicar na *web*, para chegar aos compradores que você identificou. Uma empresa de tecnologia pode querer pensar em um uma página detalhando soluções para um problema conhecido do comprador. Talvez, você tenha informações suficientes para criar um *e-book* sobre o tema, que seria de interesse para uma ou mais de suas *personas* compradoras. Pode querer desenvolver uma dúzia de *news releases* diretos ao consumidor, focando uma série de temas nos quais você sabe que seu comprador está interessado. Ou pode ser hora de começar um *blog*, um *podcast*, ou um vídeo *on-line* para chegar até seus consumidores.

Pense em criar um plano editorial para cada *persona* compradora. Você pode fazer isso na forma de um calendário para o próximo ano que inclua conteúdo de *website*, um *e-book* ou orientação técnica, um *blog* e alguns *news releases*. Note, enquanto constrói um produto editorial ou calendário editorial para o próximo ano, você está focado em criar um conteúdo atraente para fisgar o interesse de seus compradores. Diferentemente do que você poderia ter feito no passado (e da forma como seus concorrentes fazem no mercado hoje), você não está apenas criando um grande folheto sobre sua organização, mas escrevendo para seus compradores, em vez de para seu próprio ego.

A RightNow Technologies,[5] com sede em Bozeman, Montana, fornecedora de software de gerenciamento de relações com o consumidor, reconstruiu seu *website* em torno de *personas* compradoras. "O exercício de desenvolvimento da *persona* da RightNow não se restringiu à simples criação de um conteúdo de *website*, pois foi destinada a todo o conteúdo de marketing", diz Steve Bell, gerente de produto da RightNow. "A meta do *website* era tornar o RightNow.com um *site* que vende. Criamos um novo *website* com caminhos de conversão (pontos de entrada para o processo de compra) para cada *persona*, e mais pontos gerais de conversão que no *site* original."

Para ajudar a equipe *web* da RightNow a construir a informação apropriada para o *site*, foram criadas quatro *personas* compradoras diferentes:

1. **Atul** – Diretor de tecnologia da informação (um avaliador técnico para uma empresa que está pensando nos produtos da RightNow Technologies).
2. **Chuck** – Diretor de serviços ao consumidor (um comprador potencial operacional para a RightNow Technologies – alguém que gerencie uma equipe que usaria os produtos em seus trabalhos).
3. **Olivia** – Vice-presidente sênior (um comprador potencial estratégico – o executivo mais alto do departamento que vai usar o produto para suas tarefas).
4. **Trinh** – Analista financeiro (pesquisador de informações da RightNow que quer saber mais sobre a própria companhia).

Bell e sua equipe coletaram detalhes sobre essas *personas* compradoras. O melhor jeito de fazer isso é entrevistando representantes de cada grupo. Como exemplo, alguns dos detalhes sobre as metas de Chuck incluem:

- Chuck quer melhorar a eficiência de sua equipe, devido à sua impossibilidade de novas contratações para acompanhar a demanda.

- Chuck quer diminuir o volume de telefonemas e *e-mails* de sua equipe, para que eles possam passar mais tempo com consumidores que realmente precisem de ajuda, em vez de responderem rotineiramente às mesmas perguntas.

- Chuck precisa encontrar uma solução que não exija uma TI complicada e que possa ser implementada rapidamente.

- Chuck quer melhorar a satisfação do consumidor, mas acha que isso só acontecerá se diminuir o volume de chamadas e *e-mails* de sua equipe.

Vale a pena esclarecer que a informação detalhada sobre suas *personas* compradoras é para sua informação interna e não deve ser postada em seu *site*. No entanto, o que você aprender vai ajudá-lo a criar informações valiosas para serem postadas no *site* público. Por exemplo, na *home page* da RightNow, há uma lista de questões no lado esquerdo da navegação. As páginas para as quais esses *links* apontam são especificamente construídas em torno de *personas* compradoras e tratam de problemas que *elas* têm.

- *Eu preciso transformar meu* call center.
- *Eu preciso capturar o* feedback *do consumidor.*
- *Eu preciso acrescentar um* chat *ao vivo.*

"O conteúdo de Chuck é construído em torno de suas necessidades específicas ("Eu preciso..."), que são ilustradas na *home page* e levam a um caminho de conversão específico", diz Bell. "Olivia, que é mais sênior, está mais focada em estratégia e tem mais consciência de marca, e assim parte das áreas de *banner* na *homepage* são dedicadas a ela, tais como 'Enfrentando a tempestade'. O *blog* do CEO e as estratégias de experiência do consumidor também são dirigidos a Olivia. Havia uma seção de tecnologia novinha dedicada a Atul."

De acordo com Bell, os resultados superaram as expectativas. A RightNow teve melhora significativa em importantes métricas da *web* com o novo *site* em comparação com o anterior: um aumento de quatro vezes em conversões no total e de cinco vezes nos pedidos de conversão na demonstração ao vivo, além de um aumento nas conversões em demonstrações em Flash por um fator maior que três.

Como mostra o exemplo da RightNow Technologies, há benefícios claros para o marketing apoiado em informações detalhadas de suas *personas* compradoras. Em particular, quando parar de falar de você, seus produtos e serviços, passando a usar a *web* para educar e informar diferentes tipos de compradores, você terá mais sucesso.

O *template* de planejamento de marketing estratégico

Nos últimos anos, coordenei encontros pelo mundo com pessoas que leram versões anteriores deste livro. Ouvi de alguns deles que tinham lutado

VOCÊ É O QUE VOCÊ PUBLICA: CONSTRUINDO SEU PLANO DE MARKETING E RP

para começar. Os desafios de implementações que as pessoas descrevem, em sua maioria, envolvem a mudança do foco em produtos e serviços para uma abordagem mais eficiente em cima de *personas* compradoras, e também nas informações que ajudam a resolver os problemas dos compradores. Um desafio secundário que as pessoas partilham é a mudança de ênfase de técnicas e programas de marketing *off-line* (como mala direta, feiras e publicidade) para chegar a compradores na *web*.

Após aceitar uma sugestão de Toby Jenkins e Adam Franklin, da empresa de estratégia *web* Bluewire Media, desenvolvi uma ferramenta para enfrentar tais desafios: um simples *template* para estratégia de marketing e RP. Jenkins e Franklin estavam trabalhando em um *template* semelhante quando nos conectamos, e assim decidimos colaborar mutuamente. Você pode fazer um *download* de uma versão mais colorida e amigável de meu *website*.[6]

Criei o *template* com a intenção de ajudar pessoas a implementar estratégias para chegar diretamente aos compradores. Acredito que é essencial sair da zona de conforto dos profissionais de marketing, com sua pregação sobre produtos e serviços.

Se você me dissesse, por exemplo, "quero começar um *blog*", eu levaria você ao *template* e o faria começar perguntando o seguinte:

- Quem você está tentando alcançar com o *blog*?
- O *blog* é a melhor ferramenta, ou outra forma de conteúdo pode ser melhor?
- Que problemas você pode ajudar a resolver para seus compradores?
- Que valor você traz como criador desse conteúdo?
- Quais termos de pesquisa as pessoas estão usando para lhe encontrar? (Isso vai ajudar a dar o nome do *blog* e os títulos de *posts* individuais.)
- Que espécie de pessoa você é, e qual é a personalidade de sua companhia? (Isso é útil para criar o *design*.)
- O que você quer que as pessoas façam – comprar, doar, assinar? (Útil para criar *links* apropriados para conteúdo adicional.)

Estratégia de Marketing e RP: modelo de planejamento

QUEM **PERSONA COMPRADORA**

> **Descrição**
> Quem é esta pessoa?
> Quais problemas este comprador tem?

O QUÊ **Problemas a resolver com este comprador**
Por que ele compra de você?

> **Ações que você gostaria que ele fizesse**
> *Downloads*, compras, conexões, etc.

POR QUÊ **Como você se sobressai?**
Que valores você traz?

> **Provas**
> Indicadores de credibilidade, mídia/analistas,
> testemunhais, etc.

ONDE **Onde eles estão?**
Google, *bolgs*, Facebook, Twitter, etc.

COMO **A personalidade da sua companhia**
Que tipo de empresa é a sua?

> **Criativo/Design**
> Forma e aparência

> **Tom de voz**
> Linguagem que você usaria

> **Frases-chave**
> O que compradores digitam em sites de busca

> **Táticas de marketing & Estratégias de
> conteúdo**
> *Blog*, Twitter, YouTube, *e-mail*, *newsletter*,
> Google Ads, *e-books*, *webinars*, *podcasts*, etc.

QUANDO Coisas a fazer hoje

1. _____

2. _____

3. _____

Coisas a fazer na semana que vem

1. _____

2. _____

3. _____

VOCÊ É O QUE VOCÊ PUBLICA: CONSTRUINDO SEU PLANO DE MARKETING E RP

Estratégia de Marketing e RP: publicando informação para compradores

CRIAÇÃO DE CONTEÚDO

- *Blogs*
- **Perfil no Facebook**
- *Feed* no **Twitter**
- **E-Books**
- *Webinars*
- **Artigos**
- **Galerias**
- **Mídia**
- **Diretórios**
- **Testemunhos**
- **Biografias de palestrantes**
- *Posts* de convidados no *blogs*
- **Artigos de especialistas de *sites* do setor**
- **Conteúdo móvel**
- **Diretórios de *blogs***
- *News releases*
- *Podcasts*
- _____
- _____

Google search

SEO: organic searches

Google
SEM: Google Adwords

www
Website

www
Microsites

YouTube Broadcast Yourself™

Blog

facebook.

Email Marketing

Outro

flickr™

Mídia social &
Compartilhamento de conteúdo

Outro

Digg

Outro

delicious

twitter

Linked in.

Estratégia de Marketing e RP: criando ação

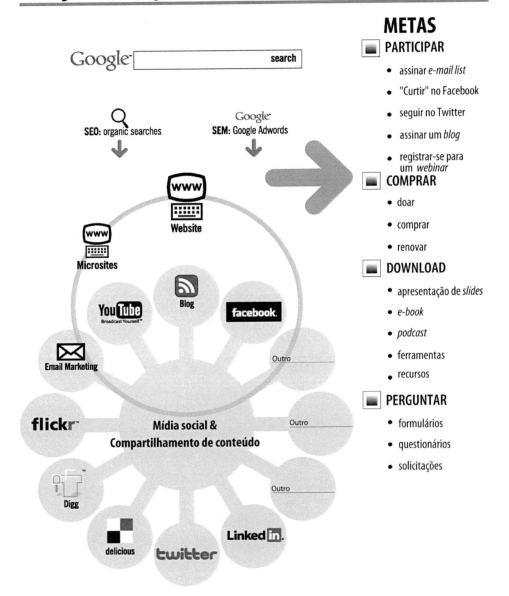

Você é o que você publica: construindo seu plano de marketing e RP

O *template* de planejamento estratégico de marketing e RP tem como base o mesmo princípio que eu uso em todo o livro: compreender compradores e publicar informação na *web*, especialmente para eles, leva à ação. Essa abordagem fica clara na segunda e na terceira páginas do *template* de estratégia. A segunda página cita que, ao publicar informação valiosa (vídeos, *blogs*, frases no Twitter, *e-books*, e assim por diante), você cria as espécies de *links* que os algoritmos dos mecanismos de busca adoram. Assim, seu conteúdo aparece quando compradores estão procurando ajuda para resolver seus problemas! Você pode dimensionar quantas pessoas seguem você no Twitter, assinam sua *newsletter* por *e-mail*, ou fazem *download* de um documento técnico. Também pode medir como suas estratégias de marketing ajudam sua organização a alcançar as metas mais importantes, como novas vendas e aumento da receita.

As novas regras da mensuração

Leitores do meu *blog* e aqueles que assistiram a minhas palestras sabem que sou muito crítico da velha abordagem de retorno sobre investimento, quando se mede o êxito de marketing e relações públicas – uma abordagem ainda popular hoje. Em meu tempo como vice-presidente de marketing e RP de uma empresa de tecnologia *business-to-business* listada na Nasdaq, uma década atrás, medíamos o êxito de duas maneiras. Nossos programas de marketing eram mensurados por meio de tendências de venda: o número de pessoas que se registravam para fazer *download* de um documento técnico ou jogavam seus cartões de visitas num aquário de vidro em uma feira. Em outras palavras, a única coisa que importava, em nossa abordagem técnica, era quantas pessoas levantavam a mão por submeter informação pessoal para nós. Da mesma forma, nossos programas de RP eram mensurados por um *clipping* de artigos de jornais e revistas escritos sobre nossa empresa. O *clipping*, que representava um mês de publicações, era enviado para nós em forma de livro pela agência de RP. Calculávamos então o valor equivalente de publicidade daqueles espaços, ou seja, quanto deveríamos ter pago para comprar uma quantidade equivalente de espaço publicitário naquelas publicações. Essas eram as medidas que meus chefes usavam para avaliar meu sucesso. E um monte de pessoas, que trabalham com marketing e RP, ainda me diz que essas são as métricas primárias usadas hoje.

Convidando um comprador para um encontro

Para ilustrar como a velha forma de mensuração, com base em contatos de vendas, é falha, gosto de fazer uma analogia com um encontro. Imagine um homem que vai até uma pessoa atraente em um bar e a primeira coisa que sai de sua boca é: "Qual é seu número de telefone?".

Imagine que uma mulher, ao ver alguém interessante em um café perto de casa, comece uma conversa com: "Quanto você ganha?".

Esse tipo de abordagem pode funcionar se você é uma celebridade ou alguém notavelmente atraente. Mas meros mortais não vão muito longe se agirem assim para conseguir um encontro.

Ainda assim, é exatamente desse jeito que muitas companhias se comportam. Elas aplicam na *web* as velhas regras que aprenderam no mercado *off-line*. Pedem a revelação de informação pessoal antes de enviar um *white paper* para uma pessoa interessada. Oferecem formulários sem graça, do tipo "Fale conosco", para serem preenchidos antes de começar a falar com a pessoa. Como *você* se sente em relação a isso? Assim, da próxima vez que for criar uma estratégia de marketing, pense em como abordar alguém como se estivesse tentando marcar um encontro com o comprador.

Medindo o poder do que é grátis

Essa discussão nos ajuda a entender o que está em jogo nas mensurações de marketing. Mas e o RP? Como medimos a eficiência do RP?

Um leitor chamado Lee foi taxativo: "Você não gosta mesmo de nós, pobres RPs, gosta? Como você substitui os *clippings* que tanto critica, mas que nossos chefes e clientes ainda pedem? Você pode me ajudar a explicar para um cliente exatamente pelo quê ele pagou mensalmente? Eles querem ver resultados".

Eis uma versão mais longa da resposta que dei a Lee:

O problema que eu tenho com a mensuração por meio do *clipping* é que ela não reflete as realidades do que podemos fazer hoje para chegar até nossos públicos com a *web*. Um caderno de *clipping* demonstra que você só se importa com a grande imprensa. A medida do sucesso, com foco apenas no número de vezes que a grande mídia escreve ou transmite algo sobre você, é um engano.

Se um blogueiro está espalhando suas ideias, ótimo.

Se mil pessoas assistem ao seu vídeo no YouTube, maravilhoso.

Se centenas de pessoas criam un *link* de sua informação para as redes, falando de você no Twitter, ou postam algo sobre você em suas páginas do Facebook, isto é incrível.

Se você chegou na primeira página de resultados do Google com uma frase importante, abra a champagne!

Se você está chegando às pessoas, qual é a razão de buscar atenção da mídia, certo?

Assim, o problema é que as pessoas de RP, em sua maioria, apenas medem mídias tradicionais, como revistas, jornais, rádio e TV, e essa prática não captura o valor do que está sendo compartilhado. Não há nada de errado com um caderno de *clippings*, mas isso não é o suficiente.

O que você deve medir

Nos dias de hoje, a *web* dá a todos − não apenas a empresas de B2B, como aquela para a qual trabalhei, mas para marcas de consumo, consultores, ONGs, escolas e muitos outros − uma tremenda oportunidade de alcançar pessoas e de envolvê--las de maneiras novas e diferentes. Agora, podemos conseguir atenção ao criar e publicar *on-line*, de graça, algo interessante e valioso: um vídeo no YouTube, um *blog*, um relatório de pesquisa, fotos, uma série de mensagens no Twitter, um *e-book*, uma página no Facebook.

Mas como devemos medir o sucesso desse novo tipo de marketing? A resposta é simples: precisamos de novas métricas.

Vamos olhar de novo a última página do *template* de planejamento estratégico de marketing e RP. Embaixo de "Metas", há uma lista de muitas coisas que você pode medir e observar, tais como: quantas pessoas participam de *sites* de rede social, quantas estão lendo e fazendo *download* de seu trabalho, quantas estão perguntando sobre seus produtos e serviços, ou comprando-os.

Eis algumas coisas que você pode medir:

1. Quantas pessoas estão dispostas a participar de seus esforços *on-line*. (Calcule o número de pessoas que *curtem* você no Facebook, leem seu *blog*, seguem você no Twitter, assinam sua *newsletter* por *e-mail*, ou se registram para um *webinar*.)

2. Quantas pessoas estão fazendo *downloads* de suas coisas. (Você pode medir quantas pessoas estão fazendo *downloads* de seus *e-books*, apresentações de slides, vídeos, *podcasts* e outros conteúdos.)
3. Qual a frequência com que blogueiros escrevem sobre você e suas ideias.
4. O que esses blogueiros estão dizendo.
5. Onde você aparece em buscas por frases importantes.
6. Quantas pessoas estão envolvidas com você, escolhendo-o para falar sobre suas ofertas. (Você pode calcular quantas pessoas estão respondendo a formulários de contato ou enviando pedidos de informação.)
7. Como andam as vendas. A empresa está alcançando suas metas? (Ao fim e ao cabo, o ponto mais importamente de qulaquer mensuração, dentro de equipes de gerenciamento, está na receita e no lucro.)

Para saber mais sobre mensuração, veja *Social Media Metrics:* How to Measure and Optimize Your Marketing Investment, de Jim Sterne – que é parte da minha própria série de livros sobre Novas Regras da Mídia Social.

Registrar-se ou não? Os dados da oferta de um *e-book*

Minha pesquisa sobre *downloads* de *e-books* mostra grande diferença entre os volumes baixados, entre os que são grátis, e aqueles que exigem registro. O resultado, conforme apurei, indica que você vai gerar de 10 a 50 vezes mais *downloads* se não exigir um registro. Isso se baseia em dados de empresas que testaram ofertas com e sem registro, e é uma boa pista de que, se você está tendo 100 *downloads* por mês com registro, pode chegar até a 5 mil *downloads* sem registro.

Pense um momento sobre seu comportamento. Quando você está interessado em um relatório, dá impetuosamente seu endereço de *e-mail* para consegui-lo? Ou você reluta, ou mesmo recusa? Mas se o documento fosse de graça, como você se sentiria? Mais interessante ainda: pergunte-se quem estaria disposto a compartilhar um *link* para o relatório com seus seguidores no Twitter, ou via *e-mail* para amigos, se não houvesse um registro. Você estaria muito mais disposto a compartilhar, não? Porque você não tem nada a perder. Mas se houvesse uma exigência de registro, você compartilharia o *link*? As pessoas, em sua vasta maioria, me dizem que não, porque temem que seus contatos sejam colocados em uma lista de vendas e passem a receber *e-mails* e ligações indesejadas. É exatamente por isso que *e-books* grátis sem registro têm muitos mais *links* de *download* e colocações mais altas nos mecanismos de busca.

Estou sempre interessado em métricas que ajudem a alimentar esse debate. John Mancini, presidente da AIIM,[xii] organização sem fins lucrativos, concordou em compartilhar sua experiência. A AIIM representa os usuários de fornecedores de documentos, conteúdo e tecnologias de gerenciamento de registros, e publica conteúdo sobre o tema como parte de seu programa de marketing.

Mancini lançou o primeiro *e-book* da organização, *You need a strategy for managing information – before it's too late*,[7] como um *download* totalmente grátis, sem exigência de registro. Apenas no primeiro mês, o *e-book* teve 5.138 *downloads*. A AIIM também criou uma versão de apresentação do livro e a postou, também sem exigência de registro, no SlideShare. A versão teve 3.353 *downloads*. Isso dá um total de 8.491 *downloads* para o mês.

"Tornar o *e-book* disponível, de graça e sem registro, foi para nós uma nova abordagem", diz Mancini. "Os resultados de acessos sem constrangimentos são particularmente impressionantes em relação a exemplos mais tradicionais, como conteúdo que requer um registro em nosso *website*."

Mancini ilustra a comparação entre o *e-book* e uma das peças mais populares de conteúdo de sua organização, os documentos de pesquisa AIIM Industry Watch. "Pedimos registro para esses documentos, porque eles também são usados como um programa de geração de vendas para os patrocinadores", ele diz. "Durante quase o mesmo período do *e-book*, foram feitos apenas 513 *downloads*. Estou convencido de que o acesso livre é melhor para conteúdo como o de meus *e-books*."

Embora seja impossível saber ao certo, já que estamos comparando duas peças diferentes de conteúdo, os dados da AIIM sugerem que há uma vantagem significativa em não se exigir registro. Especificamente, a abertura de conteúdo da AIIM parece ter significado um aumento de mais de 16 vezes no número de *downloads*. Mancini está convencido de que os patrocinadores mais avançados

---

xii AIIM, sigla de Association of Information and Image Management, é uma associação fundada em 1943, originalmente nos Estados Unidos, que congrega profissionais que lidam com gestão da informação, provendo pesquisa independente, educação e certificação para os seus associados. A associação se tornou global e cresceu diante dos novos desafios da era de redes sociais, *cloud computing*, mobilidade e *big data*. Fonte: www.aiim.org. (N. R. T.)

da AIIM vão perceber que o futuro reside em criar tanta visibilidade quanto possível para os conteúdos deles – em vez de enxergarem esse problema de marketing apenas através do prisma da aquisição de nomes e geração de contatos.

Você ainda não está convencido do poder do grátis? Quando me questionam sobre esse debate, em minhas apresentações ao vivo, ofereço uma terceira opção, que é um híbrido. Sugiro que a primeira oferta seja totalmente grátis, tal como um *e-book* de graça, sem exigência de registro. Então, sugiro incluir dentro deste *e-book* uma oferta secundária, que requer um registro para você usar na captura de nomes. Essa oferta secundária pode ser acesso a um *webinar* ou um conteúdo *premium* semelhante. Dessa forma, você pode espalhar suas ideias e ainda assim coletar informações de contatos.

Educando sua equipe de vendas sobre o novo ciclo de vendas

Ok, espero ter conseguido convencê-lo do benefício de mensurar a exposição total de suas ideias (*downloads* de *e-books*, leituras de *posts* em *blogs*, e assim por diante), e não o número de pessoas dispostas a oferecer suas informações privadas. Se for assim, você precisa estar certo de que outros em sua organização, especialmente os vendedores, entendam essa nova abordagem.

Em meados dos anos 1990, havia uma relação pouco amigável entre marketing e vendas. Em algumas companhias, a relação era abertamente antagônica. A tensão muitas vezes invadia até os escalões superiores. Isso vinha do fato de o processo de vendas envolver uma passagem. O marketing gerava contatos de venda, e os entregava para vendas. Então, a equipe de vendas ficava de posse deles até o fechamento do negócio.

Como um casamento que deu errado, o diálogo, em meados dos anos 1990, era uma "novela" interminável:

O setor de vendas dizia:"Arrume alguns bons contatos de venda! Estes que vocês me deram são um horror. Nosso pessoal não consegue vender!".

O marketing respondia:"Vocês têm bons contatos! Mas são ruins de fechar negócio!".

Estive no meio dessas discussões em diversas empresas. Elas eram assim 15 anos atrás.

Estamos agora em um mundo onde vendas e marketing podem cooperar em todo o processo até fechar o negócio. Como discuto neste livro, e espero que agora você perceba, compradores estão avaliando suas ofertas pelo processo de marketing e vendas com base no que eles veem em seu *site* e nas mídias sociais. Essa abordagem de criar um conteúdo incrível e publicá-lo na *web* serve como meio paralelo de comunicar algo sobre sua empresa, que trabalha em sintonia com o que compradores acabam ouvindo de uma pessoa de vendas.

Bons profissionais de marketing e vendas entendem que ambos os departamentos *devem* trabalhar juntos para conduzir compradores por todo o ciclo do negócio. Isso é especialmente importante em vendas complexas, com longos ciclos de decisão e múltiplos compradores que têm de ser influenciados. A boa notícia é que o conteúdo na *web* pode conduzir essas pessoas, e até mesmo encurtar os ciclos de vendas complexos.

Imagine um comprador interessado em uma motocicleta nova. O comprador dá uma olhada no *website* de uma concessionária e vê todo tipo de informação excelente, incluindo vídeos, um *blog* e mais atrações. O conteúdo é de graça, sem registro. Toda essa informação educacional serve para conduzir o comprador até o *showroom* para que ele conheça em pessoa um representante de vendas. A chave aqui é o conteúdo de marketing na *web* que trabalha em paralelo como o vendedor. Não é como antigamente, quando o trabalho do marketing era levar a pessoa até o *showroom* e toda a educação de produto vinha do vendedor. Hoje, as melhores companhias integram marketing e vendas, educando o comprador em todo o processo.

Profissionais de marketing inteligentes precisam educar os vendedores para que eles entendam que estamos todos no mesmo barco. Não somos mais um mundo onde o marketing entrega os contatos para vendas. O marketing precisa criar conteúdo para cada passo do processo. E as equipes de vendas, se forem ativas na mídia social, podem levar as pessoas ao começo do processo de vendas, da mesma forma que os profissionais de marketing.

Como profisional de marketing, a coisa mais importante que você tem a fazer é assegurar que as equipes de vendas e a equipe gerencial entendam que contatos de venda não são mais a métrica primária. Explique que as exigências de registro não funcionam em um ambiente no qual o Google entrega o melhor conteúdo. O conteúdo grátis é o que leva hoje à ação. E as empresas de maior sucesso são aquelas em que os vendedores e marketing trabalham juntos para encaminhar as pessoas pelo processo de vendas.

Vamos fechar este capítulo examinando uma organização que deixou de lado sua preocupação com velhas formas de mensuração e conquistou a meta última do sucesso.

Obama para a América

Quero que você pare, respire fundo, e deixe-me fechar este capítulo sobre a construção de seu plano de marketing e RP fazendo algumas observações sobre a eleição de Barack Obama como 44º presidente dos Estados Unidos. É claro que este livro é sobre as novas regras de marketing e RP, e não sobre política presidencial. Essas não são observações políticas, mas pensamentos sobre o incrível sucesso que Obama e sua equipe de campanha tiveram em chegar aos eleitores usando as novas regras de marketing e RP. Se você é um cidadão norte-americano, não importa quem você apoiou ou em quem votou na eleição presidencial de 2008. *Todos* (aqueles que trabalham em empresas grandes e pequenas, ONGs, consultorias independentes, os que procuram emprego, músicos, ou seja, todo mundo) podem aprender com a vitória de Obama. Eu certamente aprendi. Afinal de contas, quem poderia ter previsto que um jovem magrela e negro, com um nome estranho – Barack Hussein Obama –, que havia participado de apenas um mandato no Senado, poderia ser eleito para o posto mais poderoso do mundo, apesar de enfrentar mais de 20 candidatos, muitos dos quais mais conhecidos e melhor financiados?

Para mim, não há dúvida: Obama foi eleito porque sua campanha usou as ideias que descrevi no meu livro.[9] Veja bem, não estou dizendo que seus assessores tinham cópias do livro no ônibus de campanha. Mas reafirmo que a campanha observou e agiu usando as mesmas oportunidades *on-line* que venho discutindo neste livro, e que eles fizeram isso melhor do que quaisquer outros.

Dica

Barack Obama foi o mais bem-sucedido novo marqueteiro da história. Estude essa campanha para que possa adaptar suas ideias a seus negócios.

VOCÊ É O QUE VOCÊ PUBLICA: CONSTRUINDO SEU PLANO DE MARKETING E RP

"Os eleitores em 2008 não eram apenas seguidores passivos do processo político", diz Aaron Smith, especialista em pesquisa da Pew Internet & American Life Project, além de autor do relatório de 2009, "O papel da internet na campanha de 2008.[8] "Eles adotaram uma ampla gama de ferramentas digitais e tecnologias, envolvidas na disputa, usando sua criatividade no apoio do candidato escolhido, e para unir forças com outros que partilhavam as mesmas metas políticas."

As descobertas de Smith indicam o uso disseminado da *web* para pesquisar candidatos e apoiar campanhas. A eleição de 2008 foi a primeira em que mais da metade da população, com idade para votar, usou a internet com fins políticos. Cerca de 55% de todos os adultos – e 74% de todos os usuários de internet – disseram que ficaram *on-line* buscando notícias e informações sobre a eleição, e para se comunicar com outros sobre a disputa. A pesquisa descobriu que plataformas de mídia social, como *blogs*, redes sociais e *sites* de compartilhamento de vídeos, tiveram um papel-chave em 2008, quando os eleitores ficaram *on-line* para compartilhar os seus pontos de vista com outros e tentar mobilizá-los para suas causas.

Ao ler essas estatísticas notáveis do estudo de Smith, por favor, note que os números são provavelmente muito similares aos que se relacionam com seu próprio negócio. Está claro que a *web* e as mídias sociais são agora o principal meio que as pessoas usam para pesquisar. As pessoas estão achando você, sua companhia, seus produtos e serviços do mesmo jeito que acharam Barack Obama?

- 45% dos norte-americanos *on-line* viram vídeos relacionados a política ou eleição. Jovens adultos lideraram o consumo de vídeos *on-line*, e quase metade daqueles entre 18 e 29 anos assistiu a vídeos políticos *on-line* no ciclo eleitoral.

- 33% dos usuários de internet compartilharam conteúdo digital político com outros – ou enviando textos políticos e conteúdo multimídia por *e-mail*, ou compartilhando informações com outros por meio de outros mecanismos *on-line*.

- 52% daqueles com um perfil em redes sociais usaram suas redes sociais com propósitos políticos.

Não fui particularmente ativo nas campanhas de 2008 para a eleição presidencial, mas passei grande parte do tempo estudando os aspectos de marketing dos candidatos. Mais uma vez, essas não são observações políticas. Na verdade, são meus pensamentos sobre por que Obama ganhou a eleição, apresentados em dicas para que você possa aplicá-los em seu próprio negócio:

Foque em suas *personas* compradoras. Como aprendemos no Capítulo 5 com Kevin Flynn, que trabalhou na equipe de mídia social de Obama, a campanha mirou em *personas* compradoras (eleitores), Estado por Estado. Houve um foco específico em fazer com que todos os da base de apoio de Obama votassem, assim como havia um foco forte em eleitores indecisos.

Não subestime a importância da mídia social e das novas regras de marketing e RP. As outras campanhas pareciam usar os livros de instruções de campanhas passadas, as velhas regras de marketing e RP. Hillary Clinton utilizava o que tinha servido para eleger Bill Clinton. John McCain confiava no que serviu para eleger George W. Bush. A campanha de Obama percebeu que, para ele se tornar presidente, tinha de entregar – em primeiro lugar – informação *on-line*, não como uma reflexão tardia. O número de pessoas que a campanha alcançou na *web* é impressionante: de acordo com a *Nation*, 13 milhões de pessoas colocaram seus *e-mails* na lista de campanha de Obama, mais de 5 milhões ficaram suas amigas no Facebook, 2 milhões de juntaram ao MyBO9 (organização *on-line* em que as pessoas podiam entrar para ajudar na campanha como voluntários) e mais de 1 milhão assinaram as mensagens de texto da campanha em celulares.

Envolva-se no jornalismo cidadão. Meu amigo Steve Garfield,[10] autor do livro *Seja visto:* segredos de vídeo on-line para construir seu negócio, é um conhecido blogueiro sobre vídeos. Ele tem dezenas de milhares de seguidores. Durante as primárias, Garfield foi a diversos comícios de vários candidatos. Quando pediu para ir ao centro de mídia do comício de Hillary em Boston, ele foi barrado (porque não era um "jornalista real") e teve de cobrir o evento do meio da multidão. No entanto, a campanha de Obama o levou imediatamente para a sala de imprensa, onde ele foi colocado entre jornalistas dos principais diários e de equipes de TV das redes. A campanha de Obama entendeu que jornalistas cidadãos (blogueiros, *podcasters*, blogueiros de vídeo) têm um imenso poder.

Articule clara e simplesmente o que você quer que as pessoas acreditem. Desde o começo, a campanha de Obama falou de mudança. A palavra *mudança* estava em todo lugar da campanha, para que todo mundo soubesse o que Obama defendia. Perguntei a um grupo de 300 pessoas em Riad, na Arábia Saudita, qual era a palavra em que pensavam quando eu disse "Barack Obama", e todos na sala falaram em coro: "Mudança". Responda rápido, o que defendiam os seguintes candidatos: John McCain, John Edwards, Hillary Clinton, Mitt Romney, ou outros? Difícil dizer, não?

Lembre-se de que as pessoas não se preocupam com produtos e serviços: só se preocupam com elas mesmas e com a solução de seus problemas. A campanha de Obama entendeu que seu trabalho era resolver os problemas dos eleitores. Ele também sabia que eleitores estavam comprando soluções, e não apenas um indivíduo. Nos discursos, você notou quantas vezes Obama se referia ao público, comparadas às vezes em que se referia a si mesmo? Por exemplo, em seu discurso de posse,[11] o novo presidente Obama usou o que eu chamo de linguagem inclusiva (tal como *nosso* e *nós*), num total de 142 itens em 20 minutos, enquanto o uso do que chamo de linguagem interna (*eu, meu*) ocorreu apenas três vezes (sim, eu contei). Os outros candidatos falaram sobre si mesmos *muito mais vezes* do que Obama.

Não fique obcecado com a concorrência. Obama raramente falou sobre seus concorrentes. Falou uma vez ou outra, mas principalmente quando mencionou os dilemas dos eleitores. McCain mencionou Obama muitas vezes. Outro fato interessante é que tanto Clinton quanto McCain tentaram se associar com a palavra *mudança* (a "marca" do concorrente), mas ambos fracassaram porque as pessoas já a associavam com Obama.

Coloque seus fãs em primeiro lugar. Obama usou muitas técnicas para construir uma campanha inclusiva e alertar primeiramente os fãs sobre seus pensamentos. Por exemplo, descobri no Twitter de Obama que Joe Biden iria ser seu companheiro de chapa. Para mim, foi impressionante Obama ter dito isso para seus fãs antes de falar com a mídia tradicional. (É claro que repórteres espertos estavam seguindo seu Twitter e souberam ao mesmo tempo que os simpatizantes de Obama.)

Não interrompa seus compradores. Você gosta de receber ligações de telemarketing na hora do jantar? Os simpatizantes de McCain achavam que sim, já que dispararam uma saraivada de chamadas *robocalls*, que parecem ter saído pela culatra.

Negatividade não vende. O tema de Obama, apoiado na esperança e exaltando que a vida pode ser melhor com a mudança, foi enaltecedor para muitas pessoas. As campanhas alicercadas no medo não funcionam.

Faça com que seus consumidores falem de você. Obama teve mais de 3 milhões de doadores, que, juntos, levantaram 640 milhões de dólares para a campanha. A maioria contribuiu de forma *on-line* com pequenas somas. Uma vez que doam dinheiro, as pessoas têm um interesse declarado no candidato e tendem a falar dele em *sites* da rede social e pessoalmente. Assim, para espalhar a mensagem, melhor um monte de pequenos doadores do que uns poucos cheques gordos.

Dê tempo para sua família. (Sim, esta realmente é uma observação de marketing, porque tem a ver com o posicionamento do candidato e com aquilo que ele defende.) Obama frequentemente passava tempo com sua mulher e filhas quando poderia ter feito mais outro comício em algum lugar. Ele ficou vários dias fora da campanha no final da disputa para passar um tempo com sua mãe doente. Ficou afastado do trabalho, mas acho que as pessoas respeitaram sua devoção à família, e viram algo que gostaram nessa atitude.

Profissionais de marketing podem aprender muito com campanhas políticas (assim como, tempos atrás, as campanhas aprendiam conosco). Encorajo você a dar uma olhada nas lições da campanha de Obama e aplicá-las em seu negócio. Quando estiver desenvolvendo seu próprio plano de marketing e RP, usando as novas regras, pense nos marketing e RP inspiradores que invadiram a equipe de Obama durante a eleição presidencial de 2008 nos Estados Unidos.

Atenha-se a seu plano

Se você leu até aqui, muito obrigado. Se desenvolveu seu plano de marketing e RP, usando as novas regras de marketing e RP e está pronto para executá-lo, ótimo! Os próximos 11 capítulos vão lhe dar detalhes mais específicos sobre como implantar seu plano.

Mas, agora, devo adverti-lo: muitas pessoas que aderem às velhas regras vão lutar contra você no caso desta estratégia. Se você é um profissional de marketing que quer chegar diretamente aos compradores, é provável que encontre resistência do pessoal de comunicação corporativa. O pessoal de RP enfrentará resistência de suas agências. Eles dirão que as velhas regras ainda valem. E repetirão que é para você focar nos quatro "Ps". Vão dizer que você precisa falar apenas sobre produtos. Que usar a mídia é o único meio de contar sua história e que você pode usar *press releases* apenas para atingir jornalistas, e não seus compradores diretamente. Vão reafirmar que os blogueiros são *nerds* de pijama que não importam.

Eles estão errados.

Como dizem dezenas de profissionais de marketing bem-sucedidos neste livro, as velhas regras são velhas notícias. Milhões de pessoas estão *on-line* neste momento procurando respostas para seus problemas. Elas vão encontrar sua organização? E se encontrarem, o que vão descobrir?

Lembre-se: na *web*, você é o que você publica.

Notas

1 www.buyerpersona.com/
2 www.forbes.com/forbesinsights/
3 www360.shareholder.com/home/Solutions/Whistleblower.cfm
4 www.gatorade.com/
5 www.rightnow.com/
6 www.davidmeermanscott.com/documents/Marketing_Strategy_Template.pdf
7 www.aiim.org/Resources/eBooks
8 www.pewinternet.org/Press-*Releases*/2009/The-internets-Role-in-Campaign-2008.aspx
9 http://my.barackobama.com/
10 http://stevegarfield.com/
11 www.youtube.com/watch?v=VjnygQ02aW4

Capítulo 12

LIDERANÇA NA MENTE DO CONSUMIDOR *ON-LINE* PARA MARCAR SUA ORGANIZAÇÃO COMO UM RECURSO CONFIÁVEL

Se você está lendo este livro desde o começo, espero tê-lo convencido de que conteúdo na *web* vende. (Se você pulou até chegar neste capítulo, bem-vindo!). Uma estratégia eficaz de conteúdo *on-line*, executada com arte, leva à ação. Organizações que adotam conteúdo *on-line* têm uma meta claramente definida – vender produtos, gerar contatos de venda, assegurar contribuições, ou fazer pessoas aderirem – e usam uma estratégia de conteúdo que contribui diretamente para chegar a essa meta. As pessoas frequentemente me perguntam: "O que você recomenda para eu criar um .... eficaz? (preencha o espaço com *blog*, *podcast*, *relatório*, *e-book*, *newsletter* por *e-mail*, *webinar*, e assim por diante). Embora as tecnologias para cada forma de conteúdo *on-line* sejam um pouco diferentes, o aspecto comum é que, por meio de todas essas mídias, sua organização pode exercer a liderança na mente do consumidor e não apenas fazer publicidade e promoção de produtos. Um relatório bem elaborado, um *e-book* ou *webinar* contribuem para a reputação positiva de uma organização ao fazê-la se sobressair em um mercado de ideias. Essa forma de conteúdo marca uma empresa, um consultor ou uma ONG como especialistas e fontes confiáveis.

Desenvolvendo conteúdo para a liderança na mente do consumidor

O que é liderança na mente do consumidor e como se faz isso?

Bem, antes de mais nada você precisa tirar a camisa da sua companhia por um momento e – já adivinhou – pensar como uma de suas *personas* compradoras. O conteúdo que você cria será uma solução para os problemas das pessoas, e *não vai mencionar sua companhia ou produtos de jeito nenhum!* Imagine por um momento que você é um profissional de marketing em uma fábrica de pneus de automóveis. Em vez de oferecer seus pneus, você pode escrever um *e-book* ou fazer um vídeo sobre como dirigir com segurança na neve e, depois de promovê-lo em seu *site*, oferecê-lo de graça para outras companhias (como clubes do automóvel e autoescolas) para que elas o coloquem em seus respectivos *sites*. Ou imagine que você dirige uma empresa local de *catering* e tem um *blog* ou *website*. Você pode ter um conjunto de páginas ou vídeos disponíveis em seu *site*. Os tópicos poderiam incluir "Planeje a recepção perfeita para o casamento" ou "O que você precisa saber para o jantar ideal de 12 pessoas". Um fornecedor de serviços de alimentação, com uma série de vídeos como essa, educa visitantes sobre seus problemas (planejar um casamento ou um jantar), mas *não* vende os serviços diretamente. Em vez disso, a ideia aqui é que pessoas que aprenderem por meio das informações da empresa têm maior probabilidade de contratar seus serviços quando chegar a hora.

Mark Howell, consultor da Lifetogether,[1] é um pastor que trabalha com organizações cristãs e usa um *blog* de liderança na mente do consumidor para enviar sua mensagem. "Meus alvos primários são pessoas que trabalham em igrejas ou organizações cristãs que estão tentando pensar em meios melhores de fazer as coisas", ele diz. "Por isso, conecto meu conteúdo a coisas que parecem seculares, mas têm aplicação ampla em igrejas. Por exemplo, recentemente fiz um *post* chamado 'Leitura necessária: o que qualquer líder precisa', juntando grandes tendências de negócios com estratégias de marketing para igrejas."

O que faz o *blog* de Howell funcionar é que ele não está apenas promovendo seus serviços como consultor, mas dando informações poderosas com um foco claro, para leitores que podem contratá-lo em algum momento. "Meu ponto de vista pessoal, que é sobre o qual escrevo, é que para muitos líderes em igrejas, a paixão pessoal pelo que fazem pode ser intensificada se eles souberem o que alguns autores seculares como Tom Peters, Guy Kawasaki e Peter Drucker estão dizendo", diz Howell. "Há tantas ideias por aí, e se eu consigo transmitir para as pessoas alguma coisa do que esses pensadores estão dizendo, minha esperança é que elas vejam que isso pode ser aplicado para a liderança da igreja."

Formas de conteúdo de liderança na mente do consumidor

Eis algumas das formas comuns de conteúdo de liderança na mente do consumidor (claro que pode haver outras para nichos de mercado). Falamos de muitas dessas mídias em capítulos anteriores, mas vamos focar em como elas ajudam sua empresa a se estabelecer como líder na mente do consumidor.

White papers

"Os *white papers* tratam de uma posição específica ou de uma solução para um problema", diz Michael A. Stelzner,[2] autor de *Escrevendo white papers*. "Embora os *white papers* tenham raízes em políticas governamentais, eles se tornaram uma ferramenta comum para introduzir inovações e produtos de tecnologia. Uma pesquisa típica em mecanismo de busca com o termo *white paper* produzirá milhões de resultados, com muitos focados em questões relacionadas à tecnologia. Os *white papers* são poderosas ferramentas de marketing usadas para ajudar tomadores de decisões-chave e influenciadores a implementar soluções." Os melhores *white papers não são brochuras sobre produtos*. Um bom *white paper* é escrito para um público de negócios, define um problema e oferece uma solução, mas não vende um produto ou companhia em particular. Os *white papers* são geralmente grátis e, com frequência, têm uma exigência de registro (para que os autores possam coletar os nomes e informações de contato das pessoas que fizeram *download* deles). Muitas empresas distribuem *white papers* para *websites* de negócios por meio de serviços como TechTarget[3] e Knowledge Storm.[4]

E-books

Os profissionais de marketing usam cada vez mais *e-books* como uma maneira divertida e inteligente de levar informações úteis aos compradores. Como mencionei, o livro que você está lendo agora começou como um *e-book* chamado *As novas regras de RP*, lançado em janeiro de 2006. Para os propósitos de fazer marketing usando conteúdo *web*, defino um *e-book* como um documento em PDF que resolve um problema para uma de suas *personas* compradoras. Os *e--books* são como os irmãos mais jovens do *white papers*. Recomendo que sejam apresentados no formato *landscape*, e não no *portrait*, formato usado nos *white papers*, porque se adaptarão perfeitamente ao formato da tela do computador. *E--books* bem executados devem ter muito espaço em branco, gráficos interessantes e boas imagens, além de um texto mais leve que o dos *white papers*, que são mais densos. Acredito que *e-books* como ferramenta de marketing devem ser sempre grátis, e sugiro enfaticamente que não haja exigência de registro para baixá-los. Eis alguns *e-books* para você checar: *On the journey to prompting loyalty with prepaid customers:* 5 strategies that drive customers loyalty with prepaid service offerings, de Rafi Kretchmer, da Amdocs Inc.,[5] *Create a safety buzz!* how can i change my own behaviors and the behaviors of those around me to create a true safety first culture?, do dr. James (Skip) Ward,[6] *100 job search tips from FORTUNE 500 recruiters*, da EMC Corporation,[7] e *Healthy mouth, healthy sex!* how your oral health affects your sex life, da dra. Helaine Smith.[8]

Newsletters por e-mail

Newsletters por *e-mail* estão por aí desde que o *e-mail* existe, mas ainda têm um tremendo valor para enviar conteúdo de liderança na mente do consumidor, em doses pequenas e regulares. No entanto, a vasta maioria das *newsletters* por *e-mail* que vejo servem como mais um veículo de publicidade para os produtos e serviços de uma companhia. Você sabe do que estou falando: a cada vez você recebe alguma oferta de produto *pouco convincente* e um cupom de 10% de desconto. Considere usar um tipo diferente de *newsletter* por *e-mail*, que foque não nos produtos e serviços de sua companhia, mas em resolver os problemas das *personas* compradoras uma vez por mês. Vamos pensar no fabricante de pneus e no serviço de alimentos que discutimos. Imagine o fabricante de pneus fazendo uma *newsletter* mensal sobre direção segura ou o fornecedor de refeições escrevendo sobre o planejamento de uma festa. Recomendo que você coloque uma edição da *newsletter* por *e-mail* em seu *website*, para quem não a assina conseguir encontrar a informação. Isso também será um conteúdo valioso para dirigir as pessoas até seu *site* a partir de mecanismos de busca.

Webinars

Webinars são seminários *on-line* que podem incluir áudio, vídeo ou gráficos (em geral, na forma de slides em PowerPoint) e são frequentemente usados como uma cartilha para mostrar como um problema específico pode ser resolvido pelos serviços prestados por uma determinada empresa. No entanto, os melhores *webinars* são verdadeiras lideranças na mente do consumidor – como os seminários tradicionais a partir dos quais eles recebem o seu nome. Com frequência, *webinars* apresentam convidados que não trabalham para a empresa patrocinadora. Já participei, por exemplo, como palestrante convidado de uma série de *webinars* da Inbound Marketing University,[9] patrocinados pela HubSpot. A Inbound Marketing University teve dez sessões, cada uma com um palestrante diferente. Cerca de 4 mil pessoas assistiram a pelo menos uma das sessões da primeira edição do evento. "A Inbound Marketing University desenvolveu uma comunidade coesa de profissionais de marketing que viram a HubSpot como uma fonte confiável e líder de marketing *inbound*", diz Mike Volpe, vice-presidente de marketing da HubSpot. "Por receberem tantas informações valiosas e ferramentas de graça, muitos ficaram bem interessados em aprender mais sobre a HubSpot e o nosso *software* pago para suas empresas e clientes." A Inbound Marketing University teve tanto sucesso que é agora repetida regularmente para estudantes.

Wikis

Os *wikis* são conteúdos de liderança na mente do consumidor que começaram por meio de organizações que queriam ser *players* importantes em mercados distintos. "Você pode usar *wikis* para alcançar pessoas e ajudá-las a organizar o conteúdo", diz Ramit Sethi, cofundador e vice-presidente de marketing da Pbworks,[10] uma empresa que fornece ferramentas de *software* de *wiki*. "Assim, se você está em uma empresa, pode usar o *wiki* para permitir que seus usuários acrescentem suas questões, e que outras pessoas forneçam respostas, o que ajudará todo mundo. As pessoas adoram fazer parte de uma comunidade, e elas realmente gostam que um *wiki* lhes dê um meio de discutir seus interesses." Sethi afirma que a personalidade e a cultura de uma organização desempenham um papel importante na decisão de se iniciar um *wiki* patrocinado por uma companhia. "As empresas que têm algum receio de deixar as pessoas saberem suas opiniões são as melhores candidatas para um *wiki*", ele diz. "Mas a questão mais importante é construir algo sobre o qual valha a pena falar, e você precisa tornar a coisa bem fácil. As pessoas não querem instalar todos os tipos de *software*. Elas querem apenas digitar." (Se você está interessado em *wikis*, pode reler a seção do Capítulo 4, na qual Steve Goldstein partilha sua experiência na criação de um *wiki* para a Alacra.)

Relatórios de pesquisa e survey

Relatórios de pesquisa e *survey* são usados por muitas companhias. Ao publicar os resultados de graça, as organizações oferecem conteúdo valioso e têm uma chance de mostrar que espécie de trabalho fazem. Essa pode ser uma abordagem eficaz, desde que sua pesquisa ou *survey* sejam legítimos e seus resultados, estatisticamente significativos, sejam interessantes para seus compradores. (Você verá um relatório de pesquisa criado por Steve Johnson, apresentado mais adiante neste capítulo.)

Fotos, imagens, gráficos, tabelas e infográficos

Não subestime o valor de uma imagem para contar uma história. Se o seu produto tem apelo visual (penso em materiais esportivos e imobiliárias), você pode criar um conteúdo interessante com base em imagens. Se sua *expertise* está em instruções de como fazer (como, por exemplo, "Aprenda como surfar"), fotos podem ser particularmente úteis. A *expertise* que pode ser exibida em uma tabela (por exemplo: "Valores imobiliários no condado de Fairfiled 1970-2010") também se sobressai como especialmente útil para seus compradores. Na verdade, qualquer representação visual de informação (por vezes chamada de *infográfico*) é uma forma potencialmente valiosa de conteúdo de liderança na mente do consumidor. O Sequel Map,[11] por exemplo, publicado pela BoxOfficeQuant (um *blog* sobre estatísticas e cinema), compara graficamente se sequências de filmes são melhores ou piores que o original, com base em notas da Rotten Tomatoes,[12] um *site* de críticos profissionais de todo o país.

Blogs

Como já vimos, um *blog* é um *website* pessoal escrito por alguém apaixonado por um tema, e que quer que o mundo o conheça. Os benefícios se transferem para a empresa na qual o blogueiro trabalha. Escrever um *blog* é a forma mais fácil e simples de comunicar suas ideias de liderança e levá-las ao mercado. Ver no Capítulo 17 informações sobre como começar seu *blog*.

Áudio e vídeo

Os *podcasts* (séries contínuas de *downloads* de áudio disponíveis por assinatura) são muito populares como conteúdo de liderança na mente do consumidor em alguns mercados. Algumas pessoas preferem apenas o áudio, e os seus compradores fazem parte desse grupo, então um *podcast* próprio pode ser a coisa ideal para você. Conteúdo em *vodcasts*, *videoblogs* e *vlogs* (muitos nomes, a mesma mídia) são vídeos regularmente atualizados que oferecem uma poderosa oportunidade para demonstrar sua liderança, já que as pessoas, na maioria, estão acostumadas com a ideia de assistir um vídeo ou um programa de televisão para aprender alguma coisa. Um meio divertido e fácil de criar conteúdo de áudio e vídeo é fazer um programa de entrevistas com gente que tem alguma coisa a dizer. O conhecimento dos convidados se transferem para você durante a conversa. Pense em entrevistas com consumidores, analistas que cobrem seu mercado e autores de livros sobre o assunto. Veja o Capítulo 18 para mais informações sobre áudio e vídeo.

Como criar conteúdo bem pensado

Embora cada técnica para levar seu conteúdo de liderança na mente do consumidor ao mercado de ideias seja diferente, elas têm algumas considerações em comum.

- Não escreva sobre sua companhia e seus produtos. A liderança na mente do consumidor se destina a revolver problemas de compradores e mostrar que você e sua organização são inteligentes, e com quem vale a pena fazer negócios. Esse tipo de técnica de marketing e RP *não* é um folheto ou um argumento de vendas. Liderança na mente do consumidor *não* é publicidade.

- Defina as metas de sua organização (ver Capítulo 11). Você quer aumentar receitas? Fazer com que pessoas doem dinheiro para sua organização? Encorajar as pessoas a comprar alguma coisa?

- Com base em suas metas, decida se quer fornecer conteúdo de graça e sem qualquer registro (você terá muito mais pessoas para usar o conteúdo, mas não vai saber quem elas são) ou se você quer incluir alguma forma de mecanismo de registro (respostas *muito* mais baixas, mas você constrói uma lista de contatos).

- Pense como um *publisher*, entendendo seu público. Pense em quais são os problemas de suas *personas* compradoras e desenvolva tópicos que possam envolvê-las.

- Escreva para seu público. Use exemplos e histórias. Torne a coisa interessante.

- Escolha um bom título, que chame atenção. Use subtítulos para descrever o que o conteúdo significa.

- Promova seu esforço. Ofereça o conteúdo em seu *website* com *links* fáceis de achar. E acrescente um *link* para os endereços de *e-mail* dos funcionários, e faça com que parceiros ofereçam *links* também.

- Para conseguir os efeitos de marketing viral que vimos no Capítulo 8, alerte repórteres, blogueiros e analistas que seu conteúdo está disponível, e lhes mande um *link* de *download*.

- Meça os resultados e melhore seu desempenho com base no que você aprende.

Alavancando líderes na mente do consumidor fora de sua organização

Algumas organizações recrutam externamente líderes na mente do consumidor nos quais os compradores confiam, o que é uma técnica eficaz para mostrar a seus compradores que você está antenado e trabalha com especialistas reconhecidos. Você pode usar um líder de seu setor como convidado de um *blog*, para ser autor de um *white paper*, participar de um seminário ou falar com seus clientes em um evento ao vivo. A Cincom Systems, Inc., por exemplo, uma pioneira na indústria do *software*, publica o *Cincom Expert Access*,[13] um *e-zine* lido por mais de 200 mil pessoas em 61 países. O *Cincom Expert Access* traz informações de dúzias de líderes de negócios, autores e analistas, como Al Reis, autor de *The Fall of Advertising and the Rise of PR*; de Dan Heath, autor de *Made to Stick*, e Guy Kawasaki, autor de *Reality Check*. Eu também sou membro da rede Ask the Expert, da Cincom. O *e-zine* da empresa fornece informações concisas e objetivas – por vezes de forma irreverente e bem-humorada – de personalides nas quais os clientes da Cincom confiam, para ajudar o leitor a fazer melhor seu trabalho.

Quanto seu comprador ganha?

"As pessoas me perguntam muito: Steve, quanto deveríamos pagar a nossos gerentes de negócios?", diz Steve Johnson,[14] um instrutor na Pragmatic Marketing, empresa líder de marketing de produtos para companhias de tecnologia. "Eu costumava citar um número que parecia mais ou menos adequado. Mas percebi que minha estimativa de salário se baseava em dados antigos, do tempo em que contratava gerentes de produto." Como a Pragmatic Marketing faz treinamento para gerentes de produtos, a empresa é vista como especialista em todas as questões relacionadas à atividade. Essa situação criou uma oportunidade incrível para liderança na mente do consumidor ."Percebemos que, na verdade, não sabíamos sobre *benchmarks* atuais, e decidimos descobrir."Afinal de contas, as rendas dos consumidores são muitas vezes um dado importante para entender suas *personas* compradoras.

Johnson fez uma pesquisa para coletar informações de milhares de pessoas no banco de dados da Pragmatic Marketing. "Nós dissemos: se você nos contar seu salário e outras informações sobre seu trabalho em uma pesquisa anônima, vamos lhe contar as faixas salariais de todos em forma de *benchmarks*", ele diz. Os resultados foram instantâneos com a *persona* compradora da Pragmatic Marketing – gerentes de produto – e a pesquisa se tornou anual. "Nossa *newsletter* por *e-mail* vai para milhares e milhares de pessoas. Em outubro, dissemos: prestem atenção, que no mês que vem vamos fazer nossa pesquisa de salário. Então, em novembro, anunciamos que a pesquisa estava no ar e convidamos as pessoas a participar. Conseguimos centenas de respostas em poucos dias, agregamos os dados e publicamos os resultados na *web*.[15] Em 2010, por exemplo, aprendemos que, em média, o salário de um gerente de produto nos Estados Unidos é de 96.580 dólares por 12 meses e que, anualmente, 77% dos gerentes de produto recebem um bônus médio de 12.960 dólares. Mas também soubemos que gerentes de produto enviam e recebem quase 100 *e-mails* por dia e passam cerca de dois dias por semana em reuniões internas – 15 reuniões por semana. Mas 55% deles vão a 15 reuniões ou mais semanalmente, e 35% participaram de 20 reuniões ou mais."

Johnson vê enorme benefício em pesquisa baseada na liderança na mente do consumidor. "Antes de mais nada, os dados são realmente úteis", ele diz. "Agora, tenho autoridade para dizer que 93% dos gerentes de produto fizeram faculdade e que 43% completaram um programa de mestrado. Mas, ainda mais importante, é que os compradores que tentamos alcançar para vender serviços de treinamento – por exemplo, os gerentes de produto – nos reconhecem como líderes na mente do consumidor porque temos informação atualizada do que acontece com gerentes de produtos de tecnologia. E os dados que estão em nosso *website* são fantásticos para o marketing de mecanismo de busca porque qualquer um que procurar informação sobre gerentes de produto na área de tecnologia vai nos encontrar."

Johnson diz que os gerentes de produto e gerentes de marketing se queixam muito de ter toda a responsabilidade sem nenhuma autoridade. "Aprendemos que a autoridade não é dada, ela se conquista... ao ter dados de mercado."

Este é um mundo novo para profissionais de marketing e comunicadores corporativos. A *web* oferece uma forma fácil para que suas ideias se espalhem para um público potencial de milhões de pessoas, instantaneamente. O conteúdo *web* na forma de real liderança na mente do consumidor tem o potencial de influenciar muitos milhares de seus compradores de um jeito que o setor de marketing e RP tradicional não consegue.

Adotar o poder da *web* e da blogosfera requer uma forma de pensamento diferente de parte dos profissionais de marketing. Precisamos aprender a nos livrarmos de nossa mentalidade de comando e controle. Não se trata de "mensagem". Trata-se de termos ideias. As novas regras de Marketing e RP nos dizem para parar com a publicidade, e no lugar dela estruturar nossas ideias para compreender nossos compradores e lhes contar histórias que se conectam com seus problemas. As novas regras incluem a participação nas discussões correntes, e não apenas gritar sua mensagem para qualquer um. Quando benfeito, o conteúdo *web* que carrega uma autêntica liderança na mente do consumidor também marca sua organização como aquela com a qual se faz negócios.

Notas

1 www.strategycentral.org/
2 www.writingwhitepapers.com/
3 www.techtarget.com/
4 www.knowledgestorm.com/
5 www.prepaid-loyalty.com/e-Book-Rafi-Kretchmer.pdf
6 www.change-leadershipllc.com/e-publications.html
7 www.emc.com/collateral/article/100-job-search-tips.pdf
8 http://helainesmithdmd.blogspot.com/2008/03/healthy-mouth-healthy-sex-free-*e-book*.html
9 www.inboundmarketing.com/university
10 http://pbworks.com/
11 http://boxofficequant.com/sequel-map/
12 www.rottentomatoes.com/
13 www.internetviz-newsletters.com/cincom/
14 www.productmarketing.com
15 www.pragmaticmarketing.com/publications/survey

Capítulo 13

COMO CRIAR PARA SEUS COMPRADORES

Em linguagem clara, seus compradores (e a mídia que cobre sua empresa) querem saber que problemas específicos seus produtos resolvem, e querem uma prova de que eles funcionam. Marketing e RP devem ser o começo de uma relação com compradores e levar à ação (como gerar contatos de venda), o que requer focar nos problemas de seu comprador. Seus compradores querem ouvir isso nas próprias palavras *deles*. Cada vez que você escreve – sim, mesmo em *news releases* – tem a oportunidade de se comunicar de maneira específica. A cada estágio do processo de venda, matérias bem escritas ajudarão seus compradores a entender como você vai ajudá-los.

Quando for escrever algum texto (ou fazer um vídeo, ou desenvolver outra forma de conteúdo), deve criar especificamente para uma ou mais *personas* compradoras que você desenvolveu como parte de seu plano de marketing e RP (ver Capítulo 11). Deve evitar frases cheias de jargão, que são usadas em excesso em seu setor, a menos que essa seja a linguagem que a *persona* realmente use. No setor de tecnologia, palavras como *inovador, padrão da indústria* e *revolucionário* são o que chamo de baboseiras. Os piores perpetradores de baboseiras parecem ser empresas de *business-to-business*. Por alguma razão, profissionais de marketing de empresas de tecnologia acham uma tarefa particularmente difícil explicar como seus produtos podem resolver o problema dos compradores. Já que ao escreverem não entendem como seus produtos resolvem problemas de consumidores, ou são preguiçosos demais para escrever para compradores, eles se viram explicando uma miríade de nuances sobre como o produto funciona e temperam sua tagarelice com um jargão do setor que soa vagamente impressionante. O que acaba indo para os materiais de marketing e *news releases* é um bocado de conversa fiada sobre soluções "de um líder do setor" que supostamente ajudam empresas a "dar dinâmica a seu processo de negócios", "conquistando objetivos comerciais", ou "conservando recursos organizacionais". *Ahn?*

Uma análise das baboseiras

Muitos dos milhares de *websites* que analisei no correr de anos, além das centenas de *news releases* e apelos de RP que recebo a cada mês, são cheios de frases e palavras que não passam de mera baboseira sem significado. Quando estou lendo um *news release*, faço uma pausa e digo a mim mesmo: Oh, Jesus, não... outro produto flexível, ampliável, revolucionário, padrão do setor, de ponta para uma empresa bem posicionada e líder de mercado! Como adolescentes usando gírias, esses redatores usam as mesmas palavras e frases sempre e sempre – tanto que as baboseiras chegam a dar nos nervos. Bom, dã. Cara, as empresas não se comunicam totalmente na boa, sacou?

Então, como queria saber exatamente quantas dessas palavras estão sendo usadas, criei uma análise para isso. Primeiro, analisei a bobageira em 2006 e publiquei minhas descobertas em meu *blog* e em um *e-book* chamado *O manifesto da baboseira*.[1] Em 2006, as palavras e frases mais usadas, um verdeiro excesso, incluíam *próxima geração, robusto, de primeira classe, revolucionário, missão crítica, liderança de mercado, padrão do setor, revolucionário* e *melhor de sua categoria*.

Depois, ao revisar o material, fiz uma análise extensiva no começo de 2009. Nesta nova rodada, para selecionar palavras e frases usadas em excesso, recorri às seguintes fontes:

- As palavras e frases mais usadas da análise de 2006, que consegui pesquisando gente de RP e jornalistas selecionados.

- Sugestões de leitores, que postaram comentários sobre a análise original em meu *blog*.

- A *Enciclopeia de clichês de negócios*, de Seth Godin.

- "O clipe de papel é uma solução", pesquisa feita com negócios em geral e publicações especializadas por Dave Schmidt, VP de serviços de relações públicas da Smith-Winchester, Inc.

- O livro *Sentença de morte: como clichês, palavras enganosas e o papo gerencial estão estrangulando a linguagem pública*, de Don Watson.

Depois, pedi ajuda ao grupo de mídia Dow Jones Enterprise, cujos caras usaram ferramentas de *text-mining* (mineração de palavras), em seu produto Dow

Jones Insight, para analisar *news releases* de companhias da América do Norte em 2008. Os dados foram tirados de 711.123 *press releases* distribuídos por meio do Business Wire, Marketwire, GlobeNewswire e PR Newswire. O Dow Jones Insight identificou o número do abuso: 325 frases com baboseiras em cada *release*.

Os resultados foram impressionantes.[2] No topo do *ranking*, a palavra ou frase mais repetida foi *inovador*, termo utilizado em 51.390 *press releases* em 2008, seguido de perto por *único, fornecedor líder, novo e melhorado, de classe mundial* e *de baixo custo*. Cada um desses termos foi usado mais de 10 mil vezes em *press releases* de 2008. O problema é que essas palavras, de tão usadas, se tornaram insignificantes. Se esses termos conseguiram alguma coisa, foi fazer o leitor sentir que a companhia apenas divulga dezenas de *releases* que parecem cópias.

Para ajudá-lo a analisar sua própria escrita, também trabalhei de perto com a HubSpot para criar o Gobbledygook Grader[3] (um *ranking* de baboseiras), ferramenta de *software* que você pode usar para avaliar seu conteúdo escrito (*press releases*, folhetos, etc.). Simplesmente copie e cole o texto no Gobbledygook Grader, e você irá checar os 325 jargões e clichês hiperutilizados que identifiquei. Você vai até receber uma nota, com um relatório completo.

Pobre escrita: como chegamos a esse ponto?

Quando vejo palavras como *flexível, ampliável, revolucionário, padrão do setor* ou *de ponta*, meus olhos saltam. Eu me pergunto o que isso pretende significar? Dizer apenas que seu produto é "padrão do setor" não quer dizer nada a menos que algum aspecto dessa padronização seja relevante para seus compradores. A seguir, vou querer saber o que você entende por padrão do setor, que me diga por que padrões interessam e, também, me dê alguma prova de que é mesmo verdade o que você está falando.

Escuto muitas vezes a mesma pergunta: "Todo mundo no setor escreve desse jeito. Por quê?". Eis como o processo disfuncional costumeiro funciona, e por que essas frases são usadas em excesso: profissionais de marketing não entendem o comprador, nem os problemas que ele tem ou como seus produtos ajudam a resolvê-los. É aí que a baboseira ocorre. Primeiro, o pessoal do marketing cutuca os gerentes de produto e outros na organização para darem um conjunto de características do produto. Em seguida, faz uma engenharia reversa com a linguagem, escrevendo o que acham que o comprador quer ouvir, baseada não

MARKETING E COMUNICAÇÃO NA ERA DIGITAL

no *input* do comprador, mas no que o produto faz. Um truque costumeiro, feito por esses profissionais de marketing ineficientes, é pegar a linguagem usada pelo gerente de produto, ir no Microsoft Word e, após abrir a janela "localizar e substituir", trocar a palavra *solução* por *produto*, além de preencher a coisa toda com superlativos. Ao decretar, mediante uma substituição eletrônica de palavras, que "nosso produto" é "sua solução", essas companhias se privam da oportunidade de *convencer* as pessoas de que se trata disso mesmo.

Outra desvantagem considerável da abordagem genérica é que a baboseira não faz sua empresa se sobressair na multidão. Eis um teste: pegue a linguagem com a qual os profissionais de marketing de sua companhia sonharam e substitua pelo nome do concorrente, e o nome do produto do concorrente pelo seu. Faz algum sentido para você? A linguagem de marketing que pode ser substituída pela de outra empresa não é eficaz para explicar por que um comprador faz a escolha certa ao optar pela *sua* companhia.

Admito que essas frases com baboseiras são usadas principalmente em companhias de tecnologia, operando no espaço do *business-to-business*. Ao escrever para uma empresa que vende outros produtos (sapatos, talvez), você provavelmente não será tentando a usar esse tipo de frase. A mesma coisa vale para ONGs, igrejas, bandas de rock e outras. Mas, em todos os casos, as lições são as mesmas: evite o jargão fechado de sua companhia ou seu setor. Em vez disso, escreva para os compradores.

"Espere aí", você pode dizer. "O setor de tecnologia pode ser disfuncional, mas eu não escrevo desse jeito." O fato é que há um nonsense equivalente acontecendo em todos os setores. Eis um exemplo do mundo das ONGs:

O grupo de sustentabilidade criou uma força-tarefa para estudar a causa da ineficiência energética e desenvolver um plano que encoraje a área de negócios locais a aplicar tecnologias de energia renovável e eficientes, para encorajar a comunidade a adotar mudanças potenciais de comportamento ao longo do tempo.

O que isso quer dizer? Ou então, leia o primeiro parágrafo do relatório-resumo de uma conhecida corporação. Você consegue adivinhar qual?

Desde sua fundação, em 1923, a "companhia X" e suas afiliadas permanecem fiéis a seus compromissos de produzir entretenimento sem paralelo com base no rico legado de conteúdo criativo de qualidade e em seus excelentes roteiros. A "companhia X", com suas subsidiárias e afiliadas, é a líder em entretenimento familiar diversificado internacional, e uma empresa de mídia para quatro segmentos de negócios: redes de mídia, parques e *resorts*, entretenimento em filmes e produtos ao consumidor.

O texto eficaz para marketing e RP

Seu setor de marketing e RP deve ser o começo de uma relação com compradores (e jornalistas). Como mostrou o processo de planejamento de marketing e RP no Capítulo 11, isso começa quando você trabalha para entender seu público-alvo e percebe como ele deve ser segmentado em diferentes classes de compradores, ou *personas* compradoras. Uma vez terminado esse exercício, identifique as situações em que cada público-alvo pode se encontrar. Quais são os seus problemas? Suas necessidades de negócios? Apenas depois disso você estará pronto para comunicar sua *expertise* ao mercado. Eis a regra: quando você escreve, comece pelos seus compradores, e não por seu produto.

Pense na empresa de entretenimento. Os caras de marketing e RP da Disney (você adivinhou que eu peguei uma citação da página[4] de resumo da Disney?) deveriam estar pensando sobre o que os consumidores querem de uma empresa de entretenimento, em vez de tentar caprichar nas palavras para dizer de algo que eles acham que já fornecem. Por que não começar definindo o problema? Um exemplo: "Muitos fãs de televisão e cinema estão frustrados com o estado atual da indústria norte-americana de entretenimento. Eles acreditam que os filmes e programas de hoje não são nada originais, e que as companhias de entretenimento não respeitam a 'inteligência' do público". Depois disso, profissionais de marketing de sucesso usariam palavras do mundo real para convencer os consumidores de que podem resolver seu problema. Tenha cuidado de evitar o jargão corporativo, mas não queira soar como se estivesse forçando as coisas – isto sempre parece falso. Fale com seu público como conversaria com um parente que você não vê com frequência – seja amigável e familiar, mas também respeitoso: "Como nosso público, nós gostamos muito de filmes e

MARKETING E COMUNICAÇÃO NA ERA DIGITAL

programas de TV, e nos divertimos com eles. Assim, nos comprometemos a sempre...". Não tenho ligação com a Disney nem conheço muito sobre seu negócio. Mas comprei muitos produtos da Disney: filmes, programas de TV, vídeos, e visitei seus parques temáticos. Pode parecer estranho para a Disney escrever algo como eu sugiro. Pode parecer estranho para o pessoal de marketing e RP na Disney usar a frase "filmes e programas de TV", e não "conteúdo criativo de qualidade", mas é absolutamente essencial estabelecer uma relação com os consumidores.

O poder de colher *feedback* (de seu *blog*)

Vou fazer uma pausa rápida para compartilhar uma história sobre o poder das comunicações e do *feedback* na *web*. Quando publiquei os resultados desse estudo original em meu blog,[5] em um *post* chamado "O manifesto da baboseira" (também enviei um *news release* no dia seguinte), houve zero *hit* no Google para a reprodução exata da expressão "manifesto da baboseira". De propósito, inventei uma frase que podia fixar na *web*. Em três semanas, depois de diversos blogueiros terem escrito sobre "O manifesto da baboseira" e de mais de cem comentários em meu *blog* e no de outros, a frase "manifesto da baboseira" resultou em mais de quinhentos *hits* no Google. De zero a quinhentos em apenas três semanas. Melhor ainda: leitores do meu *blog* e de outros sugeriram mais baboseiras usadas em excesso, como *melhores práticas, proativo, sinergia, iniciando um diálogo, pensando fora da caixinha, revolucionário, fluência situacional* e *mudança de paradigma*.

Dave Schmidt, VP de relações públicas na Smith-Winchester, contatou-me para compartilhar os resultados de uma pesquisa que havia feito com editores de negócios em geral e de publicações especializadas. Ele pediu aos editores que citassem as palavras e frases usadas em excesso, e perguntou-lhes se concordavam com tanta repetição em *news releases* e artigos assinados por empresas. Oitenta editores responderam:

- *Líder (usado como adjetivo, como em "um produtor líder de…")*. 94% dos editores acharam excessivo. Já que parece que todo mundo quer liderar em alguma coisa, não há mais líderes verdadeiros.

- *"Estamos entusiasmados com…"*. 76% dos editores acharam excessivo. As empresas também dizem: "Temos o prazer de…" e "Estamos impressionados…". Você consegue imaginar um editor citando um CEO com alguma coisa dessas? É preciso citar seu pessoal de vendas com frases que você gostaria de ver impressas.

- **Soluções.** 68% dos editores apontaram o uso excessivo. A palavra *soluções* tem sido arruinada pelo excesso de repetições em *news releases; portanto,* é melhor evitá-la, mesmo no caso dos provedores de soluções.

- **"...uma ampla gama de...".** 64% de editores apontaram o uso excessivo. Isto se tornou a forma de gente preguiçosa evitar a precisão na escrita.

- **Sem paralelos.** 62% de editores mencionaram o uso excessivo.

- **Insuperável.** 53% dos editores acharam que era usada em excesso.

Agradeço a todos que me contataram com sugestões de baboseiras usadas em excesso. Acho muito legal poder criar algo na *web,* usar isto para levar informação valiosa ao mercado de forma rápida e eficaz, e ainda ter pessoas oferecendo sugestões para tornar o texto original ainda melhor.

Lembre-se: seu conteúdo de marketing *on-line* e *off-line* deve levar à ação, o que requer focar nos problemas dos compradores. Eles querem ouvir isso nas próprias palavras deles, e depois querem provas. A cada vez que você escreve, surge uma oportunidade de se comunicar e *convencer.* Em cada estágio do processo de venda, textos bem escritos com programas de marketing eficazes vão levar o consumidor a entender como sua empresa pode ajudá-lo. O bom marketing é mesmo raro, mas um foco em fazer a coisa certa certamente recompensará em termos de aumentos de vendas, maiores taxas de retenção e mais matérias de jornalistas.

Notas

1 www.davidmeermanscott.com/documents/3703Gobbledygook.pdf
2 http://solutions.dowjones.com/campaigns/2009/gobbledygook/
3 http://gobbledygook.grader.com/
4 http://corporate.disney.go.com/corporate/overview.html
5 www.Webinknow.com/2006/10/the_gobbledygoo.html

Capítulo 14

COMO O CONTEÚDO *WEB* INFLUENCIA
O PROCESSO DE COMPRA

Hoje em dia, quando as pessoas querem alguma coisa, a *web* é quase sempre a primeira parada no processo de compra. Em qualquer categoria de mercado, compradores potencials ficam *on-line* para fazer uma pesquisa inicial. O momento da verdade é quando chegam ao seu *site*: você vai levá-los para o processo de compra ou deixá-los que se afastem com um clique?

Quando compradores usam mecanismos de busca para chegar ao seu *site*, usam um *link* de outro *site*, encontram o seu via mídia social, ou respondem a uma campanha de marketing, abre-se a oportunidade de enviar informação para o alvo no momento preciso em que ele está procurando o que você tem a oferecer. Mas, com frequência, os profissionais de marketing não conseguem perceber o potencial de seus *websites*, que devem prender compradores desde o começo e mantê-los ligados até que a venda seja completada. Indivíduos não vão para a *web* buscando publicidade – mas estão em busca de conteúdo. Ao fornecer as informações que precisam, você pode começar com eles uma longa e rentável relação. Editores e *publishers* têm uma obssessão com a leitura, e você também deve ter.

Neste capítulo, vamos elaborar ideias e conceitos que já introduzi no livro. No Capítulo 3, falei sobre chegar a compradores diretamente com o conteúdo *on-line* de sua organização, e no Capítulo 11 foi onde criamos juntos um plano detalhado para identificar *personas* compradoras e mirar em cada uma delas com uma abordagem individual. Lembre-se: um grande conteúdo de *web* tem a ver com compradores, e não com você. Agora vamos fornecer algumas ideias para você ter um *website* que leve compradores por meio de seus processos de consideração e os conduza até o ponto em que estão prontos para comprar (ou doar, assinar, se inscrever) – o que, claro, é a meta de todo conteúdo *web*.

Embora seja importante que seu *website* tenha um *design* atraente e que todos os aspectos técnicos (HTML, e assim por diante) funcionem apropriadamente, esses pontos estão além da abrangência deste livro. Há muitos textos excelentes sobre como escrever HTML, XML, ASP, JavaScript e outras linguagens *web*. E também há grandes recursos para conseguir o *design* certo – como cores, fontes, colocação do logo. Esses elementos são críticos para o *site* como um todo, mas quero focar em como *o conteúdo conduz à ação*, porque o aspecto do conteúdo é muitas vezes negligenciado.

Para aproveitar melhor o poder do conteúdo, você precisa primeiro ajudar os visitantes de seu *site* a encontrarem o que precisam nele. Quando alguém faz a visita pela primeira vez, o *site* comunica as seguintes mensagens ao comprador: esta organização se preocupa comigo? Ela foca em meus problemas? Ou o *site* inclui apenas informações descrevendo o que a empresa tem a oferecer, a partir de sua estreita perspectiva? Você precisa começar o *site* com uma navegação que seja desenhada e organizada tendo seus compradores em mente. Não imite simplesmente o modo como sua empresa ou o grupo são organizados (por produto, geografia ou estrutura governamental, por exemplo), porque o modo como seu público usa *websites* raramente coincide com as prioriadades internas de sua companhia. A organização com base em suas necessidades deixa os visitantes confusos sobre como encontrar o que *eles* realmente precisam.

Você deve aprender tanto quanto possível sobre o processo de compra, focando em como as pessoas encontram seu *site* ou na extensão do ciclo típico de compra. Pense no que acontece *off-line* em paralelo com as interações *on-line*, para que os processos se complementem. Por exemplo, se você tiver um *site* de *e-commerce* e um catálogo impresso, coordene o conteúdo e as mensagens para que ambos os esforços apoiem e reforcem o processo de compra (inclua URLs para seu catálogo de compra *on-line* em seu catálogo impresso, por exemplo, e use as mesmas descrições de produto para não confundir as pessoas). No mundo B2B, feiras devem trabalhar com iniciativas *on-line* (ao coletar endereços de *e-mail* no estande e, depois, enviar um *e-mail* de *follow-up* com o endereço específico de seu *site*). Entender o processo de compra em detalhe, tanto *on-line* quanto *off-line*, permite criar conteúdo *web* que influencia a decisão de compra.

Segmentando seus compradores

A relação *on-line* começa no instante em que seu consumidor potencial chega à sua *home page*. A primeira coisa que ele precisa ver é um reflexo de si mesmo. É por isso que você deve organizar seu *site* com conteúdo para cada uma das

COMO O CONTEÚDO *WEB* INFLUENCIA O PROCESSO DE COMPRA

distintas *personas* compradoras. Como seus consumidores potenciais definem a própria categoria? Baseiam-se em sua função, sua geografia, no setor para o qual trabalham? É importante criar um conjunto de *links* apropriados, com base em um entendimento claro de seus compradores, para que você possa movê-los rapidamente da *home page* para as páginas construídas especificamente para eles.

A Biblioteca Pública de Nova York (NYPL, na sigla em inglês),[1] instituição que tem 50,6 milhões de itens em suas coleções, em 89 locais, e com 3.200 funcionários, tem um *website* que deve servir a muitos visitantes variados. O *site* da NYPL interessa a um conjunto diverso de *personas* compradoras (pessoas que utilizam seus serviços tanto *on-line* quanto *off-line*), que baixam materiais diretamente do *site*. Eis aqui apenas algumas das *personas* compradoras que o *site* da NYPL serve:

- Pesquisadores acadêmicos de todo o mundo que precisam de acesso às coleções digitalizadas da NYPL.

- Pessoas que moram no Bronx e usam o espanhol como primeira língua. (A biblioteca oferece aulas introdutórias, nas instalações da NYPL no Bronx, sobre como usar um computador.)

- Turistas da cidade de Nova York que querem fazer um *tour* pelo magnífico edifício principal da biblioteca na Quinta Avenida.

- Estúdios de cinema, produtores de TV e fotógrafos que usam o famoso cenário da NYPL. (*Bonequinha de luxo*, *Caça-fantasmas* e *Homem-aranha* são apenas alguns dos filmes que foram parcialmente rodados lá.)

- Indivíduos, fundações e corporações que apoiam a NYPL com doações.

O *site* da NYPL inclui conteúdo detalhado para alcançar cada uma dessas personas compradoras (assim como outras). A *home page* do *website* da NYPL é dividida em diversas seções principais, incluindo "Encontre livros & faça pesquisas" (informações sobre o que existe no catálogo da biblioteca para pessoas que precisam de um livro em particular), "Bibliotecas" (endereços da NYPL para aqueles que vivem na cidade de Nova York), "Biblioteca Digital" (informações que podem ser baixadas por qualquer um no mundo inteiro), "Notícias, NYPL Live!" (eventos) e "Apoie a Biblioteca" (como se tornar membro e informações para pessoas que queiram doar dinheiro ou tempo à NYPL.) Cada uma das páginas tem informações adicionais para tornar fácil a navegação nesse imenso *website*.

Uma das maneiras pelas quais muitas organizações tratam a navegação é criar *links* para páginas com base nos problemas que seu produto ou serviço podem resolver. Comece identificando as situações nas quais cada público-alvo pode se encontrar. Se o seu negócio é de gerenciamento de cadeia de fornecedores, você pode ter um menu *drop-down* na *home page* que diga: "Eu preciso levar produtos ao consumidor rápido", ou "Eu quero distribuir meus produtos internacionalmente". Cada caminho leva até páginas construídas para segmentos de compradores, com conteúdo dirigido a seus problemas. Quando o potencial comprador chega às páginas, você tem a oportunidade de comunicar sua *expertise* para resolver esses problemas – criando alguma empatia no processo – e levar consumidores adiante no ciclo de compra.

Elementos de um *website* centrado no comprador

Eis mais algumas coisas que você pode considerar para construir um *site* que foca em seus compradores e processos de compra:

Pense na mídia preferida de seus compradores e em seus estilos de aprendizado

Tive uma ótima conversa com Ted Demopoulos,[2] autor de O *que ninguém nunca lhe conta sobre blogging e podcasting*. Falamos sobre *blogging versus podcasting*, os estilos de aprendizado das pessoas e as escolhas de qual conteúdo colocar em um *site*. Ted tocou em um ponto interessante: não é uma decisão e/ou. "Vale a pena ter sua mensagem em diferentes formatos", ele diz. "Adoro ler. E muitas vezes ouço áudio informativo enquanto dirijo, ando de bicicleta ou corto a grama. Mas não gosto de vídeo. Não é como ler; ele progride de acordo com seu próprio ritmo. Não posso assistir mais rápido ou passar os olhos com facilidade, como faço com o texto, e ele demanda atenção total, diferentemente do áudio." É claro que outras pessoas são o oposto de Ted: não gostam de ler, mas adoram conteúdos em vídeo. Nós todos temos estilos de aprendizado e preferências de mídia diferentes. Assim, em seu *site*, você deve ter conteúdo apropriado destinado a seus compradores. Isso não quer dizer que você precise usar todos os formatos, mas deve pensar em valorizar seu texto com fotos e, talvez, com algum conteúdo de áudio e vídeo. "Além de gostarem de formatos diferentes, as pessoas – como especialistas em psicologia já mostraram – aprendem melhor com mídias diferentes", acrescenta Demopoulos. "Os profissionais de marketing devem ter mensagens em tantos formatos quanto for possível. Alguns, por exemplo, querem *e-books*, mas você pode pegar o mesmo conteúdo e transformá-lo em um telesseminário."

Desenvolva a personalidade de um *site*

É importante criar um *site* distinto, consistente e memorável, e um componente importante desta meta é o tom ou discurso do conteúdo. Quando interagem com o conteúdo do seu *site*, visitantes devem formar um quadro claro de sua organização. A personalidade é alegre e brincalhona? Ou é sólida e conservadora? Na *home page* do Google, por exemplo, quando as pessoas fazem buscas, elas podem clicar em "Estou com sorte", que é um modo divertido e brincalhão de chegar diretamente ao topo da lista de resultados de busca. Aquela pequena frase, "Estou com sorte", diz muito sobre o Google. E há muito mais. Dentre as mais de cem línguas no Google, além das africanas, incluindo o zulu, há também a "tradução" da forma de falar do Hortelino Troca-Letras,[3] como em "Estou com solte".

O Google tem uma tradição de modificar o logo em sua *home page* para marcar eventos especiais. Chamados de *Google's Doodles*, esses logos caprichosamente alterados variam em todo o mundo, celebrando desde o Dia da Austrália até o 172º aniversário de Cézanne. Isso é legal, mas não funcionaria para uma empresa conservadora – iria parecer estranho e deslocado. Faça um contraste disso com a *home page* da Accenture.[4] Quando escrevia este livro, bem sob o logo da Accenture, havia a frase "Alta Performance. Garantida". Há foros com mensagens tais como "Aconselhei clientes sobre mais de 570 fusões e aquisições nos últimos cinco anos" e "A cada ano nossos sistemas processam 300 milhões de reservas de bilhetes aéreos". Ambas as *home pages* funcionam porque a personalidade do *site* integra a personalidade da companhia. Qualquer que seja sua personalidade, o meio de conseguir consistência é se certificar de que todo o material escrito e outros conteúdos do *site* mantenham um tom definido, que você estabelecer desde o início. Compensa ter uma ênfase forte na personalidade e no caráter. Se o visitante confiar no conteúdo que encontrar em seu *site*, ele vai desenvolver uma relação emocional e pessoal com sua organização.

MARKETING E COMUNICAÇÃO NA ERA DIGITAL

Um *website* pode evocar uma voz familiar e confiável, tal como a de um amigo do outro lado de uma troca de *e-mails*.

Para um exemplo de *site* com personalidade muito distinta que apela às *personas* compradoras, cheque o Malware City,[5] da BitDefender. Vitor Souza é o gerente de comunicações globais da BitDefender, criadora de um *software* de segurança internacionalmente certificado, usado por dezenas de milhões de pessoas e vendido em mais de 100 países. Como parte de uma empresa verdadeiramente global, Souza trabalha a partir de seus escritórios em Moutainview, na Califórnia, e Bucareste, na Romênia. A BitDefender é um exemplo importante por atuar em um mercado muito competitivo, onde não é fácil conseguir a diferenciação de produto. Como uma parte fundamental da abordagem de marketing da companhia, o Malware City foi lançado como um *site* independente, focado nos maiores influenciadores dentro da comunidade de segurança de TI. O novo *site* não foi um redesenho do que já existia, mas um suplemento informacional ao *site* de produtos da BitDefender.[6]

"Lançamos o Malware City para pessoas que estão interessadas nas últimas informações sobre ameaças à internet", diz Souza. "Tem um *blog* dos analistas de nosso laboratório, materiais educativos de nossos profissionais de TI e muitas outras ferramentas interativas."

Souza e sua equipe entenderam claramente que as melhores iniciativas *on-line* são aquelas que levam informações específicas, criadas para uma *persona* compradora em particular. O *site* Malware City foi desenvolvido para falar com três diferentes *personas* compradoras:

- Imprensa que cobre a segurança de tecnologia da informação (tanto a grande mídia quanto a mídia social).
- Usuários da BitDefender.
- Um grupo que Souza descreve como os *"nerds* da segurança na internet" – a mais importante *persona* compradora para a Malware City.

O *site* Malware City apela diretamene para tal *persona* compradora, definida como *nerd* de segurança da internet, com uma linguagem como essa: "Nossos cidadãos são lutadores sábios combatendo o *malware*, dispostos a partilhar seus conhecimentos para criar um exército capaz de lutar contra ameaças à segurança.

Quer se juntar a nós? Demonstre suas habilidades e estaremos felizes de acolher você em nossa família". O *design* é muito *fashion* e estiloso, com um tom meio urbano, meio punk – em forte contraste com *sites* tediosos do setor de tecnologia.

"Malware City é propriedade da BitDefender", diz Souza. "Não queríamos ser convencidos, mas também não queríamos nos esconder. Queríamos um *site* dedicado a todos os interessados em segurança *on-line*, e não apenas a usuários da BitDefender. Em vez de bombardearmos as pessoas com mensagens irrelevantes, interrompendo suas atividades, oferecemos informações úteis, nas quais nossos visitantes estão interessados", ele diz. "E não pedimos nada em troca. Pelos comentários de nossos assinantes e os *e-mails* que recebemos, podemos ver que eles consideram a Malware City uma fonte útil de informação. Outra evidência clara é o número crescente de visitantes, além do fato de que eles estão falando sobre o *site* em seus *blogs* ou marcando-o entre seus favoritos."

Fotos e imagens contam sua história

Conteúdo não se limita a palavras. Profissionais de marketing bem informados diversificam o conteúdo – com fotos, *feeds* de áudio, videoclipes, desenhos animados, gráficos e tabelas – para informar e divertir os visitantes de seus *sites*. Fotografias, em particular, desempenham um papel importante em muitos *sites*. Fotos e imagens são conteúdo poderoso quando os visitantes da páginas percebem que tais componentes estão integrados no *website*. No entanto, fotos genéricas de arquivos (como modelos multiculturais sorridentes e bem apessoados em uma falsa sala de reuniões) podem ter um efeito negativo. Vão saber imediatamente que a foto não é de pessoas reais na sua organização. Nem você nem seus usuários são genéricos. Uma observação técnica: embora fotos, tabelas, gráficos e outros componentes, que não sejam textos, possam ser grandes acréscimos a seu *site*, cuidado com imagens muito grandes ou conteúdos multimídia, como Flash, que possam levar à dispersão. Os visitantes querem acessar conteúdo rapidamente, querem *sites* que carreguem rápido, não querem ser distraídos.

Inclua ferramentas interativas de conteúdo

Qualquer coisa que leve uma pessoa a se envolver com o conteúdo de um *site* fornece um grande meio de envolver visitantes, construir algo de interesse e movê-los pelo ciclo de compra. Exemplos de interação incluem opções como cotações de ações e aplicativos de tabelas encontrados em *sites* financeiras e as ferramentas para "enviar um *e-mail* ao seu congressista" em *sites* de militância política. O componente interativo dá aos visitantes uma chance de imersão no conteúdo do *site*, o que torna mais provável encaminhá-los pelo processo de compra até o ponto de gastar dinheiro.

Torne disponíveis mecanismos de feedback

Dar a seus usuários meios de interagir com a sua organização é a marca de um grande *site*. Informações fáceis de encontrar, como o botão "Contato", são obrigatoriedade, e mecanismos diretos de *feedback*, com botões como "Dê uma nota" ou espaços para que usuários façam resenhas ou postem comentários, constituem fonte de informações valiosas *dos* visitantes e *para* os visitantes do *site*.

Dê meios para seus consumidores se comunicarem entre si

Para muitas organizações, um fórum ou *wiki,* no qual consumidores possam partilhar coisas com outros e se ajudar, funciona como meio de mostrar a consumidores potenciais que há uma comunidade vibrante de pessoas usando seus produtos e serviços. Em outras palavras, consumidores interagindo uns com os outros em seu *site* é um grande marketing!

Certifique-se de que seu site seja atual

Muitas pessoas ficam tão ocupadas, criando novas atrações para seus *sites*, que se esquecem de assegurar que o conteúdo atual ainda esteja válido. *Websites* tendem a se tornar ultrapassados rapidamente por causa de mudanças de produtos, trocas de funcionários e outros fatores. Você deve auditar seu *site* regularmente, talvez uma vez por trimestre, e fazer as revisões apropriadas. No mínimo, deve mudar a data do *copyright* (se você tem uma) a cada primeiro dia do ano. Já vi centenas de páginas cujas datas de *copyright* têm muitos anos de idade.

Inclua botões de compartilhamento em mídias sociais

Uma boa maneira de estender o alcance potencial de seu conteúdo – para pessoas que você ainda nem conhece – é facilitar aos leitores o compartilhamento deste com outras redes. O melhor jeito de fazer isso é incluindo botões de compartilhamento em cada página importante do seu *site*. Seus vídeos, *white papers, posts* em *blogs* e conteúdos semelhantes definitivamente devem ter isso. Botões de compartilhamento facilitam que as pessoas apontem para seu conteúdo em redes sociais como Facebook, StumbleUpon, Digg e Twitter. Um exemplo de botão de compartilhamento é o "Compartilhar" no Facebook. Quando seus fãs apertam este botão em seu *website*, a notícia da qual gostaram será encaminhada para seus amigos no Facebook, aparecendo nas páginas pessoais de seus fãs. Parece simples demais, mas esses botões são uma das formas mais eficientes de compartilhar conteúdo na *web*.

Crie conteúdo com calor que possa ser passado adiante e se tornar viral

Conteúdo na *web* é um alimento incrível para o marketing viral – o fenômeno caracterizado por pessoas que passam informação de seu *site* para amigos e colegas ou criam *links* para seu conteúdo nos *blogs* delas (mais informações sobre marketing viral no Capítulo 8). Quando o conteúdo comprovadamente é interessante, os visitantes tendem a contar para amigos, mandando-lhes um *link*. Não é fácil criar um agito em torno de um *site* para encorajar todo mundo a falar dele. Criar conteúdo para ser passado adiante nunca é um processo garantido, porque acontece mais organicamente. Mas há algumas coisas que você pode fazer para ajudar o processo. Quando criar conteúdo para o *site*, pense cuidadosamente sobre o que os usuários de conteúdo gostariam de passar adiante e, então, torne o conteúdo fácil de achar e de gerar *links*. Torne as URLs permanentes, para que ninguém ache *links* em branco quando visitar você meses (ou anos) mais tarde. Ter sucesso com marketing viral é dizer alguma coisa interessante e valiosa, e fazer com que seja fácil encontrá-la e partilhá-la.

Use RSS para transmitir seu conteúdo *web* para nichos

É tão fácil para nós – na mídia e na comunidade de analistas – conseguir informação via RSS (*Really Simples Syndication*) que nem consigo enfatizar como é grande sua importância em termos de componente de uma estratégia de marketing na *web*. É o método favorito em meu trabalho para rastrear mercados, empresas e ideias. Se a informação estiver no formato RSS, um navegador preparado para reconhecê-lo, como o Firefox, ou um aplicativo separado como o NewsFire, checa o *feed* para ver mudanças, mostrando-as em uma página *web*. Ter as informações chegando a mim é muito mais fácil do que nos dias em que eu mesmo tinha de procurar por elas. Fáceis de usar, o RSS e *softwares* agregadores de notícias – geralmente de graça – são um modo de conseguir informação de qualquer dispositivo. Gosto particularmente do RSS por ser uma poderosa ferramenta de gerenciamento de informação que passa ao largo do superlotado e incômodo canal do *e-mail*. Ter meus *websites*, veículos de mídia e *blogs* pelo RSS é uma compilação customizada do que exatamente eu quero ver.

Surpreendentemente, apenas um pequeno percentual de organizações usa RSS para distribuição de notícias e conteúdo para o mundo externo. Uma parcela ainda menor entende como os *feeds* de RSS são um meio ideal de fazer marketing para consumidores de nichos, que têm necessidades específicas. Aprenda como os mais importantes *sites* de notícias, incluindo a BBC, o *New York Times* e o *Washington Post*, usam o RSS. Qualquer conteúdo pode ser dividido em itens distintos (como *news releases*, *posts* de *blogs* ou atualizações de produtos) e distribuído via RSS.

O Netflix oferece *feeds* de RSS,[7] que fãs de vídeo podem assinar para receber atualizações, de acordo com seus interesses. Os *feeds* disponíveis incluem Netflix Top 100, *News releases*, Documentary Top 25, Comedy TOP 25 e Classics Top 25; todos eles miram consumidores específicos que selecionam apenas o conteúdo que lhes interessa. Se sou fã de filmes independentes, assino um *feed* de RSS, e se a qualquer momento o conteúdo relacionado a filmes independentes muda, eu sou alertado por meu leitor de RSS.

O que faz isso se sobressair do modelo padrão que prevê o mesmo marketing para todos, é ser altamente segmentado e enviado diretamente a micropúblicos de consumidores interessados. Faça uma comparação disso com o marketing típico que as empresas fazem para seus consumidores na *web*. Muitas vezes, quando você se torna um consumidor, a organização o coloca em sua lista de *e-mails* de ofertas especiais. Depois de receber dois ou três desses *e-mails*, torna-se óbvio que são apenas mensagens sem alvo para toda a lista de consumidores, e não têm valor para você. Não espanta que listas de *e-mails* sofrem perdas significativas porque os consumidores preferem optar por não receber as mensagens. Note como é diferente a abordagem da Netflix, de oferecer informação que foi selecionada e é bem-vinda, quando comparada com o velho mundo do envio de *e-mails* genéricos para as massas.

COMO O CONTEÚDO *WEB* INFLUENCIA O PROCESSO DE COMPRA

Conecte o conteúdo diretamente com o ciclo de venda

Os profissionais de marketing dos *sites* de maior sucesso criam conteúdo especificamente para pôr os compradores no ciclo de venda. Pessoas que consideram fazer uma compra geralmente passam por um processo de ponderação antes de tomar a decisão. No caso de algo simples e de baixo custo, como, por exemplo, o *download* de uma música do iTunes, o processo provavelmente é bem direto e dura poucos segundos. Para uma decisão importante, como comprar um carro novo, mandar seu filho para a faculdade, ou aceitar uma oferta de trabalho, porém, o processo pode levar semanas ou meses. Para muitas vendas *business-to-business*, o ciclo pode envolver muitos passos e múltiplas *personas* compradoras (um comprador de uma empresa e um comprador de TI, talvez), levando meses e até anos para ser completado.

Para maior eficácia, profissionais de marketing na *web* levam em consideração o ciclo de compra quando escrevem conteúdo e organizam seu *site*. Nos primeiros estágios do ciclo de vendas, as pessoas precisam de informações básicas sobre como sua organização pode resolver os problemas delas. Mais adiante no processo, podem querer comparar produtos e serviços, e assim precisam de informações detalhadas sobre os benefícios de suas ofertas. E quando estão prestes a sacar seus cartões de crédito, os compradores precisam de mecanismos fáceis de usar ligados diretamente ao conteúdo, para que possam finalizar rapidamente a compra (ou doação, assinatura, e assim por diante).

No caso de um ciclo de venda muito longo, por exemplo, pense no nosso exemplo da faculdade de capítulos anteriores. Estudantes do segundo grau enviam requisições de matrículas para faculdades no começo de seu último ano e, em geral, tomam a decisão de qual faculdade frequentar no final. Depois de ter passado pelo processo com minha filha, que entrou na faculdade em 2011, sei que o ciclo de vendas começa muito antes. É natural que estudantes no último ano do ensino médio visitem as faculdades, pessoalmente, mas, no mundo virtual, as visitas aos *websites* das instituições de curso superior começam bem antes. Com frequência, o *website* é o primeiro lugar de contato do estudante com a faculdade; por isso, o *site* deve falar com um público de jovens e adolescentes (incluindo seus pais) que só estarão prontos a solicitar admissão no prazo de dois ou três anos. Criar conteúdo apropriado para desenvolver uma relação duradoura, durante um longo ciclo de venda, só é possível quando uma organização conhece bem as *personas* compradoras e entende o processo de venda em detalhes. A faculdade deve dar aos estudantes do segundo grau um conteúdo apropriado, para que eles sintam como seria a vida na faculdade, se resolvessem frequentá-la, e o que implica o processo de admissão.

Para um grande *site*, é essencial manter o foco na compreensão dos compradores e do ciclo de venda, além de desenvolver um conteúdo apropriado que crie *links* para visitantes até o momento da compra. Com base em meus anos de pesquisa, a vasta maioria dos *sites* parece pouco mais que livretos *on-line* ou meros veículos de publicidade de mão única e, com frequência, é totalmente ineficaz. A *web* oferece oportunidades significativas para quem entende que o conteúdo está em primeiro plano nos melhores *sites*.

Uma cutucada amigável

Depois de demonstrar *expertise* em sua categoria de mercado e o conhecimento sobre a resolução dos problemas de seus consumidores potenciais, você pode introduzir seu produto ou serviço. Quando criar conteúdo sobre suas ofertas, permaneça focado no comprador e em seus problemas, em vez de elaborar distinções entre produtos. Como as pessoas interagem com seu conteúdo no estágio médio do processo de compra, é apropriado sugerir registros para um conteúdo relacionado – talvez uma *newsletter* por *e-mail*, um *webinar* ou *podcast*. Mas lembre-se, se você estiver pedindo o endereço de *e-mail* de alguém (ou outros detalhes de contato), você deve fornecer algo igualmente valioso em troca.

Compradores potenciais gostam de testar sua empresa, para saber que tipo de organização ela é. Eles também têm perguntas. É por isso que *sites* bem desenhados incluem um mecanismo para que as pessoas perguntem sobre produtos e serviços. Seja flexível, mas também consistente. Ofereça-lhes uma variedade de jeitos de interagir com sua companhia, e torne a informação de contato disponível prontamente em cada página do *site* (um clique apenas sempre é melhor). Tenha em mente que, particularmente com produtos caros, os compradores vão testá-lo para saber sua capacidade de resposta, e você deve dar prioridade a estas respostas. Você responde a questões por *e-mail* em tempo real? Isso é fundamental para que as pessoas pensem: "Esta é uma organização com a qual posso fazer negócios. Eles têm consumidores felizes, e respondem a mim e às minhas necessidades".

Feche a venda e continue a conversa

Quando o consumidor se aproxima do final do processo, você deve fornecer ferramentas que facilitem a compra. Compradores podem se sentir inseguros com relação a qual de seus produtos é apropriado para eles; por isso, você precisa fornecer demonstrações *on-line*, ou uma ferramenta que ofereça detalhes específicos sobre seus requisitos, e então sugerir o produto apropriado.

Fechado o negócio, há mais um passo. Você deve continuar o diálogo *on-line* com o novo cliente. Acrescente-o na sua *newsletter* por *e-mail* ou em um *site* comunitário apenas para compradores, onde ele possa interagir com especialistas em sua organização e outros consumidores de perfil semelhante. Você deve também oferecer amplas oportunidades para que os consumidores deem *feedback* sobre como tornar seus produtos (ou processo de vendas) melhores.

Um modelo de marketing em *open source*

Franz Maruna, CEO da concrete5,[8] começou uma firma de mídia interativa em 2002. Seu negócio era construir *websites* customizados e comunidades para negócios, incluindo *sites* importantes como Indie911.com, Lemonade.com e Schoolpulse.com. Para criar *sites*, a concrete5 tem seu próprio sistema de gerenciamento de conteúdo (CMS), um *software* usado para construir e gerenciar páginas *web* e outros conteúdos *on-line*. A empresa de Maruna criou um novo sistema porque não podia encontrar as ferramentas certas em um pacote disponível comercialmente. Ao elaborar *sites* mais complexos, a concrete5 atualizou frequentemente seu próprio sistema de CMS para adequá-lo a seus requisitos e aos de seus clientes.

Maruna, por fim, acabou desencantado com o processo constante de vender trabalhos *web* com novos desenvolvimentos, e decidiu focar no que ele realmente gostava: o sistema de gerenciamento de conteúdo. "Em 2007, gastamos oito meses construindo uma versão de lançamento do CMS da concrete5", ele diz. "Meus parceiros e eu sabíamos que tínhamos um sistema melhor, mas tivemos de decidir o que fazer com ele. Assim, no verão de 2008, tornamos o *software* de CMS disponível para todos, de graça, como *open source*." Ou seja, com código de programação disponível para todos, sem registro. Usuários antenados em computação podem fazer mudanças e construir novas versões do *software* que acharem adequadas. Maruna acrescenta: "Decidimos que coisas maiores e melhores iriam acontecer para nossa empresa se deixássemos que outros entrassem em nosso barco."

Dar um *software* em *open source* de graça é uma medida notavelmente ousada, mas Maruna acredita que isto foi inteligente. "Fazemos dinheiro no mercado (de módulos e ferramentas) e com hospedagem de *sites*", diz. "É como se eu desse a cerveja de graça (o *software*), mas, se você quer amendoins e salgadinhos (ferramentas e hospedagem), terá de pagar. Para fazer uma festa, você não precisa ter um bar enorme. Só é necessário um barril de cerveja, e as pessoas vão aparecer. Não precisa muito."

Maruna construiu então uma comunidade[9] para espalhar o que a empresa estava fazendo. "Blogueiros começaram a falar sobre ela, e as pessoas começaram a tuitar. Fizemos nossos próprios fóruns, onde as pessoas podem se reunir. A comunidade é campeã em testes de *bugs*, uma forma superpoderosa de testar ideias e conceitos. A comunidade traduziu o produto em uma dúzia de línguas."

A comunidade concrete5 inclui vários fóruns ativos. As pessoas da companhia participam e fazem parte de uma base de conhecimento construída, primariamente, de contribuições da comunidade. O que torna essa espécie de conteúdo *web* interessante, como ferramenta de marketing e RP, é ser totalmente aberta para consumidores e não consumidores. Muitas companhias têm comunidades interativas que são trancadas com a proteção de *passwords*. Na concrete5, tudo é aberto – mostrando a outros usuários em potencial o que está acontecendo de verdade.

Por meio de conteúdo *web*, a concrete5 introduz as pessoas aos conceitos de um sistema de CMS em *open source* e oferece produtos para trabalho de graça. Depois, a companhia encoraja a participação de usuários em um fórum *on-line* do *blog* concrete5,[10] e finalmente faz dinheiro vendendo reforços e ferramentas para o *software* e serviços interativos de hospedagem. Todo o conteúdo *web* resultante serve como o motor do marketing da empresa. No momento em que escrevo, o aplicativo CMS já teve mais de 300 mil *downloads*. A empresa tem um fórum ativo de 45 mil desenvolvedores e *designers* que estão ansiosos para ajudarem uns aos outros.

"É uma oportunidade estimulante ter pessoas dizendo coisas boas e ruins sobre você", diz Maruna. "O grupo de discussão, que está à sua volta todo dia, é de graça. Como companhia, ao começar a se envolver com *open source*, terá uma comunidade que se torna uma base de apoio apaixonada para você. Faça isso, e seus consumidores se tornarão fãs, indo até o fim do mundo para divulgar produtos para você. Além do fantástico trabalho de nossa comunidade de *open source*, de traduzir nosso trabalho, testar *bugs* e criar extensões, eles também nos mandaram grandes quantidades de cerveja (obrigado!) e voaram meio mundo para se reunir conosco. Uma comunidade *on-line* é uma coisa impressionante, se for usada corretamente. Seja uma pessoa boa, trate seu trabalho como trataria sua família, e eles farão o mesmo."

Para cada organização, a chave de um grande *website* é entender os compradores e elaborar para eles um conteúdo valioso. Mas há um passo final. Profissionais de marketing eficientes fazem mensurações para melhorar seu trabalho. Já que é tão fácil modificar conteúdo *web* a qualquer momento, você deve estar mensurando o que pessoas estão fazendo em seu *site*. Fazer *benchmark* de elementos, como os *links* selecionados, e testar diferentes páginas de destino podem ajudar. Se você tiver duas ofertas em uma página de destino (por exemplo, um *white paper* e uma demonstração, ambos grátis), poderá medir qual delas consegue mais cliques , além de dimensionar quantas das pessoas que respondem a uma oferta realmente compram alguma coisa. Desse modo, saberá não apenas o número de cliques , mas a receita por tipo de oferta, e poderá usar isso no futuro em páginas de destino. Armado com dados reais, você pode fazer modificações valiosas. Ou querer ver, por exemplo, o que pode acontecer se mudar a ordem dos *links* na *home page*. Por vezes, as pessoas apenas clicam em algo que está no alto da lista. O que acontece se alguma outra coisa estiver no topo?

É claro que a superioridade do produto, a publicidade, a mídia e a marca permanecem importantes no mix de marketing. Mas, na *web*, profissionais de marketing inteligentes entendem que uma estratégia de conteúdo eficaz, firmemente integrada ao processo de compra, é um elemento crucial do sucesso.

Notas

1 www.nypl.org/
2 www.demop.com/
3 http://www.google.com/webhp?hl=xx-elmer
4 www.accenture.com/
5 www.malwarecity.com/
6 www.bitdefender.com/

7 www.netflix.com/RSSFeeds
8 www.concrete5.org/
9 www.concrete5.org/community/
10 http://concretethestudio.com/

Capítulo 15

MARKETING MÓVEL: CHEGANDO AOS COMPRADORES ONDE QUER QUE ELES ESTEJAM

Escrevo neste momento, um final de tarde, no *lobby* de um hotel. Estou ficando com fome, mas também me sinto um pouco cansado. Anos atrás, isso iria significar uma refeição medíocre em um restaurante de hotel. Ou, talvez, pedisse ao *concierge* uma recomendação de um local próximo, se quisesse tomar um ar e dar uma volta. Se estivesse me sentindo aventureiro, provavelmente buscaria em *sites* de pesquisa *on-line* como o Zagat's ou o Yelp e, então, usaria o Google Maps para achar um lugar perto. Mas eu não faço mais essas coisas. Agora, pego meu iPhone, abro um aplicativo, Foursquare ou Layar, e olho uma lista de restaurantes próximos, com informações completas sobre que distância estão de mim. Posso ver dicas que pessoas deixaram sobre escolhas diversas e até mesmo verificar se meus amigos estão lá agora.

O incrível crescimento de dispositivos móveis equipados com navegadores, como os BlackBerrys, Androids, iPhones e iPads, permite que agora pessoas como eu procurem produtos e serviços quando estão na estrada. Na verdade, em mercados centrados em dispositivos móveis, como na África e na Ásia, conexões móveis de internet são mais amplamente usadas que as conexões comuns de computador, já que as pessoas podem comprar os celulares e a infraestrutura *on-line* é mais confiável que as linhas fixas. Mesmo no Japão, uma terra conectada com fibras óticas de fazer os Estados Unidos se envergonharem, os celulares mandam, porque o horário nobre *on-line* são as duas ou mais horas que as pessoas passam em trens todo dia.

De acordo com a União Internacional de Telecomunicações,[1] havia 5,3 bilhões de assinaturas de telefones celulares em todo o mundo em 2010, e redes móveis estão disponíveis para mais de 90% da população mundial. E não é tecnologia velha: 143 países oferecem serviço 3G de alta velocidade. Esses padrões de acesso à internet têm implicações enormes para todos os tipos de negócios globalmente. A capacidade de contatar consumidores no exato momento em que eles estão próximos e dispostos a comprar o que você oferece vai transformar o modo que você vende. A utilização de celulares acontece em todas as camadas da sociedade, e não apenas entre aqueles que escolhem o celular por ser mais barato que computadores. Um estudo Forbes-Google,[2] chamado "O executivo sem limites: informações na era da mobilidade", relata que mais da metade dos altos executivos diz que seus celulares agora são sua ferramenta primária de comunicação. Executivos também compram usando seus celulares. Quase dois terços indicaram que se sentem confortáveis comprando assim, enquanto mais da metade prefere fazer uma compra por celular em vez de por telefone fixo.

Todos os tipos de pessoas compram produtos enquanto cuidam de suas rotinas. Em vez de atravessar a cidade, uma mãe ocupada pode usar seu iPhone para comprar enquanto espera para apanhar os filhos no futebol. "Está claro que chegamos ao ponto de não retorno no impacto comercial de dispositivos móveis, e, ainda assim, a maioria das empresas luta com decisões ligadas à mobilidade", diz Kern Wyman, cofundador da Mini-i-Mags 4 Mini People (mm4mp), que criou um aplicativo que varejistas de moda infantil usam para publicidade global. "Decisões em tempo real, com transações comerciais instantâneas e móveis, e a colaboração em todo e qualquer lugar estão acontecendo em todo lugar."

Torne seu *site* móvel mais amigável

Se as pessoas usam navegadores móveis em seus iPhones, Androids ou outros dispositivos, é importante que seu *site* seja amigável para elas – com conteúdo rápido, que otimize a visão em telas menores. Como muitos *sites* ainda não têm uma arquitetura móvel, as organizações perdem a oportunidade de vender para as muitas pessoas que fazem o acesso por celulares. Seu *site* deve ter conjuntos diferentes de códigos de HTML, que reonheçam o tipo de aparelho que os visitantes usam (computador ou móvel) e mostrem a tela no melhor formato.

"É importante se assegurar de que o conteúdo móvel carregue rapidamente", diz Jim Stewart, CEO da Stew Arte Media, que atua com otimização de mecanismos de busca e tem sede em Melbourne, na Austrália. "As pessoas que acessam seu *site* com celulares estão fazendo isso por meio de uma conexão sem fio. Por isso, seu *site* deve carregar com rapidez. E elas têm uma tela muito menor. Estamos quase de volta aos dias do começo da *web*, quando páginas menores e mais leves eram melhores."

Stewart diz que desenhar páginas para *displays* de celulares requer repensar o tipo de conteúdo que você oferece. "Você deve mostrar a informação crucial que alguém iria querer ver em um celular", ele diz. "Pode ser o menu de um restaurante, ou um número de reserva. Mantenha os arquivos de imagens tão pequenos quanto possível."

Ao desenvolver conteúdo para celulares, lembre-se de que mecanismos de busca têm um sistema de *ranking* separado para eles. Isto significa que há implicações para as estratégias de otimização de engenhos de busca, que farão com que seu *site* apareça melhor. "O Google tem o Mobile Google, que é uma versão diferente do Google normal, ou clássico", diz Stewart. "É desenhado e marcado de maneira diferente, e o Google dá preferência a *sites* móveis amigáveis. Certifique-se, por exemplo, de que o Google entenda onde está seu conteúdo móvel, criando o que eles chamam de um mapa do *site* para usuários móveis. Este mapa é diferente daquele para usuários normais.E se o *site* for sobre um negócio local, você precisa usar descrições geográficas. Muitas pessoas, por exemplo, digitam apenas 'flores' no Mobile Google e, com frequência, vão parar no Google Place com informações dos resultados. Isso acontece porque o Google avalia que as pessoas querem informação local ou próxima delas, ou buscam um negócio que sirva aquela área em particular."

Construa seu público com celulares

Compradores usam seus celulares para buscar produtos e serviços na hora da necessidade (assim como eu quando estou viajando e com fome); portanto, você tem a oportunidade de fazer com que eles passem de uma visita única para seguidores de longo prazo. O desafio é criar uma razão atraente para aqueles que queiram contatar sua companhia no futuro – além do movimento inicial de terem achado você em seus celulares.

"Você tem de usar o celular para capturar e construir seu público tão rápido quanto possível, porque as pessoas têm a capacidade de lidar com os dados em movimento e a competência para agir", diz Christopher S. Penn, vice-presidente de estratégia e inovação na Blue Sky Factory, uma empresa de tecnologia de marketing por *e-mail*. "Quanto mais rápido atrair a curiosidade inicial delas ao usar um aplicativo de celular relacionado ao seu mercado, será mais provável que você inicie uma relação com um consumidor."

Um meio de empresas envolverem consumidores rapidamente é com o uso de códigos de SMS (*short message service*). Nos Estados Unidos, o SMS foi primeiro popularizado por programas de televisão como *American Idol*, que deixava espectadores votarem em seu candidato favorito durante transmissões ao vivo, com o envio de uma mensagem. Essa mesma estratégia é usada por profissionais de marketing para desenvolver sistemas de *sign-up* no ponto de venda. "Se você for a qualquer loja de varejo, há uma boa chance de que algumas das marcas mais importantes lhe ofereçam um modo de digitar seu endereço de *e-mail* para um código curto [números especiais de telefone significativamente mais curtos do que aqueles de celulares] e receber cupons exclusivos ou assinar a *newsletter* do lugar", diz Penn. "É preciso capturar as pessoas enquanto elas estão em movimento, especialmente se você é um varejista ou prestador de serviço, que pode ajudar a satisfazer um consumidor. Você deve se aproveitar da sensação de intimidade no momento e capturá-la. Muitos estabelecimentos vão mandar uma mensagem para o cliente, como 'Ei, digite seu endereço de *e-mail* e terá 20% de desconto na próxima compra'. Bom, o cliente está no momento certo, já fez a compra e diz OK, porque quer o desconto da próxima vez."

Penn diz que as companhias começam a experimentar a captura de *sign-ups* usando aplicativos móveis, além de SMS. Profissionais de mercado gostam dessa abordagem porque ela pode ser grátis, enquanto o SMS requer o pagamento de um *fee* para a operadora. "Imagine que você está em um restaurante, com uma placa sobre a mesa dizendo: 'Consiga 5% de desconto se visitar nossa página no Facebook e se tornar um fã'. Bem, na página vai haver um botão para você se registrar na lista de *e-mail* do restaurante, e tudo o que isso requer é um clique. Você dá um toque na tela de seu celular, que lhe diz: 'Parabéns, você está na lista de *e-mail*'. Não há entrada de dados, ou como teclar errado, o que é especialmente importante quando você utiliza teclados minúsculos. Com dois toques, você está no *mailing* da empresa, e tudo foi feito usando os dados sociais que você já digitou no Facebook. O restaurante pode rapidamente ter uma entrada de dados e construir uma lista de consumidores, apenas usando as características que já estão presentes em muitas das plataformas."

Geoposiocionamento: quando seu comprador está próximo

Acrescentar GPS (sistema de geoposicionamento global) em celulares transforma o aparelho em uma lente que olha tudo o que está nos arredores. Com o GPS, os celulares ganham a conscência de quem está por perto – empresas, pessoas e lugares, mesmo em territórios não familiares (como acontece comigo quando estou em uma cidade que não conheço, procurando um restaurante). Aplicações móveis que fazem uso da tecnologia de GPS incluem Facebook Places, Foursquare, Layar, Gowalla e muitas outras, mas o conceito é o mesmo para todas. Quando alguém está usando seu celular com capacidade de geoposicionamento, a localização da pessoa aparece para que os profissionais de marketing a utilizem.

Aplicações como Foursquare, um modo de pessoas compartilharem com outras sua localização a qualquer momento, abre toda sorte de oportunidades interessantes de marketing. Muitos bares e restaurantes oferecem agora serviços especiais para pessoas que façam um *check in* nesses lugares usando Foursquare. Você poderá, por exemplo, ganhar uma sobremesa de graça se alertar seus amigos sobre onde está jantando. Isto funciona melhor com negócios como escolas, igrejas, restaurantes, hotéis, cinemas, salões de beleza, e assim por diante. Algumas empresas usam técnicas de Foursquare para aumentar o envolvimento em conferências ou reuniões.

O marketing de geoposicionamento com aplicativos como o Foursquare, apesar de ser tão novo, está sendo experimentado por muitas empresas. A companhia aérea KLM, por exemplo, sediada na Holanda, surpreendeu alguns usuários afortunados de Foursquare com um "ato aleatório de generosidade".[3] Passageiros que compartilharam sua informação de voo com o Foursquare foram recebidos no portão de embarque com uma taça de champagne e simpáticas boas-vindas. Outros conseguiram *upgrades* de graça para a primeira classe ou presentes, como livros, relógios ou etiquetas para as malas. A chave para esta promoção é que, ao fazer um *check in* em certo portão do aeroporto Schiphol, em Amsterdam, os funcionários da KLM sabem exatamente onde a pessoa está naquele preciso momento e podem orquestrar uma surpresa. E quando as pessoas se deliciam com a surpresa, contam para seus amigos e provocam um agito nas redes sociais, o que gera uma avaliação positiva para a KLM.

Pessoas e organizações de todo tipo estão se tornando ativas no Foursquare e em serviços semelhantes de localização. Os Arquivos Nacionais dos Estados Unidos, incluindo as bibliotecas e museus presidenciais, usam o Foursquare para encorajar visitantes, em diferentes locais do país, a compartilharem dicas e outras informações.

Parte do divertimento no Foursquare é que você pode ganhar uma credencial para certos *check ins*. Eu, por exemplo, ganhei a credencial JetSetter para cinco *check ins* em aeroportos. E não se esqueça: pessoas em todo o mundo estão fazendo *check in*, no mundo e além dele. Em outubro, o comandante Douglas H. Wheelock (@astro_wheels no Twitter) se tornou o primeiro homem a usar o serviço de localização no espaço. Wheelock fez seu *check in* no Foursquare na Estação Espacial Internacional e ganhou a nova credencial NASA Explorer.

A sala de imprensa móvel

Como o iPhone e outros aparelhos móveis adotam plataformas públicas de *software*, qualquer um pode criar aplicativos para usar em marketing e relações públicas. Eu tenho meus próprios aplicativos[4] David Meerman Scott de graça para iPhone e iPad, que foram desenvolvidos para mim pela Newstex, uma empresa de tecnologia de conteúdo em tempo real. Meus aplicativos incluem meus *posts* no *blog*, o *feed* de Twitter e vídeos, além de *links* para meus livros na Amazon.

Cada vez mais repórteres usam celulares, por isso estou convencido de que profissionais de relações públicas, analistas e departamentos de relações com investidores das empresas precisam criar aplicativos como o meu para alcançar seu público editorial, de analistas, investidores e outros. O que estamos vendo, acredito, é a evolução natural da sala de imprensa *on-line*, que discuto no Capítulo 20. Empresas precisam de uma sala de imprensa rica em conteúdo, cheia de *posts* em *blogs*, vídeos, *podcasts*, *e-books*, *press releases* e informações de *background*, e acho que algumas dessas companhias precisam pensar sobre o envio de conteúdo móvel para jornalistas.

Em minhas viagens pelo mundo, vi cada vez mais repórteres e analistas usando aparelhos móveis, especialmente iPads, para tomar notas durante reuniões. Também os vi em movimento com iPhones, Blackberrys e coisas semelhantes. Quando um repórter, ou analista, tem um aplicativo para uma empresa que ele cobre em seu celular, pode facilmente checar o que está acontecendo, assim como gerar alertas para coisas como *press releases* – tudo no aparelho de sua escolha. Um benefício adicional é que esses aplicativos podem funcionar como ferramenta para chegar a empregados e parceiros, assim como consumidores existentes e potenciais.

Um aplicativo para qualquer coisa

Na verdade, existe aplicativo para qualquer coisa. O SitOrSquat, por exemplo, é um aplicativo para encontrar banheiros feito para o iPhone e outros aparelhos; no momento em que escrevo, há cerca de 10 mil banheiros públicos registrados, todos geoposicionados e com *ranking* de limpeza: *sit* (sente-se) para banheiros limpos e *squat* (agache-se) para os sujos. O aplicativo pode servir para adicionar lugares em qualquer lugar do mundo, mas, neste momento, os banheiros estão localizados nos Estados Unidos. Se quiser fazer xixi e estiver em Nova York, você tem sorte! Mas, se estiver "apertado" em Helsinki, por exemplo, terá de esperar um pouco mais, porque há apenas quatro banheiros listados naquela cidade.

O buscador de banheiros SitOrSquat é patrocinado pela Charmin, a marca mais popular de papel higiênico nos Estados Unidos há mais de 25 anos. É para adorar este patrocínio! O *press release* que anunciou a parceria deve ter sido uma delícia de escrever: "Por quase uma década, o Charmin tem se dedicado a dar aos consumidores uma grande experiência no banheiro. Este compromisso começou em 2000, com os banheiros públicos 'Charmizing' em feiras estaduais, e depois com as unidades móveis 'Potty Paloza', de 2003 a 2005, e finalmente, com a próxima evolução, os Banheiros Charmin em Times Square".

Outro aplicativo interessante é o Live Scoring, para iPhone e Android, da Associação de Tenistas Profissionais (ATP, de homens) e da Associação de Tênis Feminino (WTA). O Live Scoring – que dá atualizações ponto a ponto dos jogos da WTA e da ATP no circuito mundial – é grátis e permite que fãs sigam em tempo real seus tenistas profissionais favoritos, como Rafael Nadal, Roger Federer, Caroline Wozniacki e Serena Williams, enquanto eles competem em 155 eventos, realizados em 43 países do mundo.

"Há uma demanda por *ranking* em tempo real de nossos fãs mais ardorosos", diz Phillippe Dore, diretor sênior de marketing digital da ATP World Tour. "Se você não tem a sorte de ver um jogo em Zagreb ou Beijing pela TV, esta é a melhor maneira de acompanhar, seja em seu computador ou em seu iPhone ou Android em nosso *website* para celulares. Os jornalistas o usam também quando têm de escrever e estão em cima do prazo."

Acho interessante que serviços para celulares sejam usados para coletar dados que potencializam o aplicativo. "O *ranking* ponto a ponto vem diretamente da cadeira do juiz", diz Dore. "Assim, é o mesmo dado oficial do juiz. Quando ele entra com o resultado em seu PDA, temos o *ranking* oficial em nosso *website* e em nossos aplicativos móveis. Estão sendo usados para os circuitos masculino e feminino, e agora estamos coletando dados dos torneios de ascensão, que chamamos de circuitos de desafio." Apenas três meses depois do lançamento, o aplicativo ATP Live Scoring para iPhone teve o número impressionante de 80 mil *downloads*, registrando uma média de mil *downloads* por dia. Esses fãs dedicados são também aqueles que compram ingressos para ver eventos ao vivo na arquibancada, e assim o aplicativo traz receitas para os jogadores e patrocinadores de torneios.

Grafite com nome de redes de *wi-fi* como publicidade

Gostaria de terminar este capítulo sobre marketing móvel, com uma ideia que reconheço estar bem fora da mídia tradicional.

Se você está na rua, talvez em uma loja de café, vai querer achar uma rede de wi-fi. Você olha os nomes das redes, e vê o costumeiro: pessoas que usam nomes *default* para redes associadas com seu provedor de tecnologia, como *linksys*, alguns que usam seus nomes, como Jones_Network, coisas aleatórias como FJ8673UHNN4, e redes pagas que exigem cartão de crédito, como a Boingo_Hotspot.

Mas aí você encontra uma rede chamada Hipster Doofus. Ha ha ha! Que divertido. Alguém tem senso de humor.

Mas, espere.

Imagine quantas pessoas estão vendo aquele nome de rede. Se for em uma cidade grande, podem ser milhares por dia.

Que tal usar o espaço SSID de identificação de 32 caracteres para enviar uma mensagem de marketing. Eis algumas ideias:

- Um vendedor de carros: "*Test drives* de graça".
- Um bar: "Experimente Joe Martini".
- Uma loja de livros: "Pare de piratear e compre um livro".

A ideia de nomes de *wi-fi* como ferramenta de marketing chegou a mim por cortesia de Alexandra Janelli. Em 2009, Janelli estava em um bar no Lower East Side de Manhattan quando viu que o nome da rede que seu iPhone encontrou era Alcoholics Shut In. A experiência levou à criação de um *blog* que virou *site*, WTwifi.com, com relatos de nomes interessantes. "Nomes de roteadores de *wi-fi* estão rompendo os muros das casas, levando com eles mensagens virtuais, grafite em ondas, ou alertas que podem ser decodificados por nossos smartphones e computadores", ela diz. "Eles são os monóculos para o mundo codificado em torno de nós."

Durante o *warwalking* (a busca por redes de *wi-fi* caminhando), Janelli aprendeu que as pessoas usam seus nomes de *wi-fi* para enviar mensagens. "Em muitos casos, as mensagens são para que fiquemos fora de suas conexões", ela diz. "Mas você acha usuários que mandam mensagens muito diretas, como 'Nós também ganhamos', que brinca com outro nome de rede de wi-fi, 'Nós ganhamos', ou mesmo 'Hispter Doofus' e 'Filho de Hipster Doofus'. Embora não seja uma forma convencional de mídia social, certamente é uma mídia facilmente modificável pelas pessoas, que estão se tornando cada vez mais conscientes de suas utilizações." Alguns dos nomes favoritos de redes de *wi-fi* de Janelli são Presos da Cidade, Poder dos Esquilos, Eu Como Crianças, Queijo tem Proteínas, Esquadrão de Bombas Cupcake e Fraldas Sujas para o Almoço.

Minha aposta: é apenas uma questão de tempo antes que empresas usem nomes de redes como ferramenta de marketing. A questão, em todas essas tolices, é que o marketing móvel ainda está em sua infância. Não há meios certos e rápidos de alcançar as pessoas por meio dos celulares que elas carregam o tempo todo, todos os dias. As novas regras se aplicam aqui: você não deve enviar *spam* para celulares, com mensagens indesejadas, então seja gentil com as pessoas que lhe deram informação de contato. O melhor conteúdo ganha. Mas estamos criando melhores práticas pelo caminho porque isso é tudo tão novo! Tente alguma coisa! Crie um aplicativo, ou se informe mais sobre as possibilidades do geoposicionamento por GPS em celulares. Você vai chegar aos compradores diretamente, não importa onde eles estejam.

Notas

1 www.itu.int/ITU-D/ict/statistics/at_glance/KeyTelecom.html
2 www.forbes.com/forbesinsights/untethered_executive/index.html
3 http://surprise.klm.com/
4 http://itunes.apple.com/us/app/david-meerman-scott/id399226943?mt=8

Capítulo 16

SITES DE REDE SOCIAL E MARKETING

É fenomenal a popularidade de *sites* de rede social como Facebook, Twitter e LinkedIn. Sites de rede social tornam fácil para qualquer pessoa criar um perfil sobre si mesma e usá-lo para formar uma rede virtual, que combine seus amigos *off-line* a seus novos amigos *on-line*. De acordo com o Twitter, há mais de 200 milhões de contas no Twitter, e as pessoas geram mais de 65 milhões de tuítes/dia. O Facebook registrou mais de 500 milhões de usuários ativos,[xiii] e continua crescendo. E não é apenas nos Estados Unidos. As redes sociais são extremamente populares em todo o mundo. Cerca de 70% dos usuários do Facebook, por exemplo, vivem fora dos Estados Unidos. É claro que nem todos os visitantes criam seus próprios perfis, mas há milhões e milhões de pessoas que o fazem – para compartilhar fotos, diários, vídeos, música e interesses com uma rede de amigos.

Esses números são enormes, mas podemos facilmente perder a noção do que significam para nós como profissionais de marketing. Quando pretendemos chegar a pessoas influentes nos *sites* de rede social, devemos repensar nossas noções sobre a melhor maneira de espalhar nossas ideias e contar histórias. Muita gente me diz que quer ser citada em publicações importantes, como o *Wall Street Journal*, ou ter seus produtos mencionados em redes de televisão como a BBC ou em programas de TV como *Oprah* – que são considerados os cálices sagrados para os profissionais de marketing. A mídia de massa é certamente importante (quem não gostaria de estar na BBC?), mas ela é realmente a melhor coisa para o seu negócio?

Em 2011, no South-by-Southwest Interactive Festival,[1] fiquei um pouco no *lounge* dos blogueiros, um lugar onde as pessoas que são ativas nas redes sociais

---

xiii Números divulgados na internet indicam que, em 2011, o Facebook chegou à marca de 750 milhões de usuários. O Twitter também cresce regularmente, com mais de 230 milhões de tuítes enviados por dia. (N. R. T.)

podiam ter conexão com a internet e tomadas, além de um refrigerante gelado, enquanto encontravam seus amigos virtuais em carne e osso. Quando olhei em torno da sala e vi cerca de uma centena de pessoas influentes, percebi algo importante: as vozes coletivas dos blogueiros, que estavam no *lounge* do South-by-Southwest naquele dia, provavelmente eram mais poderosas e tinham mais influência que o *Wall Street Journal*. Quando pensar em chegar até seu público usando redes sociais, considere realmente quem tem poder. É a mídia de massa? Ou outras pessoas? E como você faz para chegar a elas?

O Eugene Mirman da televisão é um cara legal e gosta de frutos do mar

"Não há intermediários entre mim e o público", diz o comediante Eugene Mirman,[2] conhecido por seu trabalho em *Flight of the Conchords*, seu livro de sátira *The Will to Whatevs: A Guide to Modern Life*, suas aparições no Comedy Central e em programas de entrevistas. Mirman atualmente interpreta o papel de Yvgeny Mirminsky em *Delocated* e faz a voz de Gene Belcher no desenho animado de humor *Bob's Burgers*. Ele tem um *blog*, uma página no Facebook,[3] e está no Twitter.[4] "Quero fazer entretenimento na *web*", ele diz. "Isto é que é divertido para mim. Embora haja uma loja em meu *website*, o esforço é para fornecer coisas que divirtam as pessoas, e não vender." E ele faz isso. A biografia de Mirman no Twitter diz: "Eu sou o Eugene Mirman da televisão. Sou muito legal e gosto de frutos do mar". Um exemplo de *tweet*: "Quando descobrirem que o Black Eyed Peas são espiões alienígenas hostis, a humanidade vai se sentir imbecil, porque isso era óbvio, olhando para trás".

Mirman usa Facebook e Twitter como meios de levar suas informações a múltiplos públicos imediatamente. Logo após fazer o discurso de formatura de 2009 no Colégio Lexington, em Massachusetts, ele postou um vídeo no YouTube[5] e fez um *link* em seu *blog*, assim como em seus perfis do Twitter e do Facebook. O vídeo teve 100 mil visitantes em apenas uma semana.

Mirman diz que escreve o que lhe interessa no momento, e não se preocupa com produtividade. "Quero fazer coisas divertidas e que um monte de gente veja, mas só faço o que acho bom e engraçado, e então espero que os outros passem adiante", diz. "Para mim, é mais fácil fazer o que gosto, e se isso atrai fãs, ótimo. E tenho sorte por tudo ter funcionado desse jeito durante anos. Com a

SITES DE REDE SOCIAL E MARKETING

mídia social, você pode contar uma história. Se tem um interesse especial, como cozinhar, você pode conseguir um público."

Pense de novo em minha metáfora da cidade como uma cidade e a mídia social como um coquetel, como discuto no Capítulo 4. Coquetéis são divertidos. Você vai querer estar lá. Embora a chance de encontrar alguém para se tornar um consumidor seja uma possibilidade distinta, isso é um produto colateral de uma boa conversa. Aceite a dica de Mirman e tenha certeza de levar a atitude certa para a mídia social. Com isso em mente, vamos examinar em detalhe alguns dos mais importantes *sites* de rede social.

Facebook: não é apenas para estudantes

Desde que escrevi a primeira edição deste livro, o Facebook se tornou uma ferramenta *on-line* para profissionais se comunicarem com comunidades e com consumidores diretamente. A centelha para essa notável explosão aconteceu em setembro de 2006, com a abertura do Facebook para não estudantes. Antes disso, você precisava de um endereço de *e-mail* terminado em ".edu" para poder ter uma conta. De acordo com a comScore, pouco antes de abrir o *site*, o tráfego do Facebook era de cerca de 14 milhões de visitantes únicos por mês. O número quase dobrou nos meses seguintes, chegando a 26,6 milhões em maio de 2007. No momento em que escrevo, como já citei, o Facebook alcançou 500 milhões de visitantes em todo o mundo. O *site*[6] informa que 250 milhões de pessoas se logam no Facebook pelo menos uma vez por dia.

O *site* conecta membros por meio de um processo de pedido de amizade. Até que você aprove alguém como amigo no Facebook, seu perfil completo permanece oculto. Descobri que o Facebook é um grande meio de manter contatos casuais com gente que encontro pessoalmente e *on-line*. É uma ótima maneira de manter contato com colegas de escola ou do trabalho.

A coisa mais importante para lembrar sobre marketing no Facebook (e outros *sites* de rede social) é que não se trata de um gerador de promoção espalhafatosa. A melhor abordagem para marketing no Facebook envolve quatro maneiras úteis de levar informações e ideias para pessoas interessadas em você e seus produtos e serviços: (1) um perfil pessoal para comunicação amigo-amigo, (2) páginas da companhia, (3) grupos e (4) aplicativos. O primeiro, seu perfil pessoal, é geralmente o jeito mais fácil e rápido de se descrever e acrescentar dados relevantes e uma foto. Quando eu publico um *e-book* ou um livro impresso, por exemplo, posto uma mensagem em meu perfil no Facebook para que meus amigos saibam o que estou fazendo. Também posto *links* para novos *posts* no *blog* e nas conferências. De modo semelhante, quando criei meu perfil, incluí um vídeo curto para dar a meus amigos no Facebook uma ideia de como são minhas conferências. Eles veem minhas atualizações por seus *feeds* no Facebook, basicamente como um envio contínuo de informações de seu círculo de amigos.

Uma página no Facebook é uma ótima maneira de dar o primeiro passo para que sua organização se envolva com as pessoas. Por isso, pense nela como um perfil pessoal, mas adaptada para ser de uma empresa. Você provavelmente usará, por exemplo, um logo no lugar de uma foto para imagens no alto do canto esquerdo. Quando completar sua página, deve postar informações interessantes, como *links* para *posts* em *blogs* e vídeos, que você criou para elas.

Um dos aspectos mais úteis do Facebook é a capacidade das pessoas de "Curtir" e taguear as coisas que você faz no *site* de rede social. Quando usuários curtem sua página ou algo que você postou nela (eles fazem isso clicando no botão Curtir), isso aparece em seus perfis no Facebook para que seus amigos vejam. A mesma coisa é verdadeira quando você cria um *tag* para alguma coisa. Taguear é quando você identifica pessoas dentro de um *post* ou foto no Facebook, tal como pessoas aparecendo em uma foto. Quando você tagueia as pessoas, elas recebem notificações que as conectam ao conteúdo tagueado. Não é maravilhoso? Quando você cria alguma coisa interessante, seus amigos podem espalhar por você!

Ashley Holden, da Bellaposa Collections, usa com sucesso o botão Curtir e os *tags* do Facebook para fazer o marketing de suas joias artesanais. Uma década atrás, quando ainda estava no colégio, Holden começou a fazer joias por diversão, mas agora ganha a vida com a Bellaposa Collections. Uma de suas principais estratégias de promoção é postar imagens das joias em sua página do Facebook e encorajar as pessoas a dar um "Curtir" nas fotos dos *designs* que preferirem.

"Entrei nisso pensando que, talvez, algumas poucas pessoas participariam, e todos seriam amigos da vida real", diz Holden. "Mas isto se espalhou para amigos de amigos, e assim por diante. É animador ver isso se espalhar."

Um grande meio de organizações manterem pessoas interessadas informadas é juntá-las em um grupo no Facebook. Todos os usuários podem criar

SITES DE REDE SOCIAL E MARKETING

grupos, sejam fechados (apenas por convites) ou abertos (qualquer um pode se inscrever). Há também um local semelhante onde as pessoas podem se encontrar: é a página do Facebook, que traz informação que qualquer um pode ver (comparada aos grupos, onde você tem de se inscrever primeiro). Grupos de Facebook são uma forma mais profunda de comunicação sobre um tema (como o lançamento de um produto) em comparação com as páginas de fãs no Facebook, tipicamente mais soltas. Sei que isso soa complicado, mas deveria servir de incentivo para aderir a alguns grupos e se tornar fã de poucas empresas para ver o que as pessoas estão fazendo.

Philip Robertson, diretor de comunicações de marketing da ooVoo,[7] que tem um aplicativo para conversas face a face por vídeo com amigos, família e colegas, queria estabelecer conexões de mídia social logo depois do lançamento do ooVoo em meados de 2007. "O Facebook estava se tornando rapidamente um lugar para as pessoas se conectarem e se atualizarem *on-line*", ele diz. "Ao mesmo tempo, começamos a olhar o mercado de maneira diferente." Robertson iniciou um grupo no Facebook, com objetivo de se comunicar com usuários existentes de ooVoo e, por meio da própria rede social, construir uma população maior de usuários, enquanto as pessoas discutiam o serviço e o compartilhavam com seus amigos. "Usamos o grupo para promover campanhas como 'meu dia de ooVoo', com participação de blogueiros importantes que usaram o aplicativo para interagir com as pessoas, e também postar novos *softwares*. As pessoas que são fãs da marca podem usar um novo *software* primeiro."

Começar um grupo no Facebook é muito simples. Sua criação leva poucos minutos, e o processo inclui uma ferramenta pronta para enviar convites a seus amigos no Facebook (e, se for apropriado, para amigos de seus colegas). Você também deve mencionar o grupo no *website* ou *blog* regular de sua companhia. "Conseguimos 250 membros no grupo do Facebook muito rapidamente", diz Robertson. "Convidamos os membros iniciais a partir de nossa base de fãs, e também convidamos pessoas influentes que nos dessem *feedback* sobre a marca." O grupo ooVoo tem mais de 7 mil membros no momento em que escrevo. Há também uma página do Facebook da ooVoo que quase 700 mil pessoas curtem.

As pessoas que aderem a grupos do Facebook querem ficar informadas, e querem que isso aconteça no tempo delas. Como nos *blogs*, o melhor jeito de manter um grupo no Facebook é tornar disponíveis informações valiosas.

Diferentemente dos *e-mails* invasivos, recebidos indiscriminadamente, os grupos do Facebook podem ser visitados segundo a conveniência de seus membros. "Você não está fazendo *spam* com informações que as pessoas são obrigadas a ler", diz Robertson.

A natureza informal e de duas mãos da dinâmica de grupos do Facebook é um aspecto importante para profissionais de marketing. "O valor do 'passar adiante' é muito importante", diz Robertson. "Você pode recomendar grupos e aplicativos do Facebook para amigos de forma muito mais fácil e casual do que com *e-mail*. E as pessoas podem postar informações para os grupos, tornando-se, elas mesmas, parte ativa de uma marca."

Já tive experiências notáveis com grupos de Facebook, experiências que nunca poderiam ter acontecido sem as ferramentas de redes sociais. Uma das mais interessantes foi com as aulas na Universidade de Boston,[8] durante o curso sobre *Novas Mídias e RP*, de Stephen Quigley. As turmas usam este livro como um de seus textos básicos. Por diversos semestres, os estudantes me convidaram para participar de seus grupos, formados apenas por convites. Um deles se chamava "A nova mídia sacode meu mundo de RP (adorei o nome), enquanto outro grupo escolheu *Media Socialites* (gosto ainda mais). Eis como o *Media Socialites* se descreve: "O novo bando de estudantes esponjas do professor Quigley quer absorver tanta informação sobre novas mídias e RP em um semestre quanto for humanamente possível... e, do jeito apropriado nas redes sociais, fazer conexões importantes no processo".

As redes sociais criaram novos modos de aprendizado. Eu me formei no Kenyon College em 1983, e em quatro anos não me lembro de ter me importado muito com autores de livros-texto. Certamente, nunca conheci um deles. Mas, com ferramentas de mídia social como o Facebook, professores (e alunos) inteligentes estão agora envolvendo autores de livros-texto e outros convidados, criando efetivamente classes virtuais que suplementam as aulas presenciais. Estudantes e professores me dizem que isso está transformando seus processos de aprendizagem. E os negócios? Como a mídia social está mudando o que você faz? Aprenda uma lição com esses educadores avançados e se torne parte da discussão.

A característica final, que eu menciono, é a capacidade de fazer aplicativos, uma ótima maneira de construir sua marca no Facebook. Como plataforma aberta, o Facebook permite a criação de aplicativos que fazem com que amigos partilhem informações de formas diferentes. Há milhares de aplicativos disponíveis no Facebook, e os mais populares são usados por centenas de milhares de pessoas todos os dias – nada mal para uma ferramenta de marketing que não custa nada e é fácil de criar. Um dos meus favoritos é o o aplicativo Cities I've Visited, da TripAdvisor.[9] Ele mostra um mapa em minha página do Facebook, onde posso colocar uma tachinha visual nas cidades que visitei. Já que corro o mundo, é uma maneira de manter meus registros de viagem.

O negócio da TripAdvisor é fornecer informações isentas sobre resenhas de hotéis, fotos e aconselhamento de viagem, e o Cities I've Visited é uma ferramenta de marketing perfeita para a empresa. Os aplicativos de Facebook são uma maneira incrível para os profissionais de marketing serem criativos e tentarem alguma coisa nova, e sempre há a possibilidade de um aplicativo pegar e se tornar viral como o Cities I've Visited – que tem um número impressionante de mais de 3 milhões de usuários ativos.

Em resumo, o Facebook emerge como um meio primário para qualquer um ficar em contato com pessoas e organizações que considere importantes e, por isso, se tornou importante ferramenta de marketing para muitas empresas. Assim como acontece com outras redes sociais, o Facebook – com seu sucesso – tornou-se um líder na mente do consumidor ao desenvolver informações que as pessoas *queriam* absorver.

Procure por mim no MySpace

Marketing em redes sociais pode ser uma coisa complicada, porque suas comunidades *on-line* desdenham das mensagens comerciais diretas. O marketing e promoção aceitáveis nesses *sites* envolve frequentemente marcas ou personalidades *off-line* que criam páginas para estabelecer um número de seguidores *on-line*, e não o anúncio direto de produtos. É comum, por exemplo, que bandas de rock tenham uma página no MySpace. The Alternative Routes,[10] que vive em Connecticut, tem uma página no MySpace com uma rede, no momento em que escrevo, de 15 mil amigos. As pessoas são ativas na página da banda, deixando milhares de comentários.

A Volkswagen tem uma abordagem diferente. Seus profissionais de marketing criaram um perfil no MySpace para Helga,[11] a personagem alemã que aparece em comerciais de TV da montadora. Os visitantes aprendem do que Helga gosta ("Eu adoro o cheiro de gasolina. Câmbios mudando marchas, queima de óleo, o estômago revirando. Ir rápido ou ir para casa. Eficiência.") e do que ela não gosta ("Pessoas andando a 40 na faixa da esquerda com o pisca-pisca ligado. Trânsito. Pessoas de escorpião, não se pode confiar nelas.") Usuários podem fazer *downloads* de *ringtones*, imagens de Helga e clipes curtos, de áudio, com o forte sotaque alemão de Helga. Meu clipe favorito é aquele em que Helga diz: "Meus faróis de xenon estão ligados". A página de Helga no MySpace funciona porque ela é, obviamente, uma personagem fabricada, além de ser divertida. Com mais de 5 mil amigos, Helga é percebida como uma personagem envolvente, ligeiramente maluquinha.

Outra tática usada por algumas ONGs é encorajar seus funcionários a estabelecer uma página pessoal, com detalhes da causa que defendem, como modo de espalhar a mensagem. Os simpatizantes de candidatos políticos (assim como os próprios candidatos) criam também páginas em redes sociais. Como acontece com todo bom marketing, é importante criar conteúdo que seja certo para as pessoas que você quer atingir e, então, começar com a escolha de um *site* (ou *sites*) de mídia social para postar seu perfil.

Quando planejar uma estratégia para sua própria divulgação em uma rede social com objetivos de marketing ou RP, lembre-se de que autenticidade e transparência são fundamentais. Não tente enganar a comunidade fazendo-a pensar que a página é algo que não é. (Você pode pular para ver uma discussão sobre ética no Capítulo 17.) Acontecem erupções frequentes nessas comunidades quando membros descobrem uma fraude de qualquer tipo, tal como uma agência de publicidade criar perfis falsos de pessoas aplaudindo produtos. Sim, você pode usar *sites* de rede social como o MySpace para criar seguidores, mas abordagens como as da banda The Alternative Routes e de empresas como Volkswagen funcionam melhor. Evite perfis falsos, tentando enganar pessoas que supostamente usam seus produtos.

Tuíte seus pensamentos para o mundo

Deveríamos ter pressentido a chegada do Twitter.[12] Afinal de contas, um dos mais populares elementos das mensagens instantâneas é dar aos usuários a possibilidade de dizer às pessoas o que você está fazendo (meio como uma versão de texto de uma secretária eletrônica). Com o crescimento da popularidade dos *blogs* (um meio mais lento de responder a essa questão, entre outras), era provavelmente apenas questão de tempo antes que os *blogs* de *posts* começassem a se parecer com tais mensagens. Assim nasceu o *microblogging*, e o Twitter é o mais popular desses serviços. E a popularidade é importante por causa da natureza social do Twitter, um serviço para amigos, famílias e colegas de trabalho se comunicarem por meio da troca de mensagens curtas e rápidas (no máximo, com 140 caracteres).

As pessoas usam o Twitter para manter seus seguidores (aqueles que aderem à sua conta no Twitter) atualizados sobre suas vidas. Você pode, por exemplo, tuitar sobre a conferência da qual está participando ou sobre o projeto no qual está envolvido, ou pode colocar uma pergunta para a rede. O Twitter é uma forma excelente de partilhar *links* para vídeos, *posts* de *blogs* e outros conteúdos que achar interessantes. Usuários podem escolher seguir as atualizações do Twitter e de qualquer pessoa sobre a qual queiram saber: membros da família, colegas, ou talvez o autor do último livro que você leu. Por causa da severa restrição do tamanho das mensagens, as pessoas usam o Twitter para postar informações que sejam importantes para atualizar sua rede, mas ele é muito mais conciso que um *post* em um *blog* e mais casual que um *e-mail*. Atualizo meu perfil algumas vezes por dia, tuitando sobre minhas viagens pelo mundo, com quem estou reunido, ou o que acontece em eventos nos quais dou palestra. Frequentemente também, envio *links* para exemplos de boas iniciativas de marketing que pessoas me enviaram, como *e-books*, vídeos no YouTube e *posts* em *blogs*. Dessa maneira, o Twitter é um meio de apontar para as pessoas as coisas que acho interessantes. Como outras formas de mídia social, leva tempo para construir uma lista de seguidores. Em geral, o melhor jeito de conseguir que as pessoas prestem atenção em você é seguindo os outros e respondendo a eles, da mesma forma que você deve fazer na blogosfera.

Todos os profissionais de marketing e RP devem conhecer o Twitter e entender como as pessoas o usam. Como primeiro passo, entre imediatamente no mecanismo de busca do Twitter,[13] para ver o que as pessoas estão falando sobre você, sua organização, seus produtos e serviços, e talvez sobre a concorrência e a categoria de produtos que vende. Se você nunca fez isso, faça já, porque é uma experiência relevadora ver o que as pessoas estão dizendo. Um ótimo modo de usar o Twitter para monitorar o que dizem as pessoas é usar um aplicativo de cliente de Twitter como TweetDeck ou HootSuite. Estes aplicativos grátis permitem que você multiplique as palavras-chave e frases em tempo real, para saber instantaneamente quando for mencionado algo importante (tais como o nome de seu CEO ou o produto que sua empresa vende).

"Se quiser usar o Twitter como canal de marketing, você tem de se colocar lá como um membro interessado na comunidade", diz Scott Monty,[14] chefe de mídia social da Ford Motor Company.[15] "Fico constantemente surpreso de ver como a rede é poderosa pessoal e profissionalmente para mim. Recentemente, entrei na internet para procurar um quarto de hotel em Nova York, o que não é um problema, especialmente com *sites* de viagens de última hora. Mas, daquela vez, não havia quartos disponíveis na área de Manhattan, onde eu queria. Então, enviei um *tweet*[16] para minha rede e imediatamente ouvi sugestões de diversas pessoas, incluindo as de Tim Peter,[17] que trabalha com um grupo que faz reservas de luxo. Em alguns minutos, eu tinha uma reserva no Mansfield, um hotel butique na cidade. Perfeito! Graças a uma comunidade bem conectada e atenta, consegui evitar dormir em um banco do Central Park. É uma prova de que, se você investir seu tempo em relações e se tornar um membro reconhecido da comunidade, isso pode funcionar a seu favor quando você precisa."

Algumas empresas usam o Twitter para alertar consumidores sobre ofertas especiais. Por causa da natureza de transmissão do microblog, milhares de potenciais compradores podem receber essa informação instantaneamente. "A Woot tem utilizado o Twitter como meio de alertar pessoas sobre novas mercadorias, e a JetBlue deixa elas saberem quando estão dando desconto em tarifas", diz Monty. Mas, como acontece com toda nova mídia, é importante saber a etiqueta não escrita do Twitter antes de usá-lo. "O *Today Show* dá atualizações de matérias e destaques dos programas", diz Monty. "Quando começaram no Twitter, agregaram uma massa de pessoas (*bulk following*) e basicamente enviavam *spam*. Com base no perfil do *Today Show*, havia 3.500 pessoas que eles seguiam, e apenas 500 seguidores. Isso incomodou a mim e a meus colegas, porque estavam tentando apenas acrescentar números, em vez de serem parte da conversa."

Com todas essas conversas *on-line*, algumas pessoas acham que Facebook, Twitter e outras ferramentas de rede social podem substituir a abordagem do marketing face a face. Na verdade, acho que laços fortes em redes sociais levam a relações pessoais *mais fortes*, porque é fácil viabilizar encontros face a face que

Sites DE REDE SOCIAL E MARKETING

nunca ocorreriam de outra forma. Antes de uma conferência, por exemplo, posso mandar um *tweet* dizendo que "vou estar em São Francisco na próxima terça". Frequentemente recebo uma mensagem de volta de alguém que planeja estar na mesma conferência, ou de gente que vive lá, e acabamos nos encontrando pessoalmente. Também criei reuniões de improviso com meus seguidores – chamadas de TweetUp – que ocorrem quando pessoas conectadas no Twitter se encontram face a face. Consegui promover o contato de 10 até 50 pessoas em cidades como Wellington (Nova Zelândia), Mumbai (Índia), Atlanta, Nova York e Phoenix.

Rede social e *branding* pessoal

Tive muitas conversas com pessoas novatas em redes sociais como o Twitter, que, no início, ficaram confusas sobre o que fazer. Também passei por isso. Nós todos cometemos enganos. Eu me lembro de quando entrei pela primeira vez no Facebook e minha filha adolescente ficou olhando sobre o meu ombro. Ela me chamava de pateta toda vez que eu escrevia uma mensagem em meu próprio mural (um lugar para seus visitantes escreverem). Com meu próprio aprendizado e a experiência de pessoas que me ajudaram nos últimos anos, descobri que conseguir fazer algumas coisas certas logo de saída é mais divertido (e produtivo). Vou falar aqui de Twitter, mas as ideias básicas se aplicam a todos os *sites* de rede social.

Uma coisa importante a considerar é como suas ações *on-line* são um reflexo de sua própria marca pessoal (a imagem que você projeta para mundo). Como você já sabe, *pessoas* usam o Twitter para manter outros atualizados sobre o que acham interessante naquele momento. Muitas vezes, quando me perguntam sobre o Twitter e seu uso em marketing e *branding* pessoal, as pessoas imediatamente se referem a coisas como "com que frequência devo tuitar?", "sobre o que devo tuitar?" ou "posso mandar mensagens diretas para as pessoas?", entre outras questões. Tudo bem em relação a essas questões, mas a vasta maioria delas não se dá conta do aspecto mais básico e importante do *brandind* pessoal.

✔ Dica

Qual é a cara de sua página no Twitter?

MARKETING E COMUNICAÇÃO NA ERA DIGITAL

A maioria das páginas no Twitter não diz o bastante e tem desenhos pobres. Pode ser suficiente para se comunicar com seus amigos, mas, se você se preocupa com *branding* pessoal, tem de fazer melhor que isso. E é tão fácil! Quando cria uma conta no Twitter, existem escolhas. Você pode modificar qualquer aspecto de seu perfil a qualquer momento (exceto seu ID), usando as seguintes configurações.

Twitter ID. Escolha um nome apropriado (o meu é @dmscott). Algo como @SrCaraBobão, provavelmente, não é uma boa ideia para a maioria das pessoas. Mas um ID engraçado pode combinar com sua marca pessoal se você for, digamos, um comediante. (Incidentalmente, o IDO @MrSillyGuy foi adotado por niki @ikinik, da Bélgica.)

Nome. (O meu é David Meerman Scott.) Use seu nome real. Não se refira a seu nome de usuário, como tantas pessoas parecem fazer. E não use um apelido como Pookie. Você pode colocar seu apelido entre aspas em seu nome real, se quiser. Se você se importa com sua marca pessoal, vai querer que as pessoas saibam quem realmente você é.

Localização. (A minha é Boston.) Use a cidade que faça sentido para você. Dizer alguma coisa esperta como Terra ou algum lugar do Canadá afasta pessoas que não o conhecem. Além disso, a localização é um bom modo de começar contatos locais.

Web. (A minha é www.davidmeermanscott.com.) Se você tem um *blog* ou *site*, coloque sua URL lá. Ou talvez seu perfil no *site* de uma empresa faça sentido para você. Enfim, coloque algum lugar da *web* ao qual as pessoas possam ir e aprender mais sobre *você*. Se não tiver um *blog* ou *site*, recomendo que crie um perfil no Google e um *link* para ele. Volte ao Capítulo 5 para aprender sobre perfis no Google. Você pode também deixar em branco, se quiser, mas isso diz às pessoas que você não quer ser contatado ou impede que elas saibam mais sobre você.

Bio. (No momento em que escrevo, a minha é "estrategista de marketing, palestrante e autor do *best-seller As novas regras de marketing & RP* e do novo livro *Marketing e RP em tempo real*.) Aí é onde você diz alguma coisa sobre si mesmo. Você tem apenas 160 caracteres. Como componente de um *branding* pessoal, esta é uma seção fundamental. Não deixe em branco. E não faça um minicurrículo com uma lista de atributos como:"pai, irmão, surfista, formado em economia, viajante pelo mundo, marqueteiro e quero ser estrela do rock". (Confesso que esta seria minha lista.) Vejo esse tipo de coisa o tempo todo, mas não é bom para o *branding* pessoal porque você não foca realmente em sua *expertise* particular. Tente ser descritivo e específico.

Foto. Isso é muito importante! Não use o espaço *default* que o Twitter fornece para aqueles sem foto. E não use alguma coisa engraçadinha em seu lugar (como seu gato). Se você se preocupa com seu *brand* pessoal, deve usar uma foto sua e não do seu bicho de estimação ou do seu carro. As fotos ficam muito pequenas no Twitter – como um selo postal –, portanto, use um *close-up*. Se você usar uma foto de corpo inteiro, não vai funcionar bem. Lembre-se de que sua foto determina uma primeira impressão, algo muito importante para pessoas que veem seu perfil pela primeira vez. Você está usando um chapéu? É uma foto casual que você tirou nas férias com uma cerveja na mão? Ou você escolheu uma foto formal, tipo três por quatro, de terno? Seu filho ou filha estão na foto com você? Não há nada abolutamente certo ou errado, mas tenha em mente que qualquer uma dessas escolhas diz muito sobre você.

Imagens de fundo. A imagem de fundo de sua página no Twitter é um lugar em que você realmente pode se mostrar. O *background* é quando você abre pela primeira vez um PowerPoint – é básico. O Twitter tem outras ecolhas, mas muitas pessoas as usam, e você não será único. Escolha uma foto que chame a atenção. Eu uso um *close-up* de um simpático teclado de uma velha máquina de escrever. É meu *brand* pessoal no Twitter.

É fácil definir essas configurações, e, lembre-se, elas são muito importantes para sua marca pessoal. Se você estiver no Twitter, dedique um tempo para fazer algumas mudanças ainda hoje. De novo, as mesmas ideias se aplicam a outros *sites* de rede social, como o Facebook e o LinkedIn; portanto, não se esqueça de pensar cuidadosamente também sobre sua marca pessoal nesses *sites*.

Twitter para cavalos

Quando falo sobre Twitter e negócios, as pessoas muitas vezes dizem:"Isso parece bom para algumas pessoas, mas acho que não faz sentido para meu negócio". Ou elas me dizem que relutam em experimentar o Twitter porque não sabem como medir os resultados. Mas tais reações são baseadas no medo. Pessoas relutam em experimentar o Twitter porque sabem que é novo e diferente. Gosto de compartilhar com as pessoas a história de como Mike Pownall, um veterinário (Twitter IDE @McKeePOwnall) que usa o Twitter. Pownall é cofundador da McKee Pownall Equine Services,[18] clínica veterinária com cinco endereços na região de Toronto. Pownall e outros veterinários de sua clínica chegam a donos de cavalos em Toronto com seus tuítes, e esse esforço leva diretamente ao crescimento do negócio, embora o mercado esteja em baixa – ouvi também outros veterinários que me disseram que a luta é dura por causa da situação econômica atual.

"Temos cinco veterinários no Twitter", diz Pownall. "Entramos na rede social, principalmente, porque a prática da equitação é baseada em relacionamentos. Se esse for um modo de conseguir que as pessoas comecem a seguir os veterinários, conhecer suas personalidades e saber o que fazem, então fica muito mais fácil desenvolver uma relação. Ótimo senso de humor é a caracterísitca de dois veterinários da nossa clínica, mas isso não transparece durante exames; nessa hora, todos somos muito sérios. O Twitter serve para as pessoas lerem o outro lado da coisa e trocarem boas informações."

A esposa e sócia de Pownall, Melissa McKee, está também no Twitter. "Ela trabalha com cavalos de corrida, tema recorrente de seus comentários, que também se referem a esse setor", ele diz. "Ela quer ser um canal de apoio para outras pessoas interessadas em corrida de cavalos. Mas também falamos de histórias engraçadas que acontecem com cavalos. Estamos tentando nos divertir com algo interessante. Eu ganho um monte de *hits* mesmo quando falo sobre coisas que nem estão relacionadas a cavalos. Também recebi muitas respostas após falar das atividades da Sociedade para a Prevenção de Crueldade contra Animais, sediada em Toronto. As pessoas querem saber disso. Não tratamos apenas de cavalos, nós amamos todos os animais, e repito: tentamos mostrar um retrato mais completo de quem somos como pessoas."

Os comentários no Twitter, aliados à participação em outras redes sociais, como Facebook e YouTube, ajudam a criar novos negócios para a McKee Pownall Equine Services, mesmo quando a competição está acirrada. "Mais e mais pessoas nos encontram *on-line*", diz Pownall. "Há pessoas que chegam pela primeira vez até nós como clientes e dizem:'Ouvi falar de você na *web*' ou 'eu vi tal coisa na *web*'. Nosso negócio, neste tempo duro na economia, tem se dado bem, e tivemos crescimento nos últimos dois anos. Acho que esse resultado está relacionado com mídias sociais. Ouço pessoas dizerem o tempo todo: 'Cada vez que entro na *web*, vocês estão lá'."

Conectando-se com fãs

"Ser um músico na estrada significa encontrar fãs", diz Amanda Palmer, cantora punk da Dresden Dolls e artista solo de cabaré. "Encontro fãs depois de cada show. É importante fazer contato com eles na vida real, e não apenas *on-line* em mídias sociais como o Twitter. Se quiser evitar os fãs na vida real, você é uma fraude. Se não se sente confortável para suar e falar com eles nos shows, como é que você pode fazer sucesso *on-line*? Adoro me conectar com fãs. Falar com pessoas depois do show é ótimo. Eu poderia ficar lá para sempre."

Essa atitude comprometida ajudou Palmer a ganhar força em seu *branding* pessoal, usando sua personalidade contagiante para se conectar com pessoas ao vivo e na *web*. Ela tem grande audiência em seu *blog*,[19] mais de 83 mil fãs em sua página no Facebook[20] e quase 500 mil seguidores em seu Twitter.[21] Note que a banda de Palmer, The Dresden Dolls, tem quase 350 mil amigos no MySpace.

Quando a Dresden Dolls se formou, em 2000, Palmer já criou uma lista de *e-mails*. Logo depois, as conexões pessoais que ela estabelecia em shows, reforçadas pelas mensagens de *e-mail* enviadas por fãs, começaram a invadir o fórum pessoal da banda, The ShadowBox.[22] Com uma coleção de tudo sobre Amanda e as Dresden Dolls, The ShadowBox acumulou impressionantes 250 mil fãs desde o seu lançamento. "É como se eu tivesse construído uma casa e as pessoas ficassem entrando", ela diz.

Palmer é muito ativa no Twitter, usando-o como ferramenta para comunicação instantânea para falar com seu público e responder a questões e comentários tuitados por seu fãs. Por gostar dessa conexão com seus seguidores, o Twitter para ela é uma coisa natural. "É importante que você tenha o mesmo comportamento que eu", ela diz. "Respondo um monte de perguntas e adoro deixar as pessoas felizes. Não dá para fingir ser autêntica com os fãs. É fácil perceber quando outros músicos fingem, ou quando algum empregado de gravadora tuíta em nome de seus artistas. São tuítes como 'daqui a pouco vou tocar, compre seu ingresso'. Os *blogs* de artistas falsos são a mesma coisa. Mas quem se importa?"

MARKETING E COMUNICAÇÃO NA ERA DIGITAL

Durante as excursões, Palmer usa o Twitter para juntar grupos de fãs espontaneamente. Certa manhã, ela tuitou sobre um concerto secreto em Los Angeles e, à noite, cerca de 350 pessoas apareceram em um depósito onde ela tocava piano. Funciona muito bem para ela porque, embora consiga atrair uma boa plateia, ainda não é tão popular que pudesse reunir uma perigosa multidão. "Estou em um ponto bom da celebridade", ela diz. "Posso enviar um tuíte e conseguir que mais de 300 pessoas apareçam quando vou fazer um show de graça na praia. Eu toco o ukelele, canto, dou autógrafos e abraços, tiro fotos, como bolo e passeio, em conexão com as pessoas. Falo bastante com todo mundo pessoalmente. Trent Reznor, do Nine Inch Nails, não pode fazer isso porque ele é popular demais."

Palmer gasta muito tempo conectando-se com fãs, tanto pessoalmente como por meio de redes sociais como o Twitter. "Às vezes me sinto culpada de preferir responder perguntas de fãs, dar entrevistas e encontrar as pessoas, em vez de trabalhar em uma música nova", diz. É interessante que ela tem fãs que se sentem do mesmo jeito. Seu prolífico *conteúdo on-line* fez com que ganhasse uma legião de seguidores. "Na sessão de autógrafos em uma loja de discos, alguém se aproximou de mim e disse: 'Eu não gosto de sua música, mas adoro seu *blog*'."

Como Amanda Palmer ganhou 11 mil dólares no Twitter em duas horas

Quando você tem seguidores leais, o Twitter se torna uma ferramenta incrivelmente poderosa para a conquista de suas metas. Você pode usar o Twitter para espalhar uma ideia, pedir a opinião de pessoas, pesquisar um problema, ou mesmo ganhar algum dinheiro. "O grande lance a respeito do Twitter é que, no momento em que comecei a usá-lo, percebi que as possibilidades são intermináveis", Palmer diz. Ela provou isso em uma sexta-feira de noite.

"Eu tuitei, como piada, que estava toda solitária, de novo, em uma sexta--feira de noite em frente ao computador, como uma perdedora", diz Palmer. "Outras pessoas comentaram que 'éramos todos perdedores'. Um de meus amigos convocou uma *flah mob*, e de repente havia milhares de pessoas seguindo o diálogo entre os fãs. De brincadeira, criamos uma organização chamada *Os perdedores em uma sexta-feira à noite em seus computadores*. Começamos a fazer pedidos ao governo para o fim de impostos sobre a vodca, moletons subsidiados, pizza de graça, ou qualquer coisa que se pudesse imaginar que um perdedor iria querer ter, à noite, em frente ao seu computador. E foi realmente muito engraçado. Foi uma espécie de anarquia dos perdedores no Twitter."

Palmer criou um *hashtag* (código único para encontrar tuítes sobre um tema em particular), #LOFNOTC, para os perdedores, e milhares de pessoas se comunicando fizeram do grupo *Loser* um *trending topic* no Twitter naquele momento. Enquanto os membros conversavam, alguém sugeriu que o grupo deveria fazer uma camiseta. Assim, sem planejamento, Palmer disse, 'claro, vamos fazer', e usou uma caneta para criar o *design*. Alguém sugeriu o *slogan*: "Não defenda o que é certo, defenda o que é errado" – que foi acrescentado à camiseta. Como uma empresa de *webmarketing*, Palmer foi rápida ao criar um *website* (que estava no ar em meia hora), e ofereceu as camisetas a 25 dólares cada uma. O total conseguido via Twitter, naquela noite, foi de 11 mil dólares.

Não há muita gente que consiga reunir mais de mil pessoas em uma sexta de noite e vender para elas alguma coisa de maneira tão eficaz como Palmer fez. Mas esta não é a parte principal. Eis a questão fundamental: o Twitter é cada vez mais importante para pessoas se conectarem e se comunicarem; por isso, as organizações estão usando-o de forma inteligente para beneficiar seus negócios, seus seguidores e elas mesmas. Você deveria fazer o mesmo.

Qual é a rede social ideal para você?

Algumas pessoas sentem-se tentadas a criar páginas em muitos *sites* diferentes de rede social, mas isso pode não ser necessário, nem mesmo útil, já que cada uma delas atrai usuários diferentes. "Embora se acredite que os principais *sites* de rede social estejam em competição uns com os outros, nossa análise demonstra que cada um deles ocupa um nicho ligeiramente diferente", diz Jack Flanagan, vice-presidente executivo da comScore. "Há uma percepção errada de que redes sociais são domínio exclusivo de adolescentes, mas nossa análise confirma que o alcance dos *sites* de rede social é muito mais amplo." Na verdade, o Facebok diz que mais de dois terços de seus usuários já terminaram a faculdade, e que a faixa de usuários, com 35 anos ou mais, é a que cresce mais rápido.

Então, pense em quais *sites* de rede social servem para você e para o seu negócio. Além do Facebook, do MySpace e do Twitter, há alguns outros populares para checarmos.

LindekIn. O *site* LinkedIn[23] diz: "Profissionais usam o LinkedIn para trocar informações, ideias e oportunidades. Quando você se inscreve, cria um perfil que resume suas conquistas profissionais. Seu perfil o ajuda a encontrar e ser encontrado por ex-colegas, clientes e parceiros. E você pode acrescentar mais conexões convidando contatos confiáveis para entar no LinkedIn e se conectar com você". A página LinkedIn About oferece uma lista de coisas que você pode fazer no *site*, tais como encontrar clientes potenciais, procurar empregos, fechar acordos e conseguir indicações. O LinkedIn é uma excelente ferramenta se suas *personas* compradoras trabalham em empresas.

Squidoo. Diferentemente de outros *sites* de rede social que destacam os perfis individuais, o Squidoo[24] se baseia na *expertise* de uma pessoa em um nicho de mercado. O Squidoo é outra forma de profissionais de marketing criarem uma presença *on-line* facilmente e de graça. Chefiado por Seth Godin,[25] criador do Marketing da Permissão e autor do *best-seller Purple Cow*, o Squidoo é construído em torno de lentes *on-line*, um modo de filtrar a *expertise* que uma pessoa tem de um assunto, em uma única página. Pessoas interessadas olham uma lente sobre um assunto e rapidamente são direcionadas a *sites* úteis. Uma pessoa que faz uma lente é chamada de Lensmaster, e usa uma lente para fornecer contexto. "Todo mundo é um especialista", diz o *site* Squidoo, que ajuda todos a compartilhar seus conhecimentos com o mundo. Vince Ciulla, um técnico da indústria automotiva com mais de 30 anos de experiência, criou uma lente no Squidoo, chamada "Conserto de carros – resolvendo problemas,[26] que aponta para o conteúdo de seu *site* principal. "Consertar seu carro é fácil", diz Ciulla. "O mais difícil é descobrir o que está errado. Meu *website* e os *links* de minha lente no Skidoo são modos de qualquer pessoa conseguir, de graça, a informação que precisa, tais como trocar o cilindro de freio. Também explico outras coisas como, por exemplo, o funcionamento do *cruise control*."

Second Life. Um mundo *on-line* inteiramente construído e de propriedade de seus residentes, o Second Life[27] é um local onde as pessoas interagem em três dimensões virtuais. Mas isso não é um jogo (não há uma meta, e ninguém marca pontos). É um mundo com milhões de residentes e uma economia movimentada pelos chamados dólares Linden, no qual milhões de dólares americanos (na taxa de conversão corrente) mudam de mãos a cada mês. O Second Life está cheio de pessoas que criaram um avatar para interagir com os outros residentes, seja comprando, vendendo ou trocando coisas (e, às vezes, apenas perambulando e conversando). Você pode comprar terras, construir uma loja e ganhar dinheiro. Há mesmo um submundo. Mas você não tem de praticar comércio – pode apenas passear pelo cenário e observar as coisas. Algumas companhias que entraram no Second Life parecem querer ser parte de um novo fenômeno, mas muitas já cancelaram suas presenças. Como acontece com todos os *sites* de rede social, é importante considerar se suas *personas* compradoras estão ativas antes de entrar. Ouço falar que muitos desenvolvedores de *software* frequentam o Second Life; por isso, não é surpresa que empresas como IBM e HP tenham aberto suas lojas lá.

Sites locais. Leve em conta que muitos países têm *sites* locais de rede social que podem ser mais populares que os globais, como o Facebook. O *site* japonês Mixi é muito popular, assim como acontece com o Orkut tanto na Índia quanto no Brasil. Na Holanda, reina o Hyves, que tem um de cada três holandeses em redes sociais. É o segundo *site* mais visitado na Holanda, só atrás do Google, mas, em termos de tempo de uso, é certamente o primeiro. O Hyves tem mais usuários na Holanda que Facebook, LinkedIn e Twitter combinados. Sempre fico impressionando com a adaptação requerida pelo marketing em partes diferentes do mundo. Vivi na Ásia por quase dez anos, a maior parte desse tempo como diretor de marketing para a Ásia da Knight-Ridder. Quando trabalhava lá – visitando Indonésia, Japão, Cingapura, Tailândia, Hong Kong e outros países na região asiática do Pacífico, além da Austrália – tinha sempre de usar uma abordagem local. Mesmo se você atua em um mercado global, as características locais são importantes. Mas, ainda assim, muitos profissionais de marketing assumem que uma coisa genérica serve para todos.

Sites de compras. OK, sei que esse é um território estranho. A maioria das pessoas não considera *sites* de compra como rede social, e eles não têm nada a ver com outros *sites* que mencionei neste capítulo. Mas não subestime as incríveis comunidades que florescem em *sites* como o da Amazon, no qual se avaliam produtos, há perfis de consumidores e as conversas acontecem todos os dias. Se um novo livro aparece no mercado, por exemplo, por que não ser o primeiro a resenhá-lo na Amazon? Se você é um corretor de imóveis e escreve uma boa resenha de um novo livro sobre investimento no setor, ela pode ser lida por milhares de pessoas (assim como pelo autor e gente na mídia). Então, as pessoas que visitam seu perfil na Amazon aprendem sobre você e seu negócio, e algumas podem contatá-lo. Outros *sites* onde você encontra resenhas são Rotten Tomatoes (cinema), Xagat (restaurantes) e Yelp (avaliações de negócios locais). Mas existem muitos mais como estes. Quando acessá-los, não se esqueça de criar um perfil útil com informações de contato.

Você não pode entrar em todas as festas. Então, por que tentar?

Pense de novo em nossa metáfora da rede social como um coquetel. Não dá para ir a todas as festas na sua cidade. Há, literalmente, milhares de *sites* de redes sociais por aí, e é impossível ser ativo em todos. E quando você escolhe algumas festas para ir, não dá para conhecer (nem conversar com) cada uma das pessoas presentes. Você sabe que há toneladas de coisas acontecendo ao seu redor, mas não pode fazer parte de todas elas.

O que você faz em uma festa? Algumas pessoas olham constantemente por cima dos ombros das pessoas com as quais estão conversando, sempre buscando um papo melhor. Alguns flutuam de uma turma para outra, em minutos, com muitas conversas curtas e superficiais durante a noite toda. O que eu gosto de fazer em festas é ter algumas poucas conversas e ficar feliz de estar em um evento maravilhoso. Sei que não posso ficar com todo mundo, e asim me divertido com a pessoa com a qual converso. O que mais eu poderia querer?

Se está acompanhando minha analogia aqui, você deve aplicar a mesma coisa em sua participação na mídia social. Para a maioria das pessoas e organizações, é melhor ser ativa em poucas redes sociais do que criar perfis em dezenas delas e ficar ocupada demais gastando muito tempo em cada uma. No meu caso, tenho meu *blog*, estou no Facebook e no Twitter, sou ativo em fóruns e salas de bate-papo, mas chega. Não estou no MySpace nem no LinkedIn ou no Second Life. Há milhares de outras mídias e redes sociais das quais escolho não participar, como Nexopia, Bebo, Hi5, Tagged, Xing, Skyrocj, Orkut, Friendster, Xianoei, Cywoorld, e muitos, muitos mais. Já que você não pode ir a todas as festas, precisa fazer escolhas. Onde você quer estar? Onde pode ser mais útil? Onde estão os membros de suas *personas* compradoras?

SITES DE REDE SOCIAL E MARKETING

Otimizando páginas de redes sociais

Se você está criando páginas no Facebook, no MySpace, no Twitter ou em outras redes sociais e seguiu o processo de planejamento do Capítulo 11, então é provável que esse conteúdo alcance seus compradores, ajudando-o a atingir suas metas. Embora as redes sociais não sejam publicidade, você pode – mesmo assim – atrair pessoas para o seu processo de compra. O Alternate Routes, por exemplo, tem *links* em sua página do MySpace para o último álbum da banda e ferramentas para compra de ingressos dos seus shows. A Volkswagen faz *links* para os outros *sites* da empresa. Vince Ciulla leva pessoas de sua lente no Skidoo para seu *site*. E Amanda Palmer faz *links* para seu *blog* a partir de seu perfil no Twitter.

Eis algumas ideias para aproveitar, ao máximo, o uso de redes sociais no marketing:

Mire em um público específico. Crie uma página que atinja um público importante para sua organização. Em geral, é melhor usar como alvo um pequeno nicho de mercado (como pessoas que querem consertar o carro, mas não conseguem diagnosticar o que está errado).

Seja um líder em geração de ideias. Dê informações valiosas e interessantes, que as pessoas queiram ler. Como você vai se lembrar, já dito no Capítulo 12, é melhor mostrar seu conhecimento em um mercado ou em resolver problemas de um comprador do que ficar alardeando seu produto.

Seja autêntico e transparente. Não tente fazer o papel de outra pessoa. É uma prática pobre, e, se for apanhado, você pode criar dano irreparável para a reputação de sua empresa.

Crie muitos links. Para seu próprio *site* e *blog* e também para aqueles outros em seu setor e em sua rede. Todo mundo adora *links* – eles fazem da *web* o que ela é. Você certamente deve fazer *links* para suas próprias coisas a partir de uma rede social, mas é importante expandir um pouco seus horizontes.

Encoraje qualquer pessoa a contatar você. Torne fácil para os outros chegar até você *on-line*, e certifique-se de acompanhar pessoalmente os *e-mails* de seus fãs.

Participe. Crie grupos e participe de discussões *on-line*. Torne-se um líder e organizador *on-line*.

MARKETING E COMUNICAÇÃO NA ERA DIGITAL

Torne fácil encontrar você. Faça um *tag* em sua página e acrescente-o a listas de temas. Encoraje os outros a marcarem sua página com Delicious, StumbleUpon e Digg.

Experimente. Esses *sites* são ótimos porque você pode tentar coisas novas. Se não estiver funcionando, refine. Ou abandone o esforço e tente algo novo. Não existe um *expert* em redes sociais – todos aprendemos fazendo!

Integre mídias sociais e conferência ou evento *off-line*

Ao participar de redes sociais, pense na relação entre o mundo *on-line*, de redes virtuais, e o mundo físico, de redes pessoais. Muitas vezes, uma vai compensar a outra.

Pense em conferências e outros eventos. Hoje, os melhores eventos ao vivo são aqueles que integram as mídias sociais nas festividades. Em conferências em todo o mundo, membros do público se conectam com outros enquanto palestrantes se encontram no palco. Esses canais de retorno são verdadeiramente revolucionários, já que permitem que as pessoas discutam o conteúdo que está sendo apresentado. Mais ainda, trazem para a sala um novo público virtual – por vezes, do outro lado do planeta.

Alan Belniak, diretor de marketing de redes sociais na PTC, uma empresa de *software* que produz ferramentas de gerenciamento de ciclo de vida de produtos, integrou a mídia social ao PTC/USER World Event 2010. Belniak cita que um dos benefícios da conferência é integrar o evento físico com a rede social. "Os participantes se dão melhor porque podem absorver mais do evento sem ter de estar presente em todas as sessões", diz. "Eles participam de uma sessão, mas podem pegar um *blog* de outra e um *feed* de Twitter de uma terceira. Ofe-recendo formas múltiplas de mídia, as pessoas podem ter uma experiência melhor do evento."

Eis algumas das maneiras de usar mídias sociais como o próprio Belniak fez no PTC/USER World Event 2010:

- Desenvolver uma página única, na qual se podem encontrar todos os *feeds* de mídias sociais.

- Dar câmeras a uma dúzia de participantes para que possam criar vídeos e fazer *upload* para um canal especial no YouTube.
- Criar um *feed* do Flickr com fotos do evento.
- Estabelecer uma *hashtag* comum (#ptcuser10) e, mais tarde, arquivar os tuítes.
- Agregar os *posts* de 35 *blogs* diferentes.

A rede social em tempo real deu, para aqueles que não podiam participar pessoalmente, um gosto apurado da coisa toda. "Eles podem ver o que estão perdendo e possivelmente usar essas formas de multimídia em tempo real como justificativa para comparecerem no próximo evento", diz Belniak. Na verdade, pelo menos uma pessoa não esperou até o ano seguinte. "Um consumidor da PTC não estava registrado no evento, mas seguia parte das atividades no *website*. Como estava perto, disse a seu chefe que deveria ir. E foi."

Comece um movimento

Com certeza, um dos aspectos mais interessantes das mídias sociais é que as pessoas falam sobre você, sua companhia, seus produtos e serviços. Na maior parte do tempo, essas discussões acontecem fora do seu controle. Mas é possível guiar a discussão, se você for produtivo. A Ford Motor Company, por exemplo, ajuda a liderar discussões sobre seu Fiesta Movement,[28] uma plataforma de rede social construída em torno do veículo global do mesmo nome. A Ford entregou a 100 agentes de mídias sociais uma frota de modelos Fiesta personalizados, para que eles dirigissem o carro por seis meses e, depois, relatassem suas experiências em uma variedade de redes sociais.

"Esse veículo, de especificações europeias, ainda não estava disponível nos Estados Unidos", diz Scott Monty, da Ford. "Usamos uma combinação de teste de marketing e geração de barulho na internet. Os agentes criaram conteúdo por toda a *web*, as pessoas falaram do Ford Fiesta no Facebook, no Twitter, em seus *blogs*, postando vídeos e fotos em *sites* como o YouTube e o Flickr. A Ford usou uma abordagem que mostrou para as mídias sociais que nós somos diferentes. Chegamos às mídias sociais de uma forma diferente, mais pessoal, e acho que isso fez toda a diferença."

Por que participar das mídias sociais é como fazer exercício

Uma das perguntas mais comuns em minhas palestras é: "Como você encontra tempo para fazer todas essas coisas em mídia social?". As pessoas querem o segredo para a participação regular no Facebook, no Twitter e em outros *sites* que as ajudem a criar informação valiosa para seus compradores.

Já descobri que encontrar tempo para participar da mídia social é como encontrar tempo para se exercitar. Você tem de praticar exercícios para ficar em forma, e, tanto quanto eu saiba, o único meio eficaz para isso é incluindo a atividade como parte de sua rotina. Algumas pessoas gostam de academia. Outras gostam de correr na rua ou de dançar ou de *kickboxing*. Mas, em todos os casos, o sucesso vem do engajamento regular com a atividade.

Faço 45 minutos de exercício toda manhã, quando estou em casa. Por vezes, o hotel onde estou tem aparelhos, e aproveito para usá-los. Tem sido assim há mais de uma década, e me sinto ótimo. Acordo cedo, em torno das 4 horas, na maioria dos dias, e faço meu exercícios na sala de casa, enquanto assisto gravações de programas de televisão da noite anterior. E nem penso sobre encontrar tempo, porque é parte importante da minha vida.

É assim também com a participação em redes sociais e a criação de conteúdo *on-line* – torna-se parte de sua vida. No meu caso, escrevo cem *posts* no *blog* por ano e faço cerca de 30 vídeos, além dos comentários em milhares de outros *blogs*. Na maioria dos anos, escrevo um *e-book*. E estou em fóruns, salas de bate-papo, Twitter e Facebook.

Muitas pessoas ficam surpresas quando digo que passo seis horas por semana em mídia social, que é – mais ou menos – o mesmo tempo que passo me exercitando. Também nem penso nisso. É importante, então eu faço. E não sei como faço tudo caber no tempo. Diferentemente da minha rotina de exercícios, faço meu trabalho na mídia social em impulsos de poucos minutos durante o dia.

Recomendo que você nem tente achar tempo para criar conteúdo e participar de mídias sociais. Você fracassará, assim como muitos que tentam achar tempo para exercícios, provocando frustração e um desperdício de dinheiro.

Em vez disso, torne a mídial social (e os exercícios) parte importante de sua vida. Um bom modo de começar, de acordo com a minha experiência, é

tornar a televisão uma parte menos importante de sua rotina, ou talvez eliminá-
-la completamente. Você ficará surpreso com o tempo livre que sobra.

A mídia social faz a penetração da internet aumentar ainda mais. Embora não saibamos para onde isso caminha, uma coisa é certa: marketing e RP na *web* continuarão a evoluir – rapidamente. O sucesso vem de experimentar. Com um serviço como o Twitter ou um *site* como o Facebook (ou qualquer nova coisa que aparecer), ninguém sabe as regras de início. Profissionais de marketing fazem sucesso experimentando. A Reuters, por exemplo, gerou uma tonelada de matérias na grande mídia ou em *blogs* quando abriu seu primeiro birô virtual no Second Life. Eles conseguiram uma grande resposta apenas tentando. Da mesma forma, a JetBlue e a Dell criaram um número enorme de seguidores no Twitter porque o adotaram primeiro. O truque para se beneficiar de qualquer nova mídia é este: participe dela, e não tente apenas tirar vantagem dela. Seja parte genuína da ação! Seja qual for sua escolha de mídia social, não hesite em mergulhar e ver o que você pode fazer.

Notas

1 http://sxsw.com/
2 http://eugenemirman.com/
3 www.facebook.com/pages/Eugene-Mirman/17472821218
4 http://twitter.com/eugeneMirman
5 www.youtube.com/watch?v=KZlQd2Eg-9w
6 www.facebook.com/press/info.php?statistics
7 www.oovoo.com/
8 www.bu.edu/com/about/faculty/stephen_quigley.html
9 www.tripadvisor.com/
10 www.myspace.com/alternateroutes
11 www.myspace.com/misshelga
12 http://twitter.com/
13 http://search.twitter.com/
14 www.scottmonty.com/
15 www.ford.com/
16 http://twitter.com/scottmonty
17 http://twitter.com/tcpeter
18 www.mpequine.com/
19 http://amandapalmer.net/content/
20 www.new.facebook.com/amandapalmer
21 http://twitter.com/amandapalmer
24 www.theshadowbox.net/

25 www.linkedin.com/
26 www.squidoo.com/
27 http://secondlife.com/
28 www.fiestamovement.com/

Capítulo 17

BLOGANDO PARA CHEGAR A SEUS COMPRADORES

Os *blogs* são um veículo importante para organizações levarem suas ideias ao mercado. Os leitores de *blogs* veem as informações compartilhadas por blogueiros antenados como uma das poucas formas de comunicação real e autêntica. Públicos consomem publicidade com ceticismo e consideram pronunciamentos de CEOs como algo fora da realidade. Mas um bom *blog* escrito por alguém – dentro de uma grande ou pequena companhia, de uma ONG, uma igreja ou campanha política – chama atenção das pessoas.

Ao mesmo tempo, os *blogs* têm sido muito falados em anos recentes. Revistas de negócios relatam com entusiasmo como *blogs* e blogueiros têm o poder de transformar sua empresa. Concordo em gênero, número e grau: *blogs* podem mudar seu negócio e sua vida (como meu *blog* mudou a minha). Mas ainda há algum mistério em torno do *blogging*, se você ainda não o experimentou. Este capítulo estabelece os princípios básicos de como você pode criar seu *blog*. Mas recomendo que, antes de construí-lo, você monitore *blogs* em sua área de mercado e, então, entre na blogosfera para postar comentários antes de escrever o seu. Talvez você queira reler o Capítulo 5, no qual introduzi o tema dos *blogs* e falei de alguns casos de blogueiros de sucesso. Ao começar a comentar nos *blogs* dos outros, você desenvolverá seu próprio estilo de blogar e terá melhor ideia do que discutir *on-line*. Isso é ótimo! Você vai experimentar no quintal dos outros. Se for como muitas pessoas, logo estará ansioso para escrever seu próprio *blog*. Mas se comentar for uma tarefa dolorosa para você, pode ser que não tenha o jeito para ser blogueiro. Tudo bem – há muitos mais leitores que escritores de *blogs*. Esse fórum não é para todos.

É impossível dizer tudo o que você precisa saber sobre blogar em um capítulo. Os estudos de caso e as informações básicas certamente o farão começar,

MARKETING E COMUNICAÇÃO NA ERA DIGITAL

mas a melhor coisa é experimentar para encontrar seu próprio discurso. Leia outros *blogs* e preste atenção no que você gosta e não gosta em cada um.

Sobre o que você deve blogar?

As pessoas frequentemente se debatem para decidir o que colocar em um *blog*. Isso é particularmente verdadeiro para profissionais de marketing e RP, porque fomos educados com a ideia de incutir nossos produtos e serviços com publicidade e *press releases*. Para a maior parte das organizações, essa é exatamente a maneira errada de blogar. A primeira coisa que se tem de perguntar é: "A quem quero atingir?". Para muitas pessoas, a resposta é uma combinação de compradores em potencial, consumidores existentes e formadores de opinião com analistas e a mídia. Você precisa encontrar um tópico pelo qual se apaixone. Se você não se anima com o tópico ou se acha muito difícil escrever sobre ele, é improvável que mantenha o esforço – e, mesmo se insistir na tentativa, possivelmente a mensagem sairá forçada.

Muitos blogueiros de primeira viagem tentaram cobrir coisas demais. É melhor começar com um foco fechado, deixando espaço para expansão. Seja autêntico. Pessoas leem *blogs* porque querem encontrar uma voz honesta, que fale apaixonadamente sobre um tema. Você não tem de ser rude ou controvertido, se esse não for seu estilo. Seu público crescerá se você for interessante e fornecer informações valiosas.

Lisa Davis trabalha com marketing e relações públicas no hospital veterinário Oradell. Como parte de seu trabalho, ela escreve um *blog* sobre cuidados de saúde e bem-estar de animais de estimação.[1] "Nossa equipe tem compaixão, adora bichos. Nós acreditamos em educar nossos clientes para a importância de exames clínicos, cuidados dentários e outras medidas de medicina preventiva", ela diz. O *blog* é escrito em forma de perguntas e respostas, e traz informações de uma ampla gama de especialistas do Oradell.

Localizado em Bergen County, Nova Jersey, o hospital, que funciona 24 horas todos os dias, emprega especialistas de medicina de bem-estar e preventiva, cirurgiões, oncologistas, dentistas, dermatologistas, neurologistas e outras categorias. Esses especialistas postam artigos sobre variados temas, com títulos como: "Muitos gatos sofrem lesões orais", "Uma dieta apropriada previne a necessidade de suplementos" e, meu favorito, "Nosso cachorro gosta de comer pedras e sujeira". O *blog* dá a donos de animais de estimação a oportunidade de aprender mais sobre eles e fornece ao Oradell um meio de divulgar suas diversas especialidades. "As pessoas se preocupam com a saúde de seus animais, e o *blog* nos ajuda a chegar a elas com conselhos valiosos para o cuidado de seus bichos de estimação", diz Davis.

Os *posts* do *blog* também servem como conteúdo excelente para indexação em mecanismos de busca, porque cada *post* é muito específico. Se alguém em Nova Jersey, por exemplo, estiver procurando informação sobre como ajudar um cachorro que mastiga pedras, esta pessoa encontrará o *blog* da Oradell e, talvez, marcará uma consulta com um especialista.

Davis faz questão de que os *posts* sejam vistos pelo maior número de pessoas possível. Alguns são publicados em uma coluna semanal no *Bergen Record*, o jornal do norte de Nova Jersey, e ela posta *links* para as páginas do Oradell no Facebook também. Essas ações reforçam uma estratégia global de marketing. "Estamos divulgando uma campanha para o bem-estar de animais mais velhos, orientando seus donos para trazê-los à nossa clínica pelo menos duas vezes ao ano, se os bichos de estimação tiverem mais de sete anos", ela diz. "Quando esses animais envelhecem, seus corpos mudam muito. É preciso estar informado sobre as consequências. Por isso, uso meu *blog* como um canal para divulgar orientações. O *blog* é uma ferramenta essencial para chegar a alguém com interesse em animais de estimação e sua saúde."

Em seu relatório "Estado da blogosfera",[2] o mecanismo de busca Technorati afirma ter rastreado mais de 112 milhões de *blogs* em 81 línguas e diz que cerca de 100 mil *blogs* são criados por dia – isso quer dizer que, em média, um *blog* é criado a cada segundo todos os dias. Há uma enorme competição, e você deve se perguntar se o esforço vale a pena. Mas lembre-se da teoria da cauda longa que discutimos no Capítulo 2. Se você escreve um *blog* de nicho (como um que trate da lei familiar no Kansas), não competirá com outros 112 milhões de *blogs*. Você estará em um espaço em que há poucos *blogs* (se houver algum) e, sem dúvida, encontrará leitores interessados no que você tem a dizer. Por ser um nicho muito restrito, pode ser que desperte o interesse de apenas algumas centenas de leitores. Não importa. Você chegará às pessoas certas – aquelas que estão interessadas no que você e sua organização têm a dizer.

A ética do *blogging* e suas regras para funcionários

Algumas organizações, como a IBM[3] e a Força Aérea dos Estados Unidos,[4] criaram regras formais para *blogs* de funcionários e as publicaram *on-line*, para que todos possam acessar. Sua empresa deve decidir por si mesma se deve criar tais regras, e a decisão deve ser determinada por informações do marketing, do RH e de outros departamentos. Acho que é muito melhor que organizações estabeleçam políticas sobre todas as comunicações (incluindo comunicação verbal, *e-mail*, participação em salas de bate-papo, etc.), em vez de focar em uma nova mídia (*blogs*). Acredito que uma companhia pode e deve criar políticas sobre assédio sexual, depreciação da concorrência e revelação de segredos da empresa, mas não há razão para se ter políticas para cada mídia. Uma vez que as regras sejam estabelecidas, os empregados devem poder blogar desde que as sigam. Não importa que decisões você tome sobre o que deve ser blogado e quais são as regras, é sempre melhor para o blogueiro evitar passar seus *posts* individuais por um departamento de RP ou pelo jurídico. No entanto, se seu *post tem de ser* revisto por algum setor da sua organização antes de entrar no ar, convença seus colegas a focarem apenas no conteúdo, e não nas palavras. Não deixe que outros transformem seu texto autêntico e apaixonado em mais uma baboseira de marketing.

Vamos falar um pouco sobre ética. Todos os tipos de práticas não éticas acontecem na blogosfera, mas você e sua organização devem estar certos de que são os responsáveis por todas as ações como blogueiros. Algumas organizações foram apanhadas usando práticas aéticas em seus *blogs*, e isso prejudicou muito sua reputação corporativa. Incluí a seguir alguns temas – aos quais você deve prestar atenção – e exemplos de atitudes contrárias à ética. Esta não pretende ser uma lista abrangente, mas um ponto de partida para você pensar sobre os valores morais.

Transparência. Você não deve fingir ser alguém que não é. Não use, por exemplo, outro nome para submeter um comentário em qualquer *blog* (o seu ou de qualquer outro), e não crie um *blog* que fale sobre sua companhia sem revelar que existe alguém dessa mesma empresa por trás dele.

Privacidade. A menos que você tenha obtido permissão, não blogue sobre algo que alguém revelou para você. Por exemplo, não poste material de um *e-mail* que alguém lhe mandou – a menos que tenha autorização.

Revelação. Em um *post*, é importante divulgar qualquer vínculo que as pessoas possam considerar um conflito de interesse. Se escrevo, por exemplo, em meu *blog* sobre um produto de uma companhia que é de meus clientes de seminários ou treinamento, eu coloco essa informação no final, revelando meu relacionamento com essa companhia.

Veracidade. Não minta. Nunca invente, por exemplo, uma história sobre um consumidor só porque ela pode ser um bom conteúdo para o *blog*.

Crédito. Você deve creditar blogueiros (e outras fontes) de quem você usou material em seu *blog*. Veja bem: não é legal, por exemplo, ler um grande *post* de outro *blog*, pegar a ideia principal, mudar algumas palavras e assinar como se fosse seu. *Links* para outros blogueiros cujas ideias você usou — além de ser uma boa prática ética — ajudam a levá-los a conhecer o seu *blog*, e eles podem criar *links* para você.

Mais uma vez, essa não é uma lista completa. A Associação de Marketing Boca a Boca[5] criou um código de ética, e recomendo que você o leia e siga as regras. Mas você também deve seguir seus instintos. Se um *post* lhe parecer esquisito por alguma razão ou deixá-lo desconfortável, ele pode ser aético. O que sua mãe diria do *post*? Se ela dissesse que estava a errado, provavelmente estaria — então, não envie. Faça a coisa certa, por favor.

O básico do *blogging*: o que você precisa saber para começar

Diferentemente de *websites*, que requerem *design* e conhecimentos de HTML para sua produção, os *blogs* são rápidos e fáceis de criar, com *software* de graça e ferramentas simples de utilizar. Com um pouco de *know-how* básico, facilmente é possível começar a promover seu *blog*. Eis algumas dicas específicas para você ter em mente:

- Antes de começar, pense cuidadosamente no nome de seu *blog* e na sua *tagline*, que serão indexados por mecanismos de busca. É muito difícil voltar atrás e mudar essa informação, uma vez que seja estabelecida.

- Você encontra *software* de *blogging* de uso fácil em TypePad,[6] WordPress[7] e outros locais. Alguns dos serviços são de graça, mas outros requerem uma pequena taxa de assinatura. Pesquise os serviços e escolha sabiamente com base em suas necessidades, porque é difícil mudar para um serviço diferente sem perder todo o conteúdo já criado. Também é complicado mudar para um *software* diferente quando seu *blog* já foi indexado por mecanismos de busca, pessoas se inscreveram em seus *feeds* de RSS ou colocaram sua URL em seus favoritos.

- É preciso escolher uma URL para seu *blog*. Os serviços de *blog* oferecem URLs customizáveis (tal como yourblog.typepad.com). Você pode também colocar seu *blog* no domínio de sua empresa (www.yourcompany.com/yourblog) ou em um domínio customizado (yourblog.com).

- *Softwares* de *blogging* tornam mais fácil escolher cor, *design* e fontes, além de criar um cabeçalho em texto simples. Você pode pensar em usar uma imagem gráfica customizada como cabeçalho – são fáceis de criar, e tornarão seu *blog* mais atrante para os leitores.

- Quando começar o *blog*, brinque com o *design* e tente colocar alguns *posts*. Recomendo que use um *password* de proteção durante algumas semanas. Dessa maneira, você pode partilhar seu *blog* com alguns amigos e colegas primeiro, e fazer mudanças antes de abri-lo para o mundo.

- A aparência do *blog* deve ser complementar às suas regras de *design* corporativo, mas não precisa ser idêntica. Para muitos *blogs*, é melhor ser um pouco diferente da aparência corporativa, para sinalizar aos leitores que seu *blog* é uma voz independente, e não um megafone da companhia.

- O *software* de *blogging* permite que você use ferramentas de comentário para que seus visitantes possam responder a seus *posts*. Há diversas opções a considerar. Alguns preferem que seus *blogs* não tenham qualquer comentário de leitores, e esta pode ser a escolha certa para você. No entanto, uma das coisas mais excitantes do *blogging* é quando seus leitores comentam sobre o que você escreveu. Dependendo do *software* de seu *blog*, é possível optar por comentários abertos, nos quais as pessoas podem escrever e opinar sem passar por sua aprovação, ou por um sistema fechado, em que você aprovará cada comentário antes que ele apareça na tela. Muitos blogueiros usam a ferramenta de aprovação para ficar de olho em textos inapropriados. Eu o encorajo, porém, a permitir quaisquer comentários de pessoas que discordem de você – o debate é uma das melhores indicações de um *blog* como boa leitura. Infelizmente, a blogosfera está cheia de problemas com *spam*, e para prevenir, evitando que robôs de comentário automático vandalizem seu *blog*, alguns sistemas requerem que as pessoas respondam a uma questão simples, chamada *captcha*,[8] antes de qualquer mensagem entrar *on-line*. (Uso esta abordagem, e funciona muito bem.) Isso não vai eliminar *spam* de conteúdo, mas reduzirá bastante o problema. É positivo você ler cada comentário enviado e responder a seus leitores, ou manualmente deletar qualquer *spam* na hora.

- Alguns *softwares* de *blogging* fornecem *trackbacks*, que são mensagens enviadas por outro blogueiro depois de postar alguma coisa em seu *blog* com referência a um *post* anterior. Um *trackback* diz para seus leitores do *blog*: "Ei, se você está lendo este *post* original, pode estar interessado em um *post* relacionado em outro *blog*, então clique aqui". Assim, um *trackback* é semelhante a um comentário. Mas, em vez de deixar um comentário em *seu blog*, o outro escreve um *post* no *blog* dele e lhe envia um *trackback* para que seus leitores possam saber que o *post* dele está lá. Mais uma vez, por causa de *spam*, recomendo que você configure seu *blog* para aprovar *trackbacks* antes de eles serem postados.

- Preste muita atenção nas categorias sobre as quais escolheu blogar, e acrescente *tags* de mídia social para serviços como Technorati, Digg, StumbleUpon e Delicious em cada *post*. (Dê uma olhada no Capítulo 19 para mais informação sobre *tags* de mídia social.)

- Acrescente ferramentas de compartilhamento de redes sociais, tais como o botão "Curtir" do Facebook ou o "Twitter this" em cada *post*. A maioria dos pacotes de *software* de *blogging* tem essas ferramentas como aplicativo simples, de fácil implementação.

- O RSS (Really Simples Syndication) é um formato padrão de envio para muitos de seus leitores. Certifique-se de que seu novo *blog* tenha RSS. A maioria dos *softwares* de serviços tem *feeds* de RSS como ferramenta padrão.

- Inclua uma página Sobre (*About*), que inclua sua foto, biografia e cargo, além de informações sobre seu *blog*. Muitas vezes, as pessoas querem saber quem é o blogueiro quando visitam um *blog* pela primeira vez; por isso, é importante fornecer um *background*.

- Encoraje as pessoas a contatá-lo, facilite o acesso para que cheguem até você *on-line* e siga os *e-mails* de seus seguidores. Se for fácil contatá-lo, você terá um punhado de perguntas, questões, elogios e, claro, um detrator ocasional. Por causa do enorme problema com *spam*, algumas pessoas não querem publicar seus endereços de *e-mail*. Mas o maior problema é com robôs automatizados que pescam endereços de *e-mail*; portanto, impeça-os, escrevendo seu endereço de *e-mail* de forma que humanos possam ler, mas máquinas não. Em meu *website*, por exemplo, listo meu endereço de *e-mail* como david@DavidMeermanScott.com.

- Não escreva excessivamente sobre sua companhia e seus produtos e serviços. Você deve resistir à ansiedade de blogar sobre o que sua companhia oferece. Em vez disso, blogue sobre um tema de interesse para as pessoas que você está interessado em atingir. Quais são os problemas dos seus compradores sobre os quais você pode escrever e dar orientação? Como você pode criar conteúdo que informa e educa?

- Incentive outros blogueiros e *blogs* a se tornarem participantes ativos na comunidade *on-line*. Faça *links* para outros *blogs* e adicione comentários neles. Deixe que o *blog* dos outros sirva como ponto de partida para uma conversa que você continua em seu *blog*. Você vai gerar muito mais interesse no que faz se for inclusivo e integrador.

Capitalize seu *blog*

Antes de começar o segundo grau, minha filha gastou uma semana inteira caprichando em seu material escolar. Todas as garotas espertas fazem isso, transformando fichários padrões de três furos com fotos, *stickers*, letras de música e outras coisas. Ela até reservou um lugar para a citação do dia, para atualizar toda manhã. Dentro, o fichário tinha divisores de páginas que ela customizou, e bolsas para canetas e objetos escolares.

Sigo pensando que se pode dizer a mesma coisa dos *blogs*. Caprichar em um *blog* mostra a personalidade do blogueiro. Eu caprichei no meu com um monte de coisas bacanas. No topo, há um cabeçalho que pedi que um amigo *designer* criasse. Uma sugestão sobre TypePad (que usei para meu *blog* Web Ink): se seu *blog* tem 800 *pixels* de largura no total, peça que alguém desenhe uma imagem de 770 *pixels* de largura por 100 ou 150 *pixels* de altura – o TypePad automaticamente coloca uma borda e substitui o texto de aparência comum pelo novo *design*. Outros *softwares* de *blog* também suportam recursos gráficos, embora os requisitos específicos e a implementação possam ser diferentes.

Nas colunas à direita e à esquerda de meu *blog*, tenho *links* para as capas de meu livros na Amazon. Como esses *links* são parte de minha conta Amazon Associates, até me pagam uma pequena comissão pela venda de cada livro. (Não é tanto dinheiro, mas dá para, de vez em quando, levar minha família a um jantar decente.) Também tenho *links* para páginas de meu *site* e outros conteúdos *web*, tais como o *blog* sobre minha coleção de artefatos das naves Apollo,[9] minha página no Twitter e meus canais de vídeos *on-line*. Por meio de pequenos logos com *links* embutidos, envio para pessoas artigos que escrevi na revista *EContent*, para informações sobre a rede Newstex Blogs On Demand, que distribui meu *blog*, e para *home pages* de associações às quais sou afiliado. Finalmente, tenho *links* de inscrição fácil para pessoas que queiram ver meu *blog*, como uma assinatura de RSS via FeedBurner,[10] e uma opção de assinatura por *e-mail* via FeedBlitz,[11] para que as pessoas possam receber cada um de meus *posts* em suas caixas postais.

Um dos aspectos negativos de um *blog* é que a apresentação dos itens em ordem cronológica reversa (os mais recentes no topo) esconde uma parte de seus melhores *posts* – aqueles escritos no mês anterior ou no ano passado. Por isso, também adicionei *links* de navegação fáceis para que as pessoas possam achar rapidamente as coisas boas. Incluí, por exemplo, "O melhor do *web ink* agora", com *links* para um punhado de meus *posts* mais populares, uma lista de recentes comentários em meu *blog* e navegação por categoria de *post*.

É fácil caprichar em seu *blog*. Se você dedicar algumas horas a isso, pode fazer um *blog* bacana que até minha filha adolescente aprovaria. É claro que os *templates* padrão oferecidos pelos *softwares* de *blogs* são ótimos para começar, mas quando você se compromete de vez com *blogging*, é importante que sua personalidade brilhe com *links*, imagens, logo, fotos e outros acréscimos.

Como construir um público para seu novo *blog*

Quando você enviar seus primeiros *posts*, é provável que ouça um silêncio ensurdecedor. Você vai esperar comentários, e eles não aparecerão. Vai checar as estatísticas e ficará desapontado com o número pífio de visitantes. Não se desencoraje — isso é normal! Leva tempo até construir um público para seu *blog*. Logo que começar, porém, tenha certeza de que as pessoas saibam onde ele está e possam encontrá-lo. Crie *links* para seu *blog* de sua *home page*, das páginas de produtos ou da sala de imprensa *on-line*. Mencione seu *blog* em *e-mails* ou em *newsletters off-line*, e crie *links* para seu *blog* como parte de sua assinatura de *e-mail* das outras pessoas em sua organização.

A boa notícia é que *blogs* regularmente atualizados geram altos *rankings* em mecanismos de busca, porque algoritmos usados pelo Google e pelo Yahoo!, entre outros, recompensam esses *sites* (e *blogs*) de acordo com a frequência de sua atividade. É provável receber um tráfego significativo de mecanismos de busca depois de blogar consistentemente por um tempo. Em geral, posto três a quatro vezes por semana em meu *blog*, que gera centenas de visitantes diários via mecanismos de busca — isso é bom porque são pessoas que não me conhecem (ainda). Para assegurar que seu novo *blog* seja encontrado por seus compradores quando procuram o que você tem a oferecer, certifique-se de postar algo sobre temas de interesse e usar frases importantes para quem faz busca. (Ver Capítulo 11 se quiser revisar a parte sobre como identificar as palavras e frases que seus compradores usam.) Blogueiros espertos entendem os mecanismos de busca e usam seus *blogs* para chegar diretamente até seus públicos.

Comentar em *blogs* de outras pessoas (e incluir um *link* para seu *blog*) é um bom modo de construir um público. Se você comenta em *blogs* no mesmo espaço que o seu, ficará surpreso com a rapidez que terá visitantes para seu novo *blog*. Uma coisa curiosa da etiqueta do *blogging* é que blogueiros, tão competitivos para negócios *off-line*, são cooperativos no ambiente *on-line*, com *links* entrando e saindo de seus *blogs*. É como o caso de concessionárias de carros que ficam na mesma rua — a proximidade é boa para todos, e assim as pessoas trabalham juntas.

Seus consumidores, existentes e potenciais, investidores, empregados e a mídia leem *blogs*, e não há dúvida de que *blogs* são incríveis para que profissionais de marketing contem histórias autênticas para seus compradores. Mas construir uma audiência para um *blog* leva tempo. A maioria dos serviços de blogging fornece ferramentas para medir tráfego. Use-o para aprender quais *posts* atraem mais atenção. Você também pode descobrir de quais *sites* as pessoas estão vindo para visitar seu *blog* e que termos de busca usam para lhe encontrar. Use essas informações para melhorar continuamente seu *blog*. Mais uma vez, pense como um *publisher*.

Crie *tags* para seu comprador

Com o número total de *blogs* avançando na casa das centenas de milhões, incluindo a disponibilidade de nichos sobre virtualmente qualquer assunto, é fácil se perder na blogosfera. E nem sempre é fácil para uma pessoa encontrar um *post* em um *blog* que seja de seu interesse. Recentemente, um colega precisou de pneus novos para seu carro. Em vez de ir a um revendedor local e ficar à mercê de um vendedor ou de fuçar nos *sites* de fabricantes, ele foi para um dos mecanismos de busca de *blogs* para ver o que as pessoas estavam escrevendo sobre pneus. Entrou com a palavra *pneus* e, com apenas alguns cliques, achou diversos *blogs* que tinham informações úteis para ele efetuar sua compra. Mas também en-controu uma montanha de inutilidades com a palavra *pneus* nos resultados – coisas como análises de pneus usados na última corrida da Nascar, reclamações sobre lixo na beira de estradas (que incluíam pneus velhos) e até mesmo *posts* sobre os pneuzinhos de homens de meia-idade.

É exatamente este problema – os *hits* falsos de palavras ou frases de busca, e não a falta de exercício dos homens de meia-idade – que levou o mecanismo de busca Technorati a desevolver uma ferramenta de *tags* que deixa os blogueiros categorizarem seus *posts*. Para usar essa ferramenta, um blogueiro tem simplesmente de criar um conjunto de *metatags* para cada *post*. Assim, se alguém estiver procurando um *post* sobre pneus, ele pode ir ao Technorati e procurar em um *tag* sobre pneus, em vez de usar a palavra-chave. Isso leva leitores para muito mais perto do que procuram em comparação com o uso de uma simples palavra de busca.

Do ponto de vista do blogueiro, os benefícios de acrescentar *tags* para criar mais precisão sobre o conteúdo de um *post* – em que cada post chega a mais pessoas – valem a pena pelo esforço extra. Eu, por exemplo, ligo cada *post* que escrevo a múltiplas categorias apropriadas, tais como marketing, relações públicas e publicidade. Novos visitantes chegam ao meu *blog* todo dia como resultado da busca em *tags* que acrescentei aos *posts*.

Diversão com canetas marcadoras

Adoro as canetas marcadoras Sharpie. Levo-as em minha mala de viagem o tempo todo, porque nunca sei quando posso precisar de uma. Uma vez, quando acidentalmente risquei a perna de uma mesa de madeira em meu quarto de hotel, apliquei um pouquinho de tinta preta de uma Sharpie, e ela ficou como nova! Outras pessoas também curtem essas canetas, como um cara que decorou seu porão com elas, adolescentes que personalizam seus tênis com as muitas cores da Sharpies e celebridades, como as gêmeas Olsen, que as usam para assinar diferentes coisas, ou mesmo gente como Mike Peyton, um artista que usa a Sharpie em seu trabalho criando cobras de madeira decoradas com cores fantásticas.

Por isso, foi um prazer encontrar o *blog* dessa marca,[12] um "espaço dedicado a mostrar coisas divertidas, bacanas e criativas feitas com o uso de marcadoras Sharpie". O *blog* é escrito por Susan Wassel, mais conhecida como Sharpie Susan. Eu me conectei no Twitter com Bert DuMars, vice-presidente de marketing interativo da Newell Rubbermaid (fabricante das canetas Sharpie), para aprender mais sobre o *blog* e outros conteúdos desenvolvidos pela empresa.

"Pesquisas com consumidores mostram que as Sharpies são divertidas e criativas, mas o *site*, por ser apenas de um produto, não era muito divertido", diz DuMars. "Então, isso levou à ideia de um *blog* sobre criatividade e arte, para mostrar uso adicional para as canetas."

Gosto do *blog* da Sharpie porque não faz venda direta. Grande parte do *blog* foca em arte, e Sharpie Susan desenvolve ótimo conteúdo mostrando o trabalho dos artistas. "Sharpie King", por exemplo, cria trabalhos vendidos por milhares de dólares. As canetas já tinham *sites* de fãs, grupos de Facebook e tributos em vídeo; por isso, a equipe precisava trabalhar com o que já acontecia. "Não queríamos invadir e arruinar tantas coisas da mídia social que já tratavam da Sharpie", diz DuMars. "Queríamos ajudar com um empurrãozinho."

Se sua marca é divertida e útil, pense na abordagem da Sharpie. Mostre a criatividade de seus seguidores e deixe que eles façam o marketing por você. E lembre-se: às vezes, uma abordagem minimalista funciona melhor. Como DuMars inteligentemente percebeu, uma campanha com mão pesada poderia interferir nas coisas boas que já estavam acontecendo. Mas, juntando-se à festa e aumentando a diversão, a equipe da Sharpie mostrou que gosta dos esforços de seus seguidores.

Blogando fora da América do Norte

As pessoas frequentemente me perguntam sobre *blogging* em outros países. Elas querem saber se as abordagens de marketing *on-line* funcionam em outros lugares. Muitas delas perguntam, especificamente, se *blogs* são um bom meio de fazer marketing e RP na Europa e na Ásia. Não posso comentar sobre cada país, mas digo que *blogging* é um fenômeno global em países com uso disseminado na *web* e que muitos blogueiros estrangeiros são ativos na blogosfera global. Recebi *links* e *trackbacks* de blogueiros de cerca de 50 países diferentes. É muito legal quando um comentário ou *link* chega ao meu *blog* de alguém que está, por exemplo, na Rússia, na Finlândia ou na Tailândia.

Há outra evidência clara de que o *blogging* está vivo e bem, mesmo fora da América do Norte. O TypePad oferece serviços no Reino Unido, no Japão, na França, na Alemanha, na Holanda, na Espanha, na Itália, na Finlândia e na Bélgica, além dos Estados Unidos. E o Technorati, mecanismo de busca de *blogs*, mantém *sites* em inglês, francês, alemão, italiano, chinês e coreano. Minha mulher, Yukary Watanabe Scott,[13] que faz comentários sobre livros de negócios japoneses, mantém um *blog* para seus leitores em japonês, o que é especialmente importante, porque eles estão a meio mundo de distância de onde vivemos, perto de Boston.

Um de meus *blogs* favoritos é o Cablog,[14] de Adrian Neylan, uma coleção hilária de histórias sobre sua vida como motorista de táxi em Sydney, na Austrália. É disso que trata o *blogging*: de dar uma voz global a um cara comum, transformando-o em uma personalidade internacional de mídia incomum. Neylan partilha histórias fascinantes sobre pessoas no banco de trás de seu carro e, de modo engraçado, nos conta um pouco mais sobre nós mesmos, embora estejamos separados por doze horas de fuso horário. Ao visitar Sydney recentemente, aluguei o táxi de Neylan e postei um vídeo de uma entrevista que fiz com ele.

Pense no caso de Linas Simonis, uma história de verdadeiro sucesso internacional de *blogging*. Consultor de marketing da Lituânia, ele criou em abril de 2005 um dos primeiros *blogs*[15] de negócio daquele país. A reação da comunidade de negócios da Lituânia foi quase imediata. "No meu país, as pessoas não sabiam na época o que era RSS, e assim criei uma assinatura por *e-mail* para meu *blog*", diz Simonis. "No final do primeiro ano, tinha 400 assinantes, e você deve saber que menos de 3,5 milhões de pessoas vivem na Lituânia; portanto, o equivalente seria algo como 40 mil assinantes nos Estados Unidos."

MARKETING E COMUNICAÇÃO NA ERA DIGITAL

A imprensa de negócios também prestou atenção. "Agora sou citado como um especialista de posicionamento e marketing por causa de meu *blog*", ele diz. "Os jornalistas me ligam por causa de meus *posts*. Tempos atrás, havia feito algumas tentativas de divulgar meu nome, que foram infrutíferas, mas agora as notícias em meu *blog* são lidas e amplamente usadas pela mídia. Um artigo do meu *blog*, chamado 'Como posicionar a Lituânia', gerou duas aparições na TV em programas no horário nobre, uma entrevista na maior emissora de rádio do país e uma dúzia de citações na mídia impressa. E isso aconteceu sem qualquer esforço de minha parte, sem forçar nada, mas tudo por causa do grande conteúdo do *blog*."

O que é realmente notável nessa história de Simonis é a sequência de novos negócios que ele gerou com o *blog*. "Três meses depois de começar o *blog*, minha empresa não precisou mais fazer ligações para arranjar novos negócios", ele diz. "O *blog* e o *website* da empresa geraram tantos pedidos que deixamos de procurar novos clientes – foram eles que vieram até nós. Logo depois de começar a blogar, fui até convidado por organizadores de conferências para dar palestras e seminários, e universidades me chamaram para falar a seus estudantes." Simonis agora faz consultoria para clientes corporativos na Lituânia, principalmente para aqueles que querem criar *blogs*, e publica um *blog* em inglês[16] que funciona como fórum sobre estratégia de posicionamento em um mundo *web* 2.0.

O que você está esperando?

Todo mundo com quem falei sobre a criação de um *blog* disse a mesma coisa, embora de modos ligeiramente diferentes. Todos se sentiram um pouco desconfortáveis quando começaram um *blog*. Sentiram-se meio incompetetentes, porque não conheciam todas as regras não escritas. Tiveram até medo de apertar o botão para o primeiro *post*. Nós todos passamos por isso. Para se sentir confortável antes de mergulhar na onda, lembre-se do Capítulo 5: você deve seguir antes um punhado de *blogs* do seu setor. De quais coisas você gosta nesses *blogs*? O que o incomoda? O que você faria diferente? Então, antes de cair na água criando seu próprio *blog*, experimente a temperatura, deixando comentários em *blogs* de outras pessoas. Teste o seu tom. Finalmente, quando estiver convicto, comece. E quando continuar, por favor me mande a URL para eu dar uma olhada.

Notas

1 http://oradell.com/oradell-*blog*/
2 http://technorati.com/blogging/state-of-the-blogosphere/
3 www.ibm.com/blogs/zz/en/guidelines.html
4 www.af.mil/shared/media/document/AFD-090406-036.pdf
5 http://womma.org/ethics/code/
6 www.typepad.com/
7 http://wordpress.org/
8 www.captcha.net/
9 www.apolloartifacts.com/
10 feedburner.google.com/
11 www.feedblitz.com/
12 http://blog.sharpie.com/
13 http://watanabeyukari.weblogs.jp/youshonews/
14 www.cablog.com.au/
15 www.pozicionavimas.lt/
16 http://www.positioningstrategy.com/

Capítulo 18

VÍDEO E *PODCASTING,*
TÃO FÁCIL QUANTO POSSÍVEL

Criar conteúdo de áudio e vídeo para marketing e RP requer a mesma atenção para temas apropriados quanto outras técnicas descritas neste livro. É preciso atingir *personas* compradoras potenciais, de maneira individual, com informações bem pensadas, que digam respeito a algum aspecto ou problema de suas vidas. Ao fazer isso, você marca sua organização como inteligente e com a qual vale a pena fazer negócios. No entanto, diferentemente de conteúdo com base em texto, como em *blogs* e *press releases*, áudio e vídeo requerem um modesto investimento em *hardware* adicional, como microfones e câmeras, sem se esquecer do *software*, e dependendo da qualidade que você quer conseguir, pode necessitar de mais tempo para editar seus arquivos. Embora os procedimentos para *podcasting* e vídeo sejam um pouco mais complicados do que no caso de iniciar um *blog*, eles não são tão difíceis.

Vídeos e seus compradores

Organizações que já produziam vídeos para vender produtos ou serviços foram as primeiras a usar ativamente a mídia social para divulgar e enviar informações sobre suas ofertas. Muitas igrejas, por exemplo, fazem rotineiramente vídeos de missas semanais e os colocam *on-line* para que todos acompanhem, atraindo mais pessoas para a congregação. Muitos times esportivos amadores e profissionais, músicos e grupos de teatro também usam vídeo como ferramenta de marketing e RP.

A ideia de *companhias* produzindo vídeo para *webmarketing* é ainda relativamene nova. Isso vem depois de *blogs* e *podcasting* na curva de adoção das organizações que não têm uma inclinação natural a usar vídeo. Mas, com certeza, as empresas estão experimentando mais, como embutir vídeos (hospedados no

MARKETING E COMUNICAÇÃO NA ERA DIGITAL

YouTube ou outros serviços) em seus *blogs* e salas de imprensa *on-line* já existentes. Também tenho visto pequenos vídeos com discursos de CEOs e rápidas demonstrações de produtos.

O vídeo casual de negócios

Nos Estados Unidos, o uso de vestimenta casual (*business-casual clothing*) no local de trabalho é uma tendência de 15 anos. Em meu primeiro emprego em Wall Street, nos anos 1980, tinha de usar terno e gravata com sapatos bem polidos todos os dias. Àquela altura, casual (para homens) significava afrouxar a gravata depois das cinco da tarde. Quando vivi no Japão, no final dos anos 1980 e começo dos 1990, as coisas eram ainda mais formais – só se podia afrouxar a gravata bebendo uma cerveja tarde da noite em um bar.

As sextas-feiras casuais começaram como um paralelo ao *boom* ponto.com em ambas as costas norte-americanas, em meados dos anos 1990, movimento em parte liderado pela Dockers, um fabricante de roupas. Esse conceito logo se estendeu a todos os dias da semana e, em seguida, se espalhou pelos Estados Unidos. Naqueles dias, exceto para quem trabalhava em bancos e em algumas outras profissões, o *business casual* era a norma.

Percebi nos últimos cinco anos que o vídeo também tem seguido uma tendência similar ao casual. Cada vez mais conteúdo é criado com muito menos formalidade. Isso é bom! Tanto criadores profissionais quanto cidadãos agora podem chegar a leitores e espectadores mais rapidamente e com menos interferência das convenções pomposas associadas à criação de conteúdo.

Talvez o tremendo aumento de ferramentas de rede social tenha ajudado a induzir o desejo de consumo de conteúdo menos formal. Ao mesmo tempo, mídias mais rígidas e estruturadas como *white papers* não têm mais tantos leitores quanto uma década atrás.

Meu amigo Cliff Pollan, CEO da VisibleGains, foi um dos primeiros que atraíram minha atenção para o que chama de vídeo casual de negócios. Adorei a descrição! Venho apresentando a ideia em minhas palestras, e ela realmente encontra ressonância entre as pessoas. O conceito, eu digo, é simples: no começo, vídeos corporativos eram altamente produzidos, como um episódio de *60 Minutes*. Tendiam a custar dezenas de milhares de horas de trabalho e levavam meses para ficarem prontos.

Alguns clássicos do gênero vídeo corporativo formal incluíam perfis pretensiosos de empresas, testemunhais de gente maquiada gravados em estúdios e gerentes de produtos explicando suas incríveis novas ofertas. A experiência que muitos executivos têm é a deste gênero e, quando o assunto de vídeo *on-line* é discutido em empresas, a maioria das pessoas acha que é caro e difícil. Isso porque elas estão *pensando* de maneira formal.

Mas, se você estiver pensando em entrar no ramo, saiba que vídeos casuais de negócios podem ter custo baixo, ou nenhum, e ser completados em horas, ou mesmo minutos. Algumas pessoas dizem que a qualidade é essencial. Concordo que o vídeo deve ser atraente, mas estou convencido de que a falta de um estúdio, de iluminação profissional e de maquiadores não é um grande problema. Se o tema for interessante, as pessoas têm muita tolerância para aceitar as condições sob as quais o vídeo foi realizado. É claro que você tem de ficar na linha da sensatez. Não defendo vídeos mal filmados, com iluminação terrível ou edição pobre.

Estou convencido de que a tendência a favor do conteúdo casual significa que os consumidores ficarão mais próximos das organizações com as quais querem fazer negócios. Quando uma empresa, uma instituição de educação, uma agência governamental, um hospital ou outro tipo de negócio se comportam de forma amigável e comprometida, por conta do jeito como se comunicam *on-line* com as pessoas, o conteúdo será muito mais bem recebido. Tudo bem se quem fala em seu vídeo não tem o tom de alguém com MBA de uma escola de ponta – na verdade, é provavelmente preferível assim.

Como no caso da transição do terno e gravata para a camisa polo, isso pode ter parecido pouco profissional de início. Mas a natureza cada vez mais informal dos negócios – um desejo de falar deles como eles são – tornará o resultado mais eficiente e bem-sucedido. Outra boa notícia para sua organização: o equipamento para criar vídeos casuais de negócios também não precisa ser sofisticado.

Pare de ser obcecado com as autorizações para publicação dos *releases* em vídeo

Parte do impulso registrado pelo vídeo casual de negócios é decorrente do aumento de entrevistas gravadas para uso em marketing. No entanto, muitas pessoas me dizem que os departamentos jurídicos de suas empresas ficam obcecados com as autorizações assinadas de participantes de entrevistas, antes de eles irem ao ar.

Em minha experiência, o mero ato de jogar um documento legal na frente de participantes potenciais e exigir que eles assinem pode levar muitos deles a repensar tudo. Alguns entrevistados acabam escolhendo não participar. Quando isso acontece, você perde oportunidades.

Quero enfatizar que não sou um advogado, e não estou oferecendo aconselhamento legal. Como sempre, você deve checar com um especialista antes de prosseguir com uma ação que pode ter consequências legais. No entanto, quero sugerir uma alternativa à autorização formal ou assinada – é a estratégia simples que eu uso. Quando aperto o botão de gravar em minha câmera, simplesmente pergunto para a pessoa que vou entrevistar se tudo bem postar o vídeo no YouTube. Também peço que soletre seu nome e qual cargo ocupa em sua companhia. A partir daí, tenho como me referir ao entrevistado durante o vídeo, além de obter um registro de cada um deles me dando permissão para gravar! Durante o processo de edição, eu salvo a autorização e posto a entrevista. Funciona muito bem.

Fiz entrevistas e postei vídeos de estrelas do rock, de executivos da lista dos 500 maiores da Fortune e de altos funcionários do governo usando esse método. E não sou só eu. Recentememnte, quando fui entrevistado para um segmento especial que iria ao ar no programa *Your Business*, da MSNBC, a primeira coisa que o produtor me pediu foi para soletrar meu nome enquanto gravava. Pronto. Uma técnica que até os profissionais usam.

Uma câmera portátil de vídeo em cada bolso

Uma coisa que ajuda a mudar a relativa formalidade do vídeo de marketing corporativo é a popularidade das câmeras Flip.[1,xiv] Eu adoro a minha, e carrego essa câmera digital pequena e barata comigo em todas as viagens de negócio. Você nunca sabe quando pode surgir uma grande oportunidade de entrevista em vídeo, como a que fiz com Frederick "Fritz" Henderson, então CEO da General

---

xiv A câmera de vídeo Flip é um *camcorder* que não usa fita ou DVD (tem uma memória interna). Foi criada pela Pure Digital Technologies, empresa comprada pela Cisco Systems em 2009. Entretanto, em abril de 2011, a Cisco decidiu terminar com a linha de produção das câmeras Flip. (N. R. T)

Motors. Em outras ocasiões, aparece uma ideia que pode ter maior impacto ao ser contada em vídeo, como no filmete *Você vende camelos?*[2] que fiz em um mercado de camelos perto de Riad, na Arábia Saudita.

A câmera de vídeo Flip e outras portáteis de alta qualidade, como as da Kodak e de outros fabricantes, estão se tornando rapidamente uma ferramenta que profissionais de marketing carregam o tempo todo. Essas câmeras (do tamanho de um maço de cigarros) sempre permitem que você esteja pronto para entrevistar consumidores, funcionários e analistas da indústria e, rapidamente, postar o vídeo em seu *site* ou *blog*. Elas também podem ajudá-lo a produzir clipes curtos, mostrando como seus produtos são feitos ou usados – sem a necessidade de uma equipe de profissionais.

A coisa não poderia ser mais fácil de usar. Há um grande botão vermelho na câmera para começar e parar de filmar, e se você quiser elaborar, também tem *zoom*. É isso. Mesmo uma pessoa como eu, que enfrenta dificuldades com a tecnologia, pode usar. O nome Flip vem de um drive USB, embutido na câmera, que pula para fora (*flips out*), tornando mais fácil fazer *upload* para algum dispositivo conectado, e daí para o YouTube, Vimeo ou outros *sites* de partilha de vídeos. Verdade, é fácil assim. Quando as pessoas rechaçam a ideia de criar um *blog* corporativo ou escrever um *e-book*, sempre sugiro que façam algumas entrevistas curtas e simples em vídeo, usando uma Flip, como meio fácil de criar conteúdo criativo que ajuda a espalhar mensagens.

Algumas empresas começaram a fornecer câmeras de vídeo Flip para funcionários e até mesmo para consumidores. Sven Patrick Larsen, chefe de marketing da agência digital Zemoga,[3] sediada em Bogotá, na Colômbia, me disse que dá câmeras de vídeo customizadas para seus funcionários e consumidores, e que as empresas as decoram com o que ele chama de um "Retrato Z". "As câmeras Flip customizadas começaram como um presente legal para empregados e clientes, mas rapidamente se tornaram uma ferramenta essencial para a equipe da Zemoga", diz Larsen. "Nós as usamos no trabalho, para gravar reuniões com clientes, reuniões de criação e testes interativos, em casa e para brincar. Nossos clientes e a equipe compartilham suas experiências (e a marca Zemoga) na *web*. É um incrível exemplo dar poder para os clientes, abrindo mão do controle da mensagem da marca, e, como resultado, vejo o conteúdo se espalhar como fogo selvagem!"

Enquanto eu dava os retoques finais neste livro, a Cisco, fabricante da Flip, anunciou que iria paralisar a produção da câmera. Acho um enorme engano, por causa da sua popularidade e praticidade. A decisão da Cisco, porém, não diminuiu em nada meu entusiasmo por essa forma de marketing. Tenho certeza de que conseguirei achar uma câmera dessas no eBay mesmo depois que elas não estiverem mais disponíveis nas lojas.

Como começar com vídeo

As organizações, sejam as recém-chegadas ao jogo ou aquelas que oferecem webvídeos há anos para telas de computador de compradores (e iPods), usam os vídeos de muitas maneiras diferentes:

Postando em *sites* de compartilhamento de vídeos. O YouTube[4] é o mais popular *site* na *web* para essa finalidade, embora haja outros como o Vimeo[5] e o blip.tv. As organizações postam conteúdo de vídeo no YouTube e mandam para as pessoas um *link* (ou esperam que ele se torne viral). Você também pode colocar um vídeo do YouTube em seu *site*, *blog*, ou mesmo em *news release*. Criar um vídeo simples é fácil – tudo o que você precisa é uma conta no YouTube e uma câmera de vídeo digital (caso você ainda não tenha sua Flip, note que seu celular pode filmar). Há todo tipo de melhorias e técnicas de edição disponíveis para tornar um vídeo mais profissional. Um exemplo de vídeo atrativo de uma marca conhecida e disponível no YouTube é o *Teapartay*[6] da Smirnoff, com jovens na velha Inglaterra cantando rap. Lembra-me das pessoas com as quais estudei, e eu vi um monte de vezes. A IBM experimentou realizar documentários com eventos fictícios, incluindo uma série de seis episódios, chamada "A arte da venda", que é uma combinação da série *The Office* com um vídeo de treinamento de vendas. E os componentes virais desses vídeos corporativos claramente funcionam, porque aqui estou eu falando deles com você.[7]

Desenvolvendo seu canal de vídeo *on-line*. As empresas que levam a sério programa de vídeos *on-line* criam seu próprio canal, com frequência uma URL única. Os exemplos incluem o *website* Weber Grill's Weber Nation,[8] que mostram vídeos com aulas sobre como fazer churrasco.

Inserindo vídeos clandestinamente no YouTube. Algumas companhias tentam enfiar de forma furtiva vídeos pagos por empresas no YouTube, tentando parecer que foram gerados por consumidores. A comunidade do YouTube tem uma capacidade notável de denunciar um vídeo que não é autêntico, e esta abordagem é perigosa.

Usando *vlogging*. Abreviação de "vídeo *blogging*", termo que se refere a conteúdo de vídeo colocado em um *blog*. A parte escrita do *blog* acrescenta contexto em cada vídeo e ferramentas de marketing para os mecanismos de busca.

Usando *vodcasting*. É como um *podcast*, mas com vídeo, ou uma série de vídeos conectados a uma plataforma de distribuição via iTunes ou *feeds* de RSS. A BMW,[9] por exemplo, oferece uma série semanal de *vodcasts* de vídeos de dois a três minutos sobre o que acontece na empresa. A companhia também usa os *vodcasts* para divulgar as coisas interessantes que anda fazendo pelo mundo.

Convidando suas comunidades de consumidores a submeterem vídeos. É a técnica como algumas companhias, incluindo Mentos e Tourism Queensland (sobre as quais falamos no Capítulo 6), tentam gerar marketing viral. Elas patrocinam concursos em que os consumidores submetem vídeos curtos. Os melhores são exibidos no *site* da empresa, e os ganhadores, premiados. Em alguns casos, os vídeos vencedores são também exibidos como verdadeiros comerciais de TV.

Para mais informações detalhadas sobre vídeo, leia *Get Seen:* Online Video Secrets to Building Your Business, de Steve Garfield, e *Beyond Viral:* How to Promote and Sustain Your Brand with On-line Video, de Kevin Nalty.

Owen Mack,[10] cofundador e chefe de estratégia e desenvolvimento da coBrandiT, uma empresa que faz produção de vídeos para mídia social, é um pioneiro no uso desse recurso para marketing e RP. Desde os primeiros dias do vídeo *on-line*, Mack ajudou empresas como Puma e Pabst Brewing a criarem estratégias de sucesso. "O vídeo é uma extensão da atitude do *blogging*", diz Mack. "Você tem uma história interessante para contar? Se tem, por que não desenvolve alguma coisa? Você precisa ver o que já estão dizendo sobre você, e como se misturar a eles. A transparência e a abertura são requisitos fundamentais. Feito apropriadamente, o vídeo é muito atrativo."

Vídeos criados para compradores geram oportunidades de venda

Como mencionei em todo este livro, o conteúdo customizado para as *personas* compradoras é essencial para o bom marketing. O mesmo vale para vídeos. Em vez de criar baboseiras sobre produtos e serviços, faça vídeos especialmente para seus compradores e verá como se tornarão importantes para eles.

A Attivio, uma empresa de *software*, usa uma abordagem com base em *persona* compradora em seu *website*. Enquanto diferentes *personas* podem adquirir o mesmo produto, cada uma tem diferentes problemas que podem ser resolvidos pela empresa. Os profissionais de marketing da Attivio miram no que chamam internamente de campeões de negócios experientes em tecnologia, ou seja, pessoas que se preocupam com fontes de receita, melhores relações com consumidores, cumprimento de regulações e vantagem competitiva, além do controle de custos. Outra *persona* compradora — os profissionais de tecnologia da informação — descreve os responsáveis por manter os sistemas de uma empresa atualizados e funcionando, e eles querem ouvir sobre confiabilidade, segurança, performance, escalabilidade e facilidade de integração. Uma terceira *persona* compradora é aquela que trabalha dentro do governo ou nas agências de inteligência. Esses compradores não querem ouvir falar sobre como melhorar os lucros — eles se importam em compartilhar informações entre agências, o que melhora sua capacidade de conectar os pontos e detectar ameaças. Cada conjunto de *personas* compradoras tem um vídeo feito especialmente para seu tipo, com a meta de levar o comprador a querer saber mais, conectando-se com um agente de vendas da Attivio.

"O vídeo tem sido uma ferramenta particularmente valiosa para nos ajudar a levar informação apropriada a cada segmento de consumidores", diz Mary Anne Sinville, vice-presidente sênior de marketing da Attivio. "Quando fazemos um vídeo, muitas vezes repetimos a mesma pergunta duas ou três vezes, guiando o apresentador a pensar em suas respostas, com um público específico em mente, para termos conteúdo relevante que possamos espalhar em páginas de *personas* múltiplas."

Há benefícios com essa abordagem: os vendedores sabem no que um consumidor está interessado e também qual *persona* o comprador representa, com base em que página estava. "Quando um visitante entra no *site*, escolhe o caminho de uma *persona* e depois, ao converter isso em um contato, fica muito mais fácil para nós respondermos com informação adicional, que provavelmente será atraente", diz Sinville.

Agora vamos ver como criar um *podcast*. A abordagem geral de criar informação valiosa para suas *personas* compradoras é a mesma, mas você tem escolhas de tecnologia a fazer.

Podcasting para principiantes

Um *podcast* é um conteúdo de áudio ligado a uma assinatura, para que as pessoas possam receber atualizações regulares. A maneira mais simples de pensar em *podcasts* é como um programa de rádio, exceto que você ouve cada episódio quando quiser, fazendo um *download* em seu computador ou em aparelhos como o iPod. O equipamento que você precisa para começar um *podcast* varia de algumas centenas de dólares, no custo mais baixo, até um pouco acima de mil dólares, para um som de nível profissional. Além disso, você provalmente vai querer hospedar seus arquivos de áudio em um servidor externo, que cobrará uma taxa mensal.

Como começar? "Descobri que a coisa mais importante é a preparação do programa", diz John J. Wall, produtor e coapresentador do *Marketing over Coffee*,[11] um programa de 20 minutos que fala sobre o novo e o clássico marketing. "A menos que você fique realmente confortável falando de improviso, vai querer ter um *script* escrito previamente. O *podcast* soa mais bem acabado quando você faz isso." Eu não tenho um *podcast* meu, mas, como convidado frequente de programas de rádio e *podcasts*, concordo com Wall – os melhores programas dos quais participo são aqueles em que o entrevistador conhece o material e mantém o foco.

Depois do *script*, há as questões técnicas envolvidas com a produção de um *podcast*. Para aprender mais sobre isso, antes de começar seu *podcast*, pode ser útil ler um dos livros que detalham o assunto, tal como *Podcasting for Dummies*, de Tee Morris e Evo Terra.

- *Preparação de programas.* Inclui reunir ideias e criar um *script*. Pense em suas *personas* compradoras e no que você pode discutir que interesse a elas. Se você pretende entrevistar convidados, saiba como pronunciar seu nome (não ria, esse é um erro frequente), qual seu cargo e a empresa, além de outras informações corretas. Como é uma prática comum divulgar o negócio de um convidado, saiba antes que URL ou produto você vai mencionar.

- *Gravação estando perto de seu computador.* Além de um microfone (há muitas opções de escolha) que envie o áudio direto para o equipamento, você precisará de *software* de *podcast* como GarageBand, Audacity ou Goldwave como interface para criar e publicar seu *podcast*.

- *Equipamento móvel de gravação.* Fabricado por diversas empresas, como a Marantz,[12] ele é necessário quando você está como repórter na rua entrevistando pessoas em eventos ou, talvez, seus funcionários pelo mundo.

- *Entrevistas por telefone.* Exigem um modo de gravar os dois lados da conversa. Um bom jeito é usar o Skype[13] e um gravador digital (de novo, tente Marantz).

- *Edição de arquivos de áudio é opcional.* Você pode fazer o *upload* dos arquivos à medida que os grava. Se preferir editá-los, pode fazer isso em microescala (removendo os *huns*, *hahãs*, e outras pausas audíveis) ou em macroescala (removendo, por exemplo, os últimos cinco minutos de uma entrevista). Muitos *podcasters* editam segmentos que gravaram em momentos diferentes, colocando-os juntos e criando um programa. Audacity[14] e GarageBand,[15] da Apple, são dois pacotes de *software* que incluem muitas das ferramentas de uma estação de rádio profissional, facilitando a edição.

- *Edição de pós-produção.* Requer o uso de um programa redutor de ruídos (para se livrar daquele som incômodo do ar-condicionado ao fundo) e compressão de som (para nivelar o volume de seções gravadas em diferentes momentos e lugares.) O SoundSoap é uma excelente ferramenta de redução de ruído, e The Levelator[16] faz a compressão e outros ajustes dinâmicos.

- *Fazer um tag para o áudio.* Passo importante que algumas pessoas subestimam ou fazem sem o devido cuidado. Envolve acrescentar informação de texto sobre o áudio para que as pessoas possam encontrá-lo mais fácil. Essa informação é a que aparece nos mecanismos de busca e em *sites* de distribuição de áudio como o iTunes. Seu *tag* também aparece nos *displays* de iPod dos ouvintes; portanto, não ignore esse passo.

- *Hospedagem e distribuição.* Necessários para assegurar que as pessoas possam obter facilmente seus *podcasts*. Serviços como Liberated Syndication[17] hospedam os arquivos de áudio (por vezes muito grandes) e os distri-buem por meio de redes como iTunes.

- *Promoção.* Essencial para assegurar que as pessoas descubram seus *podcasts*. Se você faz programas de entrevistas (que são um modo fácil de começar e dão excelente conteúdo), certifique-se de dar um *link* para o programa a todos os convidados. Muitas pessoas ajudarão a promover o programa no qual elas falam. Você também vai querer se relacionar com outros *podcasters* em seu espaço, pois trechos promocionais de áudio de outros *podcasts* são comuns, e é uma boa forma de construir público. Não se esqueça de colocar *links* para seu *podcast* em seu *website*, com *e-mail* e materiais *off-line*, como cartões de visita e folhetos. É bom também tuitar sobre cada programa e acrescentar um *link* para sua página no Facebook, assim como enviar um *news release* alertando as pessoas sobre episódios importantes.

- *Blog associado.* Componente-chave usado por quase todos os *podcasters* para discutir o conteúdo de cada programa. Uma razão importante de ter um *blog* associado é que seu texto será indexado por mecanismos de busca, atraindo mais pessoas para assinar o *feed* do *podcast*. Um *blog* também permite que o apresentador escreva alguns parágrafos sobre o conteúdo de um programa em particular, além de fornecer *links* para os *blogs* e *websites* de convidados (para que as pessoas tenham uma noção do conteúdo antes de ouvir). A maioria das organizações que usam o *podcasting* como ferramenta de marketing também adota o *blog* associado como local para mover as pessoas pelo processo de venda, ao fornecer *links* para o *site* da empresa ou demonstrações de ofertas.

Você pode ter seu novo *podcast* funcionando bem em menos de um mês. "Os princípios são todos muito simples, mas às vezes toma um tempo escolher entre os vários *hardwares* e *softwares*. Mas a comunidade ajuda muito", diz o apresentador John J. Wall. "Certifique-se de escrever notas precisas sobre o programa. Os ouvintes podem encontrar o conteúdo que querem, e você ganha um extra nos mecanismos de busca."

Os conteúdos de áudio e vídeo na *web* ainda são novidade para profissionais de marketing e comunicadores. Mas o potencial de enviar informações para compradores – de forma especial e única – é maior quando se usa novas mídias. Você pode alavancar seu *blog* descobrindo os novos caminhos de áudio e vídeo, deixando para trás a concorrência, que ainda tenta entender o que fazer com *blogging*.

Notas

1 www.theflip.com/
2 www.youtube.com/watch?v=jgTZPwqsN64
3 http://frombogotawithlove.com/
4 www.youtube.com/
5 www.vimeo.com/
6 www.youtube.com/watch?v=4y4-5Zouvjs
7 www.youtube.com/watch?v=MSqXKp-00hM
8 www.webernation.com/
9 www.bmw-web.tv/en/channel/new
10 http://cobrandit.com/
11 www.marketingovercoffee.com/
12 www.dmpro.com/usersFolderID=1823/folder.asp?
13 www.skype.com/
14 http://audacity.sourceforge.net/
15 www.apple.com/ilife/garageband/
16 www.conversationsnetwork.org/levelator
17 www.libsyn.com/

Capítulo 19

COMO USAR *NEWS RELEASES* PARA CHEGAR DIRETAMENTE AOS COMPRADORES

Como mostram os fascinantes estudos de caso do Capítulo 7, a *web* mudou as regras dos *news releases*, que agora podem ser lidos pelos compradores no Google, no Yahoo!, em outros mecanismos de busca, em portais verticais e em RSS. Assim, profissionais inteligentes de marketing e RP criam *news releases* para chegar diretamente aos seus compradores, colocando livros no primeiro lugar em listas de *best-sellers*, conseguindo maior tráfego na *web*, assegurando mais doações, ou vendendo mais produtos. Mais uma vez, isso não quer dizer que a grande mídia e os programas de relações com a mídia perderam toda sua importância. A grande mídia e a imprensa especializada, na maioria dos mercados, permanecem vitais. Mas seu público primário, e também o da sua organização, não é mais meia dúzia de jornalistas. São milhões de pessoas com conexões para internet, acesso a mecanismos de busca e leitores de RSS. Então, como você lança um programa de *news releases* direto para o comprador? Vamos começar lembrando das novas regras dos *news releases* do Capítulo 7:

- Não envie apenas *news releases* quando grandes notícias acontecem. Ache boas razões para enviá-los o tempo todo.

- Em vez de focar em um punhado de jornalistas, crie *news releases* que falem diretamente com seus compradores.

- Escreva *releases* que estejam repletos de boas palavras-chave.

- Inclua ofertas que estimulem o consumidor a responder ao seu *release* de alguma forma.

- Coloque *links* em *releases* para levar consumidores potenciais às páginas do seu *website* ou até outras informações valiosas publicadas por sua organização, como vídeos *on-line*.

MARKETING E COMUNICAÇÃO NA ERA DIGITAL

- Otimize o envio de *news releases* para busca.
- Acrescente *tags* de mídia para Technorati, Digg, StumbleUpon e Delicious, para que seu *release* seja encontrado.
- Leve pessoas para o processo de venda com *news releases*.

Crie sua estratégia de *news releases*

Ao começar um programa de *news releases*, o mais importante é pensar – mais uma vez – na necessidade de escrever para seus compradores. Lembre-se do que você aprendeu com a pesquisa de *personas* compradoras, em seu plano de marketing e RP (descrito no Capítulo 11) para desenvolver um calendário editorial para *news releases* com base no que os compradores precisam saber. Implementar uma estratégia de *news releases* para atingi-los diretamente é como publicar um serviço de notícias *on-line* – são as informações de que seus compradores precisam para encontrar sua organização *on-line* e aprender mais sobre você.

Como um *publisher*, você deve perceber a importância crucial do conteúdo. "Tudo é dirigido pelo conteúdo em relações públicas", diz Brian Hennigan, gerente de comunicação corporativa da dbaDIRECT,[1] uma empresa de gerenciamento de infraestrutura de dados. "Gosto de usar *news releases* para chegar ao mercado e aos meus consumidores potenciais. Com *news releases*, por cem dólares eu consigo falar com o mundo." Hennigan complementa seus *news releases* com *white papers*, mais longos e detalhados, para levar as ideias de sua empresa até o mercado. "Escrevo os *news releases* como se fossem matérias", ele diz. "Precisamos olhar as necessidades do mercado e as iniciativas empreendedoras interessantes, e nós escrevemos para e sobre essas tendências."

Quando fizer essa mudança fundamental no modo de produção dos *news releases*, você pode se questionar, no começo, sobre o que escrever. A regra é: grandes notícias são ótimas, mas não espere por elas. Escreva sobre praticamente tudo o que sua empresa está fazendo.

- Tem alguma solução nova para um velho problema? Escreva um *release*.
- Você presta serviço para um mercado único? Escreva um *release*.
- Tem informação interessante para compartilhar? Escreva um *release*.
- Seu CEO falou em uma conferência? Escreva um *release*.

- Ganhou um prêmio? Escreva um *release*.

- Há alguma característica nova em um produto? Escreva um *release*.

- Ganhou um novo consumidor? Escreva um *release*.

- Publicou um *white paper*? Escreva um *release*.

- Saiu da cama esta manhã? OK, talvez não, mas agora você está pensando do jeito certo.

Publique *news releases* através de um serviço de distribuição

A melhor maneira de publicar *news releases* para que sejam vistos pelos seus compradores é postá-lo em seu *website* e, simultaneamente, enviá-lo a outros *websites* por um serviço de distribuição de *news releases*. O benefício dessa distribuição é que seu *release* será enviado para os serviços de notícias *on-line*, incluindo Yahoo!, Google, Bing e muitos outros. Muitos desses serviços de distribuição chegam também à imprensa especializada e aos *websites* do setor. Na verdade, você pode alcançar com frequência centenas de *websites* com apenas um *news release*. O resultado significativo dessa abordagem é que seu *release* será indexado pelos mecanismos de busca de notícias e em *sites* verticais de mercado. Assim, quando alguém fizer a busca de uma palavra ou frase contida em seu *release*, o consumidor potencial o encontra. Como bônus adicional, as pessoas que pediram alertas sobre o setor de *sites* que indexam *news releases* receberão um alerta de que alguma coisa importante, seu *release*, está disponível.

Há várias opções para distribuição de *news releases*. Serviços semelhantes existem em outros países, como o CanadaNewsWire,[2] que serve o mercado canadense. Dê uma olhada nos vários serviços e os compare você mesmo.

Uma seleção dos maiores serviços de distribuição de *news releases* nos Estados Unidos

- Business Wire: *www.businesswire.com*
- GlobeNewswire: *www.globenewswire.com*

- Marketwire: *www.marketwire.com*
- PrimeNewswire: *www.primenewswire.com*
- PR Newswire: *www.prnewswire.com*
- PRWeb: *www.prweb.com*

Para seus *news releases* aparecerem nos serviços de notícias *on-line*, incluindo o Google News, você tem apenas de adquirir uma cobertura básica, que se baseia em distribuir seus *releases* a repórteres dentro de uma região geográfica estabelecida. Para mim, a distribuição mais barata é a da região de Boston, onde estou localizado. Os serviços podem ter opções de valor agregado, como distribuição nacional. É importante saber que os serviços de distribuição de *news releases*, em sua maioria, incluem distribuição para mídias *on-line*, como o Google News, *em qualquer região geográfica*. Quando fizer sua escolha, maximizar o serviço de sala de imprensa e o alcance geográfico oferecidos por um serviço é menos importante do que assegurar que seus *releases* sejam incluídos nos mais importantes *sites* de notícias *on-line*, já que seu objetivo ao enviar *news releases* é chegar a compradores via mecanismos de busca e *sites* verticais.

Chegue aos compradores ainda mais interessados por meio de *feeds* de RSS

Muitos serviços também oferecem *feed* de RSS (Really Simple Syndication) para seus próprios *news releases*, distribuindo para outros *sites*, *blogs*, jornalistas e indivíduos. Por isso, cada vez que você publicar um *news release*, ele será visto potencialmente por milhares de pessoas que assinaram os *feeds* de conteúdo de RSS em sua categoria de mercado (oferecidos pelo serviço de distribuição). Assim, se você criar um *tag* importante para a indústria automotiva, seu *news release* será enviado a qualquer um (ou qualquer *site*) que tenha assinado os serviços de distribuição de *feeds* RSS sobre o setor. Um serviço de notícias *on-line* como o Google News também tem RSS, o que permite que pessoas recebam *feeds* com base em suas palavras-chave e frases. A cada vez que seu material trouxer uma palavra ou frase importante para alguém que a tenha incluído nos alertas, um *link* para seu *release* aparecerá via *e-mail* ou *feed* de RSS em tempo real.

Publicando seus *news releases* também em seu *website*

Publique seus *releases* em uma seção apropriada e facilmente encontrável de seu *website*. Muitas organizações têm uma sala de imprensa em seus *websites*, o que é ideal (ver no Capítulo 20 detalhes de como criar sua própria sala de imprensa *on-line*).Você deve manter o *release* vivo enquanto o conteúdo for apropriado, talvez por anos. Isso é muito importante porque os *sites* de notícias *on-line*, na maioria, não mantêm arquivos de notícias por mais de alguns meses. Se consumidores potenciais procurarem pelo conteúdo de seu *news release* uma semana depois de ele ter sido distribuído, certamente o encontrarão no Google e em outros serviços. Mas não o encontrarão se fizerem a pesquisa daqui a um ano, a menos que o *release* esteja em seu *website* como um *link* permanente para que seja indexado pelo Google.

A importância dos *links* em seus *news releases*

Como os *releases* são enviados por *feeds* ou serviços de notícias a diversos *sites* que não o seu, é muito importante criar *links* de seus *news releases* para conteúdo em seu próprio *website*. Esses *links*, que podem apontar para uma oferta específica em uma página com mais informações, permitem que seus compradores se movam do *news release* para um conteúdo específico em seu *website*, que os levará ao processo de vendas, como vimos no capítulo anterior.

Ainda há outro benefício enorme ao incluir *links* em seus *news releases*.Toda vez que um deles for postado em outro *site*, o *link* – por exemplo, vindo do *site* de notícias *on-line* para seu *website* – ajuda a aumentar o *ranking* de seu *site* nos mecanismos de busca, os quais usam esses *links* como um critério importante dos seus algoritmos de *ranking* de páginas. Assim, quando seu *news release* tem um *link* para seu *website* e está indexado em algum lugar na *web*, você aumenta o *ranking* das páginas de seu *site*! Dito de outra forma: quando seu *news release* aparece em um *website* ou em algum lugar e há um *link* nele que aponta para uma URL em seu *site*, os mecanismos de busca aumentarão o *ranking* da página para a qual a URL está apontando. Enviar um *news release* que inclua *links* aumenta o *ranking* de mecanismo de busca de seu próprio *site*.

Foque nas palavras-chave e frases que seus compradores usam

Como sugeri antes, uma das coisas que *publishers* de sucesso fazem e que deve ser imitado por profissionais de marketing é, primeiro, entender o público; depois, satisfazer suas necessidades de informação. Um grande meio de começar a pensar como um *publisher* e produzir *news releases* que levem à ação é focar nos problemas de seus consumidores e, então, criar e divulgar conteúdos de acordo com tal objetivo. Use as palavras e frases adotadas por seus compradores. Pense em como as pessoas que você quer atingir estão pesquisando, e crie conteúdo de *news releases* que incluam essas palavras e frases. Você pode conseguir tal informação pensando como suas *personas* compradoras. Não seja egoísta, escrevendo apenas sobre sua própria organização. Quais são os problemas dos compradores? O que eles querem saber? Que palavras e frases eles usam para descrever esses problemas? Eu sei, já falei disso muitas vezes – mas repito porque é muito importante.

A CruiseCompete.com,[3] citada pela Kiplinger como um dos melhores 25 *sites* de viagem, ajuda as pessoas a obter cotações de cruzeiros de várias agências de turismo, com base em dados e portos específicos. Cruise.Compete.com é um ótimo exemplo de empresa que usa *news releases* para alcançar compradores com as frases que eles mesmos usam para pesquisar. Pouco antes do início do período de férias, por exemplo, a empresa divulgou um *news release* via Market Wire com o título "Linhas de cruzeiros embarcam em preços especiais de férias". É importante notar que parte do começo do *release*, "férias de sete noites podem se reservadas bem abaixo de mil dólares por pessoa, incluindo cruzeiros no Dia de Ação de Graças, cruzeiros de Natal e cruzeiros de Ano-Novo", incluía três frases críticas. A menção no *release* aos "cruzeiros do Dia de Ação de Graças", "cruzeiros de Natal" e "cruzeiros de Ano-Novo", além de gerar tráfego de usuários que buscam essas frases comuns, também ajudou os compradores pesquisadores no ciclo de vendas. Cada uma das três frases do texto tinha um *hiperlink* para uma página de destino no *site* da empresa, que mostrava os pacotes de férias. Qualquer um que clicasse no "cruzeiros de Natal" iria direto para a página de vendas.[4]

O que torna esse caso tão excitante é que, no momento em que escrevia isto, o *news release* de férias da CruiseCompete.com estava no topo dos resultados de busca do Google News com as frases "cruzeiros do Dia de Ação de Graças", "cruzeiros de Natal" e "cruzeiros de Ano-Novo". E ainda mais importante: o tráfego que os *links* no *news release* geraram nas três telas de destino ajudou essas páginas a atingir o topo das listas de resultado de buscas no Google. A página do *link* "cruzeiro de Natal", por exemplo, ficou na quarta posição entre 5,8 milhões de outros *hits* no Google.

"Sabemos que as pessoas pensam em viajar nas férias", diz Heidi M. Allison-Shane,[5] consultora que trabalha com a CruiseCompete.com. "Usamos o *news release* para comunicar aos compradores que era a hora de fazer reservas, porque há uma dinâmica de preços, e as vagas podem esgotar". Allison-Shane faz questão de incluir frases-chave em cada *news release* da CruiseCompete, adicionando em cada um deles *links* apropriados para o *site*. Essa estratégia de chegar até consumidores potenciais prevê "entender o que as pessoas provavelmente vão buscar, e ligá-las à página correta do *site*, onde temos um conteúdo relevante", ela diz. "Tentamos ser úteis com o conteúdo certo e ficamos focados no que é relevante para nossos consumidores, dando os *links* necessários. Não é uma coisa difícil."

O programa da CruiseCompete.com produz resultados ao aumentar o *ranking* do Google para o *site*, mas os *news releases* também chegam diretamente ao comprador, quando eles buscam frases relevantes. "Toda vez que enviamos um *news release* dirigido, vemos um salto no tráfego do *site*", diz Allison-Shane.

Quando criar suas próprias frases para usar em seus *news releases*, não fique preso ao jargão: pense, fale e escreva como seus consumidores fazem. Você pode ter um universo de palavras bem desenvolvido para seus produtos e serviços, mas essas palavras não necessariamente significam muito para compradores potenciais. Quando escrever *news releases* (ou qualquer outra forma de conteúdo *web*), foque nas palavras e frases que seus compradores usam. Com uma ferramenta de marketing de mecanismos de busca, *news releases* tornam-se mais valiosos conforme as palavras-chave e as frases que contêm.

Inclua *tags* apropriados de mídia social

Muitos (mas nem todos) dos serviços de distribuição de *news releases* fornecem um meio de incluir *tags* de mídia social para facilitar encontrá-los em serviços como Technorati, StumbleUpon, Digg e Delicious. Use-os. Os *tags* de mídia social tornam muito mais fácil encontrar seu *release*. O mecanismo de busca do Technorati, por exemplo, que muitas pessoas usam para olhar os últimos *posts* de *blogs* do mundo das categorias que os interessam, inclui também conteúdo de *news releases*. Assim, ao checar a categoria "marketing" no Technorati, vou ver não apenas os últimos *blogs* com o *tag* "marketing" criado pelo blogueiro, mas também qualquer *news release* que tenha um *tag* feito pela organização que o divulgou. A chave é que, no mundo *on-line*, você deve fazer tudo para assegurar que seu *news release* seja exibido e possa ser acessado em tantos lugares quanto possível.

Para tornar mais fácil lembrar todos os vários *tags* e outras ferramentas (como fotos e *feeds* de áudio) de um *release* bem executado, Todd Defren, chefe da SHIFT Communications, criou um *template* de *news releases* para mídias sociais.[6] "Todos os *news releases* acabam caindo na *web*", diz ele. "Então, por que não divulgá-los de modo a torná-los mais acessíveis, a fim de que todos possam usar seus conteúdos? Tanto jornalistas de mídia tradicional quando das novas mídias estão acostumados a trabalhar em ambiente de *hyperlinks* e com pessoas que dão contexto por meio de *sites* de *bookmarking* social, como o Delicious, ou de botões para acrescentar StumbleUpon e Digg. O *template* torna fácil lembrar de tudo isso." O *template* de Defren é uma ferramenta excelente para usar ao criar seus *news releases*, porque ajuda você a obter mais de todas as ferramentas disponíveis, o que pode tornar o *release* mais útil e mais fácil de achar.

Se é importante o bastante para publicar na mídia, fale também para seus clientes e *prospects*!

Muitas empresas devotam recursos significativos para seus programas de RP e relacionamento com a mídia. Com frequência, o resultado desses esforços fica enterrado em uma seção difícil de achar do *website* da companhia. Considere a possibilidade de reescrever seus *news releases* em um ou dois parágrafos, fáceis de ler, e faça deles uma seção da *newsletter* por *e-mail* de clientes e *prospects*. Ou crie *feeds* de RSS a fim de divulgar suas notícias para quem estiver interessado. E não se esqueça de seus funcionários – se eles sabem de suas notícias, podem ser grandes reverberadores.

Um modo de melhorar a relação custo/benefício para chegar aos compradores é buscando maneiras de alavancar o trabalho que você já faz, reaproveitando o conteúdo para outros públicos. Muitas vezes as organizações gastam toneladas de dinheiro em um programa de RP que chega a um punhado de jornalistas, mas não consegue comunicar a mesma informação para outros interessados. Ou a empresa faz um programa destinado a gerar novas vendas, mas leva as pessoas para um *website* onde elas não acham a mensagem passada em anúncios, o que resulta em perda de interesse.

O fracasso na integração de vendas, marketing e comunicações – tanto *on-line* quanto *off-line* – sempre resultará em perdas de oportunidades. Mas, o que é bom, a *web* simplifica a tarefa de integrar seu programa de *news releases* com uma estratégia *on-line* mais ampla.

Notas

1 www.dbadirect.com/
2 www.newswire.ca/
3 www.cruisecompete.com/
4 www.cruisecompete.com/specials/holiday/christmas_cruises/1
5 www.allisonandtaylor.com/
6 www.pr–squared.com

Capítulo 20

SALA DE IMPRENSA *ON-LINE*:
A PORTA DA FRENTE PARA A MÍDIA
E MUITO MAIS

A sala de mídia *on-line* (por vezes chamada de sala de imprensa ou página de imprensa) é parte do *website* de sua organização que você cria especificamente para a mídia. Em algumas organizações, essa página é simplesmente uma lista de *news releases* com informações de contato para o RP da empresa. Mas muitas companhias e organizações sem fins lucrativos têm salas de imprensa elaboradas com muitas informações disponíveis em muitos formatos diferentes: áudio, vídeo, fotos, *news releases*, informações de *background*, dados financeiros e muito mais. Um primo próximo da sala de imprensa *on-line* é o modelo das salas de relações com o investidor mantidas por muitas empresas de capital aberto – no entanto, este livro não cobre tal atividade.

Antes que eu dê ideias sobre como criar sua própria sala de imprensa *on-line*, você deve pensar em algo que é de vital importância: todos os tipos de pessoas visitam sua sala de imprensa, e não apenas jornalistas. Pare e pense sobre isso por um momento. Seus compradores estão fuçando sua organização, visitando as páginas de mídia em seu *website*. Seus atuais consumidores, parceiros, investidores, fornecedores e funcionários, todos visitam essas páginas. Por quê? Com base em uma pesquisa casual que realizei (sempre falo sobre estatísticas de visitantes com funcionários responsáveis pelas salas de imprensa de suas organizações), estou convencido de que, quando as pessoas querem saber o que é *atual* sobre uma organização, elas vão para a sala de imprensa *on-line*.

Os visitantes acreditam que as páginas principais de um *website* sejam basicamente estáticas (isto é, não atualizadas com frequência), mas esperam que os news *releases* e as páginas dirigidas à mídia revelarão os últimos acontecimentos na companhia. Para muitos deles, a seção de *news releases* é uma das partes visitadas

MARKETING E COMUNICAÇÃO NA ERA DIGITAL

com maior frequência. Cheque suas próprias estatísticas do *website* – você pode surpreender-se com o número de visitantes que já estão lendo seus *news releases* e outras páginas de mídia *on-line*.

✔ Dica

Sua sala de mídia *on-line* é para todos os seus compradores, e não apenas para a mídia.

Quero que você faça algo que muitas pessoas tradicionais de RP acham uma coisa de louco. Peço que projete sua sala de imprensa *on-line* para *compradores*. Ao construir uma sala de imprensa que tem compradores como alvos, você não apenas fortacelerá essas páginas como uma poderosa ferramenta de marketing, mas também fará um *site melhor para os jornalistas*. Examinei centenas de salas de imprensa *on-line*, e as melhores são aquelas que levam os compradores em consideração. Essa abordagem pode soar um pouco radical, mas, acredite, funciona.

Sua sala de imprensa *on-line* com otimização (grátis) de mecanismos de busca

Quando *news releases* são postados em seu *site*, robôs de mecanismos de busca irão encontrar o conteúdo, indexá-lo e fazer seu *ranking* com base em palavras, frases e outros fatores. As páginas de *news releases* são atualizadas com maior frequência que qualquer outra parte de um típico *website* de uma organização; portanto, algoritmos de mecanismos de busca (afinados para prestar atenção em seções atualizadas com frequência) tendem a colocar suas páginas de *news releases* no *ranking* mais alto do seu *site*, dirigindo o tráfego para elas primeiro.

"Não há dúvida de que uma sala de imprensa bem organizada tem resultados de busca mais altos e atrai mais tráfego, por causa do modo como os mecanismos de busca funcionam", diz Dee Rambeau, fundador da Fuel Team, provedora de ferramentas *on-line* para comunicadores profissionais da área de negócios, e que agora faz parte da PR Newsire, da qual ele é vice-presidente. "Um *news release* constrói dinamicamente um novo conjunto de conteúdos em sua sala de imprensa *on-line*, gerando sua própria página indexável, que todos os mecanismos de busca capturam. O Google e outros mecanismos de busca adoram conteúdo novo que se relaciona com conteúdo semelhante em outras páginas do *site*. Empresas agressivas se aproveitam disso enviando *news releases*, frequentemente, para conseguir *rankings* altos dos mecanismos de busca. A frequência tem muito a ver com os *rankings* dos mecanismos de busca – se você fizer dez *releases*, ótimo. Vinte, melhor. Cem, melhor ainda."

Quando ocorreu uma explosão na refinaria de açúcar da Imperial Sugar Company (ISC), em Port Wentworth (perto da Savannah, na Geórgia, Estados Unidos) os incêndios duraram quase duas semanas. Foi a matéria dos sonhos da grande mídia: mortes e incêndios afetam uma grande corporação. Infelizmente para a ISC, quando jornalistas que escreviam as matérias recorriam aos mecanismos de busca para achar informações sobre a companhia, muitos relatórios e informações datadas apareciam nas primeiras páginas do Google e de outros mecanismos de busca.

Assim que a crise esfriou, executivos da ISC contrataram David E. Henderson[1] para criar uma sala de imprensa nova e rica em conteúdo para a organização.[2] "A sala de mídia da ISC posiciona a Imperial Sugar Company como uma voz de autoridade no setor, tanto nos Estados Unidos como no México e em outros locais", diz Henderson, ex-correspondente da CBS, vencedor do Emmy Award e veterano estrategista de comunicação. "É um espaço para as melhores informações e pontos de vista sobre o açúcar e todos os temas e forças de mercado que o cercam."

Henderson escolheu apresentar um fluxo contínuo de matérias legítimas (não apenas *press releases*), assim como imagens de alta qualidade feitas por Ed Lallo, ex-fotógrafo da Associated Press e *People*. "Enquanto as salas de imprensa da maioria das corporações são arquivos empoeirados e estáticos de *press releases*, a da ISC está sempre atualizada, com novas matérias sobre a empresa, o setor, os consumidores e as comunidades nas quais a companhia faz negócios", diz.

De acordo com Henderson, o principal objetivo da sala de imprensa da ISC é ser lida com clareza e se sobressair com todos os meios corretos. "Expressamos a voz corporativa da ISC acima do ruído do mercado, onde, muitas vezes, pessoas menos qualificadas – porém mais barulhentas – jogam suas opiniões na mídia tradicional e social. A velocidade, o volume e a rápida disseminação da informação, correta ou não, podem inundar as comunicações e conduzir a opinião pública", ele diz. É claro que uma companhia como a ISC, que cria informações em uma sala de imprensa e as atualiza com frequência, terá seu valioso conteúdo indexado pelos mecanismos de busca e gravitará nas posições mais altas.

As melhores práticas para salas de imprensa *on-line*

Uma sala de imprensa *on-line*, além de ser importante no *website* de uma organização, tornou-se um aspecto crucial em uma estratégia eficaz de relações com a mídia. Quando benfeita, uma sala desse tipo transformará jornalistas, após pesquisarem no seu *site*, em profissionais interessados em destacar sua organização positivamente nas matérias. E, o que é mais importante, uma sala de imprensa *on-line* pode levar seus compradores para o processo de vendas, conduzindo-os para fechar negócio, o que contribuirá com as *metas reais* de sua organização, de receita e retenção de consumidores. Ao examinar centenas de salas de imprensa, observei que a maior parte delas não consegue comunicar um conteúdo atrativo. Claro, muitos são bonitos, mas frequentemente o *design* e a parte gráfica, e não o conteúdo que jornalistas (e seus compradores) requerem, estão na frente. Nas seções seguintes, darei algumas dicas úteis para ajudar sua sala de mídia *on-line* a funcionar tão eficazmente quanto as melhores que já vi.

Você controla o conteúdo

Uma consideração importante, embora subestimada por muitos profissionais de marketing e RP quando avaliam os benefícios de uma sala de imprensa *on--line*, é que o *conteúdo é controlado por você* e não pelo departamento de TI da empresa, pelo *webmaster* ou por qualquer outra pessoa. A melhor prática para *você* é projetar sua sala de imprensa *on-line* como uma ferramenta para alcançar compradores e jornalistas, sem levar em conta as regras de postar conteúdo requeridas pelo resto de sua organização. Se você construir essa parte de seu *site* usando aplicativos especializados em gerenciamento de conteúdo de salas de imprensa *on-line*, como o MediaRoom[3] da PR Newswire, poderá controlar um canto do *website* de sua empresa e atualizá-lo quando quiser, com ferramentas simples, e não precisará pedir a ajuda de ninguém em outros departamentos. Assim, comece com suas necessidades e as de seus compradores e jornalistas, em vez de privilegiar as daqueles que possuem as outras partes do *website* de sua organização.

Comece com análise das necessidades

Quando for desenhar uma nova sala de imprensa *on-line* (ou planejar um grande redesenho da sala já existente), comece com uma análise de necessidades. Antes de mergulhar na estética do *site* e na organização de *news releases*, passe um tempo analisando como o *site* se encaixa na estratégia mais ampla de marketing, RP e relações com a mídia. Considere os perfis de *personas* compradoras que você elaborou como parte de seu plano de marketing e RP. Fale com jornalistas para entender o que eles precisam. Quem são os usuários potenciais de sua sala de imprensa *on-line*? Qual é o conteúdo valioso para eles? Quando tiver coletado algumas informações, coloque as necessidades de compradores e jornalistas em destaque ao projetar sua sala de imprensa *on-line*. Quando começar o *design*, tente pensar como um *publisher*, em vez de agir como uma pessoa de marketing e RP. Um *publisher* identifica cuidadosamente os públicos-alvo, definindo-os, e depois desenvolve o conteúdo necessário para satisfazer as necessidades de cada nicho específico. Elementos gráficos, cores, fontes e outras manifestações gráficas são também importantes para o *site*, mas você deve ficar um pouco afastado disso durante o processo de análise de conteúdo.

Otimize seus news releases para busca e browsing

As melhores salas de imprensa *on-line* são construídas tendo em mente que algumas pessoas precisam pesquisar conteúdo, e outras estão apenas navegando. Muitas pessoas sabem o que procuram – o último *release*, talvez, ou o nome de um CEO. Elas precisam de respostas para suas questões específicas, e as organizações, portanto, devem otimizar o conteúdo para que ele possa ser encontrado, talvez com a inclusão de um mecanismo de busca. A segunda maneira de pessoas usarem conteúdo é elas ouvirem algo que ainda não conheciam e, portanto, não pensariam em perguntar. Por isso, o uso eficiente dos *browsers* é tão importante – pois permitem que usuários descubram informações úteis que eles nem sabiam que estavam procurando. Muitos profissionais de marketing inteligentes entendem a importância da otimização dos mecanismos de busca, mas, com frequência, esquecem-se de que os *sites* devem ser destinados também para

MARKETING E COMUNICAÇÃO NA ERA DIGITAL

browsing. Deixar de fazer isso é particularmente infeliz, porque o alto tráfego dos *news releases* deriva em parte de muitas pessoas que fuçam essas páginas quando fazem pesquisas.

Você deve elaborar um *design* de navegação que forneça invenções valiosas sobre as quais os visitantes podem não ter pensado. Por exemplo, criar *links* diferentes para *releases* dirigidos a diferentes *personas* compradoras (talvez, por verticalização de mercado e algum outro fator demográfico apropriado à sua organização). Você pode também organizar os mesmos *releases* por produto (porque alguns membros da mídia cobrem apenas um de seus produtos em uma resenha ou matéria), por geografia ou pelo mercado servido. A maioria das organizações, porém, simplesmente lista *news releases* em ordem cronológica reversa (o *release* mais novo está no topo da página, e aqueles do ano passado estão escondidos em algum lugar). Isso pode ser bom para as principais páginas de *news releases*, mas você precisa ter *links* adicionais de navegação para que as pessoas possam navegar nos *releases*. Não se esqueça de que pessoas podem querer imprimir *news releases*; então, forneça formatos adequados para isso (como PDF ou HTML).

Crie informações de background que ajudem jornalistas a escrever matérias

Você deve publicar um conjunto de materiais de *background* sobre sua organização, por vezes chamado de *press kit* (ou mídia *kit*), em um local fácil de achar em sua sala de imprensa *on-line*. Esse *kit* deve conter informações sobre qualquer coisa que, segundo você, seja importante para jornalistas escreverem matérias sobre seus produtos e serviços. A história e a linha do tempo da empresa, biografias de executivos e de membros do *board*, perfis de investidores, informações sobre produtos e serviços, além de *links* para matérias e artigos recentes da mídia, devem compor seu *press kit*, que ajudará a economizar tempo e esforço para quem for escrever sobre a sua organização. Torne esse conteúdo fácil de encontrar e navegar com *links* apropriados. Penso que um conjunto organizado de informações sobre seus consumidores e como eles usam produtos e serviços oferecidos pela companhia é outro componente essencial de uma sala de imprensa *on-line*, mas isso é uma coisa que raramente vejo. Exemplos de sucesso e casos de satisfação, com as palavras dos próprios consumidores, são bem úteis, não apenas para jornalistas, mas também para compradores. Lembre-se: quanto mais você facilita o trabalho de jornalistas, será mais provável que eles escrevam sobre a sua organização, principalmente quando estão em cima do fechamento.[xv] Eu me lembro de quando escrevi um artigo para revista *EContent* chamado "Sobre a mensagem: o mercado para o gerenciamento do conteúdo específico de marketing". No artigo, examinei empresas e produtos que ajudam profissionais de marketing a organizar informações. Conhecia os principais profissionais da área e entrevistei executivos para o artigo, mas, para finalizá-la, precisava incluir algumas empresas de nicho. Como eu escolhi as empresas que entraram? Você adivinhou – aquelas que tornaram meu trabalho mais fácil com uma sala de imprensa *on-line* eficaz, o que me ajudou a entender imediatamente a companhia e seus produtos.

Inclua conteúdo multimídia

Comunicadores inteligentes usam conteúdos que vão além do texto, como fotos, gráficos, tabelas, áudio e videoclipes, para deixar os visitantes do *site* e a mídia bem informados. Inclua fotos de executivos, imagens de logos, fotos de produtos e outros conteúdos à mão (e pré-aprovados) para serem publicados ou usados como *links* por jornalistas. Você deve oferecer áudio e videoclipes (incluindo discursos de executivos e demonstrações de produtos), fotos e logos de forma que os jornalistas possam usá-los em suas matérias escritas, assim como em programas de TV e rádio. Mais uma vez, você descobrirá que outras pessoas, além de jornalistas, acessarão o material – por isso, inclua conteúdo apropriado para suas *personas* compradoras e para a mídia.

Como exemplo excelente de trabalho benfeito, veja como a INgage Newtorks[4] integra vídeo à sua sala de imprensa *on-line*.

Inclua especificações detalhadas de produtos e outros dados valiosos

Os comunicadores que oferecem conteúdo valioso em suas salas de imprensa *on-line* têm mais chances de conseguir matérias positivas. No entanto, muitas vezes, organizações evitam postar grande parte de seu melhor conteúdo porque

---

xv Conclusão do trabalho de edição que ocorre nas editorias de revistas e jornais. (N. R. T.)

acham que o material é de sua única propriedade. Em muitos *sites*, até mesmo informações detalhadas sobre aspectos específicos de produtos e listas de preços são disponíveis apenas por meio de uma conexão direta com o setor de RP ou por meio de um lento processo de registro com mecanismos de aprovação. Mas é exatamente esse tipo de conteúdo que, livremente disponível, ajudaria a convencer um jornalista a escrever uma matéria. Todos os comunicadores profissionais que trabalham em corporações, agências governamentais ou instituições sem fins lucrativos lutam para decidir qual conteúdo é adequado para ser postado nos *websites* de suas organizações. No entanto, com executivos bem-intencionados que se preocupam com a imagem corporativa, os departamentos jurídicos têm uma tendência reflexiva a dizer não – e com vendedores que acham ser mais fácil vender quando eles são a única fonte de conhecimento, ainda pode ser mais difícil obter aprovações necessárias para postar conteúdos proprietários. Mas não existe dúvida de que quanto mais valioso for o conteúdo de sua sala de imprensa *on-line*, destinado para jornalistas e compradores, mais atraente será a sua empresa aos olhos deles.

Se for apropriado, torne-se global

A *web* tornou muito mais fácil alcançar o mundo. Por isso, quando apropriado, o esforço para criar e oferecer conteúdo regional para clientes em todo o mundo pode ajudar uma organização a melhor servir tanto jornalistas locais quanto globais. Muitas organizações, particularmente aquelas com sedes nos Estados Unidos, cometem o erro de incluir conteúdo em *sites* que refletem apenas o mercado doméstico e, portanto, têm importância restrita. Abordagens básicas que levem seu *site* a padrões globais podem incluir a oferta de estudos de caso de consumidores em vários países ou páginas de especificações descrevendo produtos com os padrões estabelecidos por determinados países (tais como medidas métricas ou regulamentação). Pequenas coisas, às vezes, fazem toda diferença. Não se esqueça, por exemplo, de que o resto do mundo usa papel padrão A4, em vez do chamado tamanho carta americano – por isso, ter tabelas e outros materiais que possam ser impressos apropriadamente em ambos os formatos pode ser útil para usuários dentro e fora dos Estados Unidos. Fornecer conteúdo em linguagem local também pode ajudar a mostrar os aspectos globais de seu negócio, embora isso não precise significar a tradução integral de toda sua sala de imprensa *on-line*.

Uma simples página na *web* com informações básicas em linguagem local, alguns *news releases*, um ou dois estudos de caso e informação de contato muitas vezes é o que basta.

Forneça conteúdo para todos os níveis de compreensão da mídia

Para serem eficazes, comunicadores desenham conteúdo específico para a sala de imprensa, algo que faça sentido para o grau de conhecimento que jornalistas têm de sua organização – lembre-se de que alguns jornalistas podem nunca ter escrito sobre sua companhia até hoje. Eles precisam das coisas básicas ditas em linguagem fácil de entender. Em outros casos, um repórter ou analista pode cobrir a companhia há anos, ter relações pessoais com os executivos e saber muito sobre o que acontece com você, sua concorrência e seu mercado. Você também precisa oferecer conteúdo para essas pessoas. Eles podem querer comparar suas ofertas e precisam de informações detallhadas sobre a companhia, lista de caraterísticas e benefícios, além de histórias sobre seus consumidores. Claro que todos os repórteres precisam de navegação fácil e direta para o conteúdo, para que possam ter o que precisam rapidamente. Em minha experiência, a vasta maioria das salas de imprensa *on-line* é pouco mais que folhetos *on-line* com um punhado de *news releases*. Não deixe passar as oportunidades que a *web* oferece. Ajude jornalistas a usar seus teclados oferecendo conteúdo diretamente ligado a seus vários níveis de compreensão.

Liste aparições de executivos e suas participações em conferências e feiras

Um dos melhores meios de influenciar de maneira positiva os jornalistas é acompanhá-los pessoalmente. Muitos vão a feiras, conferências e outros eventos regularmente, e usam esse tempo para encontrar representantes de empresas sobre as quais podem pensar em escrever. O melhor jeito de colocar sua organização no calendário dos jornalistas é garantir que eles saibam onde seus executivos vão aparecer. Relacione todas as aparições públicas e participações em feiras e conferências em uma sessão separada – como uma agenda – em sua sala de imprensa *on-line*. Certifique-se de listar todos os eventos futuros apropriados, e lembre-se de incluir qualquer acontecimento internacional. Mantenha as listas mais antigas por pelo menos alguns meses depois dos eventos, para mostrar que você é solicitado com especialista em sua área, mas não deixe de atualizar essa agenda. Não se esqueça de que até mesmo essa informação não é apenas para a mídia. Seus compradores, incluindo os que não frequentam eventos do setor, verão que sua empresa é ativa e que seus executivos são solicitados como palestrantes e apresentadores. Isso aumenta a credibilidade corporativa e sua imagem como líder do setor.

Inclua ofertas para jornalistas

É uma grande ideia promover ofertas especiais para a mídia. Talvez, a coisa mais simples seja oferecer uma entrevista com um executivo. Mas por que não incluir algum tipo de um teste ou de demonstração, que permita aos jornalistas experimentar suas ofertas, participar de seus eventos ou se aproximar de alguma forma do que a sua organização faz? Você pode criar até uma página de destino, especialmente para jornalistas, com um formulário de registro e ofertas especiais. Destaque esse *link* em *news releases* e outras páginas na sala de mídia *on-line* para levar jornalistas interessados à página de destino.

Trate os blogueiros como faz com jornalistas tradicionais

Blogueiros que cobrem sua empresa visitam sua sala de imprensa *on-line*. Encoraje--os respondendo rapidamente às suas perguntas, incluindo-os em sua lista de distribuição de *news releases* por *e-mail* e aceitando seus pedidos de entrevistas com executivos. O fato é que blogueiros são influentes e querem ser tratados com o mesmo respeito que jornalistas tradicionais. Você pode se aproveitar disso.

Evite jargões, abreviaturas e termos específicos do setor

Toda semana bato os olhos em mais de uma centena de *releases*. Alguns são enviados diretamente a mim por companhias que querem que eu escreva sobre elas em um artigo, um livro ou em meu *blog*. Também visito muitas salas de imprensa *on-line*, leio inúmeros *news releases* e outros conteúdos disponíveis. Mas, o que não é nada bom, a maioria das salas de imprensa *on-line* está lotada de jargões, abreviaturas de três letras que eu não entendo e outras bobagens egocêntricas. Estou interessado no que as empresas fazem, mas sou muito ocupado para decifrar baboseiras. Em geral, dou dez segundos para um *news release* prender minha atenção, mas o modo infalível para eu deletá-los, por pura frustração, é ver um

Uma sala de imprensa *on-line* para alcançar jornalistas, consumidores, blogueiros e funcionários

"Quando buscávamos soluções para chegar à mídia, uma das frustrações era colocar informações oportunas em nosso *website* corporativo", diz Clay Owen, diretor sênior de relações com a mídia da Cingular Wireless. "Tínhamos um processo que passava pelo departamento de tecnologia da informação, e eles diziam, 'OK, vamos colocar isso no *site* daqui a uma semana'. Mas eu havia sido produtor na CNN, e estava acostumado com notícias instantâneas. Por isso, era frustrante não publicar os *releases* na hora."

Depois, Owen implementou uma sala de imprensa *on-line* para controlar ele mesmo o conteúdo, e poder postar os *news releases* no momento certo. "O que estávamos tentando fazer era ter muitas informações", ele diz. "A mídia busca mais que *news releases*. Eles querem imagens, tanto de alta definição quanto em versões *web*, e também querem tabelas; por isso, investimos muito tempo em nosso *press kit on-line*. Os jornalistas procuram informações que agreguem valor em um *site* corporativo, que precisa ter muito mais que apenas um *news release*. Também focamos em otimizar nossas páginas com palavras-chave e frases para que o Google e outros mecanismos de busca possam encontrar as informações."

Ao lançar sua sala de imprensa *on-line*, ele descobriu que os blogueiros que cobrem o setor *wireless* fazem enorme uso de conteúdo. "Você tem de atingir os blogueiros de várias formas diferentes, porque o mercado está cheio de ideias", ele diz. "Assim, enviamos nossos *news releases* aos blogueiros, encorajando-os a usar a sala de imprensa *on-line*."

A sala de imprensa *on-line* da Cingular Wireless foi rigorosamente testada durante a temporada de furacões de 2005. A empresa serve a consumidores em áreas fortemente atingidas, como New Orleans e Flórida. "Isso realmente abriu nossos olhos, porque não percebemos o poder de colocar de forma rápida muitas notícias no *site*", diz Owen. "Foi a primeira série de tempestades severas da era da internet. Embora atualizássemos as páginas com intervalos de poucas horas, não conseguíamos obter as informações com rapidez suficiente. Eu tirei minha experiência da CNN. Com tantos jornalistas acessando a internet, cada vez mais, é nossa tarefa levar informações a eles de modo oportuno. Temos de 'alimentar a besta', e não há jeito de fazer isso sem uma sala de imprensa *on-line* onde eu posto diretamente. Se tivesse de passar pelo departamento de tecnologia da informação, não teria funcionado."

Para tornar as atualizações mais fáceis de acessar por todos, e não apenas para jornalistas, Owen criou uma nova URL que apontava para páginas específicas na sala de imprensa *on-line* da Cingular. "Construímos uma seção para consumidores, trabalhando com o nosso pessoal de serviços ao consumidor, que incluía uma seção de perguntas frequentes e números telefônicos para ligar de graça", ele diz. "Respondíamos a perguntas como: 'E se eu não puder pagar minha conta este mês?'. Descobrimos que as salas de imprensa também eram um canal de comunicação com nossos funcionários que estavam em uma área de desastre. Era um momento extraordinário, que precisava de medidas extraordinárias, e ficamos muito satisfeitos com as respostas."

Com base em suas próprias estatísticas, a sala de imprensa *on-line* da Cingular Wireless prestou um serviço para um grupo muito maior de pessoas, além dos jornalistas. "Sabemos que um grande número de consumidores encontraram o caminho para a sala de imprensa, porque ela teve 18 mil *pageviews* em seu pico, em 5 de setembro de 2005", ele diz. "E nossa média de *pageviews*, em setembro de 2005, foi de 10 mil por dia, comparadas a uma média diária de 2 mil em agosto de 2005, antes das tempestades."

Como o exemplo da Cingular Wireless mostra, é importante que todas as empresas estejam preparadas para se comunicar durante situações de emergência. Embora o tráfego mais alto da sua sala de imprensa *on-line* em anos recentes tenha sido durante a temporada de furacões de 2005, os números que a Cingular Wireless conseguiu durante esse período ajudaram Owen a ver uma tendência já existente: consumidores pensam mesmo em usar salas de notícias *on-line* quando precisam de informação.

Marketing realmente simples: a importância dos *feeds* de RSS em sua sala de imprensa *on-line*

Para fornecer rotas alternativas de conteúdo, muitas organizações usam métodos digitais de envio, incluindo *newsletters* por *e-mail* para jornalistas e blogueiros e *feeds* de RSS, como parte de sua sala de imprensa *on-line*. Isso leva o conteúdo diretamente para a mídia e outras pessoas interessadas. Organizações inteligentes usam RSS (Really Simple Syndication) para atualizar *prospects*, consumidores, investidores e a mídia, mas poucas delas adotam essa técnica de marketing, tão simples, para partilhar informações valiosas.

Os *feeds* de RSS podem (e devem) ser acrescentados à maioria das partes de seu *website*. Mas, como são essencialmente mecanismos por assinatura que atualizam regularmente o conteúdo, muitas organizações usam a página de assinatura de RSS como modo primário de enviar *news releases*. Empresas como Microsoft, IBM e Intel distribuem informações via *feeds* de RSS para chegar a públicos externos específicos, como mídia, analistas de Wall Street, consumidores, parceiros, distribuidores e revendedores. A Intel,[5] por exemplo, oferece um conjunto de *feeds*, tais como Intel Products, Intel Press Room, Intel Investor Relations, Software at Intel, Networking and Communications, Intel Reseller Center e IT@Intel. Também oferece *feeds* de RSS de países como Brasil, China, França, Alemanha, Itália, Japão e Rússia, entre outros. Não é ótimo que pessoas interessadas assinem informações corporativas da Intel, da mesma forma que assinam *feeds* de grandes jornais e revistas ou de blogueiros independentes? Esse é só mais um exemplo de como a principal moeda do marketing *on-line* é conteúdo excelente distribuído do jeito que as pessoas demandam.

A sala de imprensa *on-line* é onde muitas pessoas se juntam, e não apenas jornalistas. É um lugar do *website* de sua organização *que você pode controlar*, sem interferência, processos de aprovação e suporte de TI; por isso, é uma oportunidade incrível para pessoas de marketing e RP levarem conteúdo ao mercado. Na *web*, o sucesso equivale ao conteúdo. E uma das formas mais fáceis de fazer chegar conteúdo ao mercado é por meio da sala de mídia *on-line* com *feeds* de RSS.

Notas

1 http://www.davidhenderson.com/
2 www.iscnewsroom.com/
3 www.mediaroom.com/
4 www.ingagenetworks.com/mediaroom
5 www.intel.com/intel/rss.htm

Capítulo 21

AS NOVAS REGRAS PARA SE CHEGAR À MÍDIA

Como a *web* tornou a comunicação com repórteres e editores extremamente fácil, ganhar destaque com os métodos tradicionais *on-line* que todo mundo usa tem sido cada vez mais difícil. Nos dias de hoje, você consegue obter *e-mails* de repórteres em segundos, por meio de serviços que comercializam bancos de dados de milhares de jornalistas ou simplesmente fazendo uso de um mecanismos de busca. Infelizmente, tem gente demais na área de RP que faz *spam* em caixas postais de jornalistas com mensagens comerciais não solicitadas e, de forma impiedosa, *news releases* e argumentos sem foco nem interesse. Detesto dizer isso, mas entre os muitos jornalistas com os quais falo, a profissão de RP se tornou um sinônimo de *spam*. Durante anos, profissionais de RP atiram *releases* para todo lado e enviam mensagens para centenas (ou mesmo milhares) de jornalistas de uma vez só – sem pensar no que cada repórter cobre, porque os bancos de dados que esses RPs assinam tornaram fácil demais fazer isso.

✔ Dica
Inundar grupos de jornalistas com materiais indiscriminados de RP não é uma boa estratégia para levar repórteres e editores a prestar atenção em você.

Discurso de venda sem foco é *spam*

Como já disse, eu recebo por semana dezenas de *news releases*, mensagens e anúncios de funcionários de agências de RP e de gente da área de comunicação corporativa. Como acontece com todos os jornalistas, meu endereço de *e-mail* está disponível em muitos lugares: nos artigos que escrevo, em meu *blog*, em meus livros, no *website* da revista *EContent* (sou editor-contribuinte) e nos artigos que escrevo para o *Huffington Post.* Tamanha disponibilidade significa que meu endereço foi acrescentado a diversos bancos de dados e listas de jornalistas. Infelizmente, meu endereço de *e-mail* também é adicionado (sem minha permissão) em muitas listas de imprensa que agências de RP compilam e mantêm. Sempre que elas têm de fazer algum novo anúncio, não importa de que tema, recebo uma mensagem. *Argh!* O *spam* de RP simplesmente não funciona. Pior, estigmatiza sua organização como um dos bandidos.

Tudo bem, essa é a notícia triste. A boa é que há novas regras efetivas que funcionam muito bem para levar a mensagem às mãos (e telas) de jornalistas, para que tenham mais chance de escrever sobre você. Eles querem encontrá-lo. Se você tiver um grande conteúdo em seu *website* e em sua sala de mídia *on-line*, *repórteres vão achar você* pelos mecanismos de busca.

Tente pensar em alcançar jornalistas por meio de alternativas que não sejam o *spam* de via única. Preste atenção no que jornalistas, individualmente, escrevem ao ler suas matérias (e, melhor ainda, seus *blogs*) e envie mensagens especialmente elaboradas para eles. Ou inicie um relacionamento real com os jornalistas, comentando em seus *blogs*, interagindo com eles no Twitter, ou enviando-lhes informações que não sejam uma venda ostensiva de sua empresa. Torne-se parte da rede de fonte deles, e não apenas o promotor da mensagem de sua empresa. Se você ou alguém de sua empresa escreve um *blog* na área coberta por um repórter, deixe-o saber disso, porque o que você bloga pode ser matéria-prima para futuras reportagens. Não se esqueça de se dirigir aos blogueiros. Uma menção em um *blog* de grande leitura chega até seus compradores, além de atingir repórteres e editores que leem esses *blogs* para ter ideias de matérias e entender tendências de mercado.

As novas regras de relações com a mídia

A *web* mudou as regras. Se você ainda segue as técnicas de RP tradicional, estou certo de que está descobrindo que elas são muito menos eficazes. Para ter mais sucesso, pense e use as novas regras das relações com a mídia:

AS NOVAS REGRAS PARA SE CHEGAR À MÍDIA

- Mensagens sem foco são *spam*.
- *News releases* enviados a repórteres sobre áreas que eles não cobrem são *spam*.
- Repórteres que ainda não o conhecem buscam organizações como a sua e produtos como os seus – certifique-se de que vão encontrar você em *sites* como Google e Technorati.
- Se você bloga, repórteres que cobrem sua área vão encontrá-lo.
- Recorra aos blogueiros, porque ser coberto por *blogs* importantes levará você a ser percebido pela grande mídia.
- Quando foi a última vez que você enviou um *release*? Mantenha a sua organização ocupada.
- Jornalistas querem uma grande sala de imprensa *on-line*.
- Inclua vídeos e fotos em sua sala de imprensa *on-line*.
- Alguns (mas não todos) repórteres amam *feeds* de RSS.
- Relações pessoais com repórteres são importantes.
- Não diga a jornalistas o que seu produto faz. Diga-lhes como você resolve os problemas dos consumidores.
- Siga jornalistas no Twitter para saber o que lhes interessa.
- O repórter tem um *blog*? Leia. Comente. Responda (envie uma mensagem quando postar sobre um tema que o blogueiro abordou primeiro).
- Antes de se promover, leia (ou assista, ou escute) a publicação (ou programa de rádio ou TV) para a qual envia sua mensagem.
- Quando souber no que um repórter está interessado, envie-lhe uma argumentação especialmente construída para atender as suas necessidades.

Blogs e relações com a mídia

Tornar sua organização visível em *blogs* é cada vez mais importante, não só para atingir seus compradores, mas também para chegar à grande mídia que cobre seu setor, porque repórteres e editores leem *blogs* para ter ideias de pauta. Trate blogueiros influentes da mesma forma que trata repórteres influentes: leia seus textos e envie informações específicas, focadas em algo que possa ser útil para

MARKETING E COMUNICAÇÃO NA ERA DIGITAL

eles. Ofereça entrevistas com seus executivos, demonstrações ou amostra de seus produtos. Convide-os para um almoço.

"No caso de uma companhia que vende para um nicho ou um produto especial, você não terá a atenção de publicações importantes como o *Wall Street Journal*, mas conseguirá que blogueiros de nichos se interessem por você", diz Larry Schwartz, presidente da Newstex,[1] uma empresa que distribui *blogs* para milhões de pessoas em corporações, instituições financeiras e agências governamentais. "Se você está, por exemplo, no negócio de tecnologia, ter seu produto mencionado no Gizmodo[2] e conseguir um *link* de volta do Gizmodo para seu *site*, provavelmente, são dois pontos mais importantes do que uma citação no *Wall Street Journal*. Cada vez mais, o meio de as pessoas encontrarem produtos são os *blogs*, e com frequência você consegue também um *link* para seu *website*. Houve um tempo em que a hora da verdade era quando alguém ia a uma loja para encontrar seu produto. Agora é um *link* para seu *site* a partir de um *blog*."

Falar com blogueiros importantes como se fosse com a grande mídia é uma maneira importante de ser percebido em um mercado abarrotado de ideias. Ainda mais eficaz é ter seu próprio *blog*, para que blogueiros e repórteres encontrem você. "*Blogging* me dá um lugar na mídia para eu me sobressair", diz John Blossom, presidente da Shore Communications Inc.,[3] uma empresa de pesquisa e análise. Blossom bloga desde 2003 e escreve sobre os mercados de mídia e publicações. "De um modo inesperado, meu *blog* me permitiu ser uma personalidade na mídia. Fui adotado por alguns blogueiros, e isso me deu consciência de que blogar é uma maneira incrível de se expor, porque a taxa de adoção e amplificação é notável. A imprensa lê meu *blog* e pede minhas opiniões. Às vezes, sou citado na mídia por um jornalista que nem falou comigo. Um repórter do *Financial Times*, por exemplo, recentemente escolheu uma citação minha e a colocou em uma matéria – com base apenas em meu *blog*."

Como menções a *blogs* levam a matérias na grande mídia

Para promover um produto valioso e único com o intuito de obter o melhor preço o vendedor tem de ser inteligente e utilizar tanto relações públicas tradicionais quanto as novas mídias.

Ume estudo sobre oportunidades foi realizado por Richard Jurek, um profissional de marketing e comunicação que, além disso, é colecionador de coisas sobre o espaço sideral. Ao decidir vender alguns itens únicos e valiosos de sua coleção, Jurek usou seus 20 anos de experiência profissional – e sabia que um dos itens pedia atenção especial.

O item era o "quarto tripulante" não oficial da Apollo 12.

Em uma brincadeira de proporções lunares, uma foto de um calendário de 1969, com a sensual DeDe Lind, *playmate* da edição de agosto de 1967 da *Playboy*, foi contrabandeada para o módulo de comando Yankee Clipper da Apollo 12, durante sua viagem de novembro de 1969 à Lua.

A foto foi colada em um pedaço de papelão e, sem o conhecimento da tripulação, levada secretamente para a nave espacial. A peça – verdadeiro ícone da cultura *pop* dos anos 1960 – fez a viagem de ida e volta de 760 mil quilômetros e ainda mantém as fitas de velcro usadas para fixá-la dentro da nave espacial, para facilitar sua exposição.

Jurek comprou a foto diretamente do astronauta Richard Gordon, da Apollo 12. "É um item absolutamente singular, único no mundo, no meio de tantas coleções sobre o espaço", diz Jurek. "Mas também tem enorme atrativo para outros públicos. Percebi que DeDe atrairia não apenas aficionados por coisas do espaço, mas colecionadores da cultura *pop* dos anos 1970, porque a *Playboy* estava em seu auge naquela época nos Estados Unidos. Havia também colecionadores de itens eróticos e de coisas da *Playboy*. Assim, era um atrativo para diferentes públicos."

Jurek queria vender DeDe para um leiloeiro reconhecido, e concentrou a escolha em alguns deles. "Selecionei a RR Auction para a venda porque ela tem uma plataforma fenomenal de internet e mídia social, e eles alavacam essa capacidade em seu próprio marketing", ele diz.

Leiloeiro é uma profissão ancestral. Acho fascinante a ideia de aplicar novas formas de marketing para um negócio tão antigo, e eu queria saber mais sobre leilões.

Falei com Bobby Livingston, um leiloeiro com um *background* tradicional de RP, que é vice-presidente de vendas e marketing da RR Auction. Ele trabalhou com Jurek para escrever a descrição do item exclusivo no catálogo para sua venda.

MARKETING E COMUNICAÇÃO NA ERA DIGITAL

"O calendário da Apollo 12 tem uma grande história", diz Livingston. "Junta uma porção de coisas: é da Apollo, viajou pelo espaço e é uma mulher nua. Portanto, é fácil de entender e traduzir para todo o mundo. Traz de volta o ano de 1969. É uma peça notável."

Livingston trabalhou com Mike Graff, do Investor Relations Group em Nova York, para escrever um *press release* e distribuí-lo diretamente para os blogueiros que escrevem sobre temas atuais e tecnologia. Graff também fez algumas ligações de *follow-up*. Muito rapidamente, *sites* como Gawker, Nerdist e io9 estavam falando da história da *playmate* do espaço.

"Quando o Gizmodo falou sobre o leilão, subitamente chegamos a 20 mil visitantes", diz Livingston. "Tivemos 40 registros para o leilão. Nos melhores dias, temos de 7 a 10 registros. Depois, tivemos mais 30 no dia seguinte. E tudo isso vindo de forma viral, das novas mídias." Logo, a mídia internacional soube de DeDe pelos *blogs*. Matérias apareceram em dezenas de países, incluindo Austrália, Brasil, França, China e Japão. Grandes veículos do jornalismo, como BBC, CNN, Discovery Channel, o *Sun*, o *Daily Mail*, UPI, *Toronto Star* e *Time*, escreveram sobre o contrabando da "coelhinha". Mesmo a Playboy Satellite Radio Channel e seu *website* entraram na brincadeira.

Enquanto Livingston trabalhava com a mídia, Jurek contatava determinados blogueiros pelas redes sociais. "Cada vez que via uma matéria, eu a mandava adiante usando *hashtags* apropriados e tentava alcançar mais gente", diz Jurek. A estratégia era mirar em públicos relacionados, e assim Jurek criou *tags* em seus tuítes com termos como #playboy, #photography, #space, #NASA, #auction, #apollo, #lua ,#porn, entre outras. "Eu queria chegar não apenas aos colecionadores do espaço, mas ao público da *Playboy* e, por que não, até o povo que gosta de pornografia!"

Jurek diz que muitos tuítes vieram de mulheres que dirigem seus próprios negócios de *webcams* e têm milhares de seguidores. "Outras tuitavam sobre pornografia espacial, ou lunar, coisas assim", ele diz. "Foi hilário, mas eu via DeDe como um símbolo perfeito para a mídia social e a internet. Isso porque a pornografia é um negócio imenso na internet, e o mesmo acontece com coisas colecionáveis. Nossa história estava no centro de tudo, e as pessoas estavam seguindo."

A história chegou até o quadro "Weekend Update with Seth Myers", do *Saturday Night Live*. Tenho de confessar: eu trabalhei com RP durante 20 anos, e essa foi a primeira vez que vi alguém chegar ao "Weekend Update"!

Jurek diz ter aprendido lições valiosas com esse esforço de marketing. "O conteúdo impulsiona o marketing", ele diz. "DeDe, como conteúdo, é perfeita. Ela atrai não apenas *nerds* do espaço como eu, mas colecionadores de coisas da história americana e de itens eróticos, além de colecionadores de itens únicos de nichos da cultura *pop*. Uma vez que você tenha o conteúdo e esteja conectado com o público certo, o apelo de venda é real e direto."

Todos esses esforços criaram grandes volumes de tráfego no *site* da RR Auction. Os visitantes cresceram 350% em relação ao mês anterior, de acordo com dados da Alexa. Em 20 de janeiro de 2011, o item de DeDe recebeu 30 ofertas e foi vendido por 17.511 dólares.

"DeDe alcançou resultados fenomenais", diz Jurek. "Do ponto de vista do marketing, ela superou qualquer meta, porque gerou muito tráfego para o leilão e, ao bater as estimativas sobre qual seria o valor de venda, ajudou muitas outras peças a baterem recordes. A repercussão da cobertura que a mídia fez, o chamado efeito DeDe, expandiu o número de compradores e colecionadores de forma incrível, beneficiando a todos."

Lançando ideias com a Força Aérea Norte-Americana

Os *websites* da Força Aérea Norte-Americana estão cheios de fotos, vídeos e artigos escritos por funcionários de relações públicas, todos com o intuito de fornecer informações para a mídia quando ela precisa desenvolver uma matéria. Esses funcionários não ficam sentados o dia todo escrevendo *press releases* e cutucando a mídia com sugestões de pautas. Eles mesmos publicam informações que geram o interesse de repórteres.

"Em vez de empurrarmos coisas, nós somos descobertos, e eles querem as nossas informações", diz o capitão Nathan Broshear, diretor de relações públicas do Comando Sul, unidade 12 da Força Aérea, situada na base área Davis--Monthan, em Tucson, Arizona. Antes de assumir esse cargo, Broshear adquiriu experiência em lidar com representantes da mídia após ter trabalhado ao lado de centenas de repórteres, que cobriram operações militares no Iraque e no Afeganistão, zonas de alta pressão.

"As pessoas estão encontrando o valor de nossos *websites*. Muitos repórteres, por exemplo, se interessam pelos sistemas Predator, Global Hawk e Reaper, nossos veículos aéreos sem tripulação. Quando veem as páginas em nosso *website* sobre Predator e Reaper, já sabem a quem contatar."

O sargento-técnico Eric Petosky, que trabalha com Broshear na área de relações públicas, escreveu uma matéria intitulada "Global Hawk faz missões de mapeamento ambiental na América Latina e Caribe"[4] e a postou no *website* com fotos.[5] Quem se interessa por sistemas não tripulados, como o Global Hawk, pode encontrar informações no *site*. "A Força Aérea é uma grande organização, e é difícil encontrar a pessoa certa quando um repórter vai ao Pentágono. Nós escrevemos matérias para que os jornalistas possam imaginar seus ângulos de abordagem." Assim, juntamente com matérias, fotos e vídeos, há a informação necessária de contato para chegar ao funcionário adequado de relações públicas da Força Aérea.

O material publicado no *site* mostrou-se altamente valioso quando o *60 Minutes*, programa de jornalismo semanal da CBS, interessou-se pelo tema. Broshear se reuniu com o capitão Brooke Bander, chefe de relações públicas da base Creech, em Nevada (onde fica a base dos pilotos de sistemas não tripulados) para ajudar a estabelecer um contexto para a matéria. Ambos trabalharam com os produtores do *60 Minutes* por mais de cinco meses. O resultado – "Teleguiados: a nova Força Aérea Norte-Americana" – foi ao ar no *60 Minutes* em 10 de maio de 2009, com Lara Logan falando sobre o crescente uso de teleguiados no campo de batalha.

Outra história de sucesso do uso do material que Broshear disponibiliza *on-line* para ajudar repórteres envolve a Operação Novos Horizontes, na Guiana, um programa da Força Aérea Americana de construir infraestutura e parcerias em outros países. "A Força Aérea realizou obras como uma escola e uma clínica hospitalar, promovendo cuidados médicos de graça para cerca de 100 mil pessoas", diz Broshear. "Temos parcerias com organizações não governamentais para nos assegurarmos de que a escola local, a clínica e os médicos tenham tudo o que precisam para continuar seu trabalho, mesmo após os membros da Força Aérea partirem."

Ao divulgar a história para a comunidade local da Guiana e para os Estados Unidos, Broshear trabalhou com as pessoas que foram a campo para criar o conteúdo usado por repórteres na elaboração de suas matérias – sem a necessidade de contato constante com a equipe de relações públicas. "Nós postamos fotos no Flickr[6] e temos uma página no Facebook[7] e um *blog*[8] escrito por pessoas no campo. É interessante notar que o *blog* tem três vezes mais tráfego que nossas páginas principais. Os jornais da comunidade passaram a usar fotos dos *sites*. Depois de apresentarmos para a mídia local os projetos e as personalidades militares importantes, por meio de um *press release* ou de visitas às construções, não precisamos fazer nada, porque a mídia vai pegar informações do *blog* que criamos."

Como você sabe, se leu até aqui, o tema deste livro é a importância de criar conteúdo valioso (fotos, vídeos, matérias) e postá-lo em seu *site*. Ao criar tal conteúdo, você alcança pessoas que estão procurando pelo que você tem a oferecer. Broshear nos lembra que, por vezes, estas pessoas são membros da grande mídia, e um grande conteúdo pode servir como catalisador para conseguir a cobertura que sua organização deseja. "Aqui, nas relações públicas da Força Aérea, não estamos lançando mísseis", diz ele. "Lançamos ideias." E essas ideias levam a grandes matérias na grande imprensa.

Como vender suas ideias para a mídia

Todos os profissionais de RP sabem que fazer sua companhia, seu produto ou seu executivo ganhar destaque em publicações apropriadas é uma ótima forma de fazer marketing. É por isso que bilhões de dólares são gastos por ano (embora eu tema que muito dinheiro seja jogado fora). Quando sua organização aparece em uma matéria, você não apenas atinge diretamente a audiência daquela publicação, mas, no futuro, também alcança seus *prospects*, usando *reprints* ou *links* na *web*. A cobertura da mídia significa legitimidade. Como eu disse, fazer *spam* na mídia não funciona bem e pode ser danoso para sua marca. Mas, por vezes, você pode querer realmente atingir uma publicação específica (como o jornal da sua cidade, talvez). Então, o que fazer?

Mire em um repórter de cada vez. Após ler uma publicação com atenção, pode ser muito eficaz elaborar uma mensagem para um jornalista em particular. Mencione um artigo específico que ele escreveu, e depois explique por que seria interessante que ele conhecesse sua empresa ou seu produto. Assegure-se de escolher o título adequado do seu *e-mail* para garantir que seja aberto. Eu recebi uma mensagem perfeitamente construída, feita especialmente para mim, de uma empresa que trabalha com serviços de qualificação de vendas e sistema de gerenciamento na *web*. O funcionário de RP tinha lido o meu *blog* e sabia no que eu estava interessado, e assim mandei um *e-mail* de volta em minutos e marquei uma entrevista com o CEO da empresa.

Ajude os jornalistas a entender o grande cenário. Muitas vezes é difícil entender como algum produto, os serviços ou sua organização se encaixam em uma tendência mais ampla. Você facilita a tarefa de um jornalista se descrever o contexto e explicar por que seu produto ou serviço é interessante. Com frequência, isso ajudará você a ser mencionado em futuros artigos do jornalista ou em colunas sobre tendências de seu setor.

Explique como os consumidores usam seu produto ou trabalham com sua organização. Repórteres têm acesso a centenas de mensagens de porta-vozes de empresas sobre como os produtos funcionam. Mas seria melhor ouvir alguém que realmente usa o produto. Se você fizer entrevistas com consumidores ou fornecer casos interessantes sobre seus produtos ou serviços, ficará muito mais fácil para o jornalista escrever sobre sua companhia.

Não mande anexos em seu e-mail, a menos que seja solicitado. Nos dias de hoje, é raro que jornalistas abram um anexo, mesmo de uma empresa reconhecida. Mas muitas pessoas de RP ainda distribuem *news releases* com anexos. Não faça isso. Mande apenas textos no corpo do *e-mail*. Se alguém quiser outras informações, você pode enviar em seguida um *e-mail* com anexos, mas deixe claro que foi o jornalista quem pediu, para que ele se lembre.

Faça *follow-up* prontamente com os potenciais contatos. Recentemente, concordei em entrevistar um executivo sênior de uma grande empresa. Uma pessoa de RP, meio ansiosa, cuidou dos detalhes, e nós concordamos com data e hora. Mas eu nunca tive a informação prometida, que seria enviada por *e-mail*, incluindo o número de telefone para me conectar com o executivo. A entrevista não aconteceu. Certifique-se de fazer o *follow-up* como prometido.

Lembre-se: essa é uma via de mão dupla – jornalistas precisam que você os alimente com informações. O essencial é que eles querem saber o que você tem a dizer. É lamentável, porém, que exista tanto problema de *spam* em RP, pois isso dificulta o trabalho dos jornalistas.

O fato a seguir serve como ilustração deste último ponto. O executivo de uma empresa que conheci em uma conferência comentou sobre uma nova tendência que me deu uma brilhante ideia para a minha coluna. Achei ótimo, porque tornou minha vida mais fácil. Pensar sobre temas de colunas é um trabalho difícil, e eu preciso de toda ajuda que conseguir. O executivo da companhia combinava perfeitamente com a ideia da coluna, e usei seu produto como um exemplo da tendência que ele havia citado. Sem a conversa, a coluna nunca teria sido escrita – e uma mensagem direta do produto não teria funcionado. Nós, jornalistas, precisamos de ideias inteligentes para fazer nosso trabalho. Por favor.

"A coisa mais eficaz que as pessoas de RP têm de fazer é ler sobre o que eu faço e me mandar mensagens personalizadas e inteligentes para as matérias que gosto de escrever", diz Peter J. Howe, repórter de negócios do *Boston Globe*.[9] Howe está no *Globe* há 20 anos e passou os últimos sete cobrindo telecomunicações, internet, energia e, mais recentemente, companhias aéreas. Ele prefere ser contatado por *e-mail*, com uma linha de assunto que o ajude a saber que não se trata de *spam*. "Por exemplo, 'pauta de RP para repórter do *Boston Globe* Peter Howe' é uma maneira eficaz de conseguir minha atenção. Se você recebe literalmente quatro ou cinco centenas de *e-mails* por dia, como eu, linhas de assunto engraçadinhas não funcionam, e provavelmente vão parecer *spam*."

O maior problema que Howe sofre com o modo de atuação do pessoal de RP é que muitos não têm ideia do que ele escreve antes de lhe enviar uma sugestão de pauta. "Se você simplesmente entrar com 'Boston Globe Peter Howe' no Google.com e ler as dez primeiras coisas que aparecerem, já terá feito mais trabalho que 98% das pessoas de RP que me enviam sugestões", ele diz. "É enlouquecedor como gente de RP não tem noção das diferenças entre a cobertura feita pelo *Boston Globe* todos os dias e o que cobrem, por exemplo, a *Network World*, *RCR Wireless News* ou *Nitwitville Weekly News*. Não quero parecer uma *prima-dona*, mas a grande questão é que, se você não sabe o que eu cubro antes de me contatar, está realmente desperdiçando seu tempo."

Howe também encoraja as pessoas a tentarem pensar grande. "Se você tem uma pequena ideia para vender, venda. Mas, se for novidade, tente encaixar seu tema em uma matéria maior, na primeira página ou capa da edição de domin-

MARKETING E COMUNICAÇÃO NA ERA DIGITAL

go", ele diz. "Isso pode até levar sua empresa a ser mencionada juntamente com três ou quatro concorrentes, mas não é melhor ser mencionado em uma matéria de primeira página que em um texto de cinco linhas?"

Não há dúvida de que a grande imprensa ainda é vital como canal de comunicação para que os compradores conheçam seus produtos. Além de todas as pessoas que verão sua companhia, seu produto ou o nome de um executivo, uma menção em uma grande publicação lhe confere legitimidade. Repórteres têm uma tarefa a cumprir, e eles precisam da ajuda que os RPs possam dar. Mas as regras mudaram. Para ser notado, você tem de ser inteligente e contar seu próprio caso na *web* – e saber como contá-lo a jornalistas.

Notas

1 www.newstex.com/
2 www.gizmodo.com/
3 www.shore.com/
4 www.12af.acc.af.mil/news/story.asp?id=123147613
5 www.12af.acc.af.mil/photos/index.asp
6 www.flickr.com/photos/newhorizonsguyana/
7 www.facebook.com/pages/New-Horizons-Guyana/47224824949
8 http://newhorizonsguyana.blogspot.com/
9 http://boston.com/

Capítulo 22

MARKETING DE MECANISMOS DE BUSCA

O resultado dos mecanismos de busca é notável porque, diferentemente de qualquer outra forma de marketing, não depende da técnica de interrupção. Pense de novo por um momento no que chamei de regras velhas de RP e suas técnicas de publicidade com base na interrupção. Como discuti em capítulos anteriores, as velhas regras requerem que você interrompa telespectadores e torcer para que eles não pulem para outro canal, que interrompa as pessoas quando olham a correspondência e esperar que elas não joguem sua mensagem no lixo, ou interrompa leitores de revistas e aguardar que eles façam uma pausa para experimentar o cheiro agressivo de sua amostra de perfume. Nos dias de hoje, anúncios estão em todo canto – em placas nas estradas, nos carrinhos de supermercado e elevadores. Estas interrupções, além de incômodas para consumidores (e daninhas quando a marca é usada em excesso), são cada vez mais ineficazes.

Agora pense em como usar mecanismos de busca. Ao contrário da publicidade sem alvo e de interrupção, a informação que aparece nos mecanismos de informação, depois de digitar uma frase, é um conteúdo que alguém realmente quer ver. Na verdade, está *procurando* por isso. É a realização dos sonhos dos profissionais de marketing.

Em 4 de janeiro de 2011, por exemplo, o grande Shaquille O'Neal,[xvi] do Boston Celtics, foi ao programa de David Letterman. Ele comentou como gostava de sua vida em Boston desde sua chegada ao time no começo da temporada. Saiba que Shaq encontrou sua casa de milhões de dólares no Google! "Vivo em uma pequena cidade chamada Sudbury", ele disse a Letterman. "Assinei meu contrato meio tarde, e não tive a chance de realmente procurar uma casa.

---

xvi Ex-jogador de basquete dos Estados Unidos. (N. R. T.)

Assim, entrei no Google e digitei 'casa grande fora de Boston' e encontrei uma ótima em uma fazenda de 40 mil metros quadrados." Um corretor muito esperto, com a informação certa na *web*, faturou bem dessa vez.

Eis algo muito importante a considerar: *todo este livro trata de marketing de mecanismos de busca*. Faça uma pausa e reflita sobre isso. Se você seguiu as novas regras de marketing e RP apresentadas nestas páginas, já construiu um fantástico programa de marketing de mecanismo de busca. Você começou com as *personas* compradoras, depois criou conteúdo especialmente para aqueles compradores – conteúdo que fala sobre os problemas que eles têm com palavras e frases que eles realmente usam. A seguir, enviou o conteúdo *on-line* na forma preferida deles (*podcasts, blogs, e-books, websites* e assim por diante). Esse conteúdo poderoso, desenhado especialmente para seus compradores, será indexado pelos mecanismos de busca, e pronto. Você já tem um incrível programa de marketing de mecanismo de busca!

Até mesmo um grande programa pode se beneficiar de melhorias de foco, e neste capítulo vou falar sobre como fazer desenvolvimentos subsequentes e melhorar suas estratégias de marketing de mecanismos de busca. Vamos começar com algumas definições básicas:

- *O marketing de mecanismos de busca* é a prática de usar esses mecanismos para chegar diretamente a seus compradores. Eles incluem aqueles de uso geral, como Google, Bing e Yahoo!, assim como mecanismos verticais de busca, que são específicos de seu setor ou para as pessoas que você tenta atingir.

- *Otimização de mecanismo de busca* (SEO – do inglês, *search engine optimization*) é a arte e a ciência de assegurar que palavras e frases em seu *site*, *blog* e outros conteúdos *on-line* sejam encontrados pelos mecanismos de busca e que, uma vez encontrados, façam seu *site* ter o melhor *ranking* possível em *resultados naturais de busca* (ou seja, aqueles que os algoritmos do mecanismo de busca julguem importantes para a frase digitada).

- *Publicidade em mecanismo de busca* é quando um profissional de marketing paga para sua publicidade aparecer em mecanismos de busca se um usuário digitar uma frase em particular que tenha sido comprada. Geralmente, essa publicidade vem na forma de pequenos anúncios de texto perto dos resultados naturais de busca por um termo particular. Google AdWords[1] e Yahoo! Search Marketing[2] são os maiores programas de publicidade de mecanismo de busca. Os profissionais de marketing pagam para ter seus anúncios, com base em palavras-chave ou frases, competindo com outros que adotam as mesmas expressões. Seu anúncio aparecerá em algum lugar na lista de anúncios para aquela frase, apoiado em uma fórmula usada pelo mecanismo de busca, que leva em consideração dois fatores principais: quanto você está disposto a pagar (em dólares ou centavos) por clique no anúncio, mais a taxa de *click-through* (o número de pessoas que clicam em seu anúncio dividido pelo total daquelas que o viram nos resultados de busca).

Como chegar à primeira página no Google

Colin Warwick, gerente de produtos de Integridade de Sinal da divisão de Design & Simulação da Agilent Technologies, é responsável pelo marketing do *software* que ajuda engenheiros a superar as limitações das conexões digitais de alta velocidade. Quando trabalhava nos planos de marketing, ele concluiu que as técnicas tradicionais de *business-to-business* como feiras são caras e cada vez mais ineficazes. Também percebeu a importância dos mecanismos de busca para seu negócio. "Todo mundo entende o Google", ele diz. "Qualquer um pode ver instantaneamente, quando entra com uma frase no Google, se seu concorrente aparece e você não, ou vice-versa."

Para Warwick, o mais importante termo de busca é "integridade de sinal" (em inglês, *signal integrity*), mas as informações de produtos da Agilent apareciam em quinto lugar no *ranking* – o que obviamente não era o ideal. Assim, Warwick trabalhou para que a Agilent chegasse ao topo dos resultados de busca, criando um *blog* focado em integridade de sinal.[3] Tudo, do nome e URL do *blog* ao excelente conteúdo, foi destinado a atrair as pessoas compradoras interessadas no assunto e chegar a sólidos números nos mecanismos de busca. "Existem apenas 50 mil engenheiros de integridade de sinal em todo o mundo, e nossa venda média é de cerca de 10 mil dólares em um ciclo de vendas de seis meses", diz Warwick. "Enquanto os concorrentes mostram seus folhetos, nós temos um *blog* valioso. Ajuda muito ter informação tão importante, seja para o resultado de mecanismos de busca ou para o processo de vendas."

Warwick diz que os executivos da Agilent lhe deram muito apoio quando começou o *blog*, mas determinaram algumas regras para seu trabalho. "A empresa disse que eu poderia blogar, mas avisou que o departamento de TI não daria apoio", ele conta. "Então, tive de criar um *blog* fora do domínio da companhia. Pedriam-me que seguisse algumas regras de bom senso: não mencionar a concorrência, criar *links* para os termos de serviço e privacidade da Agilent, além de incluir *copyrights*. Foi uma experiência muito boa. As empresas precisam confiar que seus funcionários vão fazer a coisa certa e deixá-los blogar."

Os resultados têm sido bem encorajadores. "Muitos consumidores dizem que gostam do *blog*, e nosso pessoal de vendas fala aos *prospects* sobre ele", afirma Warwick. "Ter um *blog* me permite ser espontâneo. Posso publicar rapidamente diagramas e deixar que as pessoas tenham acesso a informações valiosas. Se precisasse colocar conteúdo no *site* corporativo, levaria três dias. Com o *blog*, entro na conversa em cinco minutos."

E os resultados de busca? No Google, o *blog* de Warwick agora está na primeira página de resultados com a frase "integridade de sinal" (na posição número quatro, quando cheguei). "Antes de começar o *blog*, a página de produtos da empresa estava na posição 44 do Google", diz Warwick. "Foi uma subida enorme."

Mas há benefícios adicionais de blogar que surpreenderam Warwick. "Jornalistas de publicações especializadas leem o *blog* e incluem *links* em seus *blogrolls*", ele diz. "Estou fazendo grandes conexões na *web*. Por exemplo, pedi a Paul Rako, um importante jornalista da *EDN* [fonte de notícias e informações para engenheiros de *design* eletrônico, para ser o moderador de um painel para mim, e ele aceitou porque me conhece a partir de meu *blog*."

Otimização de mecanismos de busca

As pessoas, várias vezes, não compreendem o marketing de mecanismo de busca (SEO) porque há um bando de empresas de otimização desse sistema que tornam tudo complicado. Para piorar o problema, muitas (mas certamente não todas) das empresas de SEO trabalham de forma meio suspeita, prometendo resultados espetaculares apenas com a manipulação de palavras-chave em seu *site*. Talvez você já tenha visto as mensagens de *e-mails* desses vendedores grudentos (eu recebi centenas de *e-mails* não solicitados com títulos como "*Rankings* no topo garantidos!"). Várias empresas que atuam com mecanismos de busca são completamente confiáveis e acrescentam enorme valor a programas de marketing, mas estou convencido de que a melhor coisa para você fazer é melhorar seu marketing de mecanismo de busca focando em um conteúdo ótimo para seus compradores. Esse marketing não deve ser misterioso, e certamente não é um truque.

No entanto, as muitas complexidades e nuances que otimizam o marketing de mecanismo de busca estão além do alcance deste pequeno capítulo. Há fontes excelentes que podem ajudá-lo a aprender ainda mais sobre tais complexidades, especialmente no caso dos fatores de algoritmos de mecanismos de busca, como a URL que você usa, a colocação de certas palavras dentro de seu conteúdo, os *tags*, os metadados, os *inbound links* e outros detalhes. Esses recursos reforçam nossa discussão do Capítulo 11, sobre como identificar palavras-chave e frases apropriadas. Um excelente endereço para você entender a otimização de mecanismo de busca é o Search Engine Watch,[4] onde encontrará recursos e fóruns ativos para explorar. Recomendo também um livro chamado *Search Engine Marketing, Inc. Second Edition*, de Mike Moran e Bill Hunt. Para saber mais sobre publicidade em mecanismo de busca, comece com os tutoriais e as páginas de perguntas e respostas do Google AdWords e do Yahoo Search Marketing.

A longa cauda da busca

Talvez você já tenha tentado usar o marketing de mecanismo de busca como tantos profissionais fizeram. Em minha experiência junto a muitas organizações, aprendi que esses programas de marketing de mecanismo de busca fracassam com frequência porque os profissonais da área otimizam palavras-chave e frases genéricas, que não produzem resultados suficientemente dirigidos. Alguém no negócio de viagens, por exemplo, pode tentar conseguir otimização com as palavras *viagem* e *férias*. Eu digitei "Viagem" no Google e consegui 124 milhões de resultados. É virtualmente impossível chegar ao topo da pilha com uma palavra tão genérica como *viagem*, e geralmente não é assim que as pessoas buscam. *É ineficaz tentar alcançar compradores com termos amplos e genéricos.*

Você tem escolhas quando cria programas de marketing de mecanismo de busca. Um método é otimizar e anunciar com um pequeno número de palavras e frases de amplo foco para tentar gerar inúmeros cliques . Pense nessa abordagem como um navio pesqueiro no oceano, com imensas redes usadas para pegar uma espécie de peixe. Claro que você captura milhares de peixes ao mesmo tempo, mas você joga fora todos os que não são da espécie que procura, e isso é uma tarefa muito cara.

O verdadeiro sucesso vem de dirigir o comprador direto ao conteúdo real que ele busca. Anos atrás, antes de levar minha família de férias para a Costa Rica, entrei no Google e digitei: "Viagem de aventura na Costa Rica". Cheguei um punhado de *sites* no topo da página (tanto resultados naturais de busca quanto anúncios) e escolhi um que me atraiu. Depois de trocar vários *e-mails* para definir um itinerário, reservei uma viagem por alguns milhares de dólares, e poucos meses depois estava olhando macacos na floresta tropical. É assim que as pessoas *realmente* buscam (no caso dos que estão procurando na *web*, não dos macacos). Se você está no negócio de viagens de aventura na Costa Rica, não gaste recursos otimizando com o termo genérico *viagem*. Em vez disso, rode programas de marketing de mecanismos de busca para frases como "ecoturismo na Costa Rica", "viagem na floresta tropical da Costa Rica", e assim por diante.

A melhor abordagem é criar programas separados para dezenas, centenas ou mesmo milhares de termos de busca *específicos* que as pessoas podem realmente usar. Pense nessa abordagem como se fosse a colocação de milhares de iscas individuais em uma longa linha, para, no momento preciso, apanhar as espécies de peixe que você quer. Você não vai pegar um peixe em cada uma das iscas. Mas, com tantas delas, certamente pegará muitos daqueles que está tentando pescar.

Crie seu próprio território nos mecanismos de busca

Um aspecto raramente discutido, mas muito importante do marketing de mecanismo de busca, é a escolha de nomes de empresas e produtos que sejam fáceis de encontrar na *web*. Quando pensa em nomes de empresas, produtos, livros, bandas de rock ou de qualquer entidade que as pessoas queiram encontrar na *web*, você naturalmente passa pelo processo de geração de ideias, de avaliação dos nomes (se soam bem) e, talvez, de verificação da possibilidade de registrá--los legalmente. Sugiro que acrescente outro passo vital: pesquisa na *web* para ver o que aparece com o nome que você propôs. E aconselho-o a desistir do nome se houver muitos outros similares, mesmo que a concorrência pelo nome se encontre em outro setor. Sua meta de marketing é simples: quando alguém digitar o nome de seu livro, produto ou banda deve conseguir imediatamente informações sobre eles. Antes de fechar títulos de livros, por exemplo, eu me asseguro de que o nome não esteja sendo usado de qualquer outra maneira na *web*. Foi importante para mim ser dono de meus títulos em mecanismos de busca. A procura por *Eyeball wars*, *Cashing with content*, *Marketing e comunicação na era digital*, *World wide rave*, entre outros títulos, mostra apenas meus livros, mais resenhas, artigos e discussões sobre eles.

Muitas pessoas me perguntam por que uso meu nome do meio em minha vida profissional, e algumas me acusam de ser pretensioso. Talvez eu seja um *pouco* pretensioso, mas não é por isso que uso meu nome do meio, Meerman. A razão é simples: há David Scotts demais por aí. Um deles andou na Lua como comandante da Apollo 15. Outro ganhou seis vezes o Iron Man Triathlon. Ainda outro é um deputado norte-americano pelo 13º distrito da Georgia. Todos são boas companhias, mas para a clareza e o propósito de otimização de mecanismo de busca, escolhi ser único entre meus camaradas David Scotts, tornando-me David Meerman Scott.

Uma nota adicional sobre seu território nos mecanismos de busca: você deve evitar usar caracteres especiais nos nomes de sua companhia ou produto — como @, #, % — porque não são facilmente indexáveis. Há exceções (vem à mente o popular software C++), mas é muito difícil fazer com que nomes de produtos com caracteres especiais sejam indexados apropriadamente em mecanismos de busca.

A lição aqui é que, se quiser ser encontrado na *web*, você precisa de uma identidade única para você mesmo, para o seu produto e para a sua companhia, a fim de se sobressair na multidão e chegar à proeminência nos mecanismos de busca. Quando pensar em um nome para usar em marketing, teste-o primeiro nos mecanismos de busca e tente cavar um espaço que apenas você possui.

Páginas de destino que levam à ação

Embora não vá tentar cobrir todos os detalhes do marketing de mecanismos de busca, quero tocar em um dos erros mais comuns cometidos pelos profissionais de marketing da área. A maioria gasta tempo considerável na seleção das palavras-chave e frases (isso é uma coisa boa!), e também faz um bom trabalho ao tentar garantir que suas organizações tenham uma posição sólida com essas frases, otimizando o *site* e/ou a publicidade de venda em mecanismos de busca. Mas as organizações, na maioria, são terríveis em construir uma página de destino − o lugar para onde as pessoas vão depois de clicar em um *link* de busca.

Vamos pensar em nosso último exemplo. Quando planenejava minhas férias na Costa Rica, muitos dos *sites* que tinham um *ranking* alto para a frase que dirigitei eram uma espécie de isca. Eu pensei que receberia informação dirigida sobre viagem na Costa Rica, mas, em vez disso, fui levado a uma página de destino genérica de uma grande agência de viagem, de uma companhia aérea ou de uma rede de hotéis. Não, obrigado, não estou interessado. Queria informações sobre a Costa Rica, e não sobre uma linha aérea ou uma rede de hotéis, e assim saí em um segundo. Para obter informações sobre viagem de aventuras na Costa Rica, escolhi a página de destino de uma empresa chamada Costa Rica Expeditions.[5] Isso significa que, provavelmente, você precisará de dezenas ou centenas de páginas de destino para implantar um grande programa de marketing de mecanismos de busca.

Dica
Você precisa construir páginas de destino que tenham conteúdo específico, para esclarecer e informar pessoas que foram parar em seu *site* vindas de um mecanismo de busca.

Marketing com páginas de destino é um dos modos mais fáceis e baratos de levar uma mensagem ao público-alvo, e é uma ferramenta incrível para atrair compradores até o ciclo de vendas. Uma página de destino é um lugar para publicar informação dirigida a uma *persona* compradora para a qual você quer vender. Usadas não apenas em sistemas de mecanismos de busca como em outros programas de marketing na *web*, as páginas de destino são ideais para descrever ofertas especiais mencionadas em seu *website*, ou *calls-to-action* referenciados por outra página de conteúdo (tal como um *blog* ou *e-book*). Elas também funcionam bem para contar a história de uma organização para um

MARKETING DE MECANISMOS DE BUSCA

mercado-alvo em particular, promover a oferta de um novo produto ou dar mais informações para pessoas que chegam até lá a partir de seus *news releases*. Programas de marketing que incluem a otimização de mecanismos de busca são – para usar uma definição clássica de ciclo de venda – destinados a atrair a atenção dos *prospects*. A página de destino é de onde você dará o próximo passo. Assim que tiver a atenção de seu público, deve gerar e desenvolver o interesse e a convicção do consumidor, para que sua equipe tenha bons argumentos para fechar uma venda, ou para que você possa levar as pessoas para uma página de *e-commerce* onde elas comprem seu produto em seguida.

Um texto eficaz de uma página de destino é escrito, como você deve imaginar, sob a perspectiva do comprador, e não da sua. Páginas de destino devem oferecer informações adicionais para quem pesquisa informações com base na oferta ou palavra-chave digitada. Organizações de sucesso têm centenas de páginas de destino, cada uma otimizada para um conjunto particular de termos relacionados de mecanismos de busca.

Não cometa o mesmo engano de muitas organizações, que é investir toneladas de dinheiro em um programa de mecanismo de busca (comprando palavras) e, depois, enviar todo o tráfego para sua *home page*. Esta tem de abordar muitos públicos, e nunca terá informação suficiente para cada termo de busca. Por isso, tenha em mente as principais regras para compor as páginas de destino:

Faça textos curtos e elementos gráficos simples para as páginas de destino. As páginas de destino são locais para oferecer informações simples e levar *prospects* a responder à sua oferta. Não tente oferecer demais.

Crie a página com a aparência e o tom de sua empresa. Uma página de destino é uma extensão do *branding* de sua companhia, e ela deve adotar a mesma voz, o tom e o estilo do resto de seu *site*.

Escreva sob a perspectiva do *prospect*. Pense cuidadosamente em quem vai visitar a página de destino, e escreva textos para esse público. Os visitantes devem perceber que a página trata de seus problemas, e que você tem uma solução para eles.

Entenda que uma página de destino é comunicação, não publicidade. A página de destino é aquela em que você comunica informação valiosa. Publicidade leva pessoas a clicarem na sua página de destino, mas, uma vez que o *prospect* esteja lá, tal página deve focar na comunicação do valor de sua oferta para o comprador.

Coloque uma frase de um consumidor feliz. Um simples testemunhal em uma página de destino funciona brilhantemente para mostrar às pessoas que outros estão felizes com o seu produto. Uma sentença ou duas, com o nome do consumidor e uma referência à sua posição, quando apropriado, é tudo o que você precisa.

Torne a página de destino uma unidade autossuficiente. O objetivo de uma página de destino é levar o *prospect* a responder à sua oferta para você fechar negócio. Se você desvia o tráfego a partir de sua página de destino, pode perder qualquer chance de conseguir essa resposta. Por isso, às vezes é melhor fazer de uma página de destino um local único na *web*, e *não* colocar nelas *links* para seu *website* principal.

Torne o *call-to-action* claro e fácil de responder. Certifique-se de dar um mecanismo claro de resposta para qualquer pessoa que queira ir além. Torne fácil se registrar, expressar interesse ou comprar algo.

Use múltiplos *call-to-action*. Você nunca sabe qual oferta atrairá uma pessoa específica. Então, considere usar mais de uma. No mercado de *business-to-business*, você pode oferecer um *white paper*, um teste grátis, uma calculadora ou uma sugestão de preço, tudo na mesma página de destino.

Peça somente informações necessárias. Não use um formulário de registro que requeira que seus *prospects* digitem uma montanha de dados — as pessoas vão abandoná-lo. Peça o absolutamente necessário para ficar seguro — nome e *e-mail*, se puder, ou talvez apenas *e-mail*. Pedir qualquer informação adicional reduzirá as taxas de resposta.

Não se esqueça de fazer *follow up*. Tudo bem, você tem uma grande página de destino com uma chamada à ação eficaz, e as pessoas estão entrando. Isso é ótimo! Não deixe a peteca cair agora. Certifique-se de fazer um *follow up* de cada resposta assim que possível.

Marketing de mecanismo de busca em um mercado fragmentado

O mercado servido pela Scala Inc.[6] é tão fragmentado que as pessoas nem conseguem concordar sobre como chamar sua categoria de produto: sistemas de sinais digitais, *merchandising* digital *in-store*, redes de *displays* eletrônicos, cartazes eletrônicos ou qualquer um entre uma dúzia de outros nomes que são usados. Para tornar o desafio de marketing ainda mais difícil, os consumidores potenciais desse mercado não se congregam em nenhuma feira, revista ou portal na *web*. Mas é desse jeito que Gerard Bucas, presidente e CEO da Scala, gosta, porque ele se aproveita do marketing de mecanismo de busca para chegar aos seus compradores: "Somos pioneiros no setor de sistemas de sinais digitais", ele diz. "Nossos serviços são usados no varejo, na comunicação corporativa, no chão de fábrica e em diferentes aplicações em outros negócios." Como a Scala serve a muitos compradores em diversos segmentos de mercado, não há um tomador de decisões padrão. No varejo, é o departamento de marketing. Na comunicação corporativa para uso interno, muitas vezes é o CEO ou o departamento de RH. A empresa também serve a muitos usuários verticais, como linhas de cruzeiros, cassinos e outros. "Por ser impossível fazer publicidade em tantos lugares diferentes para chegar até essas pessoas, nós dependemos de um grande *website* com um forte foco em marketing de mecanismo de busca."

Bucas diz ser crucial usar a mesma terminologia de seu mercado alvo e incluir termos setoriais que levem a uma página apropriada da Scala. "Monitoramos continuamente os 30 ou 40 termos que as pessoas digitam quando nos buscam na *web*", ele diz. "Quando encontramos novos termos, escrevemos conteúdo que os incorpore, e quando o termo se torna mais importante, expandimos o conteúdo."

Para Bucas, marketing de mecanismo de busca eficaz significa entender seus compradores e criar conteúdo envolvente, usando palavras e frases importantes para que cada uma delas seja indexada por mecanismos de busca. "O termo *digital signage*, por exemplo, é um de nossos termos de busca", ele diz. "Queremos estar no topo dos resultados, mas também nos importamos com expressões semelhantes, como *digital sign* ou *digital signs*. Cada um deles dá resultados diferentes. Isso é impressionante."

A Scala desenvolveu conteúdo detalhado sobre produtos, estudos de casos e informação abordando como a sinalização digital é usada em diferentes setores. "Todo esse material destina-se a trazer os mecanismos de busca até nós", ele diz. "Com estudos de caso e *news releases*, chegamos ao mercado com frases que não usamos frequentemente, o que gera resultados de cauda longa nos mecanismos de busca."

A Scala tem um sistema gerador de oportunidades de negócios para levar compradores a páginas de destino, em que o tráfego é direcionado para o sistema de revendedores da empresa. Nesse sistema, a empresa reúne nomes por meio de ofertas (como, por exemplo, um DVD de demonstração grátis)[7] em cada página de destino. "Nossos revendedores adoram, porque constantemente fornecemos novas oportunidades de negócios para eles", diz Bucas. "Nós efetivamente ajudamos a gerar negócios; por isso, eles se tornam leais. Nossos parceiros percebem o valor da geração de oportunidades." De acordo com Bucas, o sistema gerencia mais de 4 mil oportunidades de vendas abertas ao mesmo tempo, automatiza a comunicação em pontos particulares do processo de venda e envia *e-mails* aos *prospects*.

O sucesso da Scala mostra como uma estratégia de conteúdo bem executada na *web* leva compradores, que efetivamente buscam um produto, para páginas de destino. "Estamos crescendo rapidamente", diz Bucas. "E um grande percentual dos negócios vem de oportunidades na *web*, certamente mais de 50% de nosso negócio."

Se você planeja implantar as ideias deste livro, fará, por definição, marketing de mecanismo de busca. Tentará entender os compradores e criar para eles um bom conteúdo, especialmente indexado. O melhor marketing de mecanismo de busca é um resultado natural se você prestar atenção em seus compradores e entendê-los, em vez de tentar manipulá-los ou iludi-los com truques. Ao executar sua estratégia de desenvolver excelente conteúdo, com a adição de páginas de destino mais eficazes e o foco na cauda longa dos termos de busca, você terá um recurso de marketing ainda mais poderoso, que poderá gerar resultados por meses e anos no futuro.

Notas

1 https://adwords.google.com/
2 http://searchmarketing.yahoo.com/
3 http://signal-integrity-tips.com/
4 http://searchenginewatch.com/
5 www.costaricaexpeditions.com/
6 www.scala.com/
7 www.scala.com/demodvd/

Capítulo 23

FAÇA ACONTECER

Obrigado por ficar comigo até aqui! Quando falo para o público e coordeno seminários sobre as novas regras de marketing e RP, este é o ponto em que muitas pessoas são estimuladas a se expor e fazer acontecer. Elas querem começar logo um *blog* ou fazer um vídeo para o YouTube, gerar alguns *news releases* ou começar pesquisas sobre *personas* compradoras antes de escreverem um plano de marketing e RP, que as guiará para a criação de um *site* rico em conteúdo. Se isso descreve você, ótimo!

Mas no meio dos diferentes públicos de meus seminários e palestras, há sempre outro grupo formado por pessoas que se sentem um pouco sobrecarregadas. Há informações demais, elas dizem, ou muitas ideias novas e não familiares. Se você está nessa categoria, pode até pensar que as pessoas que mencionei neste livro foram capazes de resolver coisas mais complexas do que as suas, ou que tomavam muito tempo, especialmente com sua agenda lotada. Todos andamos muito ocupados e, para a maioria de nós, implementar as ideias do livro representará uma carga adicional de trabalho. Mas essa é uma das melhores coisas de *Novas regras de marketing e RP*: você pode implementar as ideias aos poucos! Na verdade, não espero que ninguém implemente *todas* as ideias apresentadas aqui. Eu também não uso *tudo* isso (pronto, já admiti, mas não espalhe!). Sim, eu tenho um *blog*, que é muito importante para mim. Estou no Twitter, e crio alguns vídeos originais. Mas não tenho um *podcast*, também não estou no MySpace nem no LinkedIn. Faço o que posso, e para mim funciona. Você deve fazer isso também.

Diferentemente de uma campanha de marketing *off-line*, na qual você deve adotar uma abordagem metódica, passo a passo, para o grande dia do lançamento, a *web* é, como a palavra diz, uma *rede*. Você pode acrescentar coisas nela o tempo todo, porque ela não é linear. Pense no último anúncio impresso que você e sua organização fizeram. Tudo tinha de ser perfeito, exigindo

MARKETING E COMUNICAÇÃO NA ERA DIGITAL

muitas revisões, toneladas de aprovação de seus colegas (ou sua esposa), longas consultas com um bando de gente de fora, como agências de publicidade ou gráficas, e – acima de tudo – muito dinheiro. E seu pescoço estava em jogo, por isso você ficava obcecado com os detalhes, pois não podia cometer nenhum erro. Compare isso com uma iniciativa de conteúdo *web*, que pode ser implementada rapidamente, permitindo que as pessoas possam checar ao vivo e que mudanças sejam criadas no meio do caminho. Sem dúvida, é menos estressante criar um programa *on-line*. Se a página criada não funcionar, delete. Mas você não pode fazer isso com uma campanha impressa ou de mala direta. Então, peço que pense em como você pode experimentar *seletivamente* as ideias discutidas nestas páginas, em vez de se desgastar para implementar todas, tentando acertar tudo de primeira.

Várias organizações com as quais trabalhei acharam que é uma excelente abordagem começar com a pesquisa de *persona* compradora. Ao analisar as publicações que seus compradores leem, talvez acompanhando um *webinar* do qual eles participem, lendo alguns *blogs* de seu setor e, quem sabe, entrevistando alguns compradores, você pode selecionar a longa lista de técnicas do livro para determinar as iniciativas mais apropriadas para marketing e RP na *web*, e trabalhar nelas primeiro.

Outros descobriram que o melhor meio de começar é acrescentar algumas páginas de conteúdo de liderança na mente do consumidor em um *site* existente, destinadas para uma importante *persona* compradora (talvez com *links* da *home page*). O que é muito bom nessa abordagem é que você não tem de redesenhar seu *site*. Só precisa *adicionar* algum conteúdo de valor ao que você já tem. Assim fica fácil, certo?

Outro passo pode ser ler *blogs* do seu mercado e comentar sobre eles, para desenvolver seu estilo de blogar. Quando se sentir confortável, você pode ter seu próprio *blog* e seu *feed* de Twitter. A boa notícia é que não precisa se mostrar para o mundo de cara. – você pode proteger seu *blog* recém-criado com uma senha e compartilhá-lo apenas com alguns colegas, para começar. Depois, com algum *feedback*, você pode mudar sua abordagem e, finalmente, remover a senha. Pronto. A coisa importante é se expor. Lembre-se: na *web*, você é o que você publica.

Consiga ajuda se for preciso (e rejeite o que você não precisa)

Ao desenvolver uma estratégia para aplicar as novas regras de marketing e RP, você pode encontrar ocasiões em que terá de pedir ajuda aos outros. Há pessoas que, ocasionalmente, me falam da necessidade de contratar os serviços de uma agência para ter alguma ajuda extra na execução de um grande projeto. Mas também ouço, com frequência, que elas têm dificuldades de encontrar gente com habilidade para usar as ideias apresentadas neste livro. Outras ainda relatam que colegas bem-intencionados e chefes intrometidos têm a irritante tendência de dar palpites quando elas começam um *blog*, entram no Twitter ou começam a fazer vídeos para o YouTube. Acrescente isso ao fato de que, em muitas organizações maiores, os departamentos jurídicos tendem a dificultar tudo com suas regras minuciosas sobre o que pode e não pode ser dito. Se isso se parece com os problemas que você anda encontrando, não tema! Eis algumas dicas para obter a ajuda necessária e rejeitar o que você não precisa.

A questão para se perguntar a uma possível agência

Um grupo cada vez maior – os autoproclamados gurus do novo marketing – afirma ser realmente bom em gerar atenção com a utilização das novas regras de marketing e RP. Além disso, tenho notado que, nos últimos anos, agências estabelecidas de todos os tipos estão criando departamentos devotados à mídia social. De repente, agências de publicidade tradicional que ficaram focadas em comerciais de TV por décadas dizem ser especialistas em *blogs*. Agências de relações públicas, habilidosas em se relacionar com a mídia, tornam-se instantaneamente especialistas em Facebook e Twitter. Então, como navegar entre todos esses parceiros em potencial se você precisar de ajuda para implementar as ideias deste livro?

Muita gente me pergunta se posso recomendar uma agência que entenda de mídias sociais, ou pede que eu avalie agências que afirmam serem boas nesse tipo de trabalho. Minha resposta ao desafio de encontrar gente boa é simples: peça que as agências mostrem sua presença social. Pergunte sobre seus *blogs, feeds* de Twitter, vídeos no YouTube, *e-books, websites*, perfis no Facebook e outras coisas que elas têm. Faça perguntas que permitam respostas espontâneas. Isso não quer dizer que uma agência tem de ser ativa em todas as mídias, mas, para valer a pena gastar seu dinheiro pedindo-lhe uma consultoria, ela precisa ter experiência no uso dessas ferramentas. Minha teoria é a seguine: se uma agência não bloga ou tuíta nem cria conteúdo interessante sobre ela mesma com algum sucesso, então terá o mesmo problema ao trabalhar com os clientes. As respostas podem ser fascinantes! De repente, muitos dos tais que se dizem especialistas se fecham e não dizem muita coisa. Isto elimina 95% das agências, mostrando que, de fato, elas não entendem nada de mídia social.

Quando os advogados entram no caminho

Em muitas organizações maiores, o departamento jurídico está fortemente envolvido em todas as iniciativas de marketing e comunicação, exigindo que cada *post* e cada *press release* sejam analisados por um advogado. Em casos extremos, advogados corporativos até proíbem funcionários de começar um *blog* ou participar do Facebook ou Twitter no ambiente de trabalho. Descobri que essas restrições se devem a dois fatores: *ignorância da mídia social* e *falta de confiança nos funcionários*.

Já que o pessoal do jurídico geralmente não entende de mídias sociais (nem as usa em seu trabalho), eles naturalmente respondem apertando os controles. Afinal de contas, seu papel é reduzir os riscos de uma companhia, e é tentadoramente simples dizer não para qualquer coisa. Isso ainda é mais verdadeiro para empresas que desconfiam de seus empregados. No entanto, se uma empresa confia em seus funcionários e entende que a mídia social pode ser uma forma poderosa de fazer negócios, então o papel dos advogados é criar um ambiente para saber se o que é feito está correto.

Minha recomendação é que você trabalhe com seus gerentes e sua equipe jurídica (e também com o departamento de recursos humanos) para criar regras operacionais. Essas normas devem incluir conselhos sobre como se comunicar em qualquer mídia, incluindo conversas face a face, apresentações em eventos, *e-mail*, mídias sociais, fóruns *on-line* e outras formas de comunicação. Em vez de impor restrições às mídias sociais (ou seja, à tecnologia), é melhor manter o foco em guiar o comportamento das pessoas. As regras corporativas devem incluir os seguintes pontos: empregados não podem revelar segredos da empresa, não podem usar informações internas para negociar ações nem influenciar preços, devem ser transparentes fornecendo seus nomes reais e cargos quando se comunicarem. Você pode dar uma olhada na IBM, uma empresa na linha de frente do uso de mídia social por funcionários, e ver como ela lidou com a questão. A IBM desenvolveu um conjunto de regras de computação social[1] para uso dos empregados em *blogs*, wikis, redes sociais, mundos virtuais e mídia social. Você pode ter de assumir a liderança na criação de regras para sua organização, mas o esforço vai valer a pena.

Leve um jornalista para sua equipe

Uma convergência notável ocorre neste momento, criando uma oportunidade perfeita para encontrar alguém que tenha as habilidades que você precisa. É triste, mas muitos veículos de comunicação estão reduzindo suas equipes de jornalistas contratados. Jornais, revistas, estações de rádio e televisão passam por duros desafios econômicos, e isso signifca, infelizmente, que muitos repórteres e editores talentosos ficaram (ou ficarão) desempregados. Eu tive a chance de conversar com dezenas de jornalistas recentemente, e muitos estão preocupados com as sombrias perspectivas de sua carreira.

Ao mesmo tempo, pessoas como você em tantas organizações diferentes – corporações, instituições sem fins lucrativos, agências governamentais, estabelecimentos educacionais –, finalmente compreendem o valor das ideias que exploramos neste livro. Uma das melhores maneiras de criar um grande conteúdo na *web* é contratar um jornalista, em tempo integral ou parcial, para realizar essa tarefa. Jornalistas têm grande capacidade de entender públicos diferentes e de criar conteúdo para compradores que querem consumir – é o arroz com feijão de sua atividade. Não estou falando aqui de RP e relações com a mídia. Nem de contratar jornalistas para escrever *press releases* e tentar conseguir que seus ex-colegas escrevam sobre você. Estou falando sobre jornalistas que criam matérias para publicação – mas agora para sua corporação, agência governamental, organização sem fins lucrativos ou instituição educacional, em vez de em um veículo da mídia.

Editores são contratados por empresas para criar salas de imprensa *on--line* incríveis, como a da Cisco Systems.[2] Para dirigir seus esforços de mídia *on-line*, existe um profissional com melhor formação que um jornalista? Para organizações menores, talvez faça sentido contratar um jornalista *freelance* da imprensa escrita para ajudá-lo a escrever um *e-book*. Repito: existe jeito melhor de criar informação valiosa do que contratar alguém que faz isso há anos?

MARKETING E COMUNICAÇÃO NA ERA DIGITAL

O *webmarketing*, claro, adota práticas radicalmente diferentes das tarefas comuns de jornalistas. Mas os tempos estão mudando. E isso dá a profissionais de marketing inteligentes uma fantástica oportunidade de contratar pessoas com as habilidades necessárias.

Gerencie seus colegas e chefes

Se eu tivesse de encarar a ousadia de resumir em uma palavra as milhares de conversas que tive nos últimos dez anos, assim como meus sete anos de *blog* e todo o conteúdo deste livro, esta palavra seria: *atenção*. Empreendedores, CEOs e donos de empresas querem que as pessoas prestem atenção em suas companhias. Profissionais de marketing e RP, anunciantes e vendedores estão na folha de pagamento para gerar atenção. Espero que este livro tenha aberto seus olhos para uma nova abordagem em relação a um problema clássico.

Identifiquei quatro modos principais de gerar atenção no panorama de marketing atual. Como já discuti cada um deles nestas páginas, listá-los não é novidade – mas, agrupados e numerados, nos dão uma nova perspectiva para lidar com pessoas que podem ser céticas ou problemáticas.

1. *Você pode comprar atenção com publicidade*, fazendo anúncios na televisão, em jornais e revistas, páginas amarelas e cartazes, alugando espaço em feiras, enviando mala direta, e coisas semelhantes.
2. *Você pode conseguir atenção* dos responsáveis editoriais de estações de rádio e TV, revistas, jornais e publicações especializadas.
3. *Você pode ter uma equipe de vendas chamando atenção de uma pessoa*, batendo na sua porta, fazendo ligações telefônicas, enviando *e-mails* pessoais ou esperando que compradores entrem em seu *showroom*.
4. *Você pode conquistar atenção on-line com as ideias deste livro*, criando algo interessante e publicando *on-line* de graça: um vídeo no YouTube, um *blog*, relatórios de pesquisas, séries de fotos, Twitter, *e-book*, página no Facebook, ou outros tipos de conteúdo *web*.

Para julgar as motivações de seus colegas e chefes quando eles oferecerem conselhos e críticas não solicitados, recomendo que você conheça e entenda essas quatro formas de gerar atenção. Também é preciso compreender o ponto de vista da pessoa que você quer chamar atenção, especialmente quando surgirem as inevitáveis pressões de cobrança.

A maioria das organizações tem uma cultura corporativa centrada em torno de uma dessas abordagens. Cito exemplos: a P&G gera atenção primariamente com publicidade, a Apple com RP, a EMC com vendas e a Zappos com as novas regras de marketing e RP. Mas, em geral, o que define a cultura organizacional é a opinião forte do fundador ou CEO. Se o CEO teve sua origem em vendas, todos os problemas de atenção provavelmente se tornarão obstáculos de vendas. As chances são de que seus colegas e chefes não tiveram treino em mídia social ou leram este livro. A questão é que você terá de convencer seu chefe a *investir* em mídia social, porque é provável que ele não considere isso o melhor modo de conseguir atenção. A maioria das organizações gasta demais em publicidade e vendas, e de menos em mídia social, mas quase todas elas deveriam fazer alguma combinação entre as duas pontas. Se você puder convencer seus chefes e colegas a entenderem esta tendência, eles provavelmente ficarão um pouco mais esclarecidos.

Ótimo para qualquer organização

Não há dúvida de que sua organização se beneficiará ao criar conteúdo na *web* na forma com a qual você se sentir mais confortável. Mas também estou convencido de que, não importa quem você é ou o que faz, sua vida profissional e pessoal melhorará. Se você for inovador usando as ideias deste livro, iirá garantir maior reconhecimento no trabalho. E se você é como muitos blogueiros e *podcasters* que conheço, também terá um benefício terapêutico.

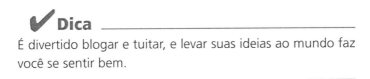
✔ **Dica**
É divertido blogar e tuitar, e levar suas ideias ao mundo faz você se sentir bem.

Se você é como eu, vai preferir escrever em vez de criar conteúdo em áudio ou vídeo. Mas conheço pessoas que odeiam escrever e criaram conteúdos incríveis em fotos, vídeo e áudio para chegar aos compradores. E isso funciona para

MARKETING E COMUNICAÇÃO NA ERA DIGITAL

todo tipo de organização: corporações, fundações sem fins lucrativos, bandas de rock e políticos. As pessoas me dizem, com frequência: "Mas eu sou apenas um .... (preencha os pontinhos com *pastor, pintor, advogado, consultor, representante de vendas, comerciante de automóveis, corretor imobiliário*), então por que eu deveria ter um *blog* ou criar um *podcast*?". Minha resposta é que você não apenas chegará diretamente aos compradores com conteúdo dirigido, como também se divertirá – o conteúdo *web* é para todo mundo, e não apenas para grandes companhias.

Na verdade, um de meus exemplos favoritos de sucesso com *Novas regras de marketing e RP* vem de um profissional de marketing improvável: o pastor de uma igreja em Washington DC. Mas não se trata de uma igreja típica, porque não existe um edifício dedicado ao culto. Em vez disso, ele usa tecnologia de vídeo, *blogs, podcasts* para contar histórias na *web* e construir uma comunidade espiritual tanto *on-line* como *off-line*.

"A igreja deveria usar tecnologia para alcançar as pessoas. Foi isso que Gutenberg fez no século XV com sua máquina impressora", diz Mark Batterson, pastor chefe da National Community Church (também conhecida como TheatherChurch.com), que conduz muitas missas por semana em locais não tradicionais, espalhados em vários pontos da área metropolitana de Washington. "A maioria das igrejas tem seu próprio prédio, mas nós achamos que isso seria um obstáculo para algumas pessoas; então, fazemos missas em teatros e construímos a maior cafeteria na área de Washington."

O que distingue a National Community Church é a abordagem de Batterson, que abraça a tecnologia e o marketing na *web* para aplicá-los à sua igreja. O *site* TheaterChurch.com[3] apresenta um conteúdo rico, com *podcasts* de missas semanais, uma série motivacional em *webcast*, vídeos e uma *newsletter* por *e-mail*, além do *blog* de Batterson, Evotional,[4] extremamente popular (*tagline*: Spirit Fuel), e de seu *feed* no Twitter[5] com mais de 25 mil seguidores. "A maior das mensagens merece o maior marketing", diz Batterson. "Eu admiro que Madison Avenue e Hollywood tenham tanta inteligência para enviar suas mensagens. Mas acredito que temos de ser tão inteligentes quanto eles para levarmos nossa mensagem."

Em um fim de semana comum, milhares de pessoas frequentam o culto da National Community Church, dos quais cerca de 70% são solteiros na faixa dos 20 anos. "Acho que atraímos essa faixa porque nossa personalidade como igreja se dirige a ela", diz Batterson. "Nossos dois valores principais são autenticidade e criatividade. Isso se revela no modo como tocamos a igreja, que, para mim, tem de ser o lugar mais criativo do planeta. A igreja medieval tinha vitrais para contar a história do evangelho a seus frequentadores, que eram, em sua maioria, analfabetos. Hoje usam os estúdios de cinema para contar histórias para as pessoas. Nós usamos vídeo para dar mais cor e vivacidade ao que fazemos. Se Jesus tivesse vídeo em sua época, eu não me surpreenderia se ele fizesse curtas."

Batterson mantém o foco no *website*, em *podcasts* e vídeos *on-line* (com gravações das missas), e os membros da National Community Church ocupam cargos com títulos únicos, como pastor de mídia, pastor digital e coordenador do barulho (*buzz coordinator*). "Queremos usar a tecnologia para propósitos realmente bons", diz Batterson. "O *website* e nosso *blog* são a porta da frente da National Community Center. O *site* é um local virtual, em certo sentido. Há muito mais gente ouvindo o *podcast* e assistindo ao *webcast* do que indo às missas; assim, é uma espécie de grande *test drive* para a pessoas. Elas podem ter uma ideia da igreja antes de chegarem a ela pessoalmente."

O pastor chefe ganhou fama *on-line* além da área de Washington – seu *blog* é seguido por dezenas de milhares de leitores em todo o mundo, e o *podcasts* é um dos que mais cresce entre as igrejas nos Estados Unidos. Batterson também escreveu diversos livros, como *Na toca com um leão em dia de neve: como sobreviver e florescer quando a oportunidade ruge.* "O *blog* corta os seis graus de separação para três", ele diz. "Escrevo sabendo que meu público é outro pastor na Austrália, uma dona de casa em Indiana, meus amigos e pessoas em Washington. O marketing por meio de meu *blog* é poderoso. Por exemplo, quando fiz um *post* sobre meu livro e pedi a meus amigos blogueiros que postassem comentários, chegamos ao número 44 na lista de *best-sellers* da Amazon; naquele dia, esgotou o estoque, e a Amazon pediu mais mil cópias."

O entusiasmo de Batterson sobre o uso de *blogs* pela igreja chamou a atenção de milhares de outros líderes religiosos que o seguem na *web*. "As duas formas mais poderosas de marketing são o boca a boca e o que eu chamo de 'a boca do *mouse*'. Um sujeito chamado John Wesley, que fundou a igreja metodista, viajou 400 mil quilômetros no lombo de um cavalo e fez cerca de 40 mil sermões. Com um clique do *mouse*, eu prego tantos sermões quanto ele com meu *podcast* – isto é a boca do *mouse*. É a alavancagem dos veículos existentes na *web*. A mensagem é a mesma, mas a mídia mudou. Precisamos encontrar, continuamente, novos veículos para enviar nossa mensagem."

Agora é sua vez

Não é mesmo poderoso o conteúdo das novas regras de marketing e RP aplicado à *web*? Eis um cara que é um líder religioso *sem* uma igreja, no sentido físico da palavra, e que, com o uso inovador de um *blog*, de um *podcast* e de alguns vídeos domésticos, se tornou líder em sua área. Ele tem um livro que é *best-seller* e milhares de seguidores devotados *on-line*. Seja ou não religioso, você deve estar impressionado com a sabedoria de Batterson para os negócios e com o modo como as novas regras o ajudaram a chegar até seus compradores.

Você também pode fazer isso. Não importa o tipo de trabalho que faz ou qual perfil de compradores está tentando alcançar. Você pode aproveitar o poder da *web* para chegar a seu público-alvo diretamente.

Se você é como muitos de meus leitores, clientes de consultoria e frequentadores de meus seminários, sabe que tem colegas que discordarão das novas regras. Eles dirão que as velhas regras ainda valem e que a única forma de fazer RP é conseguindo que a mídia escreva sobre você. Mas estão errados. Se eu não consegui convencer você, certamente aquelas 50 pessoas inovadoras apresentadas nestas páginas devem ter conseguido. Vá em frente. Seja como as pessoas que conheceu neste livro – saia para o mundo e faça acontecer!

Notas

1 www.ibm.com/*blogs*/zz/en/guidelines.html
2 http://newsroom.cisco.com/dlls/index.html
3 http://theaterchurch.com/
4 www.evotional.com/
5 http://twitter.com/MarkBatterson